JÚRI

DO INQUÉRITO AO PLENÁRIO

MOUGENOT

JÚRI

DO INQUÉRITO AO PLENÁRIO

6ª edição
2025

gen | saraiva jur

- O autor deste livro e a editora empenharam seus melhores esforços para assegurar que as informações e os procedimentos apresentados no texto estejam em acordo com os padrões aceitos à época da publicação, *e todos os dados foram atualizados pelo autor até a data de fechamento do livro*. Entretanto, tendo em conta a evolução das ciências, as atualizações legislativas, as mudanças regulamentares governamentais e o constante fluxo de novas informações sobre os temas que constam do livro, recomendamos enfaticamente que os leitores consultem sempre outras fontes fidedignas, de modo a se certificarem de que as informações contidas no texto estão corretas e de que não houve alterações nas recomendações ou na legislação regulamentadora.

- Data do fechamento do livro: 15/07/2025

- O autor e a editora se empenharam para citar adequadamente e dar o devido crédito a todos os detentores de direitos autorais de qualquer material utilizado neste livro, dispondo-se a possíveis acertos posteriores caso, inadvertida e involuntariamente, a identificação de algum deles tenha sido omitida.

Publicada pelo selo **Saraiva Jur**
Uma editora integrante do GEN | Grupo Editorial Nacional
Travessa do Ouvidor, 11
Rio de Janeiro – RJ – 20040-040
www.grupogen.com.br

- **Atendimento ao cliente: (11) 5080-0751 | faleconosco@grupogen.com.br**

- Capa: Tiago Della Rosa

- **CIP-BRASIL. CATALOGAÇÃO NA PUBLICAÇÃO**
SINDICATO NACIONAL DOS EDITORES DE LIVROS, RJ

B696j
6.ed.

Bonfim, Edilson Mougenot
Juri: do inquérito ao plenário / Edilson Mougenot Bonfim. – 6. ed. – Rio de Janeiro: Saraiva Jur, 2025.

Inclui bibliografia
ISBN 978-85-5362-362-4

1. Juri – Brasil. I. Título.

25-99170.0 CDU 343.195(81)

Gabriela Faray Ferreira Lopes – Bibliotecária – CRB-7/6643

Dedico este livro
ao José (*in memoriam*) e à Maria.
Mestres de coração e alma,
prova de que o amor existe,
eternos jurados de minha vida.
Meus pais.

"Ao invés de esquivar-me às controvérsias sobre tal ou qual assunto, fingindo que elas não existem, apraz-me entrar de corpo inteiro no rodeio e pegar o bagual pelas orelhas. Certa vez, encontrando-me, na av. Rio Branco, com o saudoso Min. Goulart de Oliveira, informei-lhe, a uma sua interpelação, que estava a caminho da Escola de Belas Artes, em cujo salão nobre iria fazer uma conferência e ele indagou para logo: 'contra quem?'. É isso mesmo. Se não vejo pela frente um adversário ou contraditor, parece-me que não vale a pena dissertar sobre tese alguma. Tenho amor à querela de ideias, ao entrevero de opiniões...Sei por experiência própria e cotidiana que, no entrechoque dos pensamentos divergentes, pode surgir o conceito exato ou a hipótese feliz, como salta a fagulha no atrito do fuzil com a pederneira" (Nélson Hungria Hoffbauer, Discurso de agradecimento ao receber o Prêmio Teixeira de Freitas, do Instituto dos Advogados Brasileiros, em 30-10-1958).

AGRADECIMENTOS

Aos já milhares de promotores de justiça de todo o Brasil, que me deram a honra de cursar algum dos módulos de meu "Curso de Formação e Aperfeiçoamento do Promotor do Júri". Sinto-me hoje redivivo na tribuna em cada uma das atuações intimoratas de meus colegas, se para alguma dessas, é verdade, pude ainda que minimamente cooperar ou contribuir com a formação do mesmo, ciente de que, assim o fazendo, ambos investimos na causa da justiça. Sigo dizendo o que sempre reitero ao final de nossos cursos, todos tomados por uma pletora de emoções: doravante, viverei em vós, viverão em mim! Seguimos assim, simbióticos, na defesa do bem mais valioso – a vida –, que, não tendo sido criado pelo homem, e para a qual não há substitutivo, este não pode destruir.

Aos advogados e defensores do júri, com os quais nesta obra partilho conhecimento e valores que se espraiam pelo foro criminal, na certeza de que evoluímos para uma ética partilhada entre ambos os protagonistas da dialética processual. Os muitos pedidos de cursos para a advocacia do júri que recebo esbarraram invariavelmente sempre em um único pressuposto: ética. Pertencendo ao Ministério Público, jamais poderia servir ao nobre adversário do MP na tribuna, pela razão mesma de não poder servir a dois senhores. Assim, minha colaboração a todos encontra-se nesta obra, que, conquanto tenha a marca de um confesso membro do MP, tem em seu todo a extensão de uma alma comum: a única e verdadeira busca por justiça. E nisto, serve a todos, porque a justiça não é apenas tributo de uma função, é causa afeta a quantos tenham consciência.

Por fim, dedico a obra aos juízes de direito, que, debalde as humanas paixões que se agitam sob suas respectivas togas, conseguem manter a fleuma necessária à boa condução na presidência dos julgamentos do tribunal popular. A todos, o pleito de gratidão pelo reconhecimento que sempre afetuosamente me tributaram.

SOBRE O AUTOR

Procurador de Justiça do MP/SP. Promotor de Justiça Titular do I Tribunal do Júri de São Paulo (1992-2009). Doutor em Processo Penal pela Universidade Complutense de Madri. Fundador-Presidente da Escola de Altos Estudos em Ciências Criminais. Fundador-Presidente da Escola Brasileira do Promotor do Júri. Professor convidado de Direito Penal e Processo Penal da Faculdade de Aix-en-Provence (França). Professor *Honoris Causa* da Universidade da Região da Campanha (RS). Professor do curso de especialização da Escola Superior do Ministério Público de São Paulo. Professor colaborador do programa de mestrado da Universidade Federal de Alagoas.

PREFÁCIO

O Tribunal do Júri não é apenas um rito jurídico; é a última cidadela do fator humano diante da abstração do Direito. Nele, a justiça respira por meio de homens e mulheres que, no fragor das batalhas orais, transcendem o mero código para encarnar o drama da verdade. Foi ali, nessa catedral laica da Justiça, que compreendi – sem intermediários – que a essência do Direito não reside nas leis, mas nos que as operam. De nada adianta reformar códigos, alterar instituições, substituir provas em um processo, se não se transformarem os homens. Pouco ou nada, então, haverá mudado. As verdadeiras metamorfoses são interiores; as externas, meras fachadas.

A mais profunda mudança da justiça nacional sempre se condicionará ao aprimoramento de seus profissionais: à inteireza ética, à inteligência, à disposição, à capacidade de insuflar vida ao direito posto; de extrair-lhe a mais lídima interpretação; de colher-lhe a mais cristalina verdade, mediante a análise psicológica das provas, virtude esta que não se terceiriza. A lei, a prova, a própria instituição são instrumentos. Como também o são promotores, advogados, juízes e jurados. Sobre estes recai o peso simbólico das funções. Daí as vestes talares, inspiradas nos paramentos litúrgicos, que, desde tempos recuados, evocam uma dimensão transcendente, tão elevada quanto possa ecoar um brado por justiça.

***

Habitei – e habito – o Júri em sua integralidade. Fui seu tribuno, seu autor, seu professor. Nenhuma perspectiva me faltou. Vivo no Júri, e ele em mim, como ideias conversíveis entre si e que se retroalimentam, e assim, ainda que o quisesse, não poderia dele jamais apartar-me. O Júri está internalizado em minha alma, por décadas de imersão, uma dedicação de sangue e matéria, sobretudo pelos anos em que vesti, com orgulho, a honrada beca bandeirante, como promotor titular do I Tribunal do Júri de São Paulo. Essa beca, hoje exposta em redoma no Memorial do MP-SP, conta memórias, como testemunha silenciosa de que a justiça não reside em códigos enregelados e hirtos, nem tampouco na fria tecnologia, mas nas velhas armas de Rui Barbosa: o gesto, a escrita, a oratória.

***

Fazem justiça, como fazem o Júri, advogados, juízes, promotores – não importa a ordem. Quem a promove ou negligencia é o ser humano, sempre, jamais a função. Muitos malversam conceitos, corrompendo o substrato ético que lhes deveria ser inerente; outros, porém, sustentam a integridade, mantendo viva a dignidade da função, como uma lamparina de um santuário, mesmo sob os ventos inclementes e impetuosos de tempos turbulentos.

***

Conheci o Júri ainda menino, pela voz de meu pai, advogado, que, ao chegar em casa, depunha a beca sobre o sofá, após mais uma extenuante sessão. Houvera sido também jurado. Com ele, hauri minhas primeiras lições sobre como os jurados enxergam os tribunos, o que deles esperam e como a balança do espírito hesitante acaba por pender para um dos lados. Foi por sua influência que ingressei na faculdade aos 16 anos – "o sacrário das leis, o sensório jurídico do País", diria Brasílio Machado –, concluindo-a aos 20 anos recém-completados. Ainda nessa quadra vintenária, terminei esta que seria minha primeira obra, e talvez a melhor, pelo ineditismo da abordagem, conjugando uma visão integrativa das etapas processuais, conferindo unidade sincrética entre ciências afluentes do processo penal. E foi essa sincronicidade, buscada em visão esférica, aliada à devoção pela precisão do verbo, pela imersão profunda nas entranhas do Júri e pela marca indelével de um ideal imorredouro, que fez com que *Júri – Do Inquérito ao Plenário* atravessasse seis lustros, formando gerações, com o mais efusivo e espontâneo aplauso de luminares do Júri, da academia e da justiça.

***

Trinta e um anos desde a primeira edição. Esta é a sexta, poderia ser a vigésima, tantas foram as tiragens. Tornou-se um *best-seller* no gênero, que inspirou alguns dos grandes *best trials* do País. Resiste ao tempo por não ter sido escrita sob o viés comercial, mas inspirada naquela "paixão lúcida" mencionada pelo saudoso René Dotti, ao prefaciá-la. Seu sucesso veio por acréscimo, como a coroar uma causa. Naquela ocasião, introduzi um introito evocativo: "Sustentando o Libelo". E, ainda hoje, malgrado a extinção da peça, é como um recital a martelar os arcanos da memória dos grandes tribunos: "Por libelo-crime acusatório, diz a Justiça Pública, por seu promotor...", como quem invoca os deuses antigos em nome do bem e da verdade.

***

Hoje, o libelo desapareceu. Sumiu. Foi extinto pelas reformas processuais, como o sino das aldeias que o tempo novo silencia. Mas, como o bronze antigo, seu som ainda ecoa na alma dos que viveram aquele tempo, um tempo em que a acusação era quase uma liturgia. Não mais o ouvimos nos autos, mas o sentimos na alma. É a ausência que pesa. A sombra do símbolo que se foi... E foi tresnoitando madrugadas, muito jovem ainda, que conheci os grandes tribunos. Não os de manual, mas os de sangue. Aqueles que manejavam a espada da palavra no fogo da convicção. Foi ali, entre livros e veemência, que me preparei para os prélios da tribuna. Formei-me sob o olhar de Rui, de Evandro, de Lyra, e de uma plêiade de outros grandes brasileiros. Depois, deleitei-me com os ecos dos tribunos d'além-mar: ingleses, italianos, e sobretudo os franceses da eloquência altiva. Tixier-Vignancour, com sua oratória de aço e veludo; Maurice Garçon, que fazia do veredicto um desfecho moral; Vincent de Moro-Giafferi, cuja eloquência arrebatava como o carro de Apolo cruzando os céus; Jacques Isorni, com a *panache* dos grandes *maîtres*, declamando justiça como quem entoa a Marselhesa em honra à razão pública; René Floriot, espadachim galante do verbo, tantos e outros tantos, tão grandes.

***

Fizeram da tribuna arte sublime, cujas palavras reverberavam pelos salões da justiça como raios de Zeus no Olimpo. Adaptei suas armas à nossa terra. Não como importação, mas como inspiração. E criei, com meus próprios ritmos, um quimérico estilo de tribuno brasileiro, o qual desenhei, buscando reproduzir: ético, combativo, embalado pela poética de um ideal imorredouro.

***

Foi dessa tradição que bebi e foi nessa escola que me formei. Tropicalizei a Escola Francesa do Júri, adaptando-a ao temperamento brasileiro, à nossa realidade processual, à nossa história. A justiça negociada –

modelo dos Estados Unidos – não é, nem pode ser, paradigma para o Júri brasileiro. Não apenas por não ser prevista em lei, mas por matar ideais. Quando o processo se reduz a uma barganha, a uma troca de favores, a um comércio de penas, morre o ideal de justiça. Morre a dialética, morre a retórica, morre a busca pela verdade real, assim caem os símbolos, perecendo a instituição.

***

E o tempo passou. Trinta e um anos se escoaram. Mas o livro resiste. Persiste como o próprio Júri, que não morreu nem morrerá. Transmutou-se. Adaptou-se. E, como os símbolos perenes, permaneceu. Como permanecem as instituições fundantes de nossa brasilidade jurídica. Seria Hegel, com sua dialética implacável, quem melhor explicaria esse movimento pendular entre tese, antítese e síntese? Ou Heráclito, com seu *panta rhei* – tudo flui, nada permanece? O Júri é o mesmo e não é. Como o rio que, sendo o mesmo, jamais é o mesmo. Suas águas fluem, renovam-se, oxigenam-se. Trinta e um anos nos separam daquela primeira edição, mas não nos distanciam. A pena que agora redige este novo prefácio é a mesma que, três décadas antes, suplicava: não matem o Júri. Hoje, mais do que suplicar, ela resiste. E o verbo que resiste é o mesmo que outrora flamejava: sustentar... o libelo: contra a pressa, a burocracia, o cálculo frio das reformas e da negociação penal. Contra a ideia utilitarista de que justiça é mera etiqueta formal de decisão prolatada, não importando a qualidade, de que o processo é mercado. Sustentar o libelo é mais do que recordar um rito, é evocar um espírito que a mera e reiterada mecânica atual parece evolar.

***

Nestas pouco mais de três décadas, o que mudou? O Júri-instituição ou nós, que o contemplamos? O objeto ou o olhar? Ambos, numa sinfonia diuturna de metamorfoses recíprocas e contínuas. Quantos réus, quantas vítimas, quantas famílias, quantas lágrimas, quantas absolvições, quantas condenações atravessaram os *salões dos passos perdidos*? Cada um desses momentos deixou marcas, visíveis ou subterrâneas.

***

Este proêmio é escrito com cautela, ciente de que não se revive o passado; no máximo, reconstituem-se seus vestígios. Tal como Sísifo, condenado a empurrar eternamente a pedra morro acima, só para vê-la rolar de volta, também os cultores do Júri são eternos aprendizes. A cada Sessão Plenária, tudo recomeça. A cada réu, uma nova história.

A cada acusação ou defesa, uma nova arquitetura dialética. Sísifo tinha a pedra; o tribuno tem a palavra.

***

Hoje, em 2025 – quando percebo que um quarto do século XXI já se esvaiu –, outras são as pressões, outras as demandas sociais. Os feminicídios ganharam tipificação própria. Os crimes de ódio se intensificaram. A intolerância se disfarça de liberdade de expressão. As milícias digitais prosperam. As organizações criminosas impõem seus códigos. E as redes sociais forjam tribunais paralelos.

O Júri é – e sempre foi – um tribunal simbólico. Deuses e homens ali se encontram. Ulisses ressurge disfarçado entre os seus, para desmascarar o impostor. Prometeu se ergue acorrentado, pagando com o próprio fígado o preço de ter trazido aos mortais a luz da razão. E os promotores sustentam a acusação diante dos titãs, conscientes de que as forças em jogo podem ser transcendentes. Sustenta-se o libelo com a mesma voz com que os arautos anunciavam as guerras sagradas: não por vingança, mas por imperativo de justiça.

***

Vi, há pouco, as cenas de um Júri no interior do País. O promotor, jovem e arguto, teclava no celular enquanto a testemunha depunha. O defensor, também jovem, consultava jurisprudência em tempo real em seu *tablet*. O juiz-presidente, igualmente jovem, gravava a sessão com recursos digitais. Os jurados, contudo, eram os mesmos de sempre: olhos curiosos, receio da responsabilidade, tensão silenciosa. Pensei em Pascal: "O coração tem razões que a própria razão desconhece". Decidem os jurados com o coração ou com a razão? Com a lei ou com a equidade? Com o código ou com a moral? Eis o eterno dilema.

***

Recordo-me de um caso emblemático. Um jovem havia sido brutalmente assassinado, em circunstâncias que apontavam para crime passional. O promotor de justiça, fiel escudeiro da sociedade ultrajada, ergueu-se na tribuna. Não era mero funcionário a cumprir dever; era a voz coletiva ferida em seu âmago. Prometeu, trazendo o fogo da justiça aos homens. Seus olhos, perscrutadores como os de Argos Panoptes – o gigante de cem olhos –, não deixaram escapar um só detalhe dos autos. Sua voz, firme como o martelo de Hefesto, forjou, peça a peça, a tese acusatória. Em contraponto, ergueu-se o defensor, não menos sublime em sua missão. Se o promotor era Prometeu com o fogo, o advogado era Orfeu, cuja lira serenava até as feras do Hades. Se o primeiro empunhava a força de Hefesto, o segundo brandia a eloquência de Hermes. Não era antagonista, mas o guardião das garantias, o último bastião contra o que dizia ser a opressão estatal. Sua palavra, afiada como a espada de Alexandre, cortava presunções, enfrentava provas, humanizava o acusado, que atentara contra a própria humanidade. E assim, entre Prometeu e Orfeu, entre o fogo e a lira, entre acusação e defesa, os jurados teciam seu veredicto, fio a fio, como Penélope em sua tapeçaria interminável.

***

Em um mundo em que algoritmos já decidem litígios menores, em que inteligências artificiais redigem petições, e a tecnocracia esfria os atos humanos, o Júri permanece como bastião final do fator humano. Último reduto onde o olho no olho, a lágrima contida, o tremor na voz e o silêncio eloquente pesam mais que silogismos frios.

Mas o Júri não é de ferro, como uma cruz. É símbolo e, como tal, há quem o traia. O relativismo moral que se alastra tornou pesada essa cruz, agora carregada por poucos. Já não há libelo simbólico. E, para alguns, já não há toga com orgulho. O tribunal converte-se, assim, em arena de cansaço, onde a liturgia esmaece e os ritos se apagam.

Mas, como sempre, há quem creia, há quem o sustente. Sustentar o libelo hoje é como proteger uma vela acesa sob vendaval. Mas é essa vela que guia. E por isso, mesmo sem o brado inaugural que anunciava a acusação formal, ainda me levanto, como a responder a um chamado. E o faço com reverência: sustento o libelo em nome da memória. Sustento o libelo em nome dos que tombaram. Sustento o libelo por Evaristo, Lyra, Romeiro, Magarinos, Ibrahim, Evandro, Troncoso e por tantos outros. Por todos os que já não caminham entre nós, mas ainda sussurram nos plenários.

De que os corações não se endureçam. De que as togas não se manchem, nem se vendam. De que a razão permaneça lúcida quando o medo tentar obscurecê-la. E de que a esperança – esta sentinela silenciosa da justiça – continue a vigiar a chama que ainda arde na tribuna.

São Paulo, junho de 2025.

Edilson Mougenot Bonfim

SUMÁRIO

O autor e sua obra 1

CAPÍTULO 1 DA PRODUÇÃO DO INQUÉRITO POLICIAL 7

1. Introdução 8
2. Os pormenores para o julgador 15
3. Fiscalizando o inquérito 16
4. O procedimento investigatório 17
5. A prova pericial nas mortes violentas 18
   5.1. A cadeia de custódia na preservação dos vestígios 20
6. A cautela do Ministério Público 21
   6.1. O advogado no inquérito policial 22
7. Quando um pormenor ganha importância: um exemplo prático... 30
8. O exame do local do fato 35
   8.1. O perfil psicológico a partir do exame do local 37
9. A reprodução simulada dos fatos 37
10. Interrogatório do indiciado: acompanhamento pelo promotor? 40
11. Função do interrogatório policial 42
12. Valor da confissão extrajudicial 48
13. Por que mais se confessa na polícia? 52
14. A psicologia do interrogando e a forma do interrogatório 56
15. Oitiva de testemunhas 59
16. O reconhecimento de pessoas (art. 6º, VI, do CPP) 61

16.1. O reconhecimento fotográfico 64
16.1.1. Excerto doutrinário – A psicologia judiciária penal e a confiança no reconhecimento fotográfico 66
16.2. Valor probatório do reconhecimento 67
16.2.1. Excerto doutrinário – Reconhecimento e a construção da verdade processual 68
16.3. Da retórica das falsas memórias ao sofisma disfarçado 69
17. O reconhecimento de coisas 71
18. A acareação 74
19. O exame necroscópico 74
19.1. Outros esclarecimentos necessários na necropsia 79
19.2. A ilustração fotográfica do laudo necroscópico 82

CAPÍTULO 2 A DENÚNCIA. O CORPO DE DELITO, A FORMA DA DENÚNCIA E O MOTIVO DO CRIME 87
1. Conceituação 88
2. Condição de oferecimento e requisitos da denúncia 90
2.1. O "corpo de delito" no homicídio: um paralelo entre a denúncia, a "preventiva" e a pronúncia 92
3. A forma da denúncia de homicídio 97
3.1. A correta capitulação das novas qualificadoras legais objetivas 99
3.1.1. Da imputação penal em crimes de autoria coletiva indeterminada 100
4. "Denunciar para mais?" 101
5. Circunstâncias periféricas e penalmente indiferentes 103
6. O motivo do crime na denúncia 104
6.1. Qual o motivo do crime? 107
6.1.1. O feminicídio como tipo penal autônomo e de natureza motivacional específica 114
6.2. A classificação dos motivos e a dificuldade diagnosticatória 115
6.3. "Crime sem motivo?" 119
6.4. Erro de interpretação 122
6.5. Quando o motivo não restou claro, como denunciar? 123
6.6. Da necessidade de se qualificar o dolo como eventual na denúncia 126
7. Recomendações práticas quanto à denúncia e cota de oferecimento 127

CAPÍTULO 3 A INSTRUÇÃO PROCESSUAL. O *JUDICIUM ACCUSATIONIS* 131

1. Introdução 131
2. Resposta do acusado: obrigatoriedade 134
   2.1. Procedimento em caso de não apresentação da resposta 134
   2.2. Conteúdo da resposta defensiva 135
   2.3. Oposição de exceções 135
   2.4. Exceção e objeção 136
   2.5. Apresentação de documentos e justificações 136
3. Oitiva do Ministério Público 136
4. Designação de audiência de instrução e julgamento 137
5. Sobre a colheita de testemunhos 138
   5.1. Testemunhas referenciais 141
6. Elogio e crítica do interrogatório judicial 143
   6.1. Interrogatório por videoconferência 150
   6.2. A tríplice finalidade do interrogatório 155
   6.3. Recomendações úteis à acusação e à defesa 156

CAPÍTULO 4 AS ALEGAÇÕES ORAIS DO ART. 411, § 4º, DO CPP E A DECISÃO DE PRONÚNCIA 157

1. Introdução 157
2. É facultativa ou obrigatória a realização dos debates orais? 158
3. Qual o critério para a feitura pelo Ministério Público? 159
   3.1. A prova meramente inquisitorial pode ensejar a pronúncia? . 160
   3.2. Recomendações úteis 162
4. As alegações defensivas 164
5. Quanto à pronúncia 167
   5.1. Quais são os seus requisitos? 169
   5.2. Como deve ser sua fundamentação? 170
   5.3. É anulável a pronúncia prolatada em termos "candentes"? 171
   5.4. Sobre o uso indevido do *in dubio pro societate*: advertência técnica e estratégica 174

CAPÍTULO 5 DA ORGANIZAÇÃO DO JÚRI: O SELECIONAMENTO DOS JURADOS, A QUESTÃO DA "NOTÓRIA IDONEIDADE" E A BOA FORMAÇÃO DO CONSELHO DE SENTENÇA NO TRIBUNAL 177

1. Considerações preliminares 178

2. O alistamento dos jurados 180
3. Fiscalização da lista pelo Ministério Público 186
4. A convocação do Júri 189
5. Recomendações úteis 190

CAPÍTULO 6 DO JULGAMENTO PELO JÚRI. ASPECTOS PROCESSUAIS. A INSTRUÇÃO EM PLENÁRIO 193

1. Roteiro legal 194
2. A arguição de nulidades 196
   2.1. A oportunidade de arguição 198
3. A formação do Conselho de Sentença: a recusa peremptória do jurado 200
   3.1. Conclusão sobre os jurados 203
4. O relatório do processo e a leitura de peças 205
   4.1. A leitura de peças: conveniência e utilidade 206
   4.2. A substituição ou complementação da leitura de peças pelos recursos audiovisuais 208
5. A inquirição das testemunhas no plenário 210
   5.1. A testemunha arrolada em caráter de imprescindibilidade 214
   5.2. Inquirição direta pelas partes 219
   5.3. Da dignidade da vítima durante a instrução em plenário 222
   5.4. Reinquirição de testemunhas 223
   5.5. Acareação 224
   5.6. O "ponto essencial divergente" para a acareação 225
   5.7. O falso testemunho 226
   5.8. Conveniência da inclusão do quesito de falso 227
   5.9. Recomendações úteis 228
   5.10. Da superação da expressão "testemunha de ouvir dizer": classificação técnica das vozes indiretas 233
   5.11. A autenticidade dos testemunhos e a naturalidade das pequenas divergências 236
   5.12. A alteração de depoimento sob coação: autenticidade × silenciamento 237
6. Distribuição de cópias de peças dos autos 239
7. O interrogatório do réu 240
   7. 1. O silêncio do réu 243
      7.1.1. O interrogatório parcial: a desfiguração processual e a ficção da defesa monológica 244

7.2. Nulidades no interrogatório ... 248
7.3. Como ouvir e analisar o interrogatório? ... 248
7.4. Verdade ou simulação? ... 251
7.5. A versão do crime pelo acusado: o enxerto da mentira ... 255
7.6. A negativa de autoria, a contribuição da psicologia judiciária penal e o erro ... 258
7.6.1. A metafísica da negação: o criminoso refém de seu autoengano ... 264
7.7. Diferentes versões nos interrogatórios ... 266
8. O art. 479 do CPP: impediência de prova surpresa ... 268
8.1. As partes podem deliberar sobre o prazo? ... 270

CAPÍTULO 7 TRIBUNAL DO JÚRI: OS DEBATES EM PLENÁRIO ... 271
1. Introdução: desmistificando o Júri ... 272
1.1. Aprimorando o Júri: servindo à sociedade ... 275
2. O promotor de Justiça e o promotor do Júri ... 279
2.1. Época de especializações ... 282
2.2. "Preparando o improviso" ... 283
3. Estudando os autos: organizando a acusação ... 287
4. O "paradoxo da defesa": a vigília do promotor ... 290
5. A tribuna da sociedade ... 293
5.1. A tribuna da sociedade contra a *Retrotopia Penal* ... 296
6. A razão, a emoção e o excessivo formalismo ... 297
7. O "soldado da lei" na acusação ... 303
8. O discurso de acusação ... 308
8.1. O jurado e o problema da verdade ... 308
8.2. O inconstitucional art. 478 do CPP ... 310
8.2.1. Vedações legais ... 310
8.2.2. A duvidosa constitucionalidade do art. 478: fonte de nulidades ... 310
8.2.3. A criação de um tipo processual penal "aberto" ... 314
8.2.4. O "argumento de autoridade" do art. 478 do CPP ... 316
8.2.5. Interpretação à luz da Constituição Federal ... 318
8.2.6. A questão do "argumento de autoridade" hoje, como o vê o STJ? ... 321
8.2.7. A proteção da dignidade da vítima e a responsabilidade do juiz no Júri ... 322
9. Recomendações práticas ... 323

9.1. Estudo minucioso dos autos 323
9.2. A explicação dos quesitos 323
9.2.1. Concurso de pessoas 325
9.2.2. Apuração dos votos: sigilo e maioria da votação 327
9.2.3. "O jurado absolve o acusado?" Problemática 329
9.2.4. Os sistemas de votação francês, inglês, canônico e escocês e a inovação do modelo brasileiro 330
9.3. A explicação das consequências do veredicto 331
9.4. A lembrança aos jurados de duas importantes regras da lei ... 334
9.5. Identificar e combater as falácias 334
9.5.1. Falácias contemporâneas e estratégias de manipulação .. 338
9.6. Promover a réplica, em regra 341
9.7. Acusar sem humilhar 341
9.8. Traçar com fidelidade o perfil do réu e da vítima 343
9.9. Provar "além" da culpa do réu 343
10. A questão dos apartes: direito ou não? 344
10.1. Aparte livre 347
10.2. Aparte regulamentado 350
10.3. Inovação legislativa 350
10.4. O aparte reverso (ou aparte invertido ou "ao contrário") 351

Bibliografia 353

O AUTOR E SUA OBRA

Mougenot Bonfim, rubrica e história. Patrimônio jurídico nacional e da língua portuguesa.

Foi no Tribunal do Júri, no Plenário do Homem, no Salão Escuro dos Passos Perdidos, que o então Promotor de Justiça Edilson Mougenot Bonfim, começou longa e notável carreira, até ganhar fama internacional, tornando-se uma legenda do Júri, com o dístico de maior orador forense da história do Brasil moderno.

Na Tribuna do Ministério Público, que um dia foi de Lyra, Edilson Mougenot Bonfim deixou entalhada as suas iniciais, a sua rubrica e a sua assinatura para os tempos futuros.

Sua atuação no Tribunal do Júri não é apenas um assunto de Direito Penal. É história. É patrimônio da língua nacional. Porque as palavras são atos. Falando um homem pode agir sobre a história.

Essa magia que existe no verso *"mougenotiano"*, que extasia os ouvintes, encanta plateias e domina auditórios, é que motivou os grandes vultos da história do Direito Penal brasileiro e mundial a se manifestarem sobre o seu talento e a sua arte em busca de Justiça para as vítimas dos homens incivilizados.

...

Filho de José e Maria. A mãe sul-mato-grossense, de descendência francesa, dos Mougenot e dos Lescafet, e o pai, de raízes de pura brasilidade, nascido no Estado natal de Ruy Barbosa, patrono dos advogados brasileiros por aclamação do Conselho Federal da Ordem em 20-12-1948, assim como do território que acolheu, em 18 de abril de 1745, a imagem de Nosso Senhor do Bonfim, padroeiro do povo baiano. Junte-se, ainda, um quarto de sangue gaúcho por parte de mãe, dos Perdomo, oriundos da República Oriental do Uruguai, que de lá seguiram ao Rio Grande do Sul, onde viveram alguns anos, aportando depois nestas terras, atendendo a recomendação médica em favor do patriarca da família, que buscava um clima mais ameno.

Dessa união de amor verdadeiro, nasceu Edilson Mougenot Bonfim, de identidade universal, poliglota, membro do Ministério Público de São Paulo desde 1988, Presidente do I Congresso Nacional dos Promotores do Júri, realizado em Campos do Jordão, no ano de 1995 e de suas várias e sucessivas edições, e, principalmente, Presidente do I Congresso Mundial do Ministério Público, realizado em São Paulo em 2000 e que reuniu dezenas de países.

Sobre isso, conferencista internacional, Doutor em Direito Processual Penal pela Universidade Complutense de Madri, com a maior avaliação da academia espanhola, Professor convidado da prestigiosa Faculdade de Direito de *Aix-Marseille*, França (graduação e mestrado), a par de Professor da Escola Superior do Ministério Público de São Paulo e de várias outras Escolas do MP, Advocacia e Magistratura em todo o Brasil, autor de inúmeros artigos, ensaios e obras jurídicas, aqui e no exterior, dentre as quais se destacam: "Júri – do inquérito ao plenário"; "No Tribunal do Júri – a arte e o ofício da tribuna"; "Direito penal da sociedade", que dedicou à memória do pai José Viana Bonfim, que encheu de luz os seus caminhos de "bandeirante"; pedaços que ficaram como lascas de aroma perdido pelos trilheiros de Loanda/PR, onde nasceu; Engenheiro Beltrão/PR, Londrina/PR, Porto Velho/RO, Marília/SP, Curitiba/PR, onde viveu; Guararapes/SP, Valparaíso/SP e Tupi Paulista/SP, comarcas onde atuou no início de sua carreira, e sobretudo numa velha fazenda no distrito de Taunay, no Mato Grosso do Sul, que frequentou afetivamente de sua infância à juventude, que cabe inteira na janela de sua memória que é fina e profunda como um acorde de harpa.

Cite-se, ainda, por importante, dentre várias outras obras publicadas aqui e no exterior, os seus clássicos "Código de Processo Penal anotado" e "Curso de Processo Penal", com sucessivas edições, bem como o artigo biográfico: "Roberto Lyra: entre dois parágrafos da história", cuja beleza do texto obriga uma leitura em voz alta, além do já consagrado debate forense, intitulado: "O julgamento de um *Serial Killer* – o caso do maníaco do parque"[1], obra única do gênero no Brasil, que foi escrito em grande parte nos amanheceres de Madri ou nos intervalos de suas caminhadas às margens do Sena.

Demais disso, faz falta para completar a sua atuação histórica e documental no Júri brasileiro, a inauguração de uma placa de bronze na tribuna do Ministério Público do I Tribunal do Júri bandeirante, para perpetuar a passagem de quem mais a elevou, se possível, com a seguinte inscrição:

"Nesta tribuna gloriosa, brilhou o talento de Edilson Mougenot Bonfim, grande Promotor de Justiça, exemplo para os mais novos".

(Carlos Magno Couto, *Advogado, em saudação realizada ao autor em nome da Conferência da Ordem dos Advogados do Brasil, realizada em Campo Grande/MS, Palácio da Cultura, 11-8-2010*)

"O Príncipe do Tribunal do Júri... demolidor de sofismas, talento absolutamente incomparável... gênio, brilhante, talentoso, de grande cultura, de cultura eclética, filosófica, literária e jurídica..." (Waldir Troncoso Peres, Criminalista)

"... o sucessor de Roberto Lyra" (Evandro Lins e Silva, cadeira n. 1 da Academia Brasileira de Letras)

"Espero sinceramente que aceite nosso convite para vir a Sofia ministrar um curso aos procuradores da Bulgária e brindar-nos assim com seu ideal de justiça e inteligência" (Nikol Filchev, Procurador-Geral da República da Bulgária)

"Sua brilhante participação, sua conferência aos Procuradores Gerais de Repúblicas aqui reunidos será sempre lembrada, porque deu ao evento uma grandeza de primeira ordem. Sua manifestação configura uma fortaleza em prol da legalidade, do fortalecimento do Estado de Direito e da segurança a nível mundial, pela qual almejamos e lutamos...nossa terra sentirá sempre e muito a sua falta, sua passagem deixou dentre nós as melhores recordações e uma grande admiração" (Adolfo González Rodas, Procurador-Geral da República da Guatemala e Presidente do XI Congresso Interamericano do Ministério Público)

---

1 Edilson Mougenot Bonfim, *O julgamento de um serial-killer* – O caso do Maníaco do Parque, 3. ed., Londrina, Editora E.D.A., 2021.

"Edilson Mougenot Bonfim... um dos maiores oradores que já ouvi" (Luiz Flávio Borges D'Urso, Presidente da OAB-SP)

"Maior expoente do Júri brasileiro." (Des. Márcio Schlee Gomes, Rio Grande do Sul, in *Júri* – limites constitucionais da pronúncia, Sérgio Antonio Fabris Editor, Porto Alegre, 2010)

"... maior e único, que faz apaixonadamente seguidores, admiradores e amigos" (Prof. Mauro Viveiros, Corregedor-Geral do MP/MT – *Tribunal do Júri na ordem constitucional brasileira:* um órgão da cidadania, Juruá, Curitiba, 2003)

"Edilson Mougenot Bonfim, artista da palavra, mestre que me mostrou o caminho dos clássicos" (Prof. Alexandre Almeida de Morais, Promotor de Justiça do MP/SP – *Direito Penal do Inimigo*. A terceira velocidade do direito penal, Juruá, Curitiba, 2008)

"... o maior expoente da oratória jurídica em nosso país ... Sua rica e admirável biografia deve ficar registrada para que as novas gerações possam ter um norte na vida, mirando sua genialidade. Bíblia do júri." (César Danilo Ribeiro de Novais, Promotor de Justiça e editor do blog www.promotordejustica.blogspot.com)

"... na 16ª Sessão Ordinária do Egrégio Conselho Superior do Ministério Público do Estado de Minas Gerais, foi proposto pelo Conselheiro Márcio Heli de Andrade, Corregedor-Geral do Ministério Público, e aprovado, adesão expressa do Órgão Colegiado, um voto de congratulações pela atuação de V. Exa como Presidente do I Congresso Mundial do Ministério Público" (Antonio José Leal, Procurador-Geral de Justiça Adjunto/MG)

"... Querido amigo. De regresso de minha viagem acadêmica à Itália e Alemanha, quero lhe fazer chegar meu mais efusivo cumprimento pelo imenso êxito que teve, sob sua Presidência, o Congresso Mundial do Ministério Público... De outra parte, seu livro é excelente, esperando que tenhamos possibilidade de tratar a respeito com a tranquilidade e a alta reflexão que merece. Em Roma estive com Jean Pradel que compartilhou comigo os mais elevados elogios ao Congresso por você tão dignamente presidido" (Catedrático Enrique Bacigalupo, Ministro do Supremo Tribunal da Espanha)

"... o melhor da atualidade brasileira, orador sem concorrentes...", (Carlos Magno Couto, Criminalista)

"Excelente conferência. O Congresso foi um imenso sucesso. O convite para visitar Washington, D.C., está sempre aberto e será sempre bem-vindo" (Thomas Pickard, Diretor do FBI)

"Grande e inestimável contribuição para as ciências penais" (Catedrático Cobo de Rosal, Espanha)

"Declaro hóspede ilustre do Ministério Público da República do Peru o Doutor Edilson Mougenot Bonfim... brilhante professor e conferencista" (Blanca Nélida Colan Maguino, Procuradora-Geral da República do Peru)

"Foi um grande prazer para mim recebê-lo em Seul para sua conferência. Com seu integral apoio e maravilhosa participação, o evento foi um grande sucesso, ao trazer conhecimento para mais de 1000 participantes das cinquenta maiores cidades do mundo" (Oh Se-hoon, Prefeito de Seul, 28-9-2010 – Presidente e *World e-Government Organization of Cities and Local Governments*)

"... Grande entre os grandes. Sua destacada participação na qualidade de conferencista e Presidente do Congresso Mundial, com sobras de mérito, foi reconhecida por todos aqueles que tiveram a oportunidade de ouvi-lo" (Roy Edmundo Medina, Procurador-Geral da República de Honduras)

"Emocionei-me com sua maravilhosa atuação no Júri...profundo conhecedor do direito penal, com senso de justiça e maravilhosos dotes... impecável atuação!" (Hélio Sécio, Presidente da Associação das Vítimas de Violência do Estado de São Paulo)

"... Intelectual... quase enciclopédico" (*Réplica*, informativo extra da Associação do Ministério Público do Rio Grande do Sul, 12-6-1994)

"Professor Mougenot Bonfim, que ideias, que sustentação vibrante..." (Profª Geneviève GIUDICELLI-DELAGE, Universidade de Poitiers, França – *Les juges*: de l'irresponsabilité à la responsabilité?, PUAM, 2000, p. 242)

"A obra de Edilson Mougenot Bonfim é um valioso *mixtum compositum*... com a vantagem de somar a técnica da informação científica, a precisão dos registros dos *cases* e a arte da narrativa...pertence a linhagem dos tribunos que encanta com a palavra e seduz com o argumento. A forma literária do texto é um aliciante complemento de seu conteúdo dogmático... não é possível ignorar a convicção, a firmeza e a ilustração com as quais Edilson Bonfim desenvolve o raciocínio... este é mais um dos méritos que devem ser creditados ao escritor, principalmente quando o mercado editorial, as salas de aula e os gabinetes profissionais estão infestados por publicações de *copistas* e de *tricoteiros*" (Prof. René Ariel Dotti, Universidade Federal do Paraná)

"... vigoroso e ameno, intrigante e ousado, profundo e claro, propiciando ao leitor venturosos momentos" (Prof. Rogério Lauria Tucci, Universidade de São Paulo)

"Mestre do Júri" (Prof. Antonio Evaristo de Moraes Filho, Rio de Janeiro)

"Pela obra se revela o homem. Este é o livro que só pode ser escrito por quem ama o que faz" (Walter Paulo Sabella, Procurador de Justiça, ex-Presidente da Associação do MP/SP)

"Mougenot Bonfim, considerado um dos mais brilhantes promotores de justiça da história do país" (Prof. Reinaldo Polito)

"A obra de sua lavra é excelente. Nenhuma das demais obras acerca do Júri tem a estrutura e desenvolvimento dos temas, como os que conseguiu imprimir ao seu livro" (Desembargador Adriano Marrey, do TJSP)

"A voz do tribunal do júri contemporâneo" (www.confrariadojuri.com.br)

"... Reli muitas de suas páginas e anotei diversas passagens, com a devida vênia, considerando que constituem preciosos subsídios para aulas de Processo Penal, dentro de conotações que esta disciplina apresenta com a Medicina Forense e com a Criminalística, matérias que venho ministrando na faculdade das arcadas há alguns anos... o que me parece cabível é induzi-lo a escrever outras obras que reflitam predicados de um mestre das artes jurídicas que, com raro valor, soube associar o fato concreto aos preceitos legais..." (Prof. José Lopes Zarzuella, Chefe do Depto. de Medicina Forense da Universidade de São Paulo)

"Sua oratória está para o Brasil como a de Vincent-Moro Giaferri, para a França" (Jean François Burgelin, Procurador-Geral da República francesa)

"Termino a leitura do belo livro de Edilson Mougenot Bonfim, esse brilhante jovem que tanto ilustra a Promotoria de Justiça em São Paulo... só comparável aos maiores. Uma das mais fecundas inteligências que o Júri revela ao Brasil ..." (Carlos de Araujo Lima, criminalista e escritor)

Capítulo 1

DA PRODUÇÃO DO INQUÉRITO POLICIAL

Sumário: 1. Introdução. 2. Os pormenores para o julgador. 3. Fiscalizando o inquérito. 4. O procedimento investigatório. 5. A prova pericial nas mortes violentas. 5.1. A cadeia de custódia na preservação dos vestígios. 6. A cautela do Ministério Público. 6.1. O advogado no inquérito policial. 7. Quando um pormenor ganha importância: um exemplo prático. 8. O exame do local do fato. 8.1. O perfil psicológico a partir do exame do local. 9. A reprodução simulada dos fatos. 10. Interrogatório do indiciado: acompanhamento pelo promotor? 11. Função do interrogatório policial. 12. Valor da confissão extrajudicial. 13. Por que mais se confessa na polícia? 14. A psicologia do interrogando e a forma do interrogatório. 15. Oitiva de testemunhas. 16. O reconhecimento de pessoas (art. 6º, VI, do CPP). 16.1. O reconhecimento fotográfico. 16.2. Valor probatório do reconhecimento. 16.3. Da retórica das falsas memórias ao sofisma disfarçado. 17. O reconhecimento de coisas. 18. A acareação. 19. O exame necroscópico. 19.1. Outros esclarecimentos necessários na necropsia. 19.2. A ilustração fotográfica do laudo necroscópico.

Um julgamento feito pelo Tribunal do Júri, ao contrário do que muitos pensam, não é uma loteria. Depende, é certo, de algumas peripécias, mas pode ser o seguro resultado de uma conduta bem planejada e executada com rigor, desde a fase do inquérito policial, até o plenário do Júri (Manoel Pedro Pimentel).

1. INTRODUÇÃO

Sem afirmações categóricas, começaríamos a indagar qual a *causa* que possa ser preponderante ou final para o sucesso ou insucesso de uma acusação (ou outra tese jurídica qualquer) sustentada perante o Tribunal do Júri.

Para resposta, justificação e remate do pensamento, voltaríamos no tempo, invocando Bacon (1561-1626), para quem "a investigação das causas finais é estéril: assim como a virgem consagrada a Deus, não pode parir nada" (*De Aug.*, III). Stuart Mill, partindo de tais lições, depois de demorar-se em reflexões sobre a sucessão dos fenômenos, conclui que, raramente – ou nunca – o consequente resulta de um só antecedente, visto que, quase sempre, provém da totalidade dos múltiplos antecedentes. E afirmou: "A causa real é o conjunto de todos os antecedentes. Em filosoficamente falando, não se tem o direito de dar o nome de causa a um deles, com a exclusão dos demais"[1].

Da mesma forma que no campo do direito penal referidas lições aproveitaram à doutrina da relação de causalidade (teoria da equivalência dos antecedentes)[2], para um entendimento das decisões prolatadas pelo Tribunal do Júri, mister que, como Bacon ou Mill, também abandonemos ideias preconcebidas – *idola* – e tenhamos por regra que o sucesso ou insucesso, perante o Colegiado Popular, depende de um *conjunto de antecedentes* e forças, ensejadoras da *causa real* (não há paradoxo) de um *veredictum*.

Por tal, que o leitor não se escandalize com temas aparentemente insossos ou de importância nenhuma (v.g., "quando o detalhe ganha importância"), discriminados que são na doutrina comum do processo penal. Aqui os analisamos sem pejo. É que, no Júri, *tudo* é fator contributivo e gerador da *causa real* da decisão, ou seja, tudo concorre para o real convencimento do julgador.

1 Stuart Mill, *Système de logique,* trad. fr., Paris, 1896, t. 1, p. 370-1.

2 É sabido que, nos *crimes materiais*, necessitamos estabelecer a relação de causalidade entre a ação e o resultado. Para responder à questão (para saber se o agente deu ou não causa ao resultado, via de seu comportamento), diversas teorias foram elaboradas, sendo a primeira, a da *equivalência dos antecedentes*, formulada por Von Buri (aproveitando-se das lições dos filósofos citados), no último quartel do século passado. Não se discute causa, condição ou ocasião: *tudo o que concorrer para o resultado é causa dele*.

Por conseguinte, aquele que milita no Tribunal Popular não pode, já de antemão, emperrar a porta por onde adentra a justiça, a *notitia criminis*, para a posterior *persecutio* (em juízo), e tal que, como as *causas*, possa mesmo se constituir em fator auxiliar (até preponderante) de inúmeras decisões do Órgão Colegiado: o *inquérito policial*!

Assim, ao analisá-lo, procura-se não afastar-se do ponto e do último destino – o Júri e a prestação jurisdicional –, como a seguir aquele conselho de Propércio (47-15 a.C.), lembrado por Montaigne (1533-1592), em seu *Retrato moral*:

"Alter remus aquas, alter tibi radat arenas" (Que um dos remos bata a onda e que o outro roce pela areia).

Com esta introdução, visamos meramente reclamar a atenção do ledor para um entendimento do *inquérito policial* no contexto do processo do Júri, diferenciando-o, por conseguinte, da análise que se lhe dedica nos demais processos penais. É que existe, dentre processualistas pátrios, alguns que erigem um verdadeiro tabu na doutrinação e análise do inquérito, emprestando-se *pouca tinta* à matéria. Tal fato, ao depois, percute como sinal de desprezo até nos arestos das mais altas cortes de justiça, evidenciando-se certo desdém, quando se desconhece pontos substanciais, provas relevantíssimas produzidas pela polícia.

Dedica-se, amiúde, ao processo investigatório, uma indesculpável desconfiança, dando-se a impressão que, no direito brasileiro, o inquérito é um procedimento natimorto ou *res derelicta* – logo, não incumbiria tratá-lo e aperfeiçoá-lo – e, portanto, sua doutrina estaria reservada apenas às autoridades policiais, obrigando-os à pura perda de tempo. É como se desse um processo de *europeização*, no qual fingimos ter um juizado de instrução – como na França[3] –, quimera do ideal, quando, em verdade, o processo que adotamos é diverso, sendo pois a partir de um auto flagrancial ou de uma portaria que, administrativamente, iniciamos as investigações e coligimos os elementos necessários para lastrear uma ação penal.

Portanto, a *negativa de valor ao inquérito policial* somente poderia ter lugar na identificação de uma peça informativa malfeita (o caso concreto) ou, do contrário, como prevenção hoje injusta, porque passada a época do justo preconceito, quando se armavam, por vezes, os inquéritos nos porões

3 V. Le ministère public et la police judiciaire, *Revue Internationale de Droit Pénal*, Toulouse-France, 1º e 2º trimestres de 1992, 63/187.

da repressão. Hoje, porém, com o advento da democracia, cuidou-se de sepultar o expediente nefasto... persiste, contudo, o ranço da desconfiança.

Não há razão, presentemente, para negar-se valor a um inquérito bem elaborado. Seria um *nonsense*, emprestar-lhe essa *minus valia* que alguns lhe pretendem, porquanto presidido por uma autoridade concursada, com presunção de idoneidade, e ainda sob providencial fiscalização do *Parquet*.

No Júri, contudo, e como dizíamos, diferentemente do que acontece nos demais processos penais, na balança da valoração probatória, ao *inquérito* pode emprestar-se o mesmo valor que a qualquer outra prova processual. Não existem prevenções contra uma ou outra prova; não vingam os juízos apriorísticos como *teoria das provas*, de que uma possa valer mais que outra; todas são provas, equivalentes, na medida que *demonstrem e convençam*. Aplica-se, no ato judicante, sabiamente, a conhecida assertiva de Ligabue, citado por Ferri – perante o tribunal criminal de Reggio Emilia –, de que "a rainha das provas é a lógica humana"[4]. E, desse modo, o procedimento investigatório não se torna somente a ossatura da ação penal; por vezes, mostra-se com musculatura própria.

Direcionamos a presente obra para a análise do *homicidium dolosum* levado a julgamento. Portanto, secundando o pensamento científico de Tobias Barreto, filiamo-nos àqueles "para quem a pretendida popularização da ciência não tem o mínimo atrativo. Nem gosto mesmo de ver adicionada ao fino metal do saber teorético a liga, de que há mister a pequena moeda da praxe, segundo a expressão de Jacob Grimm"[5].

Por conseguinte, emprestamos ao inquérito, no que se refere aos processos do Júri, o mesmo peso que lhe podem atribuir os cidadãos jurados, analisando-se o "caso" de per si, e endereçando-lhe especificamente o valor que possa merecer: sem crédito em massa; mas atribuindo-lhe, no caso concreto, o valor que possa receber os bons préstimos da autoridade investigante.

Não se desconhece, é bem certo, o quanto disposto no art. 155 do CPP: *O juiz formará sua convicção pela livre apreciação da prova produzida em contraditório judicial,* ***não podendo fundamentar sua decisão exclusivamente nos elementos informativos colhidos na investigação****, ressalva-*

4 Enrico Ferri, *Discursos de acusação – ao lado das vítimas*, trad. Fernando de Miranda, 5. ed., Coimbra, Arménio Amado Ed., Sucessor, p. 225.

5 Tobias Barreto, *Estudos de direito*, 1. ed., Salvador, Livr. Progresso, 1951, p. 300.

das as provas cautelares, não repetíveis e antecipadas, mas, tal regra, de não se esquecer, só se aplica ao juiz, não dizendo respeito aos jurados, porquanto, pelas características do Júri, este não deve e não pode fundamentar suas decisões, agindo *secundum constientia,* sujeito tão somente ao princípio da íntima convicção, como corolário da garantia da soberania dos veredictos. O que seria passível de anulação do julgamento em eventual e futuro recurso, certamente, seria a decisão "manifestamente contrária a prova dos autos", a ser exercido por superior instância, conforme estatuído no art. 593, III, *d*, do CPP.

O Júri tem, hodiernamente, em suas razões de julgar, bases científicas, razões concretas de proferir seus veredictos, porque ainda prevalecem, mesmo aos leigos, a razão e a lógica sobre a emoção e o ilogicismo; os jurados tateiam, analisam e perscrutam as provas, não mais agindo por impulso. Dá-se menos o voto catártico das tragédias clássicas que o exercício soberano da inteligência, da visão, sobre as provas apresentadas. Destarte, ao tratarmos do inquérito, fazemo-lo, pois, científica e objetivamente, sem omitirmos as razões pragmáticas e idealísticas que nos movem, uma vez que, na análise dos jurados, vai muito de ciência, mas, inegável também, não vai pouco de intuição, de perspicácia e mesmo de "alma emotiva" do Colegiado Popular... tudo é *causa*.

É que, bem elaborada a peça informativa, esta põe-se para o sucesso da ação penal, assim como o golpe selvático inicia a eclosão do *homicídio* que se busca inibir. É como um *commencement d' exécution* – valemo-nos da designação com que os franceses distinguem a "tentativa" – do próprio processo penal, para assim o ilustrarmos, comparativamente.

Ninguém jamais definiu no Brasil, com tanta propriedade, os conceitos filosóficos e jurídicos do homicídio como Hungria: "O homicídio é o tipo central dos crimes contra a vida e é o ponto culminante na orografia dos crimes. É o *crime* por excelência. É o padrão da delinquência violenta ou sanguinária, que representa como que uma reversão atávica às eras primevas, em que a luta pela vida, presumivelmente, se operava com o uso normal dos meios brutais e animalescos. É a mais chocante violação do senso moral médio da humanidade civilizada"[6].

Vale a lição; faz-nos pensar. E o velho mestre era daqueles que, se dividíssemos em duas grandes classes os escritores geniais "– os que

6 Nélson Hungria Hoffbauer, *Comentários ao Código Penal,* 4. ed., Rio de Janeiro, Forense, 1958, p. 25.

pensam e os que fazem pensar – Nélson Hungria foi o exemplo permanente e aliciante de ambas categorias"[7].

Nesse esboço, sempre fugimos ao lugar-comum dos conceitos excessivamente teóricos, dogmáticos, herméticos, desses condensados em meia dúzia de palavras pensadas, não raro, por opiniáticos do direito... que remete-nos à leitura, mas não nos fazem pensar. O *homicídio*, como crime, e o *Tribunal do Júri*, como mecanismo jurídico de manifestação da justiça, precisam sujeitar-nos ao "pensamento". Lida-se não somente com um magistrado, mas com um colegiado; a letra da lei, às vezes, dada a peculiaridade do órgão judicante, recebe uma interpretação própria... e se escrevem decisões muitas vezes imutáveis. Depois, já não adiantaria *molharmos a pena no vinagre* – como faria o saudoso penalista – combatendo a soberania dos veredictos e a *práxis* da instituição do júri, se a *ciência*, na condução dos trabalhos, ou em plenário de julgamento, fora mal desenvolvida. Com o despotismo dos conceitos doutrinários, perante um órgão que não se cabe em conceitos geométricos, se não cuidarmos de aprimorá-lo na técnica e também no cientificismo pensante – por conflitante que pareça –, daqui a pouco o promotor ou o advogado de júri responderá como o abade Sieyès (1748-1836) respondera a alguém que lhe questionara um certo assunto: "eu não sei mais pensar!...".

Se Hungria melhor doutrinou sobre o homicídio, foi Roberto Lyra quem melhor o entendeu, explanando com profundidade aos jurados. Era, pois, a um só tempo e no mesmo espaço fluminense – unidos o mineiro ilustre e o pernambucano genial – a conjugação constante do "pensamento" e da "aplicação inteligente", de onde frutificaram as lições que desembocaram no Código Penal de 1940.

Nesse processo de inteligência e conhecimento humano, uma vez ocorrente o *crimen homicidii* – como gostava de nominá-lo o velho lente –, apontava-se (como hoje) para a justiça humana, com as inúmeras dificuldades investigativas para comprovação do real ocorrido... "não se desce duas vezes o mesmo rio, pois, na segunda, ele já não é o mesmo", sentenciava Heráclito (540?-480? a.C.), pela voz convicta de Lyra. Este propunha ainda Goethe (1749-1832): "O que é jamais foi, o que

7 Excerto do primoroso discurso proferido por René Ariel Dotti junto ao Supremo Tribunal Federal, por ocasião das comemorações do centenário de nascimento do Ministro Hungria, em 16-5-1991, publicado no *DJ*, 28-6-1991, Seção I, p. 8901.

era não será jamais"[8]. Porquanto, ocorrido o crime, para ulterior apreciação do julgador, no mais das vezes, depara-se com um caleidoscópio de versões que turbam a imagem congelada e hirta que o jurado gostaria de assistir quando fosse julgar, para não quedar-se em dúvida – *in dubio pro reo*:

"Dum in dubio est animus, paulo momento huc atque illuc impellitur" (Quando o espírito está em dúvida, o menor peso basta para o fazer pender para um lado ou para o outro) (Terêncio, 190-150 a.C., *Adriana*).

O Júri é sacerdócio, é esforço, desvelo. O promotor (ou o advogado) que acompanha o inquérito nunca poderá ser um histeroide ou assombrado ante as conclusões dele advindas; tampouco pode ser um conformado com diligências frustras ou investigações não convincentes já realizadas. Sabe-se hoje que o mesmo não se põe como um *extraneus* nas investigações: cumpre-lhe, por força constitucional, fiscalizar a atividade policial (art. 129, VII), requisitar diligências, produzir investigações...

Sem *sherloquismos*, mas há que ter um pouco do que o vulgo chama de "nariz de flandres": curiosidade e espírito perquiridor, buscando incessantemente a "verdade que não se apaga"...

Por isso, necessário que se raciocine acerca do crime; junte-se conhecimentos e de fato *investigue*...

"No se puede improvisar, prejuzgar, ni adivinar; hay que diagnosticar adaptando los razonamientos a los hechos, cada caso ha de considerarse un caso *sui generis*, porque el homicidio no se repite jamás en idéntica forma. La adquisión de los conocimientos esenciales no se logra rápidamente, requiere larga aprendizaje, vocación profesional y experiencia continua", preleciona Raffo[9].

Émile Zola (1840-1902), no *Teresa Raquin*, assegurava que "o que não se sabe, não existe"... quanto, pois, da "verdade" do crime não passa ao largo das portas e vielas investigatórias?

"La verdad, la legítima, jamás es aquella que se conoce... Me he convencido de que la verdad no entra en la sala del Tribunal ni tampoco en pleito célebre alguno. Ella se ha quedado siempre en las escaleras o en la calle", advertia, profeticamente, Genuzio Bentini[10].

8 Apud Roberto Lyra, *Criminologia*, 2. ed., Rio de Janeiro, Forense, 1990, p. 23.

9 Osvaldo H. Raffo, *La muerte violenta*, 3. ed., Buenos Aires, Ed. Universidad, 1987, p. 78.

10 Apud Luigi Battistelli, *La mentira ante los tribunales*, em introito.

Juntar anel por anel, elo por elo, do liame fático criminoso, suprimindo-se pontos obscuros e lacônicos, desprezando-se versões fabricadas e espúrias; desmantelar o amontoado babélico de pistas falsas, desnudar o caleidoscópio de mentiras, direcionando-se somente na reconstituição do ocorrido e coleta de provas... eis a missão e a *ultima ratio* do inquérito policial.

Na processualística penal, o inquérito como peça escrita (art. 9º do CPP) e sigilosa (art. 20) é, no mais das vezes, o único suporte lastreador da denúncia. Polícia que sem juízo crítico segue pistas enganosas, criadas em laboratório para confundir as investigações, desarticular a estrutura do crime, desacreditará pelo desserviço e, de antemão, toda a ação penal; porque o jurado, ao julgar, necessita do *fato provado*, não se satisfazendo com o *fato provável*. Não quer postar-se como um Teseu aturdido ante labirínticas versões; quer a *certeza materializada*, não lhe bastando a *provável possibilidade*.

A reforma legal de 1871, separando a Polícia da Justiça, instituiu o inquérito policial, aduzindo no art. 42 do Decreto n. 4.824, de 22-11-1871:

"O inquérito policial consiste em todas as diligências necessárias para o descobrimento dos fatos criminosos, de suas circunstâncias e dos seus autores e cúmplices".

Cuidando de apurar a prova de um crime, a autoria, o nexo de causalidade, nos delitos cujo procedimento seja comum[11] (ou seja, não afeito aos processos de júri), o inquérito (arts. 4º e ss. do CPP) tão somente embasa a justa causa para a denúncia ministerial. Assim, ao apreciar a ação penal, o juiz togado trata-o, de regra, apenas como "uma prova a mais"...

Nos crimes dolosos contra a vida, sujeitos à competência do Júri (art. 5º, XXXVIII, *d*, da CF e art. 74, § 1º, do CPP), o inquérito policial ganha importância, evidenciando-se de duas grandes formas:

a) por tratar-se de juiz leigo a quem incumbirá a análise das provas, este, não sabedor do *quantum* a valorar cada prova processual, poderá revestir o produto das investigações policiais como prova decisória no julgamento, sobrepujando até provas produzidas em juízo;

....

[11] Edilson Mougenot Bonfim, *Curso de processo penal*, 5. ed., São Paulo, Saraiva, 2010, p. 519 e s.

b) por tratar-se o homicídio de infração que deixa vestígios, recomenda-se a máxima celeridade na sua apuração, para que não pereça, no tempo, a execução de medidas e diligências somente possíveis na proximidade do fato típico. Tal cautela, atinente como regra de investigação a todos os delitos, como a bom tempo se verá, no homicídio é de praxe e cuidado redobrados[12].

É a oportunidade em que o indiciado manifesta-se, geralmente, sem o artifício da técnica; colhido de chofre, conquanto criminoso, ainda não teve tempo de maquinar seu plano defensivo, deixando ressurgir a verdade pelo conteúdo de sua versão. Por outro lado, eventual testemunha que "ainda" não se "comprometera" com o futuro réu, no inquérito, retrata as minúcias necessárias do ocorrido. A perícia tempestiva, os exames costumeiros, tudo recomendará a peça investigatória.

Os julgadores leigos, soberanos no julgamento, decidindo conforme suas convicções, poderão considerar o inquérito não apenas como "mais uma prova", mas como "a prova", tributando-lhe inescondível valor, absolutório ou condenador.

2. OS PORMENORES PARA O JULGADOR

Minúsculas particularidades, grânulos inorgânicos no acervo probatório – que muitas vezes sequer mereceriam a olhadela dos juízes togados – transmudam-se em elementos de maior valia para o jurado que, intuitivamente, ou levado por artifícios oratórios na sessão plenária, a eles se apega[13].

Esta minúcia, aumentada mil vezes no microscópio da retórica, por quem tenha a prova contra si, poderá fazer o Júri emprestar-lhe um valor exagerado, levando-o a um julgamento rotundamente equivocado.

Por esta peculiaridade – de poderem os jurados supervalorizar o pormenor insignificante – dá-se o substrato de argumento que supedita munição aos que combatem o Tribunal Popular, para alvejá-lo como na crítica de Heleno Fragoso:

"As dificuldades dos jurados não se limitam às questões técnicas, jurídicas ou não: a apreciação dos fatos, diante de uma prova controvertida, oferece, muitas vezes, dificuldades muito mais graves. Nada sabe o

12 V. Ángel Vélez Ángel, *Investigación criminal*, 2. ed., Bogotá, Ed. Temis, 1982, p. 102.

13 V. exemplificação neste capítulo, item 7 – "Quando um pormenor ganha importância".

juiz leigo da teoria das provas, nem da psicologia dos testemunhos. Falta-lhe o poder de atenção e não ouve a leitura do processo como deveria. Impressiona-se facilmente com coisas insignificantes, deixando de atentar em coisas de real importância".

Continua, o saudoso mestre:

"Os advogados, no Júri, tudo fazem para induzir os jurados a superestimar detalhes de somenos e emprestando a máxima relevância a fatos secundários, que beneficiam o réu. Conforme seu maior ou menor talento nesse torneio, muitas vezes atingem o fim colimado. É impressionante comparar a defesa que é feita perante o Júri, com a que se faz ante o juiz togado. No Júri todos os recursos são lícitos, desde que sirvam para convencer os jurados"[14].

3. FISCALIZANDO O INQUÉRITO

Daí que, antes do surgimento da figura do tribuno, no plenário de julgamento, há que ter havido um percuciente trabalho fiscalizador do investigatório, buscando sanar-lhe ou minorar-lhe eventuais falhas, deixando-o menos suscetível à formulação de dúvidas, para que não se questione de sua integridade quando do julgamento.

O Ministério Público[15], já com atribuições constitucionais (art. 129, VII e VIII), fulcrado no Código de Processo Penal (art. 16), invocando-se ainda sua Lei Orgânica n. 8.625, de 12-2-1993 (art. 26, IV), mais diretamente emprestará sua atuação à depuração do fato criminoso, se estiver já com a óptica voltada ao julgamento popular, evitando assim, o quanto possível, por antemão, a reprovável técnica combatida por Fragoso.

Pontos obscuros na investigação, caso sejam importantes à ação penal (art. 16 do CPP), são preferíveis que se elucidem com a imediata volta do inquérito à autoridade policial, requisitando-se diligências imprescindíveis à formação da *opinio delicti*. Noutro caso, em se necessitando de diligências complementares, auxiliadoras, estas se resolverão em autos suplementares de inquérito, solicitadas em paralelo, enquanto o Ministério Público já inicia, concomitantemente, a ação penal, com o oferecimento da denúncia... mas que resulte assim, o quanto possível, um inquérito lúcido, não um torvelinho de versões, que comprometeriam, como em um processo poliândrico, o futuro da ação penal.

....

14 *RF*, 193/26.

15 Sobre o Ministério Público no inquérito policial, *v*. artigos de Frederico Marques, João Lopes Guimarães e Afrânio Silva Jardim, *Justitia* 84/273, 92/9 e 124/21.

Na análise das investigações dos crimes dolosos contra a vida, o promotor já não se atém só ao "principal": busca o quanto possível a comprovação do *factum externum* e, desnudando o íntimo do criminoso, busca-lhe os contornos e a essência do *factum internum*. Enquanto acusador, é sabedor que o adversário, sem prova a alicerçar um pedido de excludente de ilicitude, v.g., ou sem condições de ofertar um álibi, poderá, com *verbis pingere* – para usarmos a expressão de Cícero (106-43 a.C.) –, *pintar com palavras* o "supérfluo" – periférico e secundário – agigantando assim a *miniatura* de prova, para tentar, na inversão da valoração lógica, sufocar a palpável e real prova. Quando não consegue convencer, ao menos procura vazar dúvidas no espírito, então permeável, de alguns jurados. Daí nada adianta protestar-se contra a instituição popular, quando o que houve fora falta de zelo, ou pouco importa que fique o promotor por trás da beca, apequenado pelo pleito perdido, emprestando-se ares de *felix culpa*... como a pronunciar as palavras de Santo Agostinho (354-430) com que definiu o resvalo do primeiro casal.

4. O PROCEDIMENTO INVESTIGATÓRIO

Com a *notitia criminis* e o início das investigações policiais[16], a criminalística e a medicina legal saem a campo[17], objetivando, o quanto possível, a colheita de todos os elementos sensíveis do crime – o *corpus delicti* –, formalizando sua *materialidade* e *indiciando* eventual autor.

Dellepiane, citado por Cordeiro Guerra[18], assim sintetiza as investigações[19]:

"I – Busca de rastros.

---

16 Para que não passe *in albis*, sobre a possibilidade de algumas provas não usualmente utilizadas nos nossos procedimentos como estratégia da polícia (os franceses denominam *pratiques undercover*; v.g., o caso das filmagens escondidas...), pobre a literatura nacional a respeito, confira-se o trabalho de Christian de Valkeneer, *Le droit de la police*, Bruxelles, De Boeck Université, 1991, p. 136-62, e Les nouvelles stratégies policières aux confins des criminalisations primaire et secondaire, in *Acteur social et délinquance, en hommage à Christian Debuyst*, Liège-Bruxelles, Mardaga, 1991, p. 310-25.

17 A propósito da medicina legal, consulte-se a atualizada obra *Medicina Legal*, v. I e II, Coleção Curso&Concurso, de Eduardo Del-Campo, Sucessivas Edições, São Paulo, Saraiva.

18 *A arte de acusar*, 1. ed., Rio de Janeiro, Forense Universitária, 1988, p. 24.

19 V. Ángel Vélez Ángel, *Investigación criminal*, 2. ed., Bogotá, Ed. Temis, 1982, p. 52 e s. e 102 e s.

II – Recolección de los mismos, directamente o con auxilio de peritos, y inspección *in situ*.

III – Conservación de los rastros.

IV – Descripción o representación figurada de los mismos.

V – Descripción del lugar y reprodución figurada por medio de la fotografia, etc.

VI – Observación y estudio de los rastros directamente o auxiliándose con peritos *ad hoc*.

VII – Formación de inferencia e hipótesis basadas en los rastros recogidos.

VIII – Crítica de las mismas para estabelecer su valor.

IX – Comparación y combinación de inferencias para investigar el acuerdo o desacuerdo de los hechos (aplicación del princípio de confirmación).

X – Exclusión de hipótesis contradictorias (de intervención del azar, de la falsificación de prueba, etc.)".

Daí o surgimento do laudo de exame necroscópico, da fotografia da vítima, do esquema elucidativo, da reprodução simulada dos fatos, da perícia em armas etc.

5. A PROVA PERICIAL NAS MORTES VIOLENTAS

Para um entendimento técnico das perícias efetivadas na casuística dos homicídios dolosos, dentro do contexto de "perícias em *mortes violentas*" (portanto, não necessariamente em casos de homicídios dolosos), valemo-nos, por oportuno, das lições de José Lopes Zarzuela[20], que as classifica como:

a) *Direta*: consistente na apreciação e interpretação objetivas da pessoa física, viva ou morta, ou da coisa, de provável ou de concreto interesse judiciário. É a modalidade mais comum na atividade do Perito Criminal e do Médico Legista. Exs.: exame da arma de fogo, do agente contundente ativo, do cadáver no local do fato, dos veículos acidentados, das manchas de sangue, da constatação da embriaguez alcoólica, da

[20] Confira-se o trabalho do ilustre professor da USP e da FMU, in "O perito e as mortes violentas", artigo publicado na *Revista da FMU/SP*, n. 5, 1991, p. 248 e s.

comprovação da gravidez, da comprovação de conjunção carnal, recente ou antiga, de comprovação de aborto recente ou antigo etc.

Esta modalidade de perícia é prevista no art. 158 do CPP.

b) *Indireta*: consiste na análise e interpretação de elementos de interesse técnico contidos nos autos do Inquérito Policial ou do Processo Penal e dos obtidos em diligências.

Esta modalidade de perícia está prevista no art. 172, parágrafo único, do CPP, visando reconstituir os vestígios que foram destruídos ou deteriorados por forças naturais (calor, quente ou frio, luz, precipitações pluviométricas etc.) ou através de ações culposas ou dolosas.

c) *Complementar*: consiste em outra perícia destinada a esclarecer ou completar a anterior por se mostrar, a primeira, omissa, inexata, obscura, com notória inobservância de formalidades ou apresentar contradições, ou ainda quando objetiva a classificação do delito de lesões corporais.

Esta modalidade de perícia está revista nos arts. 168, §§ 1º e 2º, e 181, *caput*, do CPP.

d) *Retrospectiva*: consiste na apreciação e interpretação de elementos materiais relacionados com evento ocorrido no passado, a fim de projetá-los ao futuro como elementos de instrução judiciária".

Classifica-as, por espécie, depois, as *modalidades de perícias no Foro Criminal*:

"a) *Perinecroscopia* (... onde o perito deverá proceder ao exame minucioso e circunstanciado do local, referindo: a) posição e situação do(s) cadáver(es) que deverão ser fixadas fotograficamente; b) a distância em que o cadáver se encontra de elementos de ordem material relacionados com o evento, como a arma de fogo, o agente contundente ativo, a impressão deixada pelo impacto de projétil, as manchas de sangue, se dinâmicas ou estáticas etc.; c) a presença de pegadas, impressão dermatoglífica, vestígios de luta perceptíveis no cadáver, pelo desalinho de suas vestes ou pela desordem observada no local... sob o ponto de vista processual penal, a perícia perinecroscópica está prevista nos arts. 164 e 165).

b) *Necropsia, tanatopsia ou autópsia* (previsão do art. 162, *caput*, do CPP): consiste preliminarmente no exame exterior do cadáver abrangendo suas vestes e objetos eventualmente nele presentes, seguindo-se o exame interno que implica na abertura das cavidades craniana, torácica abdominal e coluna vertebral, bem como o exame das vísceras nele contidas... Em certos casos, quando o exame de uma única cavidade permite concluir sobre a etiologia da morte, de modo a não suscitar dúvidas presentes ou futuras, é dispensável o exame das demais cavidades ou ensaios toxicológicos, anatomopatológicos ou bacteriológicos.

c) *Exame cadavérico*: consiste na modalidade de exame de corpo de delito direto, de competência do médico-legista, em que a perícia do cadáver é exclusivamente externa (previsão do art. 162, parágrafo único, do CPP)... apresenta similitudes com a perícia perinecroscópica, pois em ambos procede-se só ao exame externo do cadáver...".

5.1. A cadeia de custódia na preservação dos vestígios

A fidedignidade dos vestígios materiais, especialmente nas mortes violentas, exige rigor técnico desde o primeiro contato da autoridade policial com a cena do crime. A ausência de contaminação probatória, a preservação da integridade dos objetos apreendidos e o registro formal do percurso da prova são pressupostos elementares para a credibilidade dos laudos periciais que servirão de substrato técnico ao julgamento popular.

Com a superveniência da **Lei n. 13.964/2019 (Pacote Anticrime)**, o Código de Processo Penal passou a disciplinar, de forma sistemática, a **cadeia de custódia dos vestígios** nos arts. 158-A a 158-F.

Trata-se de um conjunto de procedimentos sequenciais destinados a documentar o itinerário de cada elemento material apreendido, desde sua coleta inicial até sua apresentação em plenário, registrando-se a todo tempo a identificação dos responsáveis por sua guarda, transporte e manuseio.

O rompimento injustificado da cadeia de custódia poderá dar ensejo a questionamentos de ordem probatória e nulificantes, sobretudo quando afetar a autenticidade ou a confiabilidade da prova pericial.

Embora não constitua uma modalidade de prova autônoma, a cadeia de custódia reveste-se de alta relevância prática, impondo ao delegado de polícia, aos peritos e aos demais agentes públicos o dever funcional de rigor técnico-administrativo na manipulação dos vestígios, sob pena de comprometimento da higidez probatória na fase judicial subsequente.

No âmbito do Tribunal do Júri, a preservação da cadeia de custódia não apenas robustece a força persuasiva das provas científicas perante o Conselho de Sentença, mas também imuniza a acusação contra eventuais alegações defensivas de quebra na fidedignidade dos elementos materiais colhidos na fase pré-processual.

6. A CAUTELA DO MINISTÉRIO PÚBLICO

Como dificilmente haverá a possibilidade de nova feitura de algumas provas e perícias, visto que o *status* já se teria alterado com o passar do tempo, nota-se a importância mor da solução das perícias e diligências no inquérito, uma vez que, para a solução das equações lógico-jurídicas a serem alteadas no plenário do Júri, as respostas, no mais das vezes, são oriundas justamente deste trabalho investigatório e pericial. Destarte a fiscalização pelo Ministério Público não é zelo descabido. Antes disso, além de *munus*, é verdadeiro apreço a uma classe, porquanto, com um inquérito perfeito, ou menos sujeito às objurgatórias tão próprias dos debates em plenário, se estará velando pelo mais alto interesse da própria instituição policial: o respeito público.

Isto porque, faltante o lastro probatório para o embasamento de pretensões defensivas, não custará ao defensor valer-se da argumentação extralógica *ad hominem* ou *ad populum*[21]: atacando-se a polícia, objetiva--se, em paralelo, desacreditarem-se as provas por esta coligidas e, por conseguinte, a vitória da causa defendida... não se questione da ética, dado que a técnica, que vai dos curiosos aos profissionais de nomeada, é de uso comum no foro criminal, desde a muito, como na justificativa

21 "A teoria do direito tem prestado pouca atenção a esses meios extralógicos empregados na técnica jurídica, mas eles integram indiscutivelmente a experiência do dia a dia do juiz, do promotor e do advogado. Exemplos disso são os recursos à força, ameaças e toda espécie de coação, comuns no direito internacional, com fim de criar uma ambiência favorável à aprovação de teses jurídicas que de outra forma seriam repelidas pela comunidade internacional; tais argumentos, denominados *ad basculum* ou *ad terrorem*, também têm sua vez na prática judicial. Outros *meios extralógicos* que contribuem para a escolha das premissas que irão levar à concludência jurídica: o argumento dito *ad hominem*, pelo qual, ao invés de refutar-se o raciocínio de alguém, ataca-se a pessoa que o elabora; o argumento *ad misericordiam*, também chamado *pietatis causa*, pelo qual se procura convencer alguém de certo ponto de vista pelo recurso aos sentimentos de piedade; na atividade política se emprega comumente o argumento *ad populum*, que consiste em fundamentar uma opinião nos sentimentos do povo... Todas estas formas retóricas de argumentação integram a realidade do direito e demonstram que o raciocínio jurídico é muito mais complexo do que a tese da subsunção jurídica pretende demonstrar" (Luís Fernando Coelho, *Lógica jurídica e interpretação das leis*, 2. ed., Rio de Janeiro, Forense, 1981, p. 149).

dada pela Suprema Corte de Paris: "il n'y a pas possibilité de défendre sans attaquer"[22]...

...E parece mesmo não arrumarem melhores meios de defesa, sem atacarem *alguém*...

Já Roberto Lyra, a seu tempo, advertia:

"Nos juízos criminais em geral, sobretudo no júri, os recursos dos advogados sem imaginação são os ataques à polícia, a desmoralização de seu procedimento, a ofensa e o achincalhe aos agentes da autoridade pública"[23].

Vê-se, assim, que a falácia ou argumentação extralógica, desconstituindo a polícia e as provas por ela produzidas, como velha moda dos rábulas sem reciclagem, podem tornar-se o "carro chefe" para a postulação do injusto, no ato do julgamento. Leva-se o julgador ao raciocínio enganoso, ao qual, se *no caso* a investigação policial merece censura, *porque censurável é a autoridade policial*, logo "o réu é inocente"... São os ataques tribunícios contra a polícia, *visando lograr efeito contra a prova dos autos.*

Tais ataques, ainda que camuflados sob o manto da retórica garantista, revelam-se, muitas vezes, como sofisticadas formas de sabotar o justo exercício da autoridade legítima. Não raro, o que se apresenta como zelo pelos direitos individuais são apenas pretextos humanistas de superfície, usados para mascarar uma engenharia discursiva voltada à erosão da responsabilidade penal.

6.1. O advogado no inquérito policial

Se advogar é chamar a si a responsabilidade pela defesa de outrem, nada mais justo de que, como premissa humanística de qualquer defesa, conforme leciona experiente criminalista[24], a primeira coisa a fazer é levar solidariedade ao indiciado/preso quando do inquérito, já que contra ele estará o aparato estatal e, rotineiramente, a opinião pública, a vítima ou familiares desta, faltante, alguma vez, até mesmo o amparo da própria família, que o abandona em situações como tais. Aconselha-se

---

22 V. Carvalho Neto, *Advogados – como vivemos, como aprendemos, como sofremos*, 3. ed., São Paulo, Ed. Aquarela, 1989, p. 405 e s.

23 *Teoria e prática da promotoria pública*, 2. ed., Porto Alegre, Sérgio Antonio Fabris Ed., 1989, p. 123.

24 Welton, Roberto, *Defesas penais*, Coleção Prática do Direito, São Paulo, Saraiva, 2008, v. 13.

mesmo a nada perguntar sobre o fato, a menos que por iniciativa do próprio cliente a conversa se inaugure, devendo, pois, ser a primeira missão do advogado conquistar-lhe a confiança, para depois, construir sua defesa[25].

Ademais, é providência quantas vezes inócua pretender o advogado extrair do cliente a verdade nua e crua. Não é mesmo sua missão. Quer se trate de um grande criminoso, quer se trate de um pequeno, de regra, como acentuam Dirand e Joly, é raro que sem rodeios e aduzindo "toda a verdade", o suspeito, indiciado ou acusado, diga "fui eu", porque o defensor para ele, mesmo conhecido e de prestígio, é um estranho que faz parte de um sistema, portando uma beca análoga a do promotor e a da toga do juiz[26]. Desse modo, instintivamente, procura o cliente, se criminoso, evidentemente, a insuflar no advogado a máxima força de convicção, visando fazê-lo crer em sua inocência, da qual, resultará, conforme pensa, na melhor defesa[27].

Daí que se inteirar do fato, conversar tranquilamente com o constituído, possibilita, por exemplo, que o advogado possa preparar o cliente para as possíveis perguntas que sofrerá em seu interrogatório, buscando polir sua versão, ajustando os vocábulos à ideia. Note bem, "polir", como diz Saint-Pierre[28], e não manipular ou fraudar a verdade, ferindo a deontologia da classe, já que sua missão é de defensor e conselheiro, e não de manipulador dos fatos[29].

Sim, há muito de sensibilidade, tato e tática em qualquer bom ofício, fato que, agregado ao preparo técnico e à argúcia, revestem de sucesso um bom advogado. Certa vez um estudante perguntou ao Ministro Benjamin Cardozo, da Suprema Corte Americana – à época ainda atuante na Corte de Apelação de Nova Iorque –, por que ele "pegava todos os casos interessantes". A resposta foi que os casos não eram particularmente interessantes até ele tomá-los sob sua responsabilidade e debruçar-se sobre eles.

....

25 Welton Roberto, *Defesas penais*, Coleção Prática do Direito, São Paulo, Saraiva, 2008, v. 13.

26 Georges, Dirand e Pierre Joly, *Maître, vous avez la parole... Floriot, Ambre, Filippi*, Paris, Ed. Calmann-Levy, 1975, p. 30.

27 Georges, Dirand e Pierre Joly, *Maître, vous avez la parole... Floriot, Ambre, Filippi*, Paris, Ed. Calmann-Levy, 1975, p. 30.

28 François, Saint-Pierre, *Avocat de la défense*. Paris, Ed. Odile Jacob, 2009, p. 140-141.

29 François, Saint-Pierre, *Avocat de la défense*. Paris, Ed. Odile Jacob, 2009, p. 140-141.

Isto denotava que o talento e o labor do Ministro, como em qualquer ofício humano, transformava casos ordinários em grandes casos, possibilitando importante e amplo debate social[30]. O ordinário, assim, ficava extraordinário, como uma simples defesa pode se configurar em uma superdefesa. "Entre ser noite e haver aragem", dizia Fernando Pessoa, "passa um mistério". Juízes, promotores, advogados; advogados, promotores e juízes podem altear grandes debates, descobrirem importantes verdades, ou amesquinharem seu trabalho, apequenando a tradição de sua profissão. Formalmente, todos são profissionais com o mesmo rótulo, sem que exista, necessariamente, a mesma "aragem".

De fato, atuar artesanalmente e competentemente em favor de alguém, vai além das simples garantias ou formais prerrogativas. Por vezes, estas entram em conflito com a conveniência, quando se sai do campo teórico para a casuística, a prática. Angel Ossorio, advogado espanhol de nomeada, em seu clássico "El alma de la toga", deixa lição lapidar, afirmando, por exemplo, que o advogado deve guardar o sigilo profissional a todo custo, "custe o que custar", não sendo admissível revelá-lo nem sob a maior ameaça, nem diante do maior perigo[31], para depois mostrar a realidade e a excepcionalidade, ao relatar que, se o Tribunal questiona aos advogados algo que diga respeito ao sigilo profissional, a reação deles é normal e imediata: "Não posso responder. Amparo-me no sigilo profissional", e, assim, ninguém se atreveria a insistir em tal sorte de ilegalidade de pergunta[32]. Contudo, pondera:

"O mal deste caso é que muitas vezes, o amparar-se no segredo vale tanto quanto uma confissão contra o cliente. Suponhamos que o acusado de um delito intenta provar um álibi dizendo que no dia e na hora do acontecido estava em nosso escritório consultando-nos. Se nos pedirem a confirmação de tal fato e nos amparamos no segredo profissional, não há dúvida de que todo mundo entenderá que é mentira a afirmação de nosso cliente, pois se fosse certo de que estivesse estado, não veríamos inconveniente em respondê-lo. De modo que ao abrigar-nos no segredo vale tanto quanto dizer *não*"[33].

30 *Apud* Alan Dershowirtz, *Letters to a young lawyer*, New York, Basic Books, 2001, p. 18.

31 Angel, Ossorio. *El alma de la toga*. Buenos Aires, Librería El foro, 1997, p. 54.

32 Angel, Ossorio. *El alma de la toga*. Buenos Aires, Librería El foro, 1997, p. 62.

33 Angel, Ossorio. *El alma de la toga*. Buenos Aires, Librería El foro, 1997, p. 62.

Que fazer? Qual a postura que adotam os grandes? Tomemos a frase de Gisèle Halimi, notável advogada francesa, que atuou em "grandes causas", autointitulada "advogada insubordinada" ("*Avocate irres-pectueuse*")[34], para uma veraz assertiva: é preciso "desconstruir a teoria para melhor construir o real". Dizia isso a respeito de sua vida e de suas defesas. Em outras palavras, a "prática é outra gramática" e, por conseguinte, reclamava a necessidade de inteirar-se da crua realidade, "desconstruindo" a pura teoria para a melhor compreensão da mecânica das coisas, dos processos que movem o mundo, da dinâmica que transporta as horas, vale dizer, da vida como ela é, sem teorizações abstratas, sem pré-roteiro, mas indefinida, misteriosa e cambiante.

Nesse sentido, como reiteradamente afirmamos, o inquérito policial tem peso probatório no júri, tal como não teria, provavelmente, em um juízo togado; tal como parece não ter nas rotineiras lições das obras de processo penal. Destarte, se vale para a acusação a ressalva de que todo o cuidado com o inquérito é imprescindível, já que de seu desvelo ou desídia pode haver reflexo e decidir o desfecho da causa, no julgamento, serve a observação de que, também para a defesa, tal peça não é "simples investigação", mero "procedimento administrativo", mas, contrariamente, pode mesmo se configurar em elemento probatório da mais alta valia, mesmo decisório, quando do plenário do júri.

Portanto, embora não haja contraditório no inquérito – o contraditório é diferido, postergado para momento ulterior –, nada obsta que eventual defensor constituído acompanhe o caminhar das investigações, requerendo a produção de determinada prova e se inteirando, o quando possível, de tudo que venha a interessar a sua futura e formal defesa. Muitos, nesse sentido, desenvolvem verdadeiro trabalho investigatório paralelo, para poder sugerir ou requerer medidas à autoridade policial, visando lastrear antecipadamente a futura tese defensória. Seja pela consecução da medida requerida, seja pelo seu indeferimento. Tudo será prova ou argumento.

Mutatis mutandis, compreendamos aqui, uma e outra vez, o espírito de Halimi: "A justiça e eu. Uma intimidade, em si, estranha. Eu interrogava a justiça, sozinha. Ela me respondia. Eu a interrogava de novo. Eu me interrogava de novo. Explicações de uma velha dupla, onde se revive o pior e o melhor. Para este face a face, parecia-me ser preciso estar

34 Gisèle, Halimi. "*Avocate irrespectueuse*", Paris, Ed. Plon, 2002, p. 14.

indene a todo *a priori*. A gente sabe, a terra não é azul (...) É preciso então repartir do zero"[35].

O que quis dizer a combatente defensora? Que não se conforma com verdades estabelecidas; que se interroga sobre fatos, coisas, descobertas e destinos; que perquire sem cessar e não cessa de perquirir; enfim, que "a justiça e ela" são uma dupla, que se confundem, se dialetizam e se completam, inserindo-se e fundindo-se dentro dela, como em uma relação de busca pela verdade, com fluxos e refluxos, idas e vindas, distante da poesia irreal e acomodatícia de quem só vê o "azul da terra", um mar sem ondas ou um "céu de brigadeiro". Para isto, afasta todos os juízos apriorísticos e parte sempre de um marco zero. Nada aceita sem questionar, ou, se o faz, é diante da inevitabilidade e por pura técnica. Este é o modelo do bom advogado atuante, aquele que não se aquieta com o quanto produzido pelo Estado, mas que busca a investigação e a produção do que represente interesse ao mandato que lhe foi confiado. Afinal, se o advogado nada fizer, para que advogado, se só o Estado bastaria? Esperar para exercitar a defesa em momento oportuno? Sim, mas é que pode ser oportuno trabalhar-se sobre o caso, com ética, profissionalmente, desde o início – ao menos adequadamente inteirar-se dele – para melhor possibilitar a defesa no "momento oportuno".

"Você quer ser bom?", questiona o notável advogado norte-americano Alan Dershowitz, professor em Harvard. "Todos nós queremos. Mas quando você se torna um advogado, você tem que definir o bom diferentemente do que você fazia antes. Como advogado, você está representando outra pessoa. Você está atuando em nome dela. Você fala em seu nome"[36]. Portanto, nenhum comprometimento ético, nenhuma censura, ao contrário, o reconhecimento de um trabalho intimorato em favor da causa que defende. Cada contendor, pois, com as armas legais de seu exército, fiel ao seu mandato, leal a sua gente, para que haja no combate o que no jogo se convencionou chamar de *fair play*, ou seja, uma "partida justa", com regras definidas e seguidas. Em última instância, chamam isso de "dialética", que passa por uma certa "paridade de armas". Vale dizer: para que haja "paridade de armas", as armas não podem estar

....

[35] Gisèle, Halimi. "*Avocate irrespectueuse*", Paris, Ed. Plon, 2002, p. 14. trad. livre do autor.

[36] Gisèle, Halimi. "*Avocate irrespectueuse*", Paris, Ed. Plon, 2002, p. 41.

paradas. Afinal, não se disparam as armas se dormentes no simples celeiro das intenções.

O "advogado de água-doce"[37], como o chamou jocosamente a também advogada Marie-Hélène Renaut, não pertence exatamente a uma profissão, da qual equivocadamente se toma de empréstimo o nome, pertence sim à farsa e à comédia de Pathelin, aquele "advogado sem cliente, sem causa e sem escrúpulo, chamado advogado *putativo*"[38]. Evidentemente, não pode ser advogado quem não tem escrúpulo, resultando fatalmente a ausência de clientes e de causa. Círculo vicioso, a não ação leva a ação nenhuma.

Nesse sentido, é falto de escrúpulos quem, falando em nome de outrem, em sua defesa, não defende; precisando agir, não age, restando inamovível. Destes cuida o mercado competitivo encomendando a alma na certeira morte profissional, também deles se ocupa o Conselho de Ética da OAB, como em um tribunal de contas moral. Um só sinal de pontuação, pois, timbra a atuação de um bom causídico, e este é a interrogação, ao menos em um primeiro momento. "Onde, quando, como o crime foi cometido e por quem? Eis as quatro questões que se põem aos juízes em cada processo"[39], lembra François Saint-Pierre, para asseverar, completando, que, "em Roma, Quintiliano havia formulado este teorema jurídico para que os advogados pudessem responder a uma acusação circunstanciada e que os juízes só deveriam deliberar após aprofundada discussão. A impossibilidade de acusar com precisão as circunstâncias fáticas de lugar, tempo e de modalidade do crime caracteriza um enigma judiciário, ou seja, que não pode ser racionalmente resolvido". E perante um enigma, a sabedoria recomendaria aos juízes não condenar...

Mas, afinal, o que busca o inquérito? Para qual "dever" se prepara desde o inquérito, o defensor criminalista?

Bem, se o inquérito busca investigar um fato criminoso, solucionando o crime, e nesta solução já se começa a se evidenciarem as provas, para, por fim, consolidarem-se; e se no processo tudo é uma questão de provas, sendo estas o instrumento racional para a demonstração de um

37 Marie-Hélène, Renaut. "Les avocats, de l'empire romain à la fin du XVIII Siècle", in *Avocats. La verbe et la robe*, Issy-les-Moulineaux, Prat Éditions, 2009, p. 133.

38 Marie-Hélène, Renaut. "Les avocats, de l'empire romain à la fin du XVIII Siècle", in *Avocats. La verbe et la robe*, Issy-les-Moulineaux, Prat Éditions, 2009, p. 133.

39 François, Saint-Pierre. *Avocat de la Défense*, Paris, Odile Jacob, 2002, p. 34, trad. livre do autor.

fato, evidentemente, quem as conhece desde o nascedouro, a razão ou o modo de ser destas, quem melhor as conhece, enfim, fica mais à vontade para discuti-las, podendo exercer com mais conforto o ofício de cobrá-las, em última instância, como verdadeiro dever do advogado, como reiterou Saint-Pierre: "A exigência de provas é um dever do advogado, como a invocação da presunção da inocência. No curso da instrução judicial, depois quando das sessões de julgamento, até sua defesa, o advogado não cessa de exigir sejam apresentadas as provas sobre as quais o Ministério Público funda sua acusação, depois de as refutar, uma por uma, em detalhes, em termos de fato"[40].

Por conseguinte, não é porque o inquérito seja falto de contraditório (contraditório diferido), que o defensor deva se plasmar pela imobilidade, passividade, inércia, acomodação[41].

É nesse sentido que se reclama ação, para além de mera atuação formal, de modo a configurar-se, efetivamente, ampla defesa, razão pela qual é garantido o acesso do advogado às provas produzidas, conforme estatuído pela Lei n. 13.245/2016 (Estatuto da Advocacia), quando, em seu art. 7º, XIV, assegurou ao advogado o direito de "examinar, em qualquer instituição responsável por conduzir investigação, mesmo sem procuração, autos de flagrante e de investigações de qualquer natureza, findos ou em andamento, ainda que conclusos à autoridade, podendo copiar peças e tomar apontamentos, em meio físico ou digital".

Aliás, o Estatuto da Advocacia de 2016 reafirmou a prerrogativa que havia sido prevista anteriormente na Lei n. 8.906/94, não sendo demasiado recordar que "foi com base nessa prerrogativa que o Supremo Tribunal Federal assegurou, com a Súmula Vinculante 14, que 'é direito do defensor, no interesse do representado, ter acesso amplo aos elementos de prova que, já documentados em procedimento investigatório realizado por órgão com competência de polícia judiciária, digam respeito ao exercício do direito de defesa'"[42].

40 François, Saint-Pierre. *Avocat de la Défense*, Paris, Odile Jacob, 2002, p. 35, trad. livre do autor.

41 Welton, Roberto. *Defesas Penais*, Coleção Prática do Direito, São Paulo, Saraiva, 2008, v. 13.

42 Cf. Welton Roberto, que sustenta com precisão (*Defesas Penais*, Coleção Prática do Direito, São Paulo, Saraiva, 2008, v. 13): "Somente dessa forma se vê a possibilidade de compatibilizarmos o direito de acesso às provas produzidas no inquérito policial pelo defensor e, ao mesmo tempo, se garantir o sucesso da

investigação criminal, que é de interesse público bem definido, mormente nos crimes de ação penal pública. É nessa linha que o Supremo Tribunal Federal (STF) tem decidido sobre a questão:

'I. *Habeas corpus*: cabimento. Cerceamento de defesa no inquérito policial. 1. O cerceamento da atuação permitida à defesa do indiciado no inquérito policial poderá refletir-se em prejuízo de sua defesa no processo e, em tese, redundar em condenação a pena privativa de liberdade ou na mensuração desta: a circunstância é bastante para admitir-se o *habeas corpus* a fim de fazer respeitar as prerrogativas da defesa e, indiretamente, obviar prejuízo que, do cerceamento delas, possa advir indevidamente à liberdade de locomoção do paciente. 2. Não importa que, neste caso, a impetração se dirija contra decisões que denegaram mandado de segurança requerido, com a mesma pretensão, não em favor do paciente, mas dos seus advogados constituídos: o mesmo constrangimento ao exercício da defesa pode substantivar violação à prerrogativa profissional do advogado – como tal, questionável mediante mandado de segurança – e ameaça, visto que mediata, à liberdade do indiciado – por isso legitimado a figurar como paciente no *habeas corpus* voltado a fazer cessar a restrição à atividade dos seus defensores. II. Inquérito policial: inoponibilidade ao advogado do indiciado do direito de vista dos autos do inquérito policial. 1. Inaplicabilidade da garantia constitucional do contraditório e da ampla defesa ao inquérito policial, que não é processo, porque não destinado a decidir litígio algum, ainda que na esfera administrativa; existência, não obstante, de direitos fundamentais do indiciado no curso do inquérito, entre os quais o de fazer-se assistir por advogado, o de não se incriminar e o de manter-se em silêncio. 2. Do plexo de direitos dos quais é titular o indiciado – interessado primário no procedimento administrativo do inquérito policial –, é corolário e instrumento a prerrogativa do advogado de acesso aos autos respectivos, explicitamente outorgada pelo Estatuto da Advocacia (L. 8.906/94, art. 7º, XIV), da qual – ao contrário do que previu em hipóteses assemelhadas – não se excluíram os inquéritos que correm em sigilo: a irrestrita amplitude do preceito legal resolve em favor da prerrogativa do defensor o eventual conflito dela com os interesses do sigilo das investigações, de modo a fazer impertinente o apelo ao princípio da proporcionalidade. 3. A oponibilidade ao defensor constituído esvaziaria uma garantia constitucional do indiciado (CF, art. 5º, LXIII), que lhe assegura, quando preso, e pelo menos lhe faculta, quando solto, a assistência técnica do advogado, que este não lhe poderá prestar se lhe é sonegado o acesso aos autos do inquérito sobre o objeto do qual haja o investigado de prestar declarações. 4. O direito do indiciado, por seu advogado, tem por objeto as informações já introduzidas nos autos do inquérito, não as relativas à decretação e às vicissitudes da execução de diligências em curso (cf. L. 9.296, atinente às interceptações telefônicas, de possível extensão a outras diligências); dispõe, em consequência, a autoridade policial de meios legítimos para obviar inconvenientes que o conhecimento pelo indiciado e seu defensor dos autos do inquérito policial possa acarretar à eficácia do procedimento investigatório. 5. *Habeas corpus* deferido para que aos advogados constituídos pelo paciente se faculte a consulta aos autos do inquérito policial, antes da data designada para a sua inquirição' (STF, HC 82.354/PR, 1ª Turma, Rel. Sepúlveda Pertence, *DJ*, 24-9-2004).

7. QUANDO UM PORMENOR GANHA IMPORTÂNCIA: UM EXEMPLO PRÁTICO

Alguns debutantes do júri, adoradores embevecidos e confessos de Kelsen, Kant, Ihering, Engish, Vecchio e outros inegáveis mestres – seja da introdução ao pensamento jurídico, da filosofia do direito, ou mesmo da dogmática ou do processo penal –, cujas obras são reverenciadas como na devoção que se tinha ao "bezerro de ouro" de que nos fala a Sagrada Escritura, prontos a questionarem por horas a fio a tópica de Theodor Viehweg, esquecem-se dos pontos diminutos que compõem um singelo inquérito. Porque repleto de singelos adereços, ou até fragmentos, como particularidades formadoras de um processo criminal, olvida-se que tais pormenores também podem evidenciar-se como *causa* de uma decisão, porque componentes desse *todo*. Sabem, por conseguinte, tais juristas *muito* e, contudo, pecam no *pouco*, uma vez que, embora possam debater e convencer filosófica e doutrinariamente mestres e doutores, deslembram-se que no Tribunal Popular o veredicto é prolatado por leigos, e não por doutos. Vai daí que dominam, do latim ao grego, do inglês ao alemão, deambulando com desenvoltura pela doutrina e pensamento d'além mar. Contudo, por não se prepararem previamente às questões simplórias que, comumente, são suscitadas em plenário (em bom português-brasileiro), acabam ficando enrodilhados na autossapiência destinada à discussão da "influência da física quântica no direito" – ou da espessura da poeira estelar – enquanto o jurado cobra, muitas vezes, questões comezinhas...

'ADVOGADO. Investigação sigilosa do Ministério Público Federal. Sigilo inoponível ao patrono do suspeito ou investigado. Intervenção nos autos. Elementos documentados. Acesso amplo. Assistência técnica ao cliente ou constituinte. Prerrogativa profissional garantida. Resguardo da eficácia das investigações em curso ou por fazer. Desnecessidade de constarem dos autos do procedimento investigatório. *Habeas Corpus* concedido. Inteligência do art. 5º, LXIII, da CF, art. 20 do CPP, art. 7º, XIV, da Lei n. 8.906/94, art. 16 do CPPM, e art. 26 da Lei n. 6.368/76. Precedentes. É direito do advogado, suscetível de ser garantido por *habeas corpus*, o de, em tutela ou no interesse do cliente envolvido nas investigações, ter acesso amplo aos elementos que, já documentados em procedimento investigatório realizado por órgão com competência de polícia judiciária ou por órgão do Ministério Público, digam respeito ao constituinte'" (STF, HC 88.190/RJ, 2ª Turma, Rel. Cezar Peluso, *DJ*, 6-10-2006).

De Cecília Meireles (1901-1964) a lembrança: "De tanto olhar para longe, não vejo o que passa perto...".

Por certo que não se prescinde da ciência e das altas indagações do direito, mas o que se objetiva é a anotação de que não devemos descurar-nos com o aparentemente inócuo, porque simplório ao primeiro sinal. Como neste exemplo: como sabido, o "boletim de ocorrência" é mero apontamento e registro sobre a *notitia criminis* levada à polícia, cujo *minimum* de dados, açodadamente, é colhido pelo policial que o lavra. Dessa forma, *Caio* (para aproveitarmos os personagens das lições de Altavilla e Hungria), que à distância assistira uma pessoa disparando contra outra, é o primeiro a comparecer à delegacia de polícia levando a notícia do fato criminoso (art. 5º, § 3º, do CPP).

O escrivão – sectário *prêt-à-porter* de Pero Vaz de Caminha –, sentado à frente do computador, passa ao preenchimento do referido boletim, com menor ou maior interesse, consoante seu humor momentâneo, na rotina própria do cotidiano. Não raro, batuca com desdém, malversando até a ortografia pátria, aquele documento que jamais iria supor a importância que adquiriria no futuro...

Nesse sentido, *Caio*, que assistira fragmentos do episódio criminoso, acaba por ofertar a *primeira versão* dos fatos, que incorporará o "histórico" do predito documento... e assim fornece elementos ao escrivão, que na sua faina diária elabora mais um BO. Supondo-se que esteja imbuído da melhor intenção ao reportar os fatos, informa ter visto "que os disparos se deram por volta das 22:00 horas, estando a uma distância aproximada de cem metros do local dos fatos, e que o atirador era *moreno*, com altura aproximada à sua, ou seja, *1,65* m...".

Embora tenha se prestado à colaboração com as investigações, *Caio*, nesse momento, *sine intervallo* após o crime, completamente transtornado pelo que vira, acabou ofertando detalhes dos quais tinha dúvidas... no entanto, ali no "histórico", já ficaram registradas suas impressões.

Continuamente, as investigações policiais prosseguirão e *Caio* (que no dia do crime se encontrava à distância dos fatos) acabará, em diligência mal resolvida, não sendo localizado para depor na polícia. Surgem, contudo, duas outras testemunhas que identificam e reconhecem o indiciado, visto que estavam mais próximas do palco dos acontecimentos. A seguir, mede-se-o: *1,85* m; *tez branca*; de ascendência germânica por parte dos genitores...

Os reconhecentes fazem-no através de auto próprio (auto de reconhecimento pessoal). Posteriormente, já com a ação penal em curso, em juízo durante a instrução, tais testemunhas mudam da comarca e não são mais encontradas para depor... tampouco *Caio*, que somente fornecera os dados para o "boletim", não tendo sido ouvido como testemunha pela autoridade policial naquele momento, limitando-se o escrivão a anotar-lhe a versão no "histórico do BO". Surge, então, nova testemunha em juízo: antes, apenas referida na polícia, que dá total respaldo à versão acusatória, incriminando o réu. Afirma ter visto, após os disparos, o increpado correndo nas adjacências do crime, com uma arma na mão; confidencia, contudo, não tê-lo visto efetuando disparos. Finda a instrução, o réu é, ao final, pronunciado. Diligencia a defesa, *sponte propria*, e acaba por localizar *Caio*, a testemunha antes mencionada no "BO", a qual o próprio promotor não percebera. Fatalmente – afirma-se –, essa testemunha será arrolada para o plenário do Júri pelo acusado, por óbvio.

E então o supérfluo começa a adquirir importância, como na sentença de Horácio (65-8 a.C.) ao lobrigar o perigo:

"Haec nempe superunt,

Quae dominum fallant, quae prosint furibus" (É esse o supérfluo que escapa aos olhos do dono e com que os ladrões se acomodam) (*Epísolas*).

Pergunta-se: Quais as provas possuídas pela acusação... e no que se assenta o álibi defensivo?

O processo é farto a incriminar o réu. Duas testemunhas o reconhecem na fase policial; fato, aliás, validamente comprovado com o auto próprio; outra testemunha o vê correndo próximo ao corpo da vítima, portando uma arma na mão; entretanto, também não se logra encontrá-la para oitiva em plenário. Por outro lado, o álibi invocado pelo réu não encontra o menor suporte nas provas; logo, não poderá comprová-lo validamente e, *in thesi* e logicamente, cairia em descrédito. Surge, contudo, a habilidade da defensoria, erigindo com o fermento da dialética, ou da prática sofismática, o *detalhe periférico*, alçando-o ao *ponto principal*... E assim *Caio* estará no Júri, depondo e prestando-se, sem que o queira, à maquinação da técnica defensiva. Negará, quando perguntado, reconhecer o acusado (afinal, vira-o à distância, em tempo remoto e desde aquela oportunidade já confundira suas características). Depois, poderá ser reperguntado pela defesa se depôs "livremente" na polícia... fato que confirmará! Mais uma pergunta bastará para que o ardil suasório combure toda a prova acusatória: "No dia do crime, foi o senhor quem levou o fato ao conhecimento da polícia? Falou espontaneamente que o homicida era moreno e que tinha aproximadamente sua altura?". Certamente a resposta será positiva. Enquanto isso, providencialmente em pé, ao seu lado, lá estará o réu, *alto e alvo*...

Os jurados, não afeitos à valoração de provas no processo penal, deparam-se agora com a dúvida lançada pela defesa: "Quem disparou? O réu nega; a testemunha diz que o homicida era moreno – o réu é branco – e a altura não corresponde...?!".

Alie-se o fato de que é a única testemunha a depor em plenário. Sério, trabalhador e notadamente imparcial para o caso, *Caio* merecerá respeito e crédito por parte dos julgadores. Aliás, vivendo seu "dia de glória" em júri concorrido, *não aceitará* que se tenha equivocado quanto à altura e à cor do réu, se inquirido pelo promotor. E esta seria, por conseguinte, a única produção de provas a que os jurados assistiriam, afora o interrogatório do acusado que, teutonicamente, fora bastante convincente... e voltarão, os julgadores, os olhos para o acusador: iniciante na carreira, encontrá-lo-ão atônito com a confusão ou, funéreo e soturno – mas com ares de anjo barroco –, na premonição da morte de sua tese...

A situação foi criada por um aparentemente inofensivo "boletim de ocorrência", mas que, no caso, pôs-se como um estopim e o próprio artefato explosivo. Dele se extraiu um testemunho, buscando levar-se, sem razão, os julgadores à seara infinita da dúvida. Perdido assim em meio ao inquérito, às vezes desprezado no estudo pelo acusador, o *quase nada* poderá acabar virando o *tudo*, transformando-se no ponto mais importante dos debates em plenário... É a confirmação, na prática, da pregação sofismática de Henry Fielding, ensaísta inglês (1707-1754), com o seu *Ensaio sobre o nada*, ao pretender "do nada tudo proceder":

"... Que o Nada tem cheiro e sabor, é uma coisa não apenas conhecida pelas pessoas de paladar e olfato delicados...

Por este processo tentamos demonstrar a natureza do 'Nada', mostrando em primeiro lugar, definitivamente, o que o 'Nada' não é; descrevendo, em segundo lugar, o que é o Nada".

É quando *o superficial, a moldura* – na velha advertência de Maurice Garçon em sua *Eloquência judiciária*[43], secundado no Brasil por

---

43 V. *Essai sur l'éloquence judiciaire*, trad. Zilde Filgueiras, Rio de Janeiro, Ed. da Casa dos Estudantes, s.d. (aprox. 1950).

Fragoso – transforma-se, pela técnica defensiva, *no principal e no cerne; na tela e no tema*... ocorrendo daí a "fácil impressionabilidade" do jurado, criticada por Altavilla[44].

O acusador que não se preocupar com o *detalhe*, negando-lhe importância, assim como a *Caio* que "nada" esclarece com segurança – cujo depoimento é contrariado por maciça prova testemunhal, demonstradora de sua confusão –, esbarrará no espírito investigatório do jurado: "Como o seu depoimento não é importante... se desde a feitura do *documento* – o BO – ele não reconhece o réu?!".

Assim, perde-se o exemplo dos casos rotineiros em que se busca exagerar a importância de um detalhe: data do crime trocada no BO; local do delito equivocadamente descrito; falta de assinatura da autoridade policial, testemunha ou declarante em alguma peça do inquérito; demora na instauração do investigatório pelo delegado; abandono de outras "pistas" do crime (... falsas) pelo investigante etc.

E não há como negar: se na defesa do acusado atua um grande profissional, podem até surgir questões relevantes, teses memoráveis e *direitos diferentes*... na guerra cada um usa o *exército* que tem. Mas, no dia a dia do Júri, o que impera e dita a regra na tribuna são pormenores ínfimos, verdadeiras questiúnculas que, mesmo assim, por ampararem a argumentação do defendente, não podem, à evidência, deixar de ser refutadas.

Sem paciência, sem minudentemente explicar-se todo o conteúdo probatório dos autos, cotejando as provas; sem o esclarecimento do que seja um simples *boletim de ocorrência* e o porquê da elaboração do mesmo; poderá o acusador dar azo à dúvida do julgador, e daí à injusta absolvição... afinal, jejuno em direito, pode parecer ao jurado terem o mesmo valor provas a que o juiz togado atribuiria valores diversos. Pode, portanto, valorar mais o que disse uma autoridade local – que ele reconhece de fato a *autoridade* – do que lições de compêndios e tratados de direito, subscritas por famosos juristas e elucubradores notáveis, mas dos quais ele, jurado, nunca ouvira falar... E do *nada*, nasce o *tudo*...

44 Enrico Altavilla, *Psicologia judiciária*, trad. Fernando de Miranda, 3. ed., Coimbra, Arménio Amado Ed., Sucessor, 1982, p. 611.

8. O EXAME DO LOCAL DO FATO

Advertia Locard que, em criminalística, "o tempo que passa é a realidade que foge"[45]...

O Código de Processo Penal não descurou da lição, recomendando no art. 6º, I, à autoridade policial, ante o pronto conhecimento da ocorrência de uma infração penal "dirigir-se ao local, providenciando para que não se alterem o estado e a conservação das coisas, até a chegada dos peritos criminais".

Tratante de "crimes contra a pessoa", dirigem-se ao sítio dos acontecimentos os peritos do "Instituto de Criminalística" (onde houver), que, norteados pelo princípio do *visum et repertum* (para, posteriormente, aplicarem o *interpretatum*), vistoriarão o local, procederão à feitura do *exame perinecroscópico*[46] – em caso de homicídio consumado – e, após, lavrarão minudente análise sobre o que foi observado, instruindo os laudos "com fotografias, desenhos ou esquemas elucidativos" (art. 169), emprestando-lhes as conclusões que couberem[47].

O local do crime, para a perícia, tanto poderá ser interno ou fechado (quarto, banheiro, sala, cozinha etc.), ou externo ou aberto (estradas, praças, campos, matas etc.). Em interiores, conforme proposto por Hélio Gomes[48], é de ser verificado: "a) aspecto de desordem; móveis derrubados, objetos caídos, roupas desarrumadas; b) pequenos objetos; c) mossas deixadas por instrumentos contundentes; d) fendas; e) perfurações; f) manchas; g) pegadas; h) armas; i) impressões digitais em copos, vidraças, objetos lisos, etc." todo ele a consistir em "um elemento da maior valia, a fim de apreender-se o desenvolvimento da ocorrência, com todas as circunstâncias, sobre o reconhecimento da autoria e da responsabilidade criminal"[49].

45 V. Edmond Locard, *A investigação criminal e os métodos científicos*, 6. ed., trad. Fernando de Miranda, Coimbra, Arménio Amado Ed., Sucessor, s.d. (Coleção Stvdium).

46 Expressão dada por Manuel Freire dos Santos para designação da perícia procedida "em torno do cadáver", ratificada depois por Oscar Freyre.

47 Note-se que esta perícia não se confunde com o *exame necroscópico* que é realizado por médicos legistas do Instituto Médico Legal.

48 *Medicina legal*, 25. ed., Rio de Janeiro, Freitas Bastos, 1987, p. 640. V. também Flamínio Fávero, *Medicina legal*, 11. ed., São Paulo, Itatiaia, 1980, p. 58 e s.

49 E. Espínola Filho, *Código de Processo Penal brasileiro anotado*, 4. ed., Rio de Janeiro, Borsoi, 1956, v. 2, p. 544.

Note-se que com a posição do encontro do cadáver, atestada em laudo, será possível o confronto com as versões testemunhais surgidas, aferindo-se a verdade; bem como, constatando-se, v.g., a existência de um obstáculo físico (parede, muro etc.), impeditivo de possibilidade de fuga da vítima, poder-se-á, conjugando-se outros fatores, justificar a inclusão de uma circunstância qualificadora ao delito (art. 121, § 2º, IV, do CP).

Para Raffo, ao conceituar e demonstrar a importância do *exame no local do crime*, "basta con transcribir la opinión de los maestros, para compreender este punto; 'es un acto médico-jurídico' (Vibert), 'constituye las tres cuartas partes de la autopsia' (Lacassagne), 'es la autopsia del crimen' (L. Bianchi), 'es una metódica científica, comprobante, identificatoria y reconstructora' (Locard) do delito"[50].

Em verdade, é exatamente do local do crime que abrir-se-á o leque das hipóteses investigatórias, das provas periciais, para posteriormente cotejar-se dados técnicos e científicos, com as versões advindas da prova oral[51]. Assim, a preservação do local, a elaboração das perícias e a descrição minuciosa daquilo que foi observado podem representar a chave conclusiva de casos, aparentemente, sem solução. Tudo, no entanto, sob a égide da *celeridade*. Compare-se a justiça e a necessidade de perícias, ao doente que necessita de cirurgia, na visão de Edmond Picard: "Os Palácios da Justiça não passam de hospitais para onde se transportam os direitos feridos ou mutilados, para os restabelecer cirurgicamente". Aplique-se, aos dois, a regra da imperiosa urgência:

"Operai, operai sem demora, não esperai os vômitos, nem o resto. Vós ides fazer uma operação grave, muito grave, é verdade; mas, daqui a duas horas, mais grave ainda ela será, porque o vosso doente se achará

50 *La muerte violenta*, 3. ed., Buenos Aires, Ed. Universidad, 1987, p. 77.

51 Para ilustrar a material, realçando a importância do tema tratado, confira-se o trabalho do Professor Odon Ramos Maranhão, *Natureza jurídica do disparo de arma de fogo*, apresentado no XI Congresso Brasileiro de Medicina Legal, em Florianópolis/SC, em outubro de 1990, publicado, posteriormente, pela *Revista da FMU*. Nesse artigo, o autor – Professor Titular de Medicina Legal da USP – traz importante roteiro de informações técnicas, para a diferenciação, nas investigações de homicídio/suicídio, de quando se dá a ocorrência de um ou de outro. Instados os peritos a manifestar-se sobre a controvérsia (homicídio ou suicídio?), oferece o autor os roteiros de Gisbert Calabuig, Dérobert, Camile Simonin e Bonnet.

ou mais anemiado ou mais infeccionado; amanhã, esta tarde mesmo, talvez já será tarde demais (Lejars, *Chirurgie d'urgence*)"[52].

8.1. O perfil psicológico a partir do exame do local

A intuição forense, alicerçada na técnica rigorosa, não se limita a constatar sinais objetivos, mas alcança o âmago da psique criminosa, decifrando a mensagem oculta que o local do crime revela. Diego Pessi[53] explicita a busca da decifração da "lógica interna que orienta a conduta do assassino", perfilando as lições de Douglas & Olshaker, exemplificando com precisão: "a investigação do estupro e assassinato de mulheres jovens pode iniciar na análise das pistas comportamentais encontradas na cena do crime, que permitem um esboço do perfil da personalidade do agressor. O que ele fez com a vítima e com o cadáver? Múltiplos ferimentos de faca concentrados ('overkill'), particularmente ao redor do rosto, são indicativos de que o assassino conhecia bem a vítima e que o crime teve motivação pessoal. Isso nos aponta para o motivo (Por quê?). Se o cadáver foi encontrado envolto em um lençol ou cobertor, ou foi objeto de cuidado após a morte, isso sugere que o responsável pela morte, sentindo certo remorso em relação ao seu crime, tentou conferir alguma dignidade à vítima ao esconder o corpo da vista de curiosos. Por outro lado, um corpo mutilado, deixado à vista de todos, ou, ainda, jogado casualmente à beira de uma estrada, indica desprezo ou indiferença pela pessoa assassinada".

Essa análise, portanto, não se esgota na constatação física: ultrapassa a materialidade e alcança o território da intenção, da emoção e da pulsão. Revela que o exame do local não é mero exercício mecânico, mas, antes, um vislumbre da dinâmica psíquica do autor do fato. Permite ao intérprete, seja promotor, defensor ou juiz, deduzir não apenas o como, mas o porquê do ato. O exame do local torna-se, assim, a autópsia não só do crime, mas também da mente que o engendrou.

9. A REPRODUÇÃO SIMULADA DOS FATOS

Trata-se de medida decorrente das investigações preliminares que analisam o "local do crime", consoante dispõe o art. 7º do CPP: "Para

---

52 Apud Dante Delmanto, *Defesas que fiz no júri*, 4. ed., São Paulo, Freitas Bastos, 1986, p. 286.

53 Diego Pessi. *Berços, não túmulos*: o ato de matar e os crimes contra a vida, 1. ed., Londrina, EDA, 2023, p. 11.

verificar a possibilidade de haver a infração sido praticada de determinado modo, a autoridade policial poderá proceder à reprodução simulada dos fatos...".

Hoje, mais comumente, dando-se através não só de esquemas e desenhos ilustrativos, mas, em particular, fotograficamente[54].

Tal diligência poderá ter por inspiração e norte tanto a versão do indiciado quanto a de qualquer testemunha, ou da vítima, nos casos de tentativa de homicídio. A utilidade da reconstituição fotográfica melhor se evidencia quando discrepam-se as versões obtidas em torno de um mesmo fato criminoso: *ad exemplum*, quando exista uma versão ofertada por testemunhas e outra, frontalmente diversa, apresentada pelo indiciado. Nesse caso, duas reconstituições, comparadas com os depoimentos e interrogatório apresentados, farão ressaltar a verdade, *in thesi*, de como se dera o crime. Mais que isso: possibilitarão a demonstração em plenário da forma de ocorrência do delito, reforçando-se, pela percepção visual, a acusação ou defesa levada oralmente aos jurados.

Confira-se este exemplo, em sede de investigação de homicídio: por hipótese o indiciado informou que caçava, portando uma arma de fogo engatilhada, e que caminhava ao lado esquerdo da vítima, conversando com a mesma. Em dado momento – conforme sua versão – tropeçara, vindo a disparar a arma, atingindo, despropositadamente, o amigo. Tal versão, cotejada com o laudo de exame necroscópico e, com a reconstituição fotográfica realizada, possibilitará o conhecimento do ocorrido; quando não, servirá ao menos, para demonstrar *ad absurdum*[55] a versão fantasiosa do acusado, ante a ausência de testemunha ocular do fato.

No caso citado, imaginando-se que a vítima fora ferida na região da face, logo abaixo do nariz, havendo o projétil a atingido de frente para trás (conforme minudentemente deve esclarecer o laudo necroscópico): começaríamos a desconfiar da versão fabricada, ofertada pelo réu... Primeiro, porque já se evidencia uma suspeita o só fato do mesmo alegar que, em caçada, caminhava com a "arma engatilhada"; depois, some-se a esta primeira "coincidência" a localização do disparo (...lesionando a vítima em região nobre do seu corpo). Ainda que saibamos, contudo, que

54 V. Flamínio Fávero, *Medicina legal*, 11. ed., São Paulo, Itatiaia, 1980, v. 1, p. 59 e s.

55 Nomina-se *demonstration ad absurdum* (latina) ou *demonstração apagógica* (latino-grega), no estudo da *lógica jurídica*.

um corpo humano não seja algo estático, inerte, mas, mesmo assim, seria, logicamente, improvável que, caminhando "ao lado" esquerdo da vítima, viesse o acusado a atingi-la, "de frente para trás", e não lateralmente, da esquerda para a direita, como seria o condizente com sua versão...

Nesse caso, com segurança, pode-se afirmar que a sucessão de *coincidências* são tantas e tão sintomáticas de um crime (para não adentrarmos na fenomenologia) que somente o espírito predisposto em favor do acusado poderia, graciosamente, ser "vitimado", depositando-se crédito, ingenuamente, à sua versão. Seria desconhecer a lógica que a princípio fala em favor de um típico delito de homicídio doloso.

De se notar que, ao ser interrogado, o indiciado ainda não havia "profetizado" que a polícia procederia à reconstituição fática. Surpreso, por conseguinte, ao ser convidado a participar pessoalmente da reconstituição (reprodução simulada dos fatos), já não poderá alterar o conteúdo do seu interrogatório, sem evidente prejuízo. Daí o palpável "xeque-mate" das investigações: ou muda sua versão o criminoso, de modo a "possibilitar" a entrada do projétil e o sentido do disparo na região realmente atingida, comprovado pelo laudo necroscópico – o que fará confessando o crime, aduzindo que estava de frente para o ofendido quando contra ele disparou – ou, do contrário, será obrigado a exercitar um contorcionismo tamanho, desafiador das leis da *equilibrística* (a menos que se diga proprietário de "arma de cano curvado") que, bem explorado, demonstrará *per absurdum*[56] o enorme ridículo de seu engenhoso embuste.

Aponta-nos a experiência que os jurados, ao ouvirem os debates, sentem-se mais motivados ao *munus*, se puderem também *ver* a forma, via de fotografias, do modo como possa ter o fato ocorrido. Nesse caso, presta-se a "reconstituição fotográfica, em síntese: a) ao aguçamento do interesse do julgador na análise do caso; b) para refutar a versão esdrúxula (porque impossível em razão de sua comprovada contraditoriedade), desacreditando-a e, por conseguinte, alicerçando a formação da convicção do julgador.

Há que se dizer, contudo, que a grande maioria dos inquéritos de homicídio – ao menos nas grandes comarcas – não é instruída com a reprodução simulada dos fatos. Desse modo, acionando-se a Justiça, esta chegará, via do processo, ao plenário de julgamento, sem que se possa

56 V. Silvio de Macedo, Do raciocínio *ad absurdum*, in *Curso de lógica jurídica*, 1. ed., Rio de Janeiro, Forense, 1984, p. 88 e s.

demonstrar, fotográfica e satisfatoriamente, sequer como era o sítio dos acontecimentos. Por tal, sempre que possível, amparados no art. 13, II, do CPP – entre outros dispositivos –, como promotores, requisitamos em autos suplementares de inquérito a referida diligência, enquanto oferecemos, concomitante e paralelamente, a correspondente ação penal.

10. INTERROGATÓRIO DO INDICIADO: ACOMPANHAMENTO PELO PROMOTOR?

Iniciando-se o inquérito por portaria (interrogando-se o indiciado consoante o art. 6º, V, do CPP), ou através de prisão em flagrante (art. 304), faculta-se ao defensor o acompanhamento do cliente à polícia[57], salvaguardando-lhe direitos, conforme preceitua a Lei n. 8.906, de 4-7-1994 (Estatuto do Advogado).

Nesse sentido, se por um lado a presença de advogado é uma segurança para o cliente, por outro, retira-lhe a possibilidade de invocar a velha arenga de coação policial, para justificar uma confissão.

E quanto à utilidade do promotor de justiça acompanhar o interrogatório do indiciado?

Em caso de crime de homicídio, jamais elogiamos a presença do promotor na polícia, assistindo à sua realização. Embora, por óbvio, possa fazê-lo, porque faculdade legal do *fiscal da lei* (v. arts. 252, 257 e 258 do CPP), por outro não reforçaria o ato em caso de uma eventual confissão do indiciado. Note-se que, nesse momento, o promotor é a mesma autoridade que no futuro poderá vir a denunciar o interrogando, podendo ensejar – embora não ocorra – a arguição de nulidade pelo acusado[58]. Aliás, tal entendimento, maciço na doutrina e na jurisprudência,

---

57 V. art. 5º, LXII e LXIII, da CF.

58 "*HABEAS CORPUS*. PROCESSUAL PENAL. ALEGAÇÃO DE NULIDADE DO AUTO DE PRISÃO EM FLAGRANTE, DO INQUÉRITO POLICIAL, DA DENÚNCIA E DA CONDENAÇÃO DOS PACIENTES. DENÚNCIA OFERECIDA PELO MESMO PROMOTOR DE JUSTIÇA QUE TERIA INVESTIGADO E ACOMPANHADO A LAVRATURA DO AUTO DE PRISÃO EM FLAGRANTE E DEMAIS ATOS PROCESSUAIS. NÃO OCORRÊNCIA. *HABEAS CORPUS* DENEGADO. 1. O fato de o Promotor de Justiça que ofereceu a denúncia contra os Pacientes ter acompanhado a lavratura do auto de prisão em flagrante e demais atos processuais não induz a qualquer ilegalidade ou nulidade do inquérito e da consequente ação penal promovida, o que, aliás, é perfeitamente justificável em razão do que disposto no art. 129, inc. VII, da Constituição da

cristalizou-se na Súmula 234 do STJ, que dispõe: *A participação de membro do Ministério Público na fase investigatória não acarreta o seu impedimento ou suspeição para o oferecimento da denúncia.*

....

República. 2. *Habeas corpus* denegado" (STF, HC 89.746/SC, Rel. Min. Cármen Lúcia, 1ª Turma, j. 12-2-2006).

"PENAL. PROCESSUAL PENAL. RECURSO ORDINÁRIO EM *HABEAS CORPUS*. MINISTÉRIO PÚBLICO. INVESTIGAÇÕES. NULIDADE. CONDENAÇÃO POR DENUNCIAÇÃO CALUNIOSA E TRÁFICO DE ENTORPECENTES. *BIS IN IDEM*. I – Denúncia oferecida com base em informações e elementos colhidos em outros autos. Inexistência de nulidade. II – A jurisprudência do Supremo Tribunal Federal é no sentido de que a participação de membro do Ministério Público na fase investigativa não acarreta o seu impedimento ou suspeição para o oferecimento da denúncia. III – Não há que se falar em dupla condenação pelo mesmo fato, dado que são distintas as condutas que justificaram a sua condenação pelos crimes de denunciação caluniosa e de tráfico de entorpecentes. IV – Recurso a que se nega provimento" (STF, RHC 83.991/MG, Rel. Min. Carlos Velloso, 2ª Turma, j. 20-4-2004).

"HABEAS *CORPUS*. ALEGAÇÃO DE NULIDADE DE DEPOIMENTO PRESTADO POR PROMOTOR DE JUSTIÇA QUE PARTICIPOU, NA POLÍCIA, DO ATO DA PRISÃO EM FLAGRANTE: INEXISTÊNCIA. PRINCÍPIO DA ISONOMIA PROCESSUAL COMPROMETIDO PELO EXCESSO DE TESTEMUNHA DA ACUSAÇÃO: INOCORRÊNCIA DE PREJUÍZO. SENTENÇA FUNDAMENTADA EM OUTROS ELEMENTOS DA PROVA: IMPOSSIBILIDADE DE EXAME NO *WRIT*. 1. O Membro do Ministério Público Estadual que assiste a lavratura do auto de prisão em flagrante, convidado pela autoridade policial para assegurar a legalidade do ato, não está impedido de prestar depoimento, na fase da instrução penal, reportando-se aos fatos que ouviu quando dos depoimentos prestados na fase investigatória. 2. Se a jurisprudência do STF já assentou que não configura impedimento de Promotor de Justiça, que acompanhou inquérito policial, para em seguida oferecer denúncia (RHC 61.110, *DJ*, de 26.08.83, e HC 60.364, *DJ*, de 13.05.83), com muito mais razão e propriedade poderá prestar depoimento do que antes presenciara, se outro foi o Promotor de Justiça que firmara a peça acusatória. 3. Inaplicabilidade, no caso, da norma contida no art. 252 do CPP que diz respeito às hipóteses em que o juiz não poderá exercer a jurisdição. 4. Se o juiz ouviu uma testemunha a mais além do limite para a acusação do que para a defesa, mas a essa facultou que também o fizesse, precluindo o direito, não pode alegar posteriormente cerceamento de defesa, se inclusive não emprestou qualquer valia ao depoimento deduzido pela testemunha excedente. Violação do princípio isonômico que não se caracterizou. 5. Sentença que se funda no conjunto probatório e não apenas no depoimento contraditado, para se avaliar que peso teve no convencimento do juiz, traduz-se em revolvimento probatório, circunstância que torna imprestável e inviável a via estrita do *habeas corpus*. *Habeas corpus* que se conhece, mas a que se nega deferimento" (STF, HC 73.425/PR, Rel. Min. Maurício Corrêa, 2ª Turma, j. 30-4-1996).

De outra sorte, processado e pronunciado o réu, já em plenário de julgamento, passará o promotor à condição de parte, podendo dar azo à crítica despropositada do defendente, que, diante da assistência sugestionada e dos juízes leigos, poderá lembrar como remoque que "o fato do promotor de justiça estar acompanhando um interrogatório policial, foge à rotina...".

Daí brota a argumentação *ad hominem*, ou seja, aquela que foge da discussão do fato principal para, deslocando contra a pessoa do argumentante, atacá-lo, visando desacreditar a acusação. O trabalho que até então seria relativamente simples, ou seja, o de defender a lisura do procedimento da autoridade policial na feitura do interrogatório, com a tranquilidade de quem fiscaliza a aplicação da lei – em caso, v.g., de alegação de coação policial, posta também como argumentação *ad persona* – passa a oferecer maior dificuldade de refutação. É que colocado o próprio promotor sob suspeita (para os juízes togados, gritantemente injustificada; mas, para os leigos, de mensuração duvidosa), poderá faltar-lhe o equilíbrio necessário que as sessões plenárias requerem... pena de cair em descrédito.

Somente quem conhece o Júri, por dentro, identifica-lhe antes as ferinas maquinações; só assim, para saber que, ao réu desesperado, pouco lhe importa os ditames da ética e da moral, se sua liberdade está na iminência de cerceamento. Daí à aleivosia, ao achaque e à calúnia vai um pequeno passo: o da necessidade da sua defesa, que, posta em desespero de causa, é inversamente proporcional ao tamanho dos valores morais preconizados ao *homo medius*.

Com dissabor, nota-se a constância do reprovável procedimento de atacar-se o Ministério Público, distorcendo-se verdades e princípios processuais, apenas porque um promotor acompanhara o interrogatório. Visa referida "técnica", por óbvio, viciar o ato perante os jurados, desacreditando-o e comprometendo, desse modo, todo o inquérito policial.

Por outro lado, remarque-se o que dizíamos alhures, de que as autoridades públicas – como no caso dos delegados de polícia – contam com a presunção de idoneidade e probidade, razão por que, só em casos especialíssimos, se justificaria mesmo a presença do promotor.

11. FUNÇÃO DO INTERROGATÓRIO POLICIAL

O que busca o interrogatório policial[59]?

....

59 V. *Revue Internationale de Droit Pénal* 63/39, para uma visão do interrogatório policial no *direito comparado* (USA, Canadá, Inglaterra, Itália).

É a primeira oportunidade de defesa dada ao indiciado, para que aponha sua versão e dê suas razões para o crime (ou negando a prática o mesmo, ofertando seu álibi). Assim, interessa-nos o conteúdo do interrogatório, seja qual for a versão apresentada.

E quando o indiciado "reserva-se ao direito de somente falar em juízo"[60], preferindo manter-se calado no interrogatório? Qual a interpretação para tal silêncio?

Parece-nos, quem melhor resumiu as possíveis variáveis interpretativas foi Rafael Gomes Perez: "Muitas vezes o melhor é calar-se. Existe um falar por falar, que é como a profanação da palavra... Ante os ataques injustos, ante a calúnia, às vezes se tem que falar, mas outras vezes o melhor é o silêncio, ainda que alguns possam interpretar que 'quem cala, consente'. Não é verdade. 'Quem cala, consente' é apenas uma das possíveis interpretações do silêncio. Outra: quem cala, pensa. Outra é: 'quem cala nada diz'. E outra, aplicando aquilo, tão misterioso, que escreveu o filósofo Wittgenstein: "Do que não se pode falar, se deve guardar silêncio"[61].

Bem, aí está o silêncio com algumas – ou todas – as suas variações interpretativas. Não obstante, de se questionar: quem confessa algo, será sempre e necessariamente o autor do ato confessado? Sabe-se que não, pois o confidente, de igual forma, pode fazê-lo por variadas razões, como para acobertar terceiros, receber paga ou vantagem, adquirir fama ou respeito criminoso, em crimes emblemáticos, sobretudo, até por alguma sorte de perturbação da saúde mental. Contudo, é indicativo – veja-se a força dos indícios! – de que, *a princípio*, quem confessa é quem praticou o ato objeto da confissão, podendo-se, como ressaltado, tal ser infirmado posteriormente. Ressabido que somente a confissão não é prova bastante, devendo ser confirmada com outras provas. Do mesmo modo, em que pese respeitável doutrina que nada vê de singular no comportamento do investigado ou réu silente, ainda que obsequioso seja o direito ao silêncio, assim não pensamos... Haverá aqui, à luz da psicologia judiciária penal, na análise do silêncio, uma transição entre a mera suspeita e o indício. Nem mais, nem menos. Evidentemente, devendo a suspeita ou o indício do silêncio ser confirmados por outras

60 Cf. art. 5º, LXIII, da CF.

61 Trad. livre do autor, *Mis derechos – ou el libro de los derechos*, Ed. El Drac, Madrid, 1995, p. 164, apud Ricardo Dip, *Linguagem e crise*, Ed. Millenium, Campinas, 2001, p. 32-3.

provas. Desse modo, o erro não está nas possíveis variáveis interpretativas do silêncio, mas, bem ao contrário, na densidade ou peso que se dá a tal silêncio, como na densidade ou peso que se dá a uma eventual confissão. Não existe ato puro (silêncio ou confissão) desprovido de significado. Todo significado, à evidência, deve ser subjetivamente perscrutado. O que existe é má ou incorreta interpretação da significação, mas isto não é predicado somente deste tipo de ato, mas de qualquer outro meio ou resultado probatório.

Conquanto seja, efetivamente, direito do indiciado permanecer calado, não se pode, por plúrimas razões e à luz da psicologia judiciária, emprestar-se, quando da interpretação dessa praxe, em um primeiro momento, a menor moeda de crédito à sua possível inocência. A bem da verdade, com explicadas razões, pode posteriormente justificar-se, mas, para tanto, necessita fazê-lo fulcrado em razões, boas razões... Afinal, é simples exercício de inteligência e de lógica: se tem algo a falar em seu favor, por que se cala no primeiro momento em que pode defender-se? Por que, desde logo, não oferece as razões de sua inocência? Temor que a autoridade policial escreva o que não disse? Incabível tal raciocínio, visto que, caso tal fato ocorresse, *a mesma liberdade que teria para manter-se calado* – sintoma claríssimo de que não sofria coação – *teria também para não assinar um ato que, em última análise, não correspondesse à sua livre manifestação da vontade*...

Quando Lazarus Geiger disse que "a língua criou a razão", poderíamos, sem medo de errar, acrescentar que a conveniente técnica dos criminosos criou, para *arrazoar*, a "contenção da língua"... por isso, bem sabem os delinquentes, o porquê da sabedoria popular afirmar que "a língua é o castigo do corpo"...

Em verdade, sempre preferimos – como todos os que queiram conhecer a verdade fática – que o indiciado forneça, desde logo, sua explicação para os fatos. Possibilitará o confronto lógico, via dos elementos recolhidos nas investigações, para aferição do que seja sensato e provável. Depois, cotejando-se tal interrogatório com os demais produzidos (em juízo e perante o Júri), já se vai formando, desde logo, um juízo de convicção da sinceridade ou simulação do réu...

Nesse diapasão, confesse ou negue o crime, ofereça um álibi ou uma excludente de ilicitude, mas, *que fale*, endereçando *verbo ad verbum* suas razões para o delito. *Falando* pode surgir um pressuposto em seu favor, de que pretende colaborar com a justiça, nascendo-se-lhe um natural princípio de crédito, materializando-se, na forma, sua versão.

Não há como negar, quando invocamos a sintomatologia, a possível responsabilidade de quem, acusado de homicídio, não se presta sequer a dizer se o praticou, ou não, dando-se, de grande, ao silêncio, perante a autoridade policial. Note bem: falamos em "possível responsabilidade" e em "sintomas", não nos esquecendo que o diagnóstico de qualquer problema, culpa, doença etc. jamais se estabelece com segurança lastreando-se em "um só sintoma", mas em um conjunto deles. Da mesma forma, e isto é curial, nenhuma prova, por mais robusta e legal que seja, será sempre e necessariamente correta. Quantas vezes já não se provou, na história, o que, a rigor ... não ocorreu! Por isso, a velha lembrança das melhores lições de processo penal: "a verdade está nos fatos, a certeza na cabeça do juiz". Quantos juízes, não estarão certos, de algo incorreto, que não houve ou que não é, ou não foi, tal como estejam convencidos? E quantos não se quedarão dúbios, ou negarão com provas fatos ocorridos, coisas que são? A prova é, pois, a cautela do espírito racional para o julgamento, mas não quer dizer nem "expressão de fé" (variável na compreensão e no sentido de indivíduo para indivíduo) e nem "expressão da verdade" (esta, sempre, nos fatos imutáveis).

Não menos verídico que o art. 186, parágrafo único, aludindo ao interrogatório judicial, expressamente estipula que "o silêncio, que não importará em confissão, não poderá ser interpretado em prejuízo da defesa". Mas, se a lei aduz não poder ser interpretado o silêncio do réu contra o mesmo, como "revogar por decreto" uma lei natural, como a da "máxima de experiência", pautada pela psicologia e experiência de cada um, que vê como suspeito – nada além disso! – tal silêncio do acusado? Como, pois, desconhecer que consciente ou inconscientemente, no liame dos motivos intrapsíquicos que levam o jurado à tomada de uma decisão, que tal silêncio não poderá – a despeito do ditame legal – pesar contra o silente? "A regra nos parece um pouco artificial", acentua o eminente processualista francês Jean Pradel, ao tratar de dispositivos análogos inseridos nos Códigos português e canadense, "e o juiz poderá sempre, no segredo de sua consciência, tirar as consequências do silêncio do acusado, sem o dizer evidentemente ..."[62].

[62] "La règle nous paraît pourtant un peu artificielle et le juge pourra toujours, dans le secret de as conscience, tirer des conséquences du silence de l'accusé, sans le dire évidemment, de même que l'avocat d'un coaccusé peut librement commenter le refus de tèmoigner de l'autre accusé, le juge ne pouvant pas s'y opposer", Jean Pradel. *Droit pénal comparé*, 2. ed., Paris, Ed. Dalloz, 2001, p. 506.

Seria pretender-se, a golpe de processo legislativo, apagar-se a inteligência individual, de um lado, e toda a experiência histórica, de outro, como a experiência da observação ou vivência de um povo, coisa que, à evidência, é impossível fazer. Note-se, ainda, que a regra liberal, perante as contingências e consequências que suscita, já foi inclusive revogada em alguns outros países que se pautaram por compreensão oposta: exemplo disso é a Inglaterra, em que o silêncio do acusado, expressamente, pode ser interpretado em seu desfavor[63].

Mais enfático, Saint Pierre, a seu turno, saltando da doutrina para a prática, afirma que o direito ao silêncio reconhecido pelo Código de Processo Penal francês – dispositivo análogo ao brasileiro – é "apenas uma teoria", porque um tal conselho de defesa se revelaria em regra desastroso, já que todo o processo penal, desde a fase investigatória, é lastreado no interrogatório do acusado e a íntima convicção dos julgadores se alimenta tanto das provas reunidas como da atitude e comportamento do acusado[64]. A desconfiança do julgador viria, aduz ele, pelo silêncio que romperia a dinâmica natural do processo[65].

A cautela do legislador é uma vedação ao julgador de lastrear a fundamentação de sua sentença em um tal silêncio – fundamentação, repise-se, inexistente no Júri – e, mais que isso, a tentativa de cassar no jurado

63 Jean Pradel. *Droit pénal comparé*, 2. ed., Paris, Ed. Dalloz, 2001, p. 506. De se ver que, justamente onde o direito foi durante muito tempo liberal, no sentido de não ser possível nenhuma dedução desfavorável ao acusado silente, quando de seu julgamento (Jean Pradel. *Droit pénal comparé*, 2. ed., Paris, Ed. Dalloz, 2001), operou-se o câmbio legislativo em sentido inverso. Destarte, em 1972 a *Criminal law revision committee* inglesa sugeriu a abolição dessa regra, levando primeiramente sua revogação para a Irlanda do Norte, em 1988, sendo estendida (com algumas modificações) para toda a Inglaterra no ano de 1994, por meio da *Criminal Justice and Public Order Act 1994*. Assim, conforme o art. 35, caso o acusado em sua oitiva ou após haver prestado juramento, prefira calar-se – sem *boas razões* para tal –, a corte ou o júri podem extrair quaisquer consequências jurídicas de tal silêncio, vale dizer, podendo interpretá-lo, inclusive, em seu desfavor. Houve, pois, na Inglaterra "um recuo do direito ao silêncio", recuo este justificado por diversas razões, conforme leciona I. Dennis, *in The Criminal Justice and Public Order Act 1994*. The evidence provisions. Crim. L.R. 1995, p. 4 e s.), apud Jean Pradel, p. 506-7.

64 François Saint Pierre. *Avocat de la défense*. Paris, Ed. Odile Jacob, 2009, p. 153.

65 François Saint Pierre. *Avocat de la défense*. Paris, Ed. Odile Jacob, 2009, p. 153.

um juízo apriorístico de culpa advindo do silêncio. Nada mais. Destarte, como técnica advocatícia, aconselhar-se o imputado a silenciar, ainda que direito, pode também ser danoso, configurando-se o famoso "tiro no pé", como técnica defensória suicida. Portanto, sopese a defesa que, ainda que tenha o direito de calar, de se perguntar se deva exercitá-lo...

Assim, não se trata, por óbvio, da "contumácia" havida no processo civil; tampouco de presunção de culpa; mas, inquestionavelmente pode se tratar, sim, de respeitável indício, à luz da análise psicológica da prova, de que se pretende acobertar a verdade. É o famoso "só falo em juízo", mais ou menos comparado com a atitude daquele marido infiel que, flagrado em adultério pela esposa, sustentou também, firmemente, seu "direito constitucional":

"Só falo na presença do meu advogado"!

Assim, respeitado seu "direito ao silêncio", não há como, no confronto probatório, quanto ao mérito, a concha pender a favor do possível criminoso...

Para o delinquente, por certo, muito conveniente utilizar-se gostosamente da cômoda faculdade de silenciar: depois, elaborada e calmamente, não raro seguindo até conselhos técnicos, poderá fabricar o relato de sua melhor conveniência, conquanto falso, como *vernissage* de sua posterior inauguração.

Sabedor do rumo tomado pelas investigações, ofertará uma só versão perante o juiz da instrução, reforçando-a, *a posteriori*, com essa mesma versão, perante o Júri... aparentando sinceridade (regra básica a qualquer candidato a falsário), ensejará à defesa a *prova* e o argumento: "O réu fala a verdade, *tanto* que não mudou a versão...". Essa simetria de interrogatórios está longe de ser o "Evangelho da verdade", de que falava Luigi Battistelli[66].

É nesse sentido que lembramos que hoje, mais que nunca, com a redação do art. 186, parágrafo único, do CPP, determinada pela Lei n. 10.792, de 1º-12-2003, os criminosos parecem evocar a vetusta lição de Dionísio Catão (século III) que considerava, "como a primeira das virtudes, conter a língua". Depois, lembram e professam um verdadeiro dístico do prócer desse costume, Talleyrand (1754-1838): "A língua nos teria sido dada para esconder os nossos pensamentos e não para revelá-los".

66 *La mentira ante los tribunales*, trad. esp. Rolando Enrique Oviedo, Bogotá, Ed. Temis, 1984, p. 16.

Eis aí a razão de muitos *crimes aparentemente sem motivo*[67]. E assim os criminosos calam-se, ao sabor de sua conveniência...

Como dizíamos, o vezo não é novo. Cite-se a acusação feita por Enrico Ferri no processo Cola Morra[68], diante de um destes oportunos silêncios dos criminosos:

"Ah! Não, devagar – interrompe o advogado Basile: 'Cola Morra não é obrigado a dizer o que fez'... E, juridicamente, o advogado Basile tem razão. Juridicamente, o acusado pode dizer: 'Não tenho que provar a minha inocência'; e pode, também, encerrar-se num silêncio ainda mais eloquente; pode dizer: 'Não respondo; à acusação compete provar a minha culpa'. E, legalmente, isto é exato. Mas, moralmente, e segundo a experiência social é, porém, também verdade que o inocente não se encerra nesse silêncio negativo e trata de dar explicações e informações, caindo, assim, por vezes, em contradições, o que não sucede aos delinquentes mais astuciosos, mais espertos e... mais culpados".

Quando da análise do interrogatório judicial e do silêncio do acusado, trataremos da vedação de invocá-lo contida no art. 478, II, do CPP, já de antemão tido por nós como absolutamente inconstitucional...

12. VALOR DA CONFISSÃO EXTRAJUDICIAL

Inegável a existência de uma pequena corrente doutrinária e jurisprudencial que procura atribuir, nos processos comuns, nenhum valor probante às confissões extrajudiciais. Trata-se, por certo, menos de lógica jurídica, mais de pura e injustificada discriminação; preconceitos, acerbos e tricas aos quais, aliás, já aludimos. Por conseguinte, *algum* valor deve ser tributado ao interrogatório policial e sua eventual confissão.

Somente do *nada não sai nada* (*ex nihilo nihil fit*), para voltarmos, providencialmente, à filosofia. Ou à literatura, no verbo de Shakespeare, visão do Rei Lear:

"Nothing can come of nothing" (Nada pode surgir do nada).

Do contrário a lei não imporia à autoridade investigante a feitura obrigatória do referido ato, pelo simples gosto de avolumar os autos...

---

67 V. Capítulo 2, item 6 – "O motivo do crime na denúncia".

68 Uma derradeira manifestação de banditismo: o Processo Cola Morra, in *Discursos de acusação – ao lado das vítimas*, trad. Fernando de Miranda, 5. ed., Coimbra, Arménio Amado Ed., Sucessor, p. 110-1.

Nesse contexto, e dada a importância da matéria, oportuna a lembrança que sempre sustentamos em plenário do Júri, de que tanto vale a confissão policial, que a jurisprudência não a discrimina da confissão em juízo, reconhecendo-a igualmente como circunstância atenuante da pena (art. 65, III, *d*, do CP). Assim, se aceita como atenuante – que postulamos –, por idêntica razão, pode ser aceita para o reconhecimento da autoria delitiva... portanto se pode sustentar causa atenuante, logicamente é porque atribui-se-lhe valor; logo, valor há que ter, por idêntica razão, para ajudar ao estabelecimento da autoria.

Conforme Camargo Aranha:

"Com relação à confissão extrajudicial, normalmente de natureza policial, há que se estabelecer um profundo marco divisório: não servirá como prova justificadora da condenação se atuar como único elemento incriminatório: todavia, poderá alicerçar a procedência da denúncia se encontrar algum apoio nos elementos probatórios restantes, mesmo que indiciários, ainda quando não confirmada ou retratada em juízo"[69].

Pautam-se os arestos jurisprudenciais, em sua maciça maioria, pela mesma linha de raciocínio, trilhada pelos clássicos acórdãos:

"Processo Penal. Prova. Confissão extrajudicial. Validade, sempre que confirmada pelo restante do conjunto probatório. Processo Penal. Prova. Testemunho de policiais. Os relatos de policiais, máxime se encontram suporte na prova existente, devem preponderar sobre as palavras dos acusados"[70].

"É possível a condenação com base em confissão extrajudicial quando em sintonia com os demais elementos do acervo fático-probatório"[71].

"A confissão na fase do inquérito, ainda que retratada posteriormente na instrução criminal sem justificativa, pode respaldar a condenação desde que confirmada por outros elementos de prova, o que ocorreu no caso concreto"[72].

"A confissão da autoria vale não pelo lugar em que é prestada, mas pela força de convencimento que ela contém"[73].

69 *Da prova no processo penal*, 2. ed., São Paulo, Saraiva, 1987, p. 87.

70 TJSP, Ap. 0002134-03.2009.8.26.0481, 9ª Câmara de Direito Criminal, Rel. Souza Nery, j. 7-4-2011, *DJ*, 11-4-2011.

71 STJ, REsp 957.796/RS, 5ª Turma, Min. Arnaldo Esteves de Lima, j. 2-6-2009.

72 STJ, HC 38.693/SP, 5ª Turma, Rel. Felix Fischer, j. 9-8-2005.

73 *RT*, 95/563.

"A confissão policial com riqueza de detalhes, peculiar daquele que praticara ou participara do delito, e a isolada retratação do réu em juízo, autorizam a condenação"[74].

"A jurisprudência já é pacífica no sentido de que a confissão policial, retratada ou modificada posteriormente em juízo, embora extrajudicial, tem o seu valor e serve como alicerce condenatório desde que encontre apoio nas provas colhidas"[75].

Traz à colação, ainda, o predito autor:

"Isolada retratação judicial de confissão policial não basta, por si só, à prolação de decreto absolutório, máxime quando ratificada a prova extrajudicial com assistência de curador ou assistida por terceiro estranho que afirma ter sido espontânea"[76].

"Embora a confissão policial possa ser retratável em Juízo, é mister que essa retratação, de um lado, seja verossímil, e, de outro, encontre algum amparo, ainda que em elementos indiciários ou circunstanciais. É necessário que o confitente esclareça os motivos dele, oferte pelo menos um franco começo de prova"[77].

"Não configura ofensa aos princípios do contraditório e da ampla defesa a condenação baseada em confissão extrajudicial retratada em juízo, corroborada por depoimentos colhidos na fase instrutória"[78].

Perante o Tribunal do Júri, construímos ao longo do tempo o conceito valorativo a ser emprestado à confissão extrajudicial: o *crédito*, por regra; o *descrédito*, por exceção, devidamente provada. É o reconhecimento do Ministério Público acerca da probidade que deve acompanhar o trabalho da autoridade policial e, ao mesmo tempo, a salvaguarda da *mens legis*.

Quando nos deparamos com uma confissão no inquérito policial e, posteriormente, uma retratação simplista, em juízo, é grande a probabilidade de ouvirmos, no Júri, a cansada cantilena causal-explicativa da confissão: tortura, arbitrariedade policial etc.

74 Ap. 335.527, TACrimSP.

75 *JTACrim*, 149/431.

76 Ap. 168.575, TACrimSP, Rel. Lauro Malheiros.

77 Ap. 173.561, TACrimSP, Rel. Gonçalves Sobrinho.

78 STJ, HC 115.255/MS, 5ª Turma, Rel. Jorge Mussi, *DJe*, 9-8-2010.

Posta assim, sem freios e com acinte, ominosamente, a calúnia imotivada deve merecer *registro em ata* (arts. 494 e 495 do CPP), para que, ao menos, possa o ofendido exercitar, posteriormente, seu direito à ação penal. Com tal procedimento, resguardamos o direito do caluniado, e ainda evitamos que manobras pérfidas, ante o Tribunal Popular, sejam o veículo, muitas vezes, para a condução do colegiado a uma votação incorreta. Afinal, se o fiscal da lei cala-se diante dos ataques gratuitos à autoridade policial – v.g., ante uma alegação infundada de tortura contra o réu –, a impressão que remanesce é a de que concorda (quem cala, consente?!), por sua omissão, à simples alegação.

A linha técnica é antiga e preconizada pelo revolucionário francês Jacques Danton (1759-1794), para quem, como necessário à vitória, era preciso "audácia, ainda audácia e sempre audácia!"[79]. Depois, transportou-se a inspiração à Beaumarchais (1732-1799), que recomendava em seu *Barbeiro de Sevilha*[80]:

"Caluniai, caluniai; alguma coisa sempre fica".

Daí, ao Júri, porque pensam ser charme da profissão, e valem-se os insensatos desses abusos e ataques infundados... caluniam, caluniam "porque alguma coisa sempre fica".

Há, portanto, imperiosa necessidade de recondução dos debates ao bom-tom da decência e urbanidade. Não se trata de simples questão ética, o problema é mais profundo, porquanto é pela causa da justiça que se porfia. Caluniada a autoridade, sem a pronta impugnação da Promotoria, desacredita-se por vezes um valoroso inquérito. A solução, como referimos, é o protesto oportuno, consignando-se eventual ataque aos *extraneus*, em ata do julgamento, cobrando-se, do juiz presidente, a postura recomendada no art. 497, III, do CPP. Ademais, a imunidade judiciária, prevista no art. 142, I, do CP, não açambarca em si mesma toda a sorte dessas "técnicas" reprováveis[81], vezadas à *chicanerie du barreau*, postas ao passivo da sociedade, e utilizadas, na maioria das vezes, contra

79 *V.* a título ilustrativo os comentários a Danton aludindo-se à "paráfrase do tríplice apelo à audácia": François Furet e Mona Ozouf, *Dicionário crítico da Revolução Francesa* (orig. Flammarion, 1988), trad. Henrique de Araújo Mesquita, 1. ed., 2. imp., Rio de Janeiro, Nova Fronteira, 1989, p. 241.

80 "Calomniez, calomniez; il en reste toujours quelque chose" (O barbeiro de Sevilha, Ato II).

81 *V. RT* 651/288.

pessoas e autoridades que sequer podem oferecer defesa, porque ausentes do plenário do julgamento.

É mister que se resguarde um mínimo de ética e cavalheirismo nos debates, até na surrada técnica rabulista, para que se evite, além da ocorrência de um novo crime (daqueles espécimes "contra a honra"), ainda mais o deslustre, do que deva ser um polido julgamento pelo Júri.

Nesse sentido, repise-se a obrigação: a cada vez que o acusado relata ao juiz presidente do Júri, em seu interrogatório, que fora torturado na polícia[82] para a obtenção de confissão (e por aí reger-se-á a fala defensiva), solicite-se ao magistrado, como *questão de ordem* (art. 497, XI, do CPP)[83], que o réu aponte seu torturador, ofertando as particularidade que somente diante da real ocorrência teria condições de fornecer...

Precisam os jurados de elementos concretos sobre o fato principal e, no caso, fatos afluentes e circundantes. É a garantia para uma boa justiça. Desarma-se, nesse contexto, o espírito da prevenção, que muitas vezes possa encontrar eco na alma do julgador, após um discurso falaz do acusado.

Bem assim, na lição de Manoel Pedro Pimentel:

"Somente o juiz livre, livre de preconceitos, livre de juízos apriorísticos, livre de ideias estereotipadas, livre de injunções facciosas, poderá encontrar a verdade, essa mesma verdade que é a única que nos interessa, defronte do nosso tribunal a que devemos contas, o tribunal de nossa consciência"[84].

13. POR QUE MAIS SE CONFESSA NA POLÍCIA?

Lausanne, em sua *Psicologia dos criminosos profissionais*, citado por Cordeiro Guerra[85], afirma:

"A grande maioria dos criminosos profissionais não confessa senão o que é impossível negar. Alguns negam mesmo a evidência, seguindo ao

....

82 O Ministro Cordeiro Guerra, em sua *A arte de acusar*, Rio de Janeiro, Forense Universitária, 1988, p. 26 e s., traz uma série de considerações acerca desse expediente falacioso, tão vezado às defesas no foro criminal.

83 *V.* o tópico sobre "apartes" no Capítulo 7 – "Tribunal do Júri: os debates em plenário".

84 Manoel Pedro Pimentel, em oração proferida ao empossar-se no cargo de Juiz do Tribunal de Alçada Criminal de São Paulo.

85 *A arte de acusar*, Rio de Janeiro, Forense Universitária, 1988, p. 28-9.

pé da letra o famoso *surtout n' avouez jamais* (de Avinain, criminoso francês), e é preciso dizê-lo, principalmente diante dos jurados, que esse sistema é algumas vezes eficaz... Em geral o delinquente profissional confessará mais facilmente ao policial do que ao juiz. Segundo nossa experiência pessoal, isso provém, principalmente, de dois fatos:

1º) O policial, pelo seu conhecimento prático do mundo criminoso e pela sua posição, pode conversar muito mais familiarmente com o acusado do que o juiz da instrução.

2º) Observa-se nos criminosos de profissão um certo respeito pela polícia, respeito este um pouco semelhante ao que se verifica quando dois exércitos inimigos se encontram sobre um solo neutro e que provoca confidências".

A experiência tem demonstrado que, colhido o delinquente pela ação policial, de surpresa, este, no mais das vezes, sem contactar com um advogado e não prevendo a extensão do "dano" que a confissão lhe trará, informa, confessando, o quanto pode.

Não nos esqueçamos, entretanto, do porquê dessa confissão, conforme asseverava o Ministro Cordeiro Guerra, com a autoridade de quem foi um dos maiores promotores do Júri brasileiro:

"Nessa linha de considerações, devo lembrar que os acusados não confessam, como foi assinalado, senão aquilo que não podem negar; admitida a autoria, dão a versão catatímica dos fatos, de modo a colocar-se ao abrigo de um eximente legal, e, não sendo isso possível, procuram justificar moralmente o delito. Quando isso não é possível, postulam a irresponsabilidade penal"[86].

"Quando um homem confessa, ele defende sua causa" – observa a primeira mulher a entrar para a Academia Francesa, Marguerite Yourcenar, que acrescenta: "Se o observarmos, veremos que não está só; sua apologia está antecipadamente preparada"[87].

Tratando da *mentira do acusado em sua confissão*, Luigi Battistelli lecionou:

"Es raro que el acusado diga toda la verdad.

Tal vez no se exagera al asegurar que solo en el crimen pasional, en el homicidio *honoris causa* y en legítima defensa, el acusado confiesa

---

86 *A arte de acusar*, Rio de Janeiro, Forense Universitária, 1988, p. 29-30.

87 *Memórias de Adriano*, Nova Fronteira, p. 31.

sencillamente sua acción; y se está en lo cierto cuando se afira que muy a menudo es él mismo quien se entrega a la policia, apenas cometido el delito. Tan sólidamente convencido halla sobre lo razonable de sua acto, que no cree necesario alterar, a fin de preparar mejor su propia defensa, los motivos del crimen; salvo que después recurra a la mentira, si durante la instrucción inventa, o se le sugiere, una versión diferente que le sirva para atenuar su responsabilidad.

No se excluye en forma absoluta la posibilidad de que a veces se presenten confesiones aparentemente espontáneas, mediante las cuales el juez llega a conocer todos los pormenores de un delito que, por falta de pruebas, habría permanecido en el misterio. Pero conviene tener en cuenta que esas confesiones están lejos de ser el evangelio de la verdad; y cuando son interesadas o demasiado comprometedoras, deben, como en su oportunidad lo diremos, llamar la atención del magistrado respecto al estado mental del acusado y sobre las causas que lo incitaron a esa confesión...

... Por lo tanto, especialmente en los procesos indiciarios en los que, faltando la prueba material, la sentencia surge de la convicción moral de los miembros del jurado, encuentran más conveniente permanecer en la negativa, mintiendo siempre con la esperanza de que la habilidad oratoria de su defensor logre modificar el convencimiento de los jueces"[88].

Em juízo, já com defensor constituído, este poderá avaliar, tecnicamente para o acusado, o peso de sua confissão e jamais concordará – a menos que convenha – com uma "verdade suicida"[89]. Aliás, oportuna a lembrança de que, em juízo, conforme estatui o art. 185, § 5º, do CPP, "em qualquer modalidade de interrogatório, o juiz garantirá ao réu o

---

88 *La mentira ante los tribunales*, trad. esp. Rolando Enrique Oviedo, Bogotá, Ed. Temis, 1984, p. 16-7.

89 A propósito do expediente do defensor orientar o criminoso a ofertar uma determinada versão, confira-se a "versão" adrede elaborada pela defensoria técnica de Uilson Isao Miyashiro, no conhecido caso em que, jogando álcool, ateou fogo à sua ex-namorada (Cristina Lopes Afonso), em gesto de extrema crueldade, tentando retirar-lhe a vida. A narrativa dos fatos – com notória parcialidade –, feita pelas advogadas Vania M. Forlin e Noely M. D'Almeida, vem descrita no livro *A última hipótese – Autos n. 59/87* (Curitiba, Ed. Artes & Textos, 1991) e traz a lume a orientação do defensor do réu no sentido de oferecer uma versão que se afigurava, então, conveniente.

direito de entrevista prévia e reservada com o seu defensor; se realizado por videoconferência, fica também garantido o acesso a canais telefônicos reservados para comunicação entre o defensor que esteja no presídio e o advogado presente na sala de audiência do Fórum, e entre este e o preso".

Assim posicionada a questão, o raciocínio é simples, porém necessário. Qual interrogatório que se afigura como verdadeiro, cujos fatos informados correspondam à verdade: aquele prestado próximo à ocorrência dos fatos, à autoridade policial, em que o indiciado livremente confessa (sem instrução da defesa técnica), encontrando suporte lógico nas demais provas coligidas; ou o interrogatório judicial, em que o indiciado nega a autoria e não comprova seguramente seu álibi[90]?

... Por certo que, para um juízo honesto acerca da questão proposta, mister o espírito desarmado de que falávamos alhures. Qual a sinceridade advinda do acusado, que elaborada e tecnicamente preparou uma versão a ser apresentada em juízo?

Pela análise psicológica das provas, fugindo da "verdade formal" que informa, mas manieta o processo civil e, portanto, fundamentados na busca da "verdade real" – matriz de todos os demais princípios informativos do processo penal –, poderemos responder às interrogações suscitadas, aproximando-nos da verdade.

....

90 Rege o entendimento majoritário, no que concerne à "confissão policial", o contido no seguinte resumo do acórdão da 3ª Câmara Criminal do TJSP, v.u., Apelação Criminal n. 15.921-3, Comarca de São Paulo, de 8-10-1992, Rel. Cunha Bueno – publicado no *Direito criminal*, coordenação de Antonio Scarance Fernandes, Ed. da Associação Paulista do Ministério Público, p. 105: "Não há dúvida que só a isolada confissão extrajudicial, retratada em Juízo, não é prova suficiente para lastrear um decreto condenatório, mas cumpre não esquecer que a confissão de autoria vale não pelo lugar em que é prestada mas pela força do convencimento que nela se contém (*RTJ* 95:563), pelo que a extrajudicial não deve ser desprezada quando se harmoniza e se ajusta à prova colhida na instrução sob o crivo do contraditório". Convém recordar, ainda, outro aresto que condensa o pensamento do reinante em nossas Cortes: "Embora a confissão policial possa ser retratável em Juízo, é mister que essa retratação, de um lado, seja verossímil, e, de outro, encontre algum amparo, ainda que em elementos indiciários ou circunstanciais. É necessário que o confitente esclareça os motivos dele, oferte pelo menos um franco começo de prova" (Ap. 173.561, TACrimSP, Rel. Gonçalves Sobrinho). Sobre "Confissão e retratação", *v.*, ainda, *RT* 180/110, 393/345.

Tais perquirições somente não são respondidas *logicamente* (valemo--nos, uma vez mais, da "rainha das provas: a lógica humana", na ampla visão de Ligabue) pelos *metafísicos do direito*[91], veementemente combatidos com a inteligência de Tobias Barreto[92], a chefiar a antiga "Escola do Recife", para quem:

"Há homens que têm o dom especial de tornar incompreensíveis as coisas mais simples deste mundo, e que, ao conceito mais claro que se possa formar sobre esta ou aquela ordem de fatos, sabem dar sempre uma feição pelo qual o axioma se converte de repente num enigma d'esfinge".

14. A PSICOLOGIA DO INTERROGANDO E A FORMA DO INTERROGATÓRIO

Falava-se que não se pode ver com bons olhos o silêncio do réu, ao ser interrogado na polícia.

Casos existem, por outro lado – e são muitos –, em que o indiciado dispõe-se a falar e, não obstante, seu interrogatório mal ultrapassa dez linhas dispostas no termo, correspondentes às parcimoniosas e acanhadas perguntas que lhe foram endereçadas.

Esta porção *homeopática* de interrogatório deve ser resolvida pela autoridade policial. Se o indiciado negar a autoria, a busca pela verdade real recomenda que o investigante argúa pormenorizadamente o interrogando acerca de seu álibi. Até porque, em caso de inocência, estará a

91 A velha Escola do Recife terçou armas contra os "metafísicos do direito". Célebre é a resposta de Silvio Romero, quando defendeu tese na Faculdade de Direito do Recife (12-3-1875), à arguição intentada por uma banca de *praxistas*, que acabou custando-lhe um processo por injúria... "triste resultado metafísico--criminal: glória de Silvio Romero e eterna vergonha dos mestres", como classificou Tobias Barreto. Tinha 24 anos, preparo intelectual, candência nas palavras e paixão na sua defesa. Cf. Roberto Lyra, *A obra de Silvio Romero em criminologia e direito criminal*, Rio de Janeiro, 1951. O Professor Coelho Rodrigues provocou o candidato, travando-se o seguinte e esclarecedor diálogo:

– Nisto não há metafísica Sr. Doutor, há lógica (respondeu Romero).

– A lógica não exclui a metafísica... – afirmou o arguidor.

– A metafísica não existe mais, Sr. Doutor. Se não sabia, saiba!

– Não sabia...

– Pois vá estudar e aprender para saber que a metafísica está morta.

– Foi o Sr. quem a matou?

– Foi o progresso – respondeu o candidato –, foi a civilização".

92 *Estudos de direito*, Salvador, Livr. Progresso, 1951, p. 177.

polícia ajudando o então suspeito à demonstração de sua não responsabilidade. Do mesmo modo, quando invocada uma excludente de ilicitude, igualmente há que se buscar as minúcias do ocorrido, para cabal demonstração de sua veracidade, ou refutação de seu embuste.

Outros elementos, delineadores da personalidade do indiciado, haverão que ser igualmente perscrutados. Sobretudo, é necessário que se vista, no papel, o quanto possível, das características todas do indiciado, evidenciadoras de sua alma e do seu caráter, bem como acerca do crime investigado.

Moacyr B. de Souza, após definir a mentira como a "falsificação proposital dos fatos, informações e afirmações, com o objetivo de levar alguém a engano", aduz que a mesma se dá de duas formas: "pela afirmação do inverídico, ou pela negação do verídico"[93].

Essa identificação somente se possibilita quando o indiciado se *expõe*, dispondo-se a falar e, ainda assim, o trabalho não é pequeno, porquanto, salienta o citado autor, "o criminoso é, em geral, um hábil manipulador da mentira. Ela é sua grande arma de defesa...".

Nesse entendimento, se o delinquente apenas exercita sua "arma" no Júri – ou, quando muito, em juízo e no Júri –, esta ainda provocará corte e dano. Entretanto, na medida em que a usa, por mais bem afiada que seja, vai perdendo o fio, ou põe-se como punhal suicida a voltar-se, pelas contradições, contra o próprio manipulador.

Falava-se dos "interrogatórios homeopáticos". Apliquemos aqui o pertinente aforismo homeopático: *similia similibus curantur* (os semelhantes curam-se pelos semelhantes). Desse modo, contra a versão urdida anteriormente ao interrogatório, pelo réu – pronto a recitá-la, decoradamente, ao inquiridor – espera-se que, antecipadamente, a autoridade prepare uma boa série de perguntas, aferidoras da sinceridade do indiciado, antídoto eficaz contra o *vomitório do conto*... expressão medonha a designar as crises verborrágicas que acometem muitos criminosos, que deslacram, destramelam à primeira pergunta, uma "logorréica" versão pré-fabricada.

Aliás, esse é o ofício da autoridade policial: promover a realização de um interrogatório que realmente tenha conteúdo, e não apenas "forma" de interrogatório. Do contrário, o inquérito poderá voltar, da Promotoria

---

93 *Mentira e simulação em psicologia judiciária penal*, 1. ed., São Paulo, Revista dos Tribunais, 1988, p. 47.

para o investigante, para o fito de proceder-se um novo ato, nos moldes já suscitados.

Prescinde-se, por certo, do interrogatório "conduzido", contra o qual se insurgia Ayrault, no qual engendrava-se uma armadilha ao interrogando, pelo exercício da habilidade ao interrogar, fazendo-o "capciosa e sutilmente; ora caindo em cima de cheio, ora atacando com rodeios, por vezes de modo colérico, noutras, docemente". Esta forma injusta, cuja indignação assestava Garraud[94], somente comprometeria o futuro da ação penal, servindo-se ao menoscabo da Justiça: seria identificado no curso da ação e, ainda que eventualmente fosse o réu culpado, desacreditar-se-ia todo o inquérito, porque a *forma* não fora observada[95].

Frise-se, ainda uma vez mais, que o coibido é o interrogatório sem vida, sem cor, pobre de conteúdo, com duas ou três perguntas ao indiciado, deixando-o, quando menos, ao sabor de sua imaginação dolosa, sendo por esta levado a recitar o texto, providencialmente, decorado. Por certo que, mesmo quando o acusado oferecer seu *recital*, e a autoridade investigante não lhe questionar demoradamente, ao promotor restará, quando do julgamento, explorar exatamente a *inverossimilhança da versão*, ou a *precisão excessiva nas recordações*. Mas, nem sempre o relato é inverossímil, embora não seja verdadeiro. Há versões tão elaboradas e até lógicas que, oferecidas à Justiça, tendo-as como prováveis, não consegue captar-lhes a falsidade.

Mesmo assim, não é esta a pretensão da legislação ao instituir o *interrogatório policial*: este há que ser um ato de boa-fé, cuja inteligência do malfeitor não possa sobrepujar o interesse e o zelo da autoridade investigante, fazendo-a seguir os caminhos daquele. O fim colimado é a busca da verdade e esta é a *ratio juris* da criação do ato. Desse modo, se mal utilizado – ou atrabiliariamente realizado – poderá colocar por terra todo o trabalho a ser ulteriormente desenvolvido em juízo.

Cumpre ressalvar o contido no art. 6º, V, do CPP, dispondo que o termo de interrogatório deverá "ser assinado por duas testemunhas que lhe tenham ouvido a leitura".

94 *Traité théorique et pratique d'instruction criminelle et de procédure penale*, Paris, 1909, v. 2, p. 213.

95 Cf. arts. 185 e seguintes do CPP. V. também, sobre interrogatório em juízo e perante o Júri, o Capítulo 3, item 2, e Capítulo 7, item 4.

Deparamo-nos com inúmeros processos em que tais testemunhas, arroladas para oitiva em juízo (porque assinaram o interrogatório policial como testemunhas de leitura), negam ter ouvido mesmo "a leitura" da peça inquisitorial... Nesse caso, uma "acareação" (obviamente realizada em juízo), entre o depoente e a autoridade que procedeu ao interrogatório, poderá pôr cobro a uma eventual fraude ou mentira. Diversamente, seguindo-se o processo defeituoso até o julgamento, um horizonte cinzento descortina-se à acusação.

15. OITIVA DE TESTEMUNHAS

Imagine-se o fato de uma testemunha ser citada por outra, em depoimento no inquérito e, não obstante, a *testemunha referida* não ser ouvida pela autoridade policial, por diferentes razões. O inquérito seguiria relatado a juízo, chegando ao Ministério Público. Fazê-lo voltar à delegacia, quando não se trate de diligência imprescindível ao oferecimento da denúncia, é defeso ao promotor (art. 16 do CPP). Procede-se, todavia e rotineiramente, ao aguardo da instrução criminal para a oitiva da *testemunha referida*, arrolando-se-a na denúncia.

No entanto, com tal procedimento, nota-se o risco de não mais encontrar-se a testemunha[96], com seguro prejuízo para a acusação. Principalmente em sede de investigação de homicídio, nos grandes centros, a testemunha muda-se de residência, porque ameaçada, com medo de ser morta[97]; quando não, muitas vezes e, mesmo sem uma prévia ameaça, ela própria, a testemunha, dá azo à inauguração de novo inquérito... agora como *vítima* do conhecido expediente de "queima de arquivo".

Destarte, salvaguarda-se a Justiça se, de pronto – para evitar um prejuízo iminente à acusação e para a segurança da própria testemunha –, em paralelo à ação penal (art. 13, II, do CPP), tal como já tratado, oficiarmos à polícia, reclamando urgência, para, em autos suplementares de

....

96 V., neste capítulo, item 7 – "Quando um pormenor ganha importância".

97 Sempre recordamos aos jurados uma reportagem veiculada em jornal de circulação nacional, cujo sugestivo título "São testemunhas. São candidatas à morte!" esclarece o pavor vivido por aqueles que tiveram a desventura de assistirem uma execução homicida, e depois, eles próprios, viverem sob ameaça, na mira dos criminosos.

inquérito[98], promover-se a localização e oitiva da testemunha referida. Com tal cautela, *ao menos uma vez* essa testemunha será ouvida...

O mesmo procedimento é adotado quando, constatando-se o depoimento insuficiente da testemunha, requisitamos o aditamento de seu depoimento em autos suplementares de inquérito, concomitantemente ao oferecimento de ação penal.

....

98 A jurisprudência sedimentada do Supremo Tribunal Federal e do Superior Tribunal de Justiça reconhece que o Ministério Público, ao oferecer a denúncia, mesmo dispondo de elementos suficientes para a propositura da ação penal, pode perfeitamente requerer a realização de diligências complementares com vistas ao melhor esclarecimento dos fatos. Tal faculdade decorre do art. 47 do Código de Processo Penal, que expressamente autoriza o órgão ministerial a promover, por sua própria iniciativa ou com auxílio do Poder Judiciário, as providências instrutórias que entenda necessárias.

O STF, no HC 81.303/SP (1ª Turma, rel. Min. Ellen Gracie, j. 5-2-2002), consolidou que a existência de indícios robustos para o oferecimento da denúncia não impede o Ministério Público de solicitar complementações probatórias, inclusive com elementos colhidos fora do inquérito policial. O STJ, no HC 16.779/SP (5ª Turma, rel. Min. Edson Vidigal, j. 7-8-2001), igualmente afirmou a possibilidade de novas diligências pós-denúncia, as quais, por si sós, não ofendem o contraditório, salvo se o julgamento for fundado exclusivamente nessas provas sem repetição em juízo.

Ainda, no HC 5.436/SP (5ª Turma, rel. Min. Cid Flaquer Scartezzini, j. 3-6-1997), reforçou-se que a demora na investigação ou a alegação de ausência de justa causa não invalidam o oferecimento da denúncia quando há indícios suficientes de autoria e materialidade. O Ministério Público, mesmo ao ingressar com a denúncia, pode requerer diligências para complementação. No RHC 11.003/GO (5ª Turma, rel. Min. José Arnaldo da Fonseca, j. 28-6-2001), assentou-se que a narrativa da denúncia que descreve o crime em tese, com todos os elementos essenciais, legitima a ação penal e autoriza diligências requisitadas pelo *Parquet* sem que se configure violação ao contraditório.

Por sua vez, o RMS 28.358/SP (5ª Turma, rel. Min. Felix Fischer, j. 10-3-2009) e o REsp 913.041/RS (6ª Turma, rel. Min. Jane Silva, j. 14-10-2008) confirmaram a prerrogativa constitucional e legal do Ministério Público de promover investigações por iniciativa própria, requisitando documentos e informações que entender pertinentes ao desempenho de suas funções. A atuação direta, sem necessidade de intermediação judicial, somente será excepcionalmente afastada quando o órgão ministerial demonstrar incapacidade de execução das diligências requeridas por seus próprios meios.

Dessa forma, a atuação do Ministério Público, seja na propositura da denúncia ou na requisição de diligências, revela a sua essencialidade no processo penal e a sua responsabilidade na construção de uma instrução probatória robusta, que viabilize a realização do ideal de justiça.

16. O RECONHECIMENTO DE PESSOAS (ART. 6º, VI, DO CPP)[99]

Recomendava Altavilla[100]:

"Quer o reconhecimento se refira a pessoas, ou a coisas, antes de proceder-se a ele, descreve a pessoa aquilo de que tem recordação, faz conhecer, depois, se realizou reconhecimentos precedentes, se a pessoa ou coisa já lhe foi mostrada em pessoa, em fotografia ou de outro modo, para evitar que o reconhecimento, em vez de reportar-se à percepção adquirida no momento que interessa à investigação judiciária, se refira a percepção posterior".

Tal cautela, inicialmente sustentada pela doutrina, veio observada no art. 226, I, do CPP, ao tratar do "reconhecimento de pessoas e coisas"[101]:

"I – a pessoa que tiver de fazer o reconhecimento será convidada a descrever a pessoa que deva ser reconhecida".

Depois, acentua-se:

"II – a pessoa, cujo reconhecimento se pretende, será colocada, se possível, ao lado de outras que com ela tiverem qualquer semelhança, convidando-se quem tiver de fazer o reconhecimento a apontá-la".

Observado o imperativo legal, ao proceder-se ao reconhecimento de pessoa (no caso, do indiciado), acata-se tal reconhecimento, como se fora produzido em juízo, ainda porque, na proximidade dos fatos, a percepção visual não traz cores esmaecidas e, por conseguinte, oferece maior poder de convencimento. Deve ser lembrado, ainda, que o reconhecimento de pessoa não se dá somente com relação à pessoa do indiciado, mas também da vítima (em caso de tentativa), bem como de testemunhas.

Imagine-se que *Caio*, aduzindo ter assistido ao crime, ofereça uma determinada versão para o delito. *Tício*, oferecendo versão diametralmente oposta à de *Caio*, afirma, inclusive, que, dando-se o crime em local fechado, havia apenas outra testemunha, que não ele próprio, naquele local, e que referida testemunha não era a pessoa de *Caio*... o impasse criado há de ser solucionado via de um "auto de reconhecimento" (negativo, caso se confirme a versão de *Tício*) e, caso *Caio* reafirme que era

....

99 A propósito do tema, v. Edilson Mougenot Bonfim, *Código de Processo Penal anotado*, São Paulo, Saraiva, 2010, p. 63 e s.

100 Enrico Altavilla, *Manuale di procedura penale*, 1. ed., Napoli, 1935, p. 262.

101 *V.* interpretação jurisprudencial nos arestos adiante colacionados.

ele próprio a pessoa que se encontrava no local, necessário seria, ainda, um "auto de acareação" entre ambos.

Espínola Filho[102], tratando do reconhecimento em juízo – cuja produção dá-se no inquérito de idêntica forma – e citando Marconi e Marongiu, preleciona:

"... pode ser necessário, no curso da instrução, fazer o reconhecimento de uma pessoa, não com o fim de estabelecer a identidade pessoal, mas para certificar se participou do fato, objeto do processo, ou se o presenciou, ou se dele foi vítima; pelo que pode o reconhecimento concernir, como é caso mais frequente, ao acusado e, também, à testemunha *de visu*, se esta nega conhecer as circunstâncias do fato e, ainda, ao ofendido, que pretenda esconder a verdade à autoridade judiciária".

Assim, o reconhecimento de pessoas não oferece discrepância nos processos afeitos à competência do Júri, se comparados aos de competência do juízo singular; vale, contudo, a regra e a lembrança de que o Júri emprestará, ao reconhecimento feito na fase policial, o valor que bem entender, uma vez que não jungido a qualquer regra para aferição probatória.

Quanto à forma, contudo, da feitura do "reconhecimento pessoal" – precipuamente, na pessoa do increpado –, não é de deslembrar-se a "Exposição de Motivos do Código de Processo Penal" que terça armas de bom senso contra aqueles que "buscam respiradouro para o frívolo curialismo que se compraz em espiolhar nulidades".

Os "espiolhadores de nulidades" – para aproveitarmos a adjetivação do legislador –, embora cientes do *real reconhecimento* efetivado, batem-se, bestuntamente, pela nulificação de certos atos – quando estes são produzidos em juízo –, ou pela imprestabilidade do inquérito, quando no procedimento investigatório deu-se sua produção.

Confira-se, por consentâneo:

"Prova. Reconhecimento pessoal realizado na fase indiciária. Validade ante dúvidas surgidas no reconhecimento judicial. Autoria comprovada. Condenação mantida.

O reconhecimento pessoal, quanto mais perto da data dos fatos é feito, maior segurança concede, uma vez que as imagens estão frescas na

102 *Código de Processo Penal, Código de Processo Penal brasileiro anotado*, 6. ed., Rio de Janeiro, Borsoi, 1965, v. 3, p. 145.

tela mental do reconhecedor. Essas imagens tornam-se fracas e podem se apagar com o transcorrer do tempo. Por esses motivos, o reconhecimento pessoal policial é de grande valia e se sobrepõe às dúvidas que os reconhecedores apresentem diante de um reconhecimento judicial, quando o mesmo é feito anos após o primeiro e a data do evento"[103].

"Prova. Reconhecimento pessoal sem as formalidades legais. Existência de outros elementos probatórios. Validade.

O reconhecimento pessoal que não se revista das formalidades estabelecidas no art. 226 do CPP não fica, só por isso, prejudicado, se presentes circunstâncias particulares que avivam a memória do recorrente"[104].

"Revisão criminal. Roubo. Emprego de arma e concurso de agentes. Autoria e materialidade demonstradas. Reconhecimento pessoal. Formalidade não é essencial à validade desta espécie de prova. Dosimetria penal adequada. Pedido indeferido"[105].

Ainda, os seguintes acórdãos, extraídos dos *Cadernos de Doutrina e Jurisprudência*, n. 19, em publicação da Associação Paulista do Ministério Público:

"Prova. Reconhecimento de pessoa (art. 226 do CPP). Validade do reconhecimento feito, de plano, na Delegacia de Polícia.

O reconhecimento de pessoa não está vinculado, necessariamente, à regra do art. 226 do Código de Processo Penal. Se o criminoso é reconhecido pela testemunha, de plano, ao chegar à Delegacia de Polícia, onde aquele se encontrava, entre várias pessoas, não se há de anular o reconhecimento, desde que integrado no conjunto das provas que incriminaram o acusado"[106].

"Prova. Auto de reconhecimento que não foi completamente formalizado e pormenorizado. Irrelevância. Validade.

[103] Ap. 622.728-2, ac. un. de 22-8-1990, 6ª Câmara do TACrimSP, rel. Juiz Almeida Braga.

[104] Ap. 490.917-3-SP, 5ª Câmara do TACrimSP, j. em 13-10-1987, rel. Juiz Celso Limongi, *JTACrimSP* – Lex, 94/341.

[105] TJSP, Rev. Criminal 0001015-29.2008.8.26.0000, 5º Grupo de Direito Criminal, Rel. Nuevo Campos, *DJ*, 3-9-2011.

[106] RE 1.955-RJ, 6ª T. do STJ, j. 18-12-1990, rel. Min. José Cândido, *DJU*, 8-4-1991, p. 3892.

Mesmo que não completamente formalizado e pormenorizado o auto de reconhecimento, nos termos do art. 226, inc. IV, do CPP, tem ainda assim valor indiciário"[107].

Dentre outros inúmeros acórdãos, importante ainda – pela força de seu conteúdo – a seguinte decisão:

"Prova. Reconhecimento. Pequenas divergências entre as características citadas no 'BO' e o afirmado pelo agente passivo. Vítima que guarda na memória a fisionomia daquele que contra si agira em ato violento. Validade. Condenação decretada.

Não resulta diminuído o teor recognitivo assegurado pela vítima, ante compreensíveis e secundários divergências nos característicos físicos do réu, apontadas simplesmente nos informes do inquérito, como o feito, por exemplo, no que se refere à cor dos cabelos. Sobretudo se para tais constatações medeou razoável lapso de tempo, de sorte a ser possível efetuarem mudanças dessa índole. O significativo, em sede probatória, é remanescer gravada na memória a fisionomia de quem vem a procurar episódio violento e traumatizante"[108].

"Não demonstrado o prejuízo da Defesa e não se tratando de prova isolada nos autos, a ausência de formalidade do art. 226 do CPP não é suficiente para gerar a nulidade do processo"[109].

16.1. O reconhecimento fotográfico

Embora não previsto no Código de Processo Penal, o reconhecimento fotográfico vem sendo utilizado como meio de investigação e também como meio de prova inominado, por força do parágrafo único do art. 155 do CPP, que permite a produção de outras provas, desde que lícitas e admissíveis.

Trata-se de medida de caráter subsidiário, quando inviável o reconhecimento policial do suspeito. Assim, como observa L. Chiesa Alponte[110], a utilização de fotografias para identificar o possível autor de um delito será admissível quando ocorra uma das seguintes circunstâncias:

---

107 Ap. 463.281-3-SP, 2ª Câmara do TACrimSP, j. 19-3-1987, rel. Juiz Haroldo Luz, *JTACrimSP* – Lex, 92/299.

108 Ap. 391.799-0-SP, j. 9-9-1985, rel. Juiz Gonçalves Nogueira.

109 TJSP, Ap. 9276596-10.2008.8.26.0000, 4ª Câmara de Direito Criminal, Rel. Willian Campos, *DJe*, 9-6-2011.

110 *Derecho procesal penal de Puerto Rico y Estados Unidos*, Colombia: Fórum, 1995, v. 1, p. 151, 1. reimpr.

a) quando por razões alheias ao controle da autoridade policial não for possível ou necessário realizar o reconhecimento pessoal;

b) quando não exista um suspeito do ato delitivo;

c) quando, existindo um suspeito, este se negar a participar do reconhecimento pessoal, ou o seu comportamento ou ausência impeça de realizar referido ato adequadamente.

A seu turno, Angel Prieto Ederra[111], recomenda sempre o reconhecimento pessoal, admitindo-se o reconhecimento fotográfico em uma das seguintes situações:

a) o suspeito não aceita participar do reconhecimento pessoal;

b) existam razões para supor que o suspeito interromperá a realização do reconhecimento;

c) a testemunha não aceita ou não é capaz de fazer o reconhecimento pessoal;

d) não existam pessoas semelhantes ao suspeito para o reconhecimento pessoal, mas existam fotografias semelhantes ao suspeito para o reconhecimento fotográfico;

e) a prática do reconhecimento pessoal retarde a oportunidade da testemunha para tentar o reconhecimento enquanto sua memória é ainda recente, recomendando-se, nesse caso, o reconhecimento fotográfico.

No entanto, o reconhecimento fotográfico demanda algumas cautelas específicas que conferem lastro de validade à prova a ser produzida: neutralidade, sugestibilidade, validade e erro no reconhecimento.

A neutralidade da investigação aqui é ponto importantíssimo, na medida em que a exibição de fotografias à vítima ou testemunhas deve dar-se de modo a não influenciar os reconhecentes. Dessa forma, mostrar somente a fotografia do suspeito – sem que se apresente um álbum de fotos, por exemplo – é bastante perigoso pela carga de sugestibilidade que contém. Salienta Angel Prieto Ederra[112] que para garantir a objetividade do reconhecimento é aconselhável advertir ao reconhecente, que procederá ao ato, que o suspeito possa não estar entre as fotografias que lhe são exibidas, evitando assim que a pessoa se sinta inclinada

111 Problemática psicológica en la obtención de pruebas testificales, *Revista Xurídica Galega*, n. 3, p. 16, 1993.

112 Problemática psicológica en la obtención de pruebas testificales, *Revista Xurídica Galega*, n. 3, p. 16, 1993.

a apontar o rosto mais parecido com o do autor do fato criminoso, como se do próprio autor se tratasse. De advertir ao reconhecente, igualmente, e por outro lado, que a pessoa a ser reconhecida pode estar nas fotografias mas com aspecto diverso daquele em que fora observado quando do evento criminoso, ou seja, com mudança de penteado, utilização de óculos etc., visando dificultar seu reconhecimento. Vale ainda a lembrança do fenômeno conhecido por "transferência inconsciente", ou seja, aquele que se produz quando a testemunha identifica como autor do delito uma pessoa presente no palco dos acontecimentos mas que nenhuma implicação teve com os fatos. Isso se deve a que, em algumas ocasiões, a testemunha pode recordar-se do rosto mas não em que tipo de circunstâncias o viu; "esta familiaridade aumenta a probalidade do erro na identificação"[113].

16.1.1. *Excerto doutrinário – A psicologia judiciária penal e a confiança no reconhecimento fotográfico*

A despeito das críticas dirigidas ao reconhecimento fotográfico, a *psicologia judiciária penal* e a *criminalística moderna* oferecem supedâneos científicos que legitimam seu valor como elemento sério de identificação, desde que observadas cautelas metodológicas mínimas.

A psicologia do testemunho – com raízes em Enrico Altavilla – ensina que a memória visual humana tem maior retenção de imagens quando associada a traumas de alta carga emocional. No caso de crimes violentos, os traços fisionômicos do agressor se cristalizam na memória como um *imprinting traumático*, fixando-se de maneira mais intensa e duradoura do que em interações ordinárias. Altavilla observa que "o testemunho é pior quando resulta da atenção difusa: a atenção dividida simultaneamente entre diversos componentes esparsos de uma cena ou fato"[114].

A chamada *tela mental do reconhecedor*, portanto, opera com maior nitidez nos momentos imediatamente posteriores ao fato, e o reconhecimento fotográfico, feito com rapidez e objetividade, pode ser mais preciso que aquele realizado em juízo, anos depois, sob pressão, iluminação

113 Luiz Alfredo de Diego Díez, *Identificación fotográfica y reconocimiento en rueda del inculpado*, Barcelona: Editorial Bosch, 2003, p. 68.

114 Enrico Altavilla, *Psicologia judiciária*, trad. Fernando de Miranda, 3. ed., Coimbra, Arménio Amado Ed., Sucessor, 1982, p. 32.

diversa e novas feições do reconhecido. A criminalística bem sabe: *não é a cerimônia do ato que define sua veracidade, mas o frescor da imagem captada no tempo.*

Em termos de técnica investigativa, diversos autores recomendam que, em face da inviabilidade do reconhecimento pessoal imediato, o uso de álbuns fotográficos neutros e contextualizados atua como ponte segura entre a memória traumática e a identificação formal, desde que o procedimento seja conduzido com neutralidade e sem indução.

16.2. Valor probatório do reconhecimento

O reconhecimento de pessoas (ou coisas) valerá como substrato para a condenação do acusado caso seja corroborado por outros elementos probatórios. Nesse sentido, se a testemunha ou vítima, por exemplo, reconhecera na fase inquisitorial o suspeito, e este, vindo a ser processado, já não é reconhecido em juízo, quando da instrução, o julgador poderá formar sua convicção a partir da versão que ofereça maior credibilidade. Por conseguinte, há de se contextualizar e cotejar as provas produzidas, mesmo porque pode o reconhecedor afirmar que em sede de inquérito reconheceu livremente o suspeito, e agora, em juízo ou no Júri, não mais pode fazê-lo, debitando o fato à possível ação do tempo, impedidora da efetividade do ato. De observar que nessa hipótese, ainda que impossível o reconhecimento em juízo, o reconhecente confirma a validade do ato feito na polícia, alvitrando a liberdade de apreciação da prova ao jurado e aos tribunais superiores, em caso de recurso. Ademais, como bem observa Aurélia Maria Romero Coloma[115], a conseguinte intervenção de terceiros, assessoramentos técnicos feitos às testemunhas e vítimas, aproximação de estranhos ao feito conversando, sugerindo ou até induzindo de uma ou outra maneira, fazem com que, em geral, a prova de reconhecimento, a cada momento que passe, siga sendo mais "preparada" e menos espontânea, sem olvidar, por outro lado, que do ponto de vista psicológico esse transcurso do tempo pode favorecer o esquecimento de detalhes da infração, ainda que em linhas gerais se reafirme o fato.

Nesse sentido, quanto à possibilidade do "reconhecimento fotográfico", também, assim têm decidido nossos tribunais:

115 *Problemática de la prueba testifical en el proceso penal*, Madrid, Civitas, 2000, p. 65.

"A jurisprudência dos Tribunais Pátrios admite a possibilidade de reconhecimento do acusado por meio fotográfico e pessoal, desde que observadas as formalidades contidas no art. 226 do Código de Processo Penal"[116].

"Prova. Reconhecimento fotográfico. Validade. A validade do reconhecimento fotográfico, como meio de prova no processo penal, é inquestionável, e reveste-se de eficácia jurídica suficiente para legitimar, especialmente quando apoiado em outros elementos de convicção, como, no caso, a prolação de um decreto condenatório"[117].

"O reconhecimento fotográfico, acompanhado de outras provas, justifica o processamento da ação penal e serve de elemento de convicção do juiz"[118].

"Prova. Reconhecimento fotográfico. Inexistência de qualquer elemento que retire o valor probatório do reconhecimento. Princípio do livre convencimento do juiz. Nulidade não reconhecida. Condenação mantida. Inexiste razão para que se retire todo e qualquer valor probatório ao reconhecimento fotográfico, elemento de prova que deve ser aceito em virtude do princípio do livre convencimento do Juiz, observadas, é claro, as cautelas pertinentes"[119].

16.2.1. *Excerto doutrinário – Reconhecimento e a construção da verdade processual*

Frequentemente, o reconhecimento realizado na fase indiciária – seja pessoal ou fotográfico – sofre ataque posterior, sob o argumento da ausência de formalismo judicial. Ora, como advertia Espínola Filho, o reconhecimento não é uma liturgia, mas um ato de percepção, e como tal deve ser compreendido: *factum non verbis probatur* (o fato se prova pelos atos, não pelas palavras).

[116] STJ, HC 128.288/SP, 5ª Turma, Rel. Laurita Vaz, j. 3-3-2011, *DJ*, 28-3-2011.

[117] HC 68.610-9-DF, 1ª Turma do STF, j. 18-6-1991, rel. Min. Celso de Mello, *DJU*, 9-8-1991, p. 10364.

[118] STJ, HC 105.683/SP, 5ª Turma, rel. Min. Adilson Macabu, j. 22-3-2011, *DJ*, 3-5-2011; HC 72.334/SP, 5ª Turma, rel. Napoleão Nunes Maia Filho, j. 26-6-2007, *DJ*, 6-8-2007.

[119] Rev. 140.824.1, 2º Grupo de Câmaras do TACrimSP, j. 5-6-1985, rel. Juiz Ralpho Waldo, *JTACrimSP* – Lex, 87/431.

A *psicologia cognitiva* aplicada ao processo penal confirma que a memória humana pode ser reforçada ou enfraquecida conforme o tipo de estímulo recebido. O tempo atua, aqui, como um agente de dissolução da nitidez. Por isso, o primeiro reconhecimento – mais próximo dos fatos e ainda livre de contaminações defensivas ou interferências externas – tende a ser mais fiel que aqueles realizados sob o desgaste do processo.

Odon Ramos Maranhão, em sua *Psicologia do crime*, já anotava que a recordação traumática da vítima costuma ser mais consistente do que se supõe, embora frequentemente desacreditada por argumentos que, na prática, apenas reiteram a *ars bene dicendi* (a arte de bem dizer) da defesa. A questão não está em negar a falibilidade humana, mas em reconhecer que o testemunho inicial, feito com espontaneidade e sob impacto vívido, carrega alto valor indiciário, sobretudo se confirmado por outros elementos.

Acresce que, do ponto de vista da *epistemologia probatória*, já se sustentava que o valor de um reconhecimento não reside apenas em sua reprodutibilidade formal, mas em sua congruência com o todo probatório. Isolado, pode ser insuficiente. Mas, corroborado, ganha a estatura de prova robusta.

Enfim, a crítica indiscriminada ao reconhecimento – sobretudo quando feito na fase indiciária – deve ser recebida com desconfiança. Como dizia Quintiliano, *non ex forma, sed ex fide aestimanda est oratio* (o valor da fala está na sinceridade, e não na encenação).

16.3. Da retórica das falsas memórias ao sofisma disfarçado

A chamada teoria das "falsas memórias" – originada a partir dos estudos de Elizabeth Loftus nos Estados Unidos – tem sido recepcionada, em ambiente processual, com uma flexibilidade interpretativa que, não raro, ultrapassa os limites do rigor científico para ingressar no campo do *instrumentalismo retórico*. Quando invocada de modo acrítico, ela se converte em um álibi conceitual: uma neblina lançada sobre o campo probatório com o exclusivo fim de gerar dúvida onde antes havia certeza serena.

É necessário afirmar expressamente: o argumento das falsas memórias, embora digno de consideração quando fundado em base sólida e analisado sob controle técnico, tem sido desvirtuado e convertido em lugar-comum de manual defensivo. Tal recurso, travestido de ciência, é, muitas vezes, manejado com habilidade meramente discursiva para sugerir que nenhuma memória é confiável, nenhum reconhecimento é válido, nenhuma lembrança é autêntica e que toda identificação está sujeita a um colapso interno de subjetividade. É o triunfo da dúvida como técnica, não como exceção.

O expediente consiste na aplicação da chamada *falácia do ceticismo seletivo*, ou seja, um artifício retórico em que se transmuta uma teoria científica legítima em dispositivo de descrédito universal dos reconhecimentos: de simples possibilidade condicional de falibilidade mnemônica, busca-se o *status* de presunção absoluta de contaminação recognitiva. Quem assim age, é certo, não busca demonstrar cientificamente a ocorrência específica de distorção da memória no caso concreto, ao contrário, semeia desconfiança apriorística sobre qualquer ato recognitivo, valendo-se do malabarismo verbal e da confusão de conceitos, buscando estabelecer um *standard* probatório virtualmente inatingível, verdadeira *probatio diabolica*, ou seja, aquele tipo de prova que se sabe ser impossível de alcançar, por isso, "prova diabólica".

Nesses termos, esse tipo de manobra discursiva precisa ser exposto ao que é: sofisma, não ciência. Aristóteles, já a seu tempo, advertia em sua *Refutação dos sofismas* que há falácias que se valem da aparência de erudição para iludir os ouvintes, e essa é uma delas. Quando utilizada como manobra, trata-se de uma *eruditio falsa* – falsa erudição – recoberta por palavras de verniz técnico, quase sempre inacessíveis aos leigos que compõem os conselhos de sentença.

Destarte, não se nega que a memória humana seja falível. Mas é intelectualmente ímprobo transformar essa falibilidade natural em um coringa absoluto da descrença generalizada, como se todos os relatos, por virem da memória, estivessem invariavelmente contaminados de erro, suspeita ou mentira, sobretudo sobre fatos ou dados essenciais. A dúvida, quando sistematizada como método retórico, não ilumina, apenas enjaula a verdade possível.

Em realidade, o que se observa – e isso, sim, é cientificamente validado – é que memórias traumáticas, especialmente as formadas sob forte carga emocional, tendem a fixar traços mais duradouros e vivazes do que memórias ordinárias. A psicologia judiciária penal denomina esse fenômeno de impressão mnemônica traumática, e já era observado por Altavilla, McDougall e outros mestres do início do século XX. Confissões espontâneas ou reconhecimentos feitos de forma imediata, sem indução e sob o frescor do ocorrido, têm valor probatório elevado, muito superior à memória reconstruída sob provocação ou sugestão tardia.

E é precisamente por isso que os reconhecimentos precoces – pessoais ou fotográficos – não devem ser desvalorizados com base em doutrinas que, em nome da desconfiança sistemática, acabam por premiar a astúcia do infrator. A memória tem um inimigo? Sim, o tempo, este é o seu grande inimigo, portanto, o que foi dito com precisão, quanto mais próximo aos fatos, costuma ser mais confiável do que a evocação pálida feita anos depois, sob efeito de pressão, medo ou persuasão.

Portanto, há discursos que se apoderam da linguagem da dúvida apenas como forma de *eclipsar a verdade clara*, ao que chamamos de *dialética da névoa*, por não procurar o justo, mas por buscar dissolver a convicção do julgador para o proveito do acusado.

Importa lembrar, ainda, que, no julgamento pelo Tribunal do Júri, o que vigora é o princípio da íntima convicção (*libre appréciation des preuves*), e não o formalismo absoluto das provas tarifadas. O jurado não está acorrentado a fórmulas retóricas travestidas de ciência, mas autorizado a avaliar o conjunto da prova com base na lógica, na experiência comum e na coerência interna dos fatos. *Veritas non est in subtilitate, sed in luce* (a verdade não está na filigrana da dúvida, mas na luz que dela emana).

Por isso, a invocação da teoria das falsas memórias deve ser recebida com ceticismo argumentativo. Quando usada como mera tática de desconstrução, ela transforma a exceção em regra, o acaso em certeza e o erro possível em dogma da descrença. E, ao assim proceder, não serve à justiça, serve à confusão.

17. O RECONHECIMENTO DE COISAS

Tratante do reconhecimento de "coisas", principalmente no tocante à possível arma do crime, sujeitamo-nos à redobrada cautela. Raramente acontece referido reconhecimento, porquanto a dificuldade já começa na localização do instrumento do crime e manifesta-se, depois, ante o difícil reconhecimento pela testemunha, v.g., de uma pequena arma de fogo. Ademais, em regra, pouco importa ser uma ou outra arma, quando, objetivamente, se saiba qual a natureza do instrumento agressor e a quem se imputa a autoria delitiva.

Por certo que se o agente vulnerante era de tamanho exagerado, ou não usualmente utilizado para a prática criminosa, ficará facilitado o reconhecimento por parte da pessoa; contudo, no mais das vezes, a menos que se trate de arma já antes conhecida pelo reconhecente, desnecessário até a efetivação do ato de reconhecimento... pena de "reconhecimento negativo" (mesmo em sendo a verdadeira arma utilizada). Tal procedimento, de certa forma, poderia desacreditar um pouco o trabalho investigatório, consoante antes mencionamos[120].

E quando o acusado apresenta, ele próprio, a possível arma do crime?

Perde-se em números a imensidão dos casos em que a arma apresentada pelo acusado não é a mesma utilizada para a prática criminosa. Ousamos dizer, até, que esta é, aliás, a regra. Os motivos são variados, *ad exemplum*: apresenta o indiciado uma inofensiva faca de cozinha (que posteriormente alicerçará uma versão de legítima defesa) e esconde, desse modo, o real *instrumenta sceleris*, qual seja, um punhal (vazado de ambos os lados). Caso aceitemos a "faca", e não busquemos o "punhal" como o instrumento para a prática criminosa, já começamos a partir de uma premissa falsa, que amparará, *a posteriori*, toda a versão defensiva. Note-se que o verdadeiro instrumento do crime (punhal) não ensejaria grandes argumentos de defesa, visto que é arma tipicamente portada para uso em prática criminosa...

De igual sorte há uma multiplicidade de casos em que o criminoso utiliza-se de um punhal ou mesmo de uma faca de grandes dimensões – cujo efeito visual incutiria o terror ao julgador, predispondo-o contra o réu – e, posteriormente, apresenta um pequeno canivete ou faca de cozinha, como sendo *a arma do crime...*

O repertório dos ardis não caberia na enumeração, uma vez que surgem novas técnicas, todos os dias, destinadas a ludibriar e confundir. Apenas para ilustrar, apresentamos o seguinte caso, ocorrido no interior de São Paulo no ano de 1989, no qual fomos designados pela egrégia Procuradoria Geral de Justiça, para promover a acusação em plenário.

O réu – conhecido advogado em pequena comarca –, por divergências havidas com a vítima (escrivão-diretor do cartório judicial), deliberou matar o desafeto. Para tanto, escolheu um dia e horário determinado, em que sabia não estar nem o juiz nem o promotor no edifício do fórum. Assim, cientificando-se que não haveria testemunha *ocular*, fuzilou a vítima com seis disparos, valendo-se de uma arma "calibre 38". Cinco dos tiros foram desfechados pelas costas. O crime, em uma demonstração triste dos paradoxos da vida – *quando esta acabou por imitar a arte*, invertendo-se a proposição literária de Bertold Brecht –, acabou

120 *V.* sobre os "pormenores" no inquérito o Capítulo 1, item 7.

sendo cometido em um corredor, no interior do fórum, caindo o ofendido na porta do Tribunal do Júri.

Foragido o réu por muito tempo, só se apresentou após a pronúncia, sendo então interrogado pela primeira vez. Na oportunidade, apresentou o que dizia ser *a arma do crime*... Refalsada fraude. Alegava que a vítima viera armada para matá-lo, ocasião em que, depois de luta corporal, acabara assassinando-a. Desenhava uma legítima defesa, com possibilidade de sustentação, subsidiariamente, da tese de "violenta emoção, logo em seguida a injusta provocação da vítima" (art. 121, § 1º, do CP). Diante da acusação de homicídio duplamente qualificado, um *homicidium privilegiatum* seria bem recebido.

Advogado criminalista, do Júri, urdira com labor o delito: tencionava dar cabo do ofendido com apenas um disparo frontal (e o laudo necroscópico confirmava um disparo dado no crânio da vítima, pela frente). Ocorreu, contudo, que, no momento do tiro, esta abaixou-se um pouco, e o disparo, que seria fatal, acabou atingindo-a apenas "de raspão", superficialmente... daí, quando tentara encetar fuga, recebeu outros disparos pelas costas. Assim, explicava-se a execução.

Ao apresentar a *pseudoarma do crime*, já sabia que os projéteis extraídos do cadáver encontravam-se imprestáveis para "exame de confronto balístico", a ser realizado, comparando-se com outros disparados com a arma apresentada. Tal perícia visaria a identificação da arma incriminada. De fato, procedido o exame pericial na arma apresentada pelo réu[121], não lograram os peritos aferirem se aquela fora mesmo a arma do delito, visto que, sobremaneira deformados os projéteis homicidas, não se prestavam ao cotejo com os projéteis-testemunhas[122].

---

121 *V. mutatis mutandis*, fato semelhante, relatado por Evandro Lins e Silva, *A defesa tem a palavra*, 2. ed., Rio de Janeiro, Ed. Aide, 1984, p. 36-7, "Casos de balística", onde narra o assassinato do advogado Otávio Barreto na secretaria do Tribunal, pelo Desembargador Souza Carneiro, então presidente em exercício do Tribunal de Justiça da Bahia.

122 Dada a importância da matéria, confira-se: C. Simonin, Identificación del arma homicida, in *Medicina legal judicial*, 2. ed., Barcelona, Ed. JIMS, 1966, p. 146 e s.; Albert Ponsold, *Manual de medicina legal*, 1. ed., Barcelona, Ed. Cientifico Médica, 1955, p. 309; E. F. P. Bonnet, *Medicina legal*, 1. ed., Buenos Aires, Lopes Libreros Ed., 1967, p. 163 e s.; Almeida Júnior, *Lições de medicina legal*, 12. ed., São Paulo, Ed. Nacional, p. 150 e s.; Flamínio Fávero, *Medicina legal*, 11. ed., São Paulo, Itatiaia, 1980, v. 1, p. 308 e s. Quanto ao tema, em específico, *v.* em publicação pátria o completo *Balística forense*, de Eraldo Rabello, 2. ed, Porto

A *arma* apresentada pelo réu estava apreendida em outro processo, razão por que encontrava-se, antes dos fatos, no cartório sob a responsabilidade da vítima; fortalecia-se, nesse sentido, a versão do acusado (de que a vítima fora matá-lo). Não obstante, descobrira-se que referida *arma* fora furtada após o delito, já com o propósito de sustentar a versão exculpatória.

Deste modo, soube-se, com segurança, que a arma do crime não era aquela; mas bem outra, e esta jamais houvera sido apresentada pelo réu. Desmoronava, assim, a excludente de ilicitude e o *homicidium exceptum* invocados. A bom tempo os jurados repeliram a farsa[123]...

18. A ACAREAÇÃO

Neste tópico, concordamos com a doutrina que se endereça aos processos afeitos à Justiça Criminal não especializada: *em regra*, não se vislumbra utilidade prática na acareação procedida na polícia, porque os julgadores (no caso, os jurados), últimos destinatários da prova produzida, não presentes na delegacia quando da realização do ato, não podem observar eventuais alterações fisionômicas dos acareados, ou outras diversas e sintomáticas reações, segundo objeto da própria acareação.

Diante da impossibilidade dessa análise, a provável possibilidade dos acareados se retratarem é, em regra, diminuta[124]: e este é o senão ressaltado pela doutrina. Logo, fica desmerecida a propositura da medida, que, em última instância, melhor se justificaria se produzida em juízo, ou, principalmente, perante o Júri[125].

19. O EXAME NECROSCÓPICO

Insistem os filólogos que a etimologia da palavra *cadáver* não se explica pela junção silábica da expressão latina *caro data vermibus* (carne

Alegre, Ed. Sulina, 1982. Referidas obras, dentre outras, tratam do "exame de confronto balístico", nome pelo qual comumente se designa a perícia para identificação da arma de fogo.

123 Proc. 887/89, Comarca de Palmeira D'Oeste, com julgamento realizado na Comarca de Pereira Barreto, em razão de desaforamento.

124 Para uma apreciação do ato da acareação, sob a análise da psicologia judiciária, v. Enrico Altavilla, *Psicologia judiciária*, trad. Fernando de Miranda, 3. ed., Coimbra, Arménio Amado Ed., Sucessor, 1982, v. 2, p. 323 e s.

125 *V*., neste capítulo, item 18 – "A acareação", na "instrução" e "no plenário do júri".

dada aos vermes)[126], e que, menos chocante, *cadáver* seria um particípio latino designativo de *morto, que morreu*[127].

Contudo, sempre provocamos a imaginação dos jurados com a origem mórbida da palavra (menos filologia, mais filosofia), explicando-a, também, como nascida na expressão latina: entendemo-la mais qualificada a retratar uma vítima de homicídio; mais chamativa ao sentimento evocado pela realidade da *morte criminosa*; semanticamente mais correta, portanto. Ainda que constrangedora a origem, torna-se necessária porque dispensa adjetivação: é um *substantivo* bastante forte em si mesmo e conclama o julgador a meditar sobre o crime e suas consequências. É um chamativo como aquele reportado esplendidamente pelo verbo de Eliézer Rosa[128] de que, "num convento antigo, os frades silenciosos, ao passarem um pelo outro, no soturno e oprimente claustro, eram obrigados a dizer essas textuais palavras:

'Irmão, lembra-te da morte'".

O exame necroscópico[129], chamado pelo Código de Processo Penal de "autópsia", é medida decorrente do "exame de corpo de delito direto" (art. 6º, VII), previsto expressamente no art. 162, *caput*, cujo *thema probandum*, em caso de homicídio consumado, é a etiologia da morte, vinculando-a à ação ou omissão de alguém. Persegue-se, assim, via pericial, precipuamente a *causa mortis*: concluindo esta pela ocorrência de um *homicidium dolosum*, provada estará a materialidade delitiva, suporte indispensável para o decreto de prisão preventiva (art. 312) e, bem como, para assentar-se a sentença de pronúncia, a teor do art. 413[130].

126 *Ad Vocem*, alude a essa etimologia Antonio Nobre (1867-1900) em título ao seu poema "Ca(ro) da(ta) ver(mibus)", em que chora a morte de um poeta amigo. Contudo, diz-se que a origem mencionada não tem fundamento linguístico (cf. Francisco S. Bueno, *Dicionário escolar da língua portuguesa*, 9. ed., 2. tir., MEC, 1975, p. 245).

127 Segundo Napoleão Mendes de Almeida, cadáver é palavra de origem latina, derivada do verbo *cadere* – cair, morrer, coisa morta (*Dicionário de questões vernáculas*, São Paulo, Ed. Caminho Suave, 1981, p. 45).

128 Excerto do belíssimo prefácio oferecido à obra *Defesas penais*, de Romeiro Neto, 3. ed., Rio de Janeiro, Ed. Liber Juris, p. 14.

129 *V.*, neste capítulo, item 4 – "O procedimento investigatório".

130 *V.* tópico específico sobre "O 'corpo de delito' no homicídio..." no Capítulo 2.

Entretanto, não somente como corpo de delito direto de um crime – para efeito de custódia preventiva ou pronúncia – presta-se o exame cadavérico. Mal realizado, já soubemos de caso em que, embora pronunciado o réu e atestada, por conseguinte, a materialidade delitiva, não encorajaram-se os jurados a reconhecerem uma morte criminosa, negando, por consentâneo, o quesito atinente ao nexo de causalidade[131].

É antiga a advertência de Ambrosio Paré, citado por Simonin[132], de que "los juristas consultados juzgan según lo que se les informa". E há laudos – é preciso que se diga – que apenas *informam* a infinita desinformação de seus subscritores[133]...

131 *A contrario sensu*, o conhecido "Caso dos Irmãos Naves", quando na vigência do Estado Novo, na Comarca de Araguari-MG, contrariando-se as exigências dos arts. 473, § 2º, e 196 do CPP (arts. 158 e 413 do CPP atual), embora não provada a materialidade delitiva, o juiz sumariante acabou por pronunciar os acusados. Depois, absolvidos perante o Júri (por duas vezes), viram-se condenados pelo Tribunal de Apelação, em uma época em que a soberania do Júri estava suprimida, porquanto era possível a reforma dos veredictos em superior instância, uma vez que em vigência o Decreto n. 167/38.

132 *Medicina legal judicial*, 2. ed., Barcelona, Ed. JIMS, 1966, p. 29.

133 O "crime da 1º de Maio – como ficou conhecido na imprensa – ocorrido em São Caetano do Sul-SP, ilustra bem a matéria: M.S., 44 anos, separada judicialmente, ante a gravidez indesejada de sua filha – a menor de 14 anos, E.S. –, deliberou matar o neto logo que este nascesse. Assim, no dia 17 de setembro de 1991, na Rua 1º de Maio, naquela referida cidade, após o parto da filha (E.S.), dado em precaríssimas condições, M.S. apoderou-se do neonato – o seu neto – e, sufocando-o com as mãos, levou-o à morte por asfixia. Vizinhos, suspeitando da ocorrência de um crime no interior da residência, acionaram a polícia que, encontrando a pequena vítima embrulhada no interior de um armário, prenderam a ré em flagrante, enquanto conduziam a menor E.S. para socorro médico, ante forte crise hemorrágica. A acusada, desde o princípio, negava a autoria, e a filha, em um primeiro interrogatório, inocentava a mãe (posteriormente, passou a incriminá-la), informando que a criança nascera em parto no interior do banheiro, mas que sua mãe, nesse momento, não estava presente. Dizia ela que, tão somente, cortara o cordão umbilical do filho, deixando-o ao solo, enquanto padecia terrivelmente, quase inconsciente, ante a hemorragia sofrida. Afirmava que a mãe saíra da casa antes do início do parto, e que somente retornara posteriormente a este. Atribuía a morte da criança ou a uma queda havida durante o parto, ou a outra causa qualquer. A perícia – levada a cabo por legistas – concluiu, em 'pouquíssimas linhas', pela ocorrência de um 'homicídio praticado por asfixia mecânica'. Deixaram referidos legistas, por conseguinte, de esclarecer o modo como procederam a autópsia do cadáver (quais cavidades foram abertas, o que se analisou etc.): em suma, o laudo tinha quase que exclusivamente uma 'conclusão'; faltantes, todavia, as premissas que levaram àquele entendimento.

Lembra o velho mestre da Universidade de Estrasburgo[134] que a missão do médico legista "está definida por las dos consideraciones seguientes: 1º) La medicina legal no se improvisa. 2º) La misión del médico legista se compone de deberes y responsabilidades, de dificultades, de tribulaciones y de riesgos".

Para Hélio Gomes[135], de relevo entre os doutos, "a necropsia é uma das operações médico-legais da maior importância. Não exageraríamos se disséssemos que é a mais importante. É à custa dela que o perito colhe elementos e informações de valor capital para o esclarecimento da justiça. A necropsia deve ser completa, minuciosa e sobretudo cuidadosa. Há um aforismo médico-legal que diz ser extremamente difícil repetir-se uma necropsia, porque a putrefação destrói rapidamente o cadáver...".

Cientes da advertência, recebendo inquérito de homicídio, sempre nos assessoramos dos compêndios de medicina legal, bem como questionando médicos e colhendo outras informações técnicas, o que possibilita respostas complementares ao laudo, que, faltantes, não resolveriam as múltiplas indagações sugeridas em plenário. Não é segredo que o laudo de exame necroscópico, durante o julgamento, é comumente – na habilidade da defesa técnica, ao explorar a prova dos autos – os *loci*

Se, por um lado, os médicos haviam se convencido da ocorrência de um 'homicídio por asfixia', por outro, não deixavam melhores elementos para serem expostos ao Conselho de Sentença. A defesa sustentava a imprestabilidade do laudo, argumentando que a vítima falecera por 'hemorragia oriunda da não amarração do cordão umbilical'. A Dra. Eliana Passarelli – Promotora do Júri da referida Comarca – foi testemunha no processo e, por tal, estava impedida de proceder à acusação em plenário. Por esta razão, atendendo à solicitação de colegas daquela Comarca, fomos designados pela E. Procuradoria Geral de Justiça e, de imediato, constatamos a falha, envidando esforços para a localização dos signatários do laudo, visando esclarecimentos em quesitos complementares que juntaríamos aos autos... Debalde inúmeras diligências, até a data do Júri (ocorrido em 11-9-1992), não foram localizados os referidos peritos. Tese da defesa: negativa de autoria e da materialidade delitiva. Os jurados acabaram por condenar a ré, convencidos com a prova indireta (seis votos a um): o Conselho de Sentença votou supedaneado em depoimentos que lastrearam o laudo, mediante um necessário exercício de lógica... o trabalho havido em plenário, para provar-se a verdade, teria sido evitado se houvesse um 'laudo', verdadeiramente 'pericial', na acepção clássica da palavra".

134 C. Simonin, *Medicina legal judicial*, 2. ed., Barcelona, Ed. JIMS, 1966, p. 29.

135 *Medicina legal*, 25. ed., Rio de Janeiro, Freitas Bastos, 1987, p. 623.

minoris resistentiae. É neles que se faz a "brecha ... para, em seguida, desmontar os andaimes da acusação, enquadrando os fatos na tese da defesa"[136].

Afinal, na célebre frase do Dr. Paul[137], o exame necroscópico é "témoin qui ne parle pas, mais qui jamais nie la verité" (a testemunha que não fala, mas que jamais nega a verdade).

Portanto, em que pese a quase indispensabilidade do laudo de necropsia para o oferecimento da denúncia, a verdade é que, nos crimes dolosos contra a vida, o referido laudo não é apenas mais um requisito formal; mas, ele próprio, evidencia um *plus*, visto que direcionado a um juiz leigo, este poderá até negá-lo (diante da quesitação), e mais ainda pela impossibilidade de proceder-se a uma segunda necropsia, dado que, já "adulterado" o cadáver, impossível a observância do *stato quo ante*.

Os laudos falhos, dúbios ou omissos[138] são convites para "pareceres encomendados" pelo réu e portas escancaradas para a impunidade.

....

136 Nélson Hungria Hoffbauer, prefácio oferecido à obra *Defesas penais*, de Romeiro Neto, 3. ed., Rio de Janeiro, Ed. Liber Juris, p. 29.

137 Antigo legista da "Cour d'Assise de la Sène", citado por Romeiro Neto, *Defesas penais*, 3. ed., Rio de Janeiro, Ed. Liber Juris, p. 200.

138 Para ressaltar a importância do tema, remetemos o leitor para um caso que se tornou conhecidíssimo na imprensa nacional no ano de 1980: O Caso Cláudia Lessin. A acusação imputada contra Georges Michel Kour era de que ele, juntamente com Michel Albert Frank, no dia 24-7-1977, em hora não precisada, no bairro do Leblon, Rio de Janeiro, cometera homicídio triplamente qualificado – esta era a acusação principal – contra Cláudia Lessin Rodrigues. Dado como incurso no art. 121, § 2º, I, III e IV, do CP, debitou-se a ele o seguinte procedimento: Por motivo torpe – "desenfreio da lascívia pervertida e descomedida – mediante asfixia mecânica (estrangulamento com as mãos = esganadura) e pancadas na cabeça, de modo a impossibilitar a vítima de defesa, matou, em concurso de pessoas, Cláudia Lessin Rodrigues.

Sob a presidência do juiz de direito Paulo Cesar Dias Panza, reuniu-se o egrégio 1º Tribunal do Júri do Rio de Janeiro, em sessão plenária por cinco dias – dizem, dos mais longos julgamentos da história do Júri brasileiro –, prolatando-se, ao final, no dia 1º-12-1980, o soberano veredicto do Conselho de Sentença: absolvição, quanto a acusação de homicídio...

A defesa técnica bateu-se, do começo ao fim do julgamento, pelo descrédito ao laudo de exame necroscópico ofertado, obtendo, ao final, sucesso na tese de negativa de autoria quanto ao homicídio. Por seis votos a um, Georges Kour foi absolvido.

O fato é que o próprio "impresso modelo" de laudo de exame necroscópico não satisfaz as minúcias que muitas vezes a casuística exige.

Com efeito, perquire o mesmo: 1) sobre a realidade da morte; 2) sobre sua causa; 3) sobre a ocasião da morte; 4) sobre os instrumentos ou meios empregados para produzir a morte; 5) sobre a presença de qualificadoras do crime; 6) sobre a identidade do morto[139].

In menthi, sempre nos transportamos – como na fórmula de Thyrén[140] – para os sentidos de intelecção do colegiado leigo, identificando, de antemão, possíveis indagações; assim, o que necessitasse de uma explicação mais minudente, ou o que estivesse incoerente, ensejaria uma volta do inquérito, para esclarecimentos, aos subscritores do laudo – ou, então, fazia-o por via de autos suplementares. Destarte, através de "quesitos complementares", responderiam as possíveis dúvidas que surgiriam posteriormente, quando do julgamento.

Com tais esclarecimentos, os jurados terão acesso a um laudo completo – e não complexo – que, conforme sugeríamos, deve ser mais minucioso do que se fora endereçado apenas ao juiz togado. Este, para decidir pela pronúncia, acolhendo o *jus accusationis*, é o primeiro destinatário. Contudo, o julgamento propriamente dito, *judicium causae*, é posterior, e, por isso mesmo, os olhos não se bastam no primeiro porto...

19.1. Outros esclarecimentos necessários na necropsia

Comuníssimo que, identificada a *causa mortis*, bem como referido o agente causador das lesões, deixe a perícia de detalhar os ferimentos, facilitando a negação, posteriormente, do *animus necandi*.

....

A forma do trabalho desenvolvida pela defesa em plenário – visando a desconstituição do citado laudo oficial, por parte dos jurados, vem minudentemente explicada por L. Pellegrino, in *Por que Georges Kour foi absolvido*, Rio de Janeiro, Ed. AIDE.

139 V. Hermes Rodrigues de Alcântara, *Perícia médica judicial*, 1. ed., Rio de Janeiro, Ed. Guanabara Dois, 1982, p. 240 e s.

140 Como sabido, o professor sueco Thyrén, em trabalho escrito em 1894, apresentou uma fórmula prática para identificar se determinado antecedente é causa, consoante a teoria da equivalência no direito penal. Nominou-se *processo hipotético de eliminação*, segundo o qual causa é todo antecedente que não pode ser suprimido *in menthi*, sem prejuízo ao resultado.

É o caso, principalmente, das ocorrências de homicídios cometidos com o emprego de arma branca, em que não se aduz a *proporção* das lesões produzidas. Necessário o esclarecimento, não só da dimensão do ferimento cutâneo, à entrada do instrumento vulnerante, como, notadamente, da profundidade da lesão.

Destarte, se o crime foi cometido com uma faca de exageradas proporções, cravando-se-a, toda, na vítima (que tornaria insustentável a negativa do dolo), e o laudo omite dados atinentes às características da lesão (número de lesões perfuroincisas, sede das lesões, profundidade, dimensão das bordas de entrada, sentido da agressão, trajetória do agente lesivo no corpo da vítima, existência de lesões de defesa etc.), não encontrará dificuldades o criminoso, em, após o crime, apresentar à polícia uma *pequena* faca, de ínfima dimensão, explicando "que descascava laranjas, enquanto a vítima com ele conversava, vindo a tropeçar e cair sobre a mesma, ferindo-se mortalmente". Daí à alegação em plenário de "homicídio culposo" é meio passo.

Confira-se outro exemplo:

Homicídio cometido com o emprego de punhal. O réu alega em seu favor a ausência da *voluntas ad nescem*, da *intentio necandi*. Em que pese o absurdo lógico-jurídico – porque feriu a vítima com dois golpes –, sustenta, diante dos jurados, "pura imprudência". O raciocínio do leigo, imbuído de boa-fé, pode ser simplista (mister nas pequenas comarcas, quando o jurado não participou de outros julgamentos): "... o réu foi imprudente; tem *culpa*, conforme diz o Dr. Defensor... *logo*, é homicídio *culposo*...".

No caso, é sabido que o referido instrumento (punhal) produz tipicamente ferimentos *perfuroincisos* em razão de seus gumes afiados.

Contudo, se o "laudo necroscópico" ofertado aduzir um *ferimento atípico* daquele agente (ferimento comumente imputado a outro instrumento lesivo), sem que esclareça, detidamente, que tal ferimento – embora atípico – *possa* ter sido produzido com a arma apreendida, já passará, o defensor, a explorar "as falhas do inquérito"... alegará apreensão de arma que não a utilizada no crime – tudo para "prejudicar seu cliente... porque o réu portava uma simples faca de cozinha, com a qual descascava frutas..."[141].

Colocada a questão aos olhos dos doutos, parece impossível a tática. Transmudam em heresia a tese e a versão. Mas, principalmente ao jurado

---

[141] *V.*, neste capítulo, item 17 – "O reconhecimento de coisas".

interiorano – homem ainda pronto a receber de espírito desarmado a maior patranha –, sabe-se que o expediente não somente é *bem possível*, como bastante utilizado...

O Júri não vive apenas de grandes casos: o dia a dia do promotor de justiça no interior é feito de casos simplórios e de técnicas defensivas como as citadas. As grandes indagações do direito constituem exceção, e não a regra... e são estes mesmos homens simples, munidos apenas da boa intenção, que julgam. Este é o Júri. Assim mesmo. Mais ou menos comparado à hipótese enxadrista que, na década de 1970, desafiava com *slogans* o orgulho da nação: "Brasil: ame-o ou deixe-o".

Portanto, sempre que se nota um *ferimento atípico* – se confrontado com a arma incriminada –, propõem-se quesitos complementares, elaborando-se-os em proposições simples, em razão, inclusive, do *último destinatário do laudo*, v.g.: "O ferimento descrito no laudo de exame necroscópico pode ter sido causado pela arma incriminada? Sim ou não, e por quê?".

A diligência, de antemão, impede a futura acusação plenária, e mais utilidade demonstra quanto mais aberrante seja a atipicidade do ferimento, a omissão, ou a incoerência do laudo.

Para registro, o Professor Hermes R. Alcântara[142], da Universidade do Distrito Federal, lembra-nos, v.g., a possibilidade de um projétil de arma de fogo produzir ferimentos notadamente atípicos, anômalos à sua espécie – visto que de natureza perfurocontusa –, explicável ante a presença de movimentos anormais (cabeçada, pirueta, pião etc.).

Em outros laudos, oferecidos aleatoriamente, deixa-se de especificar a direção dos disparos ou golpes efetuados; não se esclarece com segurança o número de lesões, ou o tipo de instrumento utilizado. Como analisar, refutar ou comprovar uma legítima defesa, por exemplo? Afinal, é pelo laudo, principalmente, que confrontamos as versões, que cotejamos com as palavras do réu, emprestando-lhe crédito ou identificando-lhe a farsa.

"Provare l'evidente é impresa da idioti", sustentava Manzini. Sem embargo, não se trata da prova pura e simples de uma morte por homicídio, que, a rigor, já é de domínio público; mas ali vai, no laudo necros-

142 *Perícia médica judicial*, Rio de Janeiro, Ed. Guanabara Dois, 1982, p. 52.

cópico, em uma visão mais ampla, descortinando o futuro mais abrangente, todo o sucesso ou naufrágio de uma causa.

19.2. A ilustração fotográfica do laudo necroscópico

Ao ilustrar o laudo, o IML de São Paulo faz acompanhar um desenho esquemático (gráfico), ou seja, um "croqui", simbolizando a vítima e suas lesões: as setas cônicas, os vetores, indicativos da direção ou sentido dos disparos ou golpes, bem como a exata localização dos ferimentos. Contudo, nas comarcas do interior, observa-se rotineiramente a ausência de tais "esquemas ilustrativos", e o que falar, então, quanto à "ilustração fotográfica" do ocorrido: seja aquela realizada na feitura do "exame perinecroscópico"[143], no local do crime, pelo Instituto de Criminalística, seja aquela realizada no cadáver, no IML, por ocasião do exame necroscópico.

Que não se toque o disco do discurso demagógico de que, com a fotografia, "se quer sensibilizar o Júri". Há quem lembre – como Lyra – que, certa feita, à guisa de argumentação, para inibir e neutralizar o "sermão de lágrimas" de compungida defesa, um promotor americano teria solicitado a exibição do cadáver perante o juiz[144].

A diligência em ilustrar o exame necroscópico (e, precipuamente, o exame perinecroscópico, no local dos fatos) é primordial, ao menos para a acusação. Se para mais não servisse, advertiria os ingênuos sobre o quanto cabe na maldade humana: *Castis omnia casta*.

Para os puros, tudo é puro, diria São Paulo[145]...

Mas vai além: uma fotografia, a par de estímulo visual à responsabilidade judicante, pode identificar através de testemunhos uma vítima desconhecida; pode também desmistificar uma versão, quando contenha uma exceção ou particularidade, identificadoras da verdade. Portanto, "em medicina legal, a exceção tem tanto valor como a regra geral", conforme sustenta Nerio Rojas.

---

143 *V*., neste capítulo, item 4 – "O procedimento investigatório".

144 Roberto Lyra, *Teoria e prática*, *Teoria e prática da promotoria pública*, 2. ed., Porto Alegre, Sérgio Antonio Fabris Ed., 1989, p. 197.

145 Epístola de São Paulo a Tito, 1, 15, citada muitas vezes como *Omnia munda mundis*.

Aduzem alguns que, ao serem mostradas as fotografias em plenário, busca-se, simbolicamente, o efeito visado pelo promotor americano "o desenterro do cadáver".

Cremos, honestamente, algo bem mais sério e sensato que isso: a "fotografia", tal como aludíamos na origem vernacular da palavra cadáver, desperta, pela força que encerra em si, o julgador ao julgamento. Possibilita a evocação da verdade, quando o próprio acusado se *denuncia*, pelo modo como olha para a foto da vítima, consoante leciona Altavilla[146]. Estabelece, ainda, um princípio de paridade moral e psicológica, entre a dor do acusado – em regra, ele também sofre – e a dor do ofendido. E esta "paridade" é salutar para a semântica espiritual subjacente ao julgamento: transmuda-se, como ponto de equilíbrio, na imparcialidade da missão julgadora. Enquanto tem a defesa um quadro vivo – que fala em seu favor – geralmente despertando comiseração (é o réu e sua família), o promotor tem da vítima somente escassas lembranças, perdidas entre um laudo formal e uns parcos depoimentos.

"Se nada se perde no mundo, se luz, som, pensamento, alma, tudo tem substância e tem força – onde estarão a voz, o pensamento, a alma daqueles que fecham os olhos e se entregam às mãos dos outros, e são traiçoeiramente escondidos entre duas camadas duras do chão?" (Rachel de Queirós, 1910).

O réu – outrora, o homicida impiedoso – assume com facilidade a postura de um coitado, quase um morto-vivo, a sugestionar um julgamento *ad misericordiam*, *pietatis causae*: esposa chorando na primeira fila da assistência; filhos menores – olhos rasos d'água – no corredor fora do plenário... cada qual de um tamanho, "em escadinha", com olhar suplicante aos jurados.

A defesa, fortalecida pelo ambiente criado, tratando o acusado com respeito carinhoso, como "o homem que a desgraça conduziu a uma

146 "... Um fato análogo se observa no culpado em presença da vítima, ou de uma fotografia desta, ou de qualquer coisa que a faça recordar de perto; esforça-se por parecer indiferente, mas, além daqueles movimentos automáticos, que noutro lugar estudamos, é fácil notar que os olhos evitam fixar-se sobre a trágica visão" (*Psicologia judiciária*, trad. Fernando de Miranda, 3. ed., Coimbra, Arménio Amado Ed., Sucessor, 1982, v. 2, p. 37).

situação humilhante"[147]... E ele – "Sua Excelência, o réu" (como, em conferência, tratou-o Astolfo Rezende)[148] – já sumido no banco, aos poucos vai esmaecendo a figura do criminoso. Estatificado, é um santo em repouso. Nimba-se, assim, com a prosaica auréola da humildade oportuna e da resignação providencial, em busca da *captatio benevolentiae*. Nenhuma religiosidade, nenhum sentimento, nenhuma filosofia ante o infortúnio da vítima. Às vezes, sua memória só se alteia na chacota e na blague. A realidade *morte*, quando muito, passa a ser formalmente tratada – pelas palavras de um laudo eminentemente técnico, preguiçosamente datilografado e facilmente enxovalhável – como, apenas, mais um fato biológico...

Não! É preciso ao menos essa mínima *paridade moral e ética*, vislumbrada nas imagens – o retrato da morte criminosa, contrapondo-se aos ares sacros do acusado –, para que o jurado seja afastado do julgamento por piedade – "mãe da clemência e do perdão", segundo Lanza –, e, efetivamente, se volte para um julgamento legal, à luz do duelo de provas.

Sem medo de errar; dadas as peculiaridades do Júri, ousamos dizer que a anatomia despida do crime (mais abrangente que a da vítima) haveria que ser obrigatoriamente prova dos autos. Funcionaria, assim, como um contragolpe moral na tentativa de transformar-se o Júri em um rosário de preces súplices e pedidos de benesses, pelo aspecto psicológico evocado pela imagem...

Afinal, se estão certos os chineses, "mais vale uma imagem que mil palavras"... O vermelho-encarnado (sangue tirado criminosamente de um ser humano) e a expressão fisionômica do cadáver colocada "vivamente" no papel, se não se sobrepõem, ao menos turvam ou estiolam o azul angelical (ou o branco-pureza), que já se nota como farda de julgamento para insensíveis assassinos, que buscam na cor da vestimenta a pureza celestial, ou a indumentária dos arcanjos...

Altavilla, citando um caso de suicídio narrado por Proal e Sighele, ao tratar do exame do cadáver, acaba por demonstrar a força da imagem que somente uma fotografia revelaria. Uma moça mata-se em seu quarto

---

[147] V. L. Pellegrino, *Por que Georges Kour foi absolvido*, Rio de Janeiro, Ed. AIDE, p. 26, também *Defesas penais*, 3. ed., Rio de Janeiro, Ed. Liber Juris, de Romeiro Neto.

[148] Apud Cordeiro Guerra, *A arte de acusar*, Rio de Janeiro, Forense Universitária, 1988, p. 65.

virginal porque o noivo a trocara por outros amores... "a moça foi encontrada estendida sobre a sua caminha, vestindo o seu traje nupcial, com um livro de orações entre as mãos, como se tivesse querido morrer, eternizando uma alegria que lhe foi negada. E só deixou expressa uma vontade: 'Quero que M.G. me veja morta'"[149].

É preciso falar mais?

... Esses quadros da miséria humana, para o julgamento, necessitam ser levados em sua totalidade ao Tribunal. O anverso e o verso de um crime. O ofensor e o ofendido. Somente a imagem do réu no plenário enseja a parcialidade. Mister também a foto da vítima, para não deixarmos "morto na rua", como um miserável desconhecido que não pode sequer ser *apresentado*, com respeito e dignidade, ao Júri:

"MUERTO se quedó en la calle
con un puñal en el pecho.
No lo conocia nadie.
¡Cómo temblaba el farolito
de la calle!
Era madrugada. Nadie
pudo asomarse a sus ojos
abiertos al duro aire.
Que muerto se quedó en la calle
que con un puñal en el pecho
y que no lo conocia nadie"

(García Lorca, *Sorpresa*).

---

149 *Psicologia judiciária*, trad. Fernando de Miranda, 3. ed., Coimbra, Arménio Amado Ed., Sucessor, 1982, v. 2, p. 211.

Capítulo 2

A DENÚNCIA. O CORPO DE DELITO, A FORMA DA DENÚNCIA E O MOTIVO DO CRIME

Sumário: 1. Conceituação. 2. Condição de oferecimento e requisitos da denúncia. 2.1. O "corpo de delito" no homicídio: um paralelo entre a denúncia, a "preventiva" e a pronúncia. 3. A forma da denúncia de homicídio. 3.1. A correta capitulação das novas qualificadoras legais objetivas. 4. "Denunciar para mais?". 5. Circunstâncias periféricas e penalmente indiferentes. 6. O motivo do crime na denúncia. 6.1. Qual o motivo do crime? 6.2. A classificação dos motivos e a dificuldade diagnosticatória. 6.3. "Crime sem motivo?". 6.4. Erro de interpretação. 6.5. Quando o motivo não restou claro, como denunciar? 6.6. Da necessidade de se qualificar o dolo como eventual na denúncia. 7. Recomendações práticas quanto à denúncia e cota de oferecimento.

O florete que sai das mãos do armeiro para o punho do esgrimista ganha luz e precisão; é a passagem do portar para o brandir.
O bisturi que o instrumentador oferece ao cirurgião também reverbera e expressa eficiência; é a transposição do trazer consigo para o curar.
De igual modo, a denúncia subscrita pelo Promotor de Justiça eficiente traz em si a marca da adequada defesa social, a estratégia própria da acusação bem

posta... (Jacques de Camargo Penteado, *O aditamento à denúncia*, São Paulo, Ed. APMP, 1987).

1. CONCEITUAÇÃO

À recepção do inquérito relatado pela autoridade policial, o órgão do Ministério Público, havendo formado a *opinio delicti* e constatando a infração ao tipo penal de homicídio (art. 121 do CP), logo, com a adequação, *in thesi*, do caso concreto à norma prevista *in abstracto*, haverá de acionar a máquina judiciária – até então inerte –, via da ignição provocada pela denúncia[1], propulsionando-a e objetivando a entrega da tutela jurisdicional reclamada.

Trata-se, pois, da ação penal pública iniciada por seu titular (art. 100, § 1º, do CP e art. 24 do CPP), cuja petição inicial acusatória há que ser oferecida no prazo de quinze dias (se o réu estiver solto), ou cinco dias, no caso de estar preso (art. 46 do CPP)[2].

Assim, para Hélio Tornaghi[3]:

"Denúncia, em sentido técnico, é o ato pelo qual o Ministério Público manifesta a vontade do Estado de que se faça justiça. É o pedido, ou melhor, a exigência de prestação jurisdicional. Havendo prova do fato e suspeita da autoria – de outra maneira não poderia haver denúncia – está o Ministério Público na suposição de que o denunciado deva ser condenado".

Frederico Marques[4] preleciona seguidamente:

"A denúncia está para a ação penal pública como a petição inicial para a ação civil. Uma e outra constituem o instrumento formal da apresentação do pedido em juízo para ser dado início à ação e instaurar-se, com a citação do réu, a instância ou relação processual. A denúncia é, por isso, o ato processual em que se formaliza a acusação, ou ato instrumental para início da *actio poenalis* de caráter público".

---

1 O inquérito policial que lastrear a denúncia deverá acompanhá-la (arts. 46, § 1º, do CPP e 15, I, da LC federal n. 40/81).

2 "Denúncia. Réu preso. Pequeno atraso no seu oferecimento. Atraso de denúncia de réu preso, por apenas dois dias por motivo razoável, não é causa para se declarar a sua intempestividade" (STJ, 6ª Turma, RHC 1.787-RJ, rel. Min. José Cândido, *DJU*, 16-3-1992, p. 3107).

3 *Comentários ao Código de Processo Penal*, São Paulo, Saraiva, v. 1, p. 45-6.

4 *Elementos de direito processual penal*, 1. ed., Rio de Janeiro, Forense, v. 2, p. 146.

Cumpre notar que, enquanto nos crimes afeitos ao procedimento comum – não referentes ao rito procedimental do Júri – a denúncia é peça acusatória que se voltará exclusivamente para um julgador técnico, o juiz de direito, configurando-se em petição acusatória a exercitar a *persecutio criminis in judicio*, no procedimento dos crimes sujeitos ao Tribunal do Júri, por outro lado, o magistrado não julgará a pretensão punitiva, eis que a acusação se desdobra na postulação a "dois senhores" processuais distintos, com diferentes níveis de conhecimento processual e jurídico, configurando-se, por conseguinte, em níveis postulacionais igualmente diversos: ou seja, na primeira fase, a denúncia representa o *petitum* (*causa petendi*) do *judicium accusationis* e é dirigida ao juiz da instrução, objetivando a pronúncia; inaugura-se, destarte, a ação penal, com o recebimento da denúncia. Mas, carrega em seu bojo carga acusatória dirigida ao destinatário final da ação penal, o Tribunal do Júri, a quem incumbirá o julgamento de fundo da questão criminal levada a juízo. Assim, prolatada a pronúncia, a denúncia permanece nos autos e poderá ser comparada pelo Juízo natural da causa, o Júri, com o *quantum* acusatório que permaneceu na pronúncia, como poderá ser analisada, inclusive, pela redação ou narrativa que nela contêm. Vale dizer: se a denúncia for tecnicamente incorreta e a pronúncia fizer-lhe reparos, ou, se de outra parte, conter informações que se desfigurem na instrução ou sejam fortemente questionáveis em face da prova produzida, os jurados poderão apreciar e valorar livremente a atuação ministerial, rejeitando "pela forma o fundo", eis que o único critério pelo qual se pautam é a íntima convicção na prolação do veredicto.

Em termos meramente processuais, podemos recapitular didaticamente afirmando que "o procedimento do Tribunal do Júri é *bifásico* ou *escalonado, compreendendo uma fase preliminar, preparatória, seguida de uma fase definitiva.*

A fase preparatória volta-se ao julgamento da denúncia, resultando em um juízo de admissibilidade da acusação. A fase definitiva, em contrapartida, tem por fim o julgamento da causa, transferindo aos jurados o exame da procedência, ou improcedência, da pretensão acusatória. O *judicium accusationis* tem como marco inicial o recebimento da denúncia e termina com a decisão de pronúncia.

O *judicium causae*, por sua vez, inicia-se com a preclusão da decisão de pronúncia e termina, após as alegações orais, com a votação do questionário e a prolação da sentença. Há, portanto, um juízo de formação da culpa (*judicium accusationis*), ao qual sucede um juízo da causa (*judicium causae*)"[5].

2. CONDIÇÃO DE OFERECIMENTO E REQUISITOS DA DENÚNCIA

Diz-se, então, que a denúncia de homicídio é uma peça incoativa elaborada pelo Ministério Público e dirigida ao Estado-juiz para a formação de um processo penal, onde se noticia a ocorrência de uma ruptura do ordenamento jurídico penal em face da prática de conduta típica por alguém, em determinadas condições (tempo, lugar e forma de execução) e, em regra, por um determinado motivo, buscando-se, por conseguinte, a *sanctio juris* como resposta estatal fulcrada em seu *jus puniendi*[6].

Não distorce a verdade quem afirma, comparando e exemplificando, que, nesse momento, o promotor de justiça efetua um trabalho de *reportagem* de um fato típico penal, um verdadeiro *jornalismo*[7] *pro societate*, mas visando iniciar a ação penal por um dos Poderes do Estado. Porquanto a denúncia (nesta óptica comparativa) sempre há que ser uma peça clara, objetiva e inteligível à primeira leitura por qualquer leigo, ou seja, por aqueles que compreendem a narrativa de qualquer fato, descrita pelo mais singelo matutino.

Denúncia correta é aquela que, com seus requisitos legais observados, qualquer pessoa – qualquer réu – lendo-a, entende, sem grandes esforços, o porquê da acusação. Sem tecnicismo improfícuo, sem o rebuscar do

5 Edilson Mougenot Bonfim, *Curso de processo penal*, 5. ed., São Paulo: Saraiva, 2010, p. 543.

6 Doutrina: Antonio Luiz da Câmara Leal, *Comentários ao Código de Processo Penal brasileiro*, Rio de Janeiro, Freitas Bastos, v. 1, p. 189; Inocêncio Borges da Rosa, *Manual de teoria e prática do processo penal*, Porto Alegre, Globo, 1922, p. 198; José Frederico Marques, *Elementos de direito processual penal*, Rio de Janeiro, Forense, v. 2, p. 146; E. Magalhães Noronha, *Curso de direito processual penal*, 19. ed., Saraiva, 1989, p. 26; Fernando da Costa Tourinho Filho, *Processo penal*, 12. ed., São Paulo, Saraiva, 1990, v. 1, p. 339, dentre outros.

7 Por oportuno, e para que não passe *in albis*, anote-se que embora não possamos concordar com aqueles que atribuem à imprensa a causa de alguns erros judiciais – como salientado já em 1897 por Maurice Lailer e Henri Vonoven (in *Les erreurs judiciaires et leurs causes*, 1897) – registre-se que estes já procuravam emprestar metaforicamente a correspondência a que ora aludimos: "todo repórter é Ministério Público...". Até preferível, aliás – dada a imparcialidade do Ministério Público –, que aquela outra desejada por Pierre Joly e George Dirand (in *Maître, vous avez la parole*, Ed. Calmon-Levy, 1975) onde "o cronista judiciário é sempre adepto da defesa" (apud Evandro Lins e Silva, *A defesa tem a palavra*, 2. ed., Rio de Janeiro, Ed. Aide, 1984, p. 67).

vernáculo, explica-se, tão somente, o ocorrido, buscando-se a sanção penal. Narra-se o fato, pedindo-se a citação e a pena; elucida-se o quanto possível. Não incumbe a complicação do simples ou o *embrulhar* das evidências[8].

Tanto assim que, citados seus requisitos, conhecidos na retórica de um verso latino[9], – *Quis? Quibus? Quid? Ubi? Cur? Quomodo? Quando?* – encontramos sua correspondência nos cinco W informativos do jornalismo americano[10]: "*Who, What, Where, When, Why*".

Com tal exigência, e por tal princípio, deliberou-se no art. 41 do CPP como requisitos que a peça vestibular acusatória[11] "conterá a exposição do fato criminoso, com todas as suas circunstâncias, a qualificação do acusado ou esclarecimentos pelos quais se possa identificá-lo, a classificação do crime e, quando necessário, o rol de testemunhas".

Portanto, presentes as condições da ação[12], assentando-se a inicial em "justa causa"[13] – com suspeita razoável da autoria, prova da materialidade do crime e a tipicidade demonstrada pelo nexo causal da ação ou omissão do agente[14] –, dar-se-á a feitura da prefacial acusatória.

---

8 Em síntese, seria preciso que Fabreguettes (in *A lógica judiciária*) recomendasse aos promotores, quando da denúncia, o mesmo mnemônico método da "teoria das iniciais" válida para a prolação das sentenças aos magistrados: "A boa redação das sentenças foi simbolizada pela teoria dos três C: completa, clara, concisa".

9 V. João Mendes de Almeida Junior, *O processo criminal brasileiro*, Freitas Bastos, 1956, v. 2, p. 183: *quis* (a pessoa que praticou o crime); *quibus auxilis* (os meios que empregou); *quid* (o mal que produziu); *cur* (os motivos); *quomodo* (a maneira como); *ubi* (o lugar onde) e *quando* (o tempo em que).

10 V. Barbosa Lima Sobrinho, *Direito de informação*, in *Anais da VIII Conferência Nacional da Ordem dos Advogados do Brasil*, Manaus, 18/22-5-1980, p. 155.

11 Sobre os requisitos da denúncia, v. ainda *Justitia* (publicação do Ministério Público Paulista) 128/168; Hugo Nigro Mazzili, *Manual do promotor de justiça*, 1. ed., São Paulo, Saraiva, p. 349-50; Paulo Cláudio Tovo, *Apontamentos e guia prático sobre a denúncia no processo penal brasileiro*, Porto Alegre, Sérgio Antônio Fabris Ed., 1986, dentre outros.

12 V. a respeito Ada Pellegrini Grinover, *As condições da ação penal*, São Paulo, Bushatsky, 1977.

13 Para Frederico Marques, "há falta de base para a denúncia quando a prova colhida no inquérito não autoriza qualquer acusação, ou por não haver indícios da autoria, ou por não demonstrar, ao de leve que seja, a prática do crime" (*Elementos de direito processual penal*, Rio de Janeiro, Forense, p. 166-7).

14 F. Carrara, *Programma*, § 1.088: " ... E ben chiara quanto assoluta ne è la ragione, poichè non può procedersi a cercare l'autore di un delitto finchè non è accertato che il delitto esista. E non può dirsi certo che un uomo è morto per fatto

2.1. O "corpo de delito" no homicídio: um paralelo entre a denúncia, a "preventiva" e a pronúncia

Há que se estabelecer, desde logo, a diferença quanto ao requisito ou necessidade do "corpo de delito": no caso de denúncia, o "corpo de delito" não é ainda necessário, mas torna-se imprescindível para a decretação da prisão preventiva ou para a prolação da *pronúncia*.

À *denúncia* basta a *razoável suspeita* da ocorrência de um crime de homicídio doloso: vale dizer, inexiste a *obrigatoriedade* da *certeza* de um delito voluntário contra a vida, mesmo porque, durante a fase instrutória, torna-se ainda possível o estabelecimento da *certeza jurídica* de tal crime: quer dizer, do corpo de delito. Contudo, para a decretação da *custódia preventiva* (art. 311 do CPP, qualquer que seja sua modalidade) e para a *pronúncia* (art. 413), indispensável a comprovação da *materialidade* do referido homicídio, ou seja, imprescindível a certeza jurídica de sua ocorrência.

Poderíamos, então, de uma forma mais ampla, tratar da materialidade delitiva por ocasião da análise do art. 413 do CPP. Preferimos, contrariamente, fazê-lo agora, para, desde já, posicionarmos o consulente na doutrina correspondente e dominante, e estabelecer o necessário paralelo, para o completo entendimento deste tópico: se tal o fazemos, é porque, como costumeiramente acontece, a "materialidade" do delito que não se comprova até a denúncia (inquérito) dificilmente comprova-se na fase do *judicium accusationis*, e, nesse sentido, há que acautelar-se o promotor, analisando se de fato é ou não caso de oferecimento de denúncia... sem olvidar, obviamente, que nesta fase a dúvida resolve-se *pro societate*.

Vejamos como a inteligência do saudoso Professor Frederico Marques, exercitada em revista especializada, esgotou a divergência sobre a necessidade ou não do corpo de delito, nas diferentes fases e atos processuais:

"No processo penal brasileiro o corpo de delito é aquela 'prova da existência do crime' que o Código exige como pressuposto indeclinável da prisão preventiva (art. 311) e da pronúncia. Sem o *corpus delicti* não

....

dell'altr'uomo. Nè può dirsi certo che un uomo è morto, finchè non si è trovato il suo cadavere, o gli avanzi almeno di quello debitamente riconosciuti. La confessione del reo, la prova di colpe o ferite arrecate ad un uomo, lo scomparimento di questo non hanno un nesso necessario con la morte avvenuta".

V. também Tourinho Filho, *Processo penal*, 12. ed., São Paulo, Saraiva, 1990, v. 1, p. 435 e s.

pode haver coação processual. O fato punível ou o fato descrito, como típico, no preceito primário das normas penais que definem condutas delituosas, é elemento cuja comprovação se torna imprescindível para ser decretada a prisão preventiva, ou para a sentença de pronúncia. A fase investigatória de persecução penal pode ser aberta com a simples notícia de um evento delituoso, ou *notitia delicti*. A denúncia ou a queixa são admissíveis com a simples suspeita de crime (*opinio delicti*). Todavia, a prisão preventiva e a pronúncia sempre exigem a prova do fato punível ou *corpus delicti*"[15].

Depois, em conhecida obra, esclarece:

"Do nominativo *notitia*, para *opinio* e deste para *corpus*, há uma graduação ascendente do elemento determinado em relação ao complemento determinativo ou *genitivo criminis* ou *delicti*. Essas variações de graus traduzem o escalonamento ascendente da forma de cognição (*notícia, suspeita e prova*) da existência de fato típico"[16].

Resta perguntar: como se dá a comprovação da certeza jurídica de um homicídio? No que consiste a *prova da materialidade delitiva*, necessária à *prisão preventiva* e à *pronúncia*?

Ao delito de homicídio, como é sabido, exige-se o corpo de delito direto (regra dos arts. 158 e 564, III, *b*, do CPP) porque tratante de *delicta facti permanentis*; nesse sentido, deixando vestígios a infração, indispensável o corpo de delito "direto", admitindo-se-o, indiretamente, se impossível a materialização da primeira exigência (art. 167).

Por conseguinte, para a decretação da prisão preventiva e para a pronúncia, há que haver, em regra, um laudo de exame necroscópico a embasar a materialidade delitiva; daí o reflexo, de quando dizíamos na análise do inquérito, que este seria não somente a ossatura, mas conteria, também, parcela da musculatura de uma ação penal...

Mas é somente com um *laudo necroscópico* que se comprova a *materialidade*?

Francesco Carrara, nesse particular, era categórico: homicídio "somente com cadáver"[17]. Mais técnico, porém, surgiu Impallomeni a lecionar e esclarecer sobre corpo de delito quando "nell'omicidio, mancando

....

15 *RF* 156/488-90.

16 *Elementos de direito processual penal*, *Elementos de direito processual penal*, Rio de Janeiro, Forense, v. 1, p. 133.

17 Apud Nélson Hungria, *Comentários ao Código Penal*, 4. ed., Rio de Janeiro, Forense, 1958, p. 64.

il cadavere, o non potendosi identificare, o non potendosi rilevare le tracce della patita violenza, si supplisce con la certeza morale della morte avvenuta per opera altrui". Mas adverte: "E naturalmente deve essere *certeza assoluta* ad evitare deplorevolissimi errori giudiziari"[18].

Buscando o aprendizado da Itália, Irureta Goyena[19] (idealizador e feitor do Código Penal uruguaio de 1933) trouxe para as terras latino-americanas a necessária lição. Aludiu, então, à hipótese de um homicídio cometido nas águas do Rio Uruguai em que havia a *certeza moral* do crime (via da prova testemunhal) onde, porém, não se localizava o cadáver. Resumiu tal magistério com a possibilidade da prova indireta do delito (via de testemunhas oculares, ofertantes da *certeza absoluta*), porque não haveria de confundir-se – e esta foi a solução comungada por Hungria no Brasil – "o corpo de delito"[20] com o "corpo da vítima"[21].

Tem-se então que, em sede de homicídio para a preventiva e a pronúncia, é obrigatório o *corpus delicti*; porém, quando impossível a apresentação do *corpus criminis*[22] (que em regra integra o primeiro), este conclui-se indiretamente, como, assemelhadamente a Goyena, também demonstrou Jofré: "El homicidio cometido durante un viaje, arrojando un hombre en medio del mar, no deja huellas materiales de su ejecución;

---

18 G. B. Impallomeni, *L'omicidio nel diritto penale*, 2. ed., Torino, UTET, 1900, p. 4.

19 In *El delito de homicidio*, Montevideo, 1928, p. 18; citado no Brasil primeiro por Hungria, *Comentários ao Código Penal*, 4. ed., Rio de Janeiro, Forense, 1958, p. 64.

20 Por oportuno, v. também sobre o tema Clemente A. Diaz, *El cuerpo del delito en la legislación procesal argentina*, Buenos Aires, Abeledo-Perrot, 1965.

21 Veja-se que no conhecido "Caso dos irmãos Naves" – narrado às minúcias pelo advogado dos mesmos, João Alamy Filho (3. ed., Belo Horizonte, Ed. Del Rey, 1993) –, a par de não existir um "cadáver" (eis que Benedito Pereira Caetano, dado como morto, na verdade estava "vivo", em outro local), a prova produzida nos autos não traduzia uma "certeza moral" para o reconhecimento do delito. Houve um erro na interpretação da prova; como, identicamente, poderia haver um erro de interpretação de qualquer outra prova, ou em outra qualquer atividade humana, até mesmo na identificação de um cadáver... Portanto, a cautela da "certeza moral" há que se sobrepor mesmo à "prova física", consistente na apresentação de um possível corpo da vítima. Oportuna, também, a lembrança do conhecido *affair* "Dana de Teffé" (1961), ao qual remetemos o leitor para estudo. *V.* ainda o célebre caso "Formilli", ocorrido no final do século passado em Roma, narrado por Impallomeni, *L'omicidio nel diritto penale*, 2. ed., Torino, UTET, 1900, p. 4 e s., dentre outros.

22 Pessoa ou coisa sobre o qual recaiu a ação delituosa.

sin embargo, el hecho puede haber sido presenciado por centenares de personas, cuyo testimonio constituiría plena prueba del delito"[23].

Casos existem, em verdade – e.g., homicídio cometido com emprego de explosivo, acarretando a destruição total do cadáver, ou cremando-se o corpo do ofendido e dispersando-se as cinzas –, em que se torna impossível sequer a localização da vítima, ou dos restos cadavéricos, quanto mais o periciamento[24].

A lição, inclusive, já foi mais clara na nossa legislação, conforme previa o art. 47 da Lei n. 261, de 3-12-1841 (reformava o Código de Processo Criminal):

"Nos crimes que não deixam vestígios, *ou de que se tiver notícia quando os vestígios já não existem*, e não se possa verificar ocularmente por um ou mais peritos, pode-se formar o processo independente de inquirição especial para corpo de delito, sendo no sumário inquiridas testemunhas, não só a respeito da existência do delito e suas circunstâncias, como também acerca do delinquente".

Como se disse, só por isso não se inviabilizaria o início da ação penal, quando presente, ao menos, a *opinio delicti*. Depois então, para uma eventual *preventiva* ou *pronúncia*, ainda que faltante o "cadáver" (para o corpo de delito direto, via de perícia), é que se tornaria necessária, em contrapartida, a *certeza moral*. Esta é a *certeza subjetiva* que enseja a *certeza jurídica* ou *legal*, necessária para o reconhecimento da *materialidade*: leia-se, o *corpo de delito*.

O que é esta *certeza*? "Para mi, la certeza es una firme y formada persuasión, y nada más", responde Pietro Ellero, conjugado por Roberto Lyra[25]. Ou seja, sempre que *moralmente* estejamos convencidos (através de testemunhas) da ocorrência do crime, adquirimos a necessária *certeza*.

Com primor, pondera João Romeiro:

"Quanto aos delitos de fatos permanentes, convém notar que, se é certo que se deve empregar o maior cuidado em descobrir os vestígios

....

23 Tomás Jofré, *Manual de procedimiento (civil y penal)*, 5. ed., Buenos Aires, 1943, t. 2, p. 96.

24 Irureta Goyena cita ainda o caso de uma pessoa desaparecida em um incêndio criminoso, onde também não foi possível o encontro do cadáver (*El delito de homicidio*, Montevideo, 1928, p. 16-7).

25 *Teoria e prática da promotoria pública*, 2. ed., Porto Alegre, Sérgio Antonio Fabris Ed., 1989, p. 240.

deixados sobre a pessoa ou coisa sobre que recaiu a ação, não se pode de forma alguma admitir que a ausência de vestígios materiais possa assegurar a impunidade a um acusado, cuja culpabilidade esteja esclarecida por testemunhas diretas"[26].

Arremate-se, com a síntese bem colocada de Clemente A. Diaz:

"La confusión podría residir en transfigurar el *corpus delicti* en *corpus criminis*, es decir, en sostener que el *corpus* del delito de homicidio es el cuerpo de la víctima, y si no existe cuerpo de una víctima no podría existir delito de homicidio. Tal premisa es rebatible en cualquiera de sus extremos, sea porque no existe delito de homicidio a pesar de existir el cuerpo de la víctima (v.g., cuando media una causa de justificación), sea porque existe delito de homicidio a pesar de no existir el cuerpo de la víctima, supuesto este último que preocupaba a los prácticos del proceso penal"[27].

Portanto, reafirme-se que a necessidade e o requisito atinentes ao *corpo de delito* são diversos: para a denúncia, desnecessita-se, podendo esta lastrear-se em simples suspeitas (dizemos, razoáveis), ou seja, a *opinio delicti*. Porém, para a preventiva e a pronúncia, necessário o *corpus delicti* residente na certeza jurídico-moral (este é o seu requisito), como prova da existência de um homicídio doloso. Esta é a natural cautela ao qual subordina o legislador, para que se supere a fase sumariante, e se adentre ao *judicium causae* (ou se custodie preventivamente). Por que a diferença? Porque o oferecimento de denúncia, por si só, objetivamente, não estabelece qualquer sanção ao acusado; contudo, tal não se dá com um decreto de prisão preventiva, ou com a pronúncia, quando esta, a par de levar a um julgamento definitivo o réu, já pode determinar os efeitos constantes do art. 413 do CPP[28].

---

26 In *Dicionário de direito penal*, 1905, p. 79-80.

27 *El cuerpo del delito en la legislación procesal argentina*, Buenos Aires, Abeledo-Perrot, 1965, p. 40-1.

28 *V*. Capítulo 4 sobre a pronúncia. Não se olvide – a par da análise realizada no tocante à materialidade – que para a denúncia, pertinente à autoria, necessário que esta também se assente em "suspeita razoável", pena de trancamento da ação por *habeas corpus*. Por *razoável* entenda-se o verossímil, o plausível, o provável, o presumível (cf. Francisco Ferreira Santos Azevedo, *Dicionário analógico da língua portuguesa*, verbete n. 472, p. 218-9). Quanto à falta de requisitos para a denúncia ensejando-se a sua rejeição, *v*. "A necessária rejeição da denúncia inepta", por Adauto Alonso S. Suanes, *RT* 667/246.

3. A FORMA DA DENÚNCIA DE HOMICÍDIO

Acreditamos que a peculiaridade das denúncias nos crimes dolosos contra a vida consista na descrição maximamente concisa; em outras palavras, concisão maior do que aquela recomendada às denúncias oferecidas pela prática de outros tipos delitivos.

Desde logo, registre-se que, se afirmávamos, por analogia de entendimento, a correspondência e semelhança dos princípios do jornalismo, para a elaboração da denúncia, isto não significaria dizer que a "forma da denúncia" pudesse ser a de uma imprensa sensacionalista, com linguagem notadamente panfletária. Ou, de outro modo, uma inaugural acusatória: "Tutto nervo con poca carne".

A seguinte página de Roberto Lyra, com a força de sua autoridade, ajuda-nos a esclarecer o pretendido:

"A denúncia deve mesmo ser um relato sucinto. O Código de Processo Penal impõe a circunstanciação do fato criminoso. Mas, as circunstâncias a expor são as que integram um tipo de crime, correspondendo à previsão legal, preenchendo uma das fórmulas descritivas da lei penal. A denúncia, pois, nada mais carece do que precisar a imputação de modo frisante, vigoroso e nítido. Para tanto, a concisão é o melhor dos recursos. Merece elogio, e não censura, a arte de extrair do cipoal do processo, do tumulto das versões, da flutuação e da ociosidade dos pormenores uma síntese substancial, pura e seleta, que não espose, no limiar da instância, paixões ou interesses postados à margem das provas ou intercalados em suas linhas centrais.

Basta fixar os elementos constitutivos do crime, os que condicionam a sua existência, permitindo a sua textual identificação e formando o eixo da infração, em torno da qual se agrupam os demais elementos. Sobressai, assim, sem a má companhia de digressões ou adminículos, o *typus regens*, o chamado 'quadro legislativo penal dominante'[29].

Depois, acentua:

"A denúncia não é arrazoado, nem parecer. Mesmo como peça narrativa, sob reserva de modificação e esclarecimento, limita-se a positivar claramente a espécie, permitindo o perfeito exercício da defesa"[30].

29 O início da ação pública e o novo Código Penal, *Revista do Ministério Público do Rio Grande do Sul*, n. 6, p. 51-2, mar. 1943.

30 O início da ação pública e o novo Código Penal, *Revista do Ministério Público do Rio Grande do Sul*, n. 6, mar. 1943, p. 52.

Colhe-se daí que o pretendido é a narrativa dos elementos substanciais para a denúncia, sem a adjetivação desmedida, sem o perdimento do verbo na exposição de detalhes. É peça seca, enxuta, somente com os requisitos legais. Apenas se resume o necessário, em *compte rendu*. Tal se dá inclusive, e como se sabe, para não deixar flanco à defesa, visto que, com longas narrativas, facilita-se ao defensor o trabalho de especular nos autos eventuais contradições ou inexatidões periféricas, para exploração e utilização por ocasião dos debates.

Não é demais lembrarmos aquilo que já afirmáramos na análise do inquérito: qualquer detalhe a que possa apegar-se o advogado púgil é motivo para longas elucubrações oratórias. Assim, um pormenor, uma minúcia colhida no inquérito; um adorno ou adereço, pinçados maldosamente da denúncia (como de qualquer outra peça processual), bastam-se nas asas da fértil imaginação, para, em desespero de causa, criticar-se mordaz ou ferinamente toda a ação penal... e armarem-se oportunistas dúvidas. Depois, no calor do plenário, o promotor perdido entre questões *substanciais* e questões *superficiais* (ou indiferentes penais), não mais sabendo distinguir o cercado da propriedade, e o tapume do terreno, vê-se em um complicado labirinto...

"No princípio era o verbo. Depois, veio o sujeito e os outros predicados: os objetos, os adjuntos, os complementos, os agentes, essas coisas. E Deus ficou contente. Era a primeira oração" (Eno Teodoro Wanke, 1929).

Um pouco menos tropológico, Roberto Lyra, a seu tempo, quando em debate no Júri, já replicava com sua lúcida argumentação essa sofismação dos "espertos", que insistem em ligar raciocínios e juntar situações imediatas com o nexo de causalidade de uma locomotiva sem fim; buscando atingir, ao depois, na desmedida união das ideias, os pontos mais extremados, colocando-se o último vagão, como se estivesse imediatamente jungido ao primeiro:

"Lembram-se? Por causa de um prego, a ferradura se perdeu; por causa de uma ferradura, o cavalo se perdeu, por causa de um cavalo, o cavaleiro se perdeu; por causa de um cavaleiro, a batalha se perdeu; por causa de uma batalha, o reino se perdeu. E tudo por causa do prego de uma ferradura"[31].

[31] *Como julgar, como defender, como acusar*, Rio de Janeiro, Ed. Científica, 1979, p. 120.

Neste ponto, importa ainda destacar que a legislação penal recente introduziu novas hipóteses qualificadoras, algumas das quais de natureza eminentemente objetiva, cuja adequada capitulação já desde a denúncia exige atenção redobrada do Ministério Público.

3.1. A correta capitulação das novas qualificadoras legais objetivas

A evolução recente da legislação penal brasileira introduziu novas hipóteses qualificadoras objetivas no crime de homicídio, exigindo do órgão acusador permanente vigilância normativa e precisão na subsunção típica desde a fase inaugural da persecução penal.

Diferentemente das qualificadoras fundadas no motivo subjetivo do agente – como o motivo torpe, fútil ou as razões de gênero (hoje autonomizadas) –, essas novas figuras assentam-se primordialmente em **circunstâncias objetivas da vítima ou do contexto fático**, bastando a verificação do elemento descritivo previsto em lei para sua configuração.

No decurso desse movimento legislativo, destacam-se as seguintes alterações:

- **Art. 121, § 2º, VII, do Código Penal (Lei n. 15.134/2025):** Qualifica o homicídio quando cometido contra autoridade ou agente descrito nos arts. 142 e 144 da Constituição Federal, integrantes do sistema prisional e da Força Nacional de Segurança Pública, no exercício da função ou em razão dela, bem como contra seu cônjuge, companheiro ou parente consanguíneo até terceiro grau.
- **Art. 121, § 2º, IX, do Código Penal (Lei n. 14.344/2022 – "Lei Henry Borel"):** Qualifica o homicídio praticado contra menor de 14 anos, alargando a tutela penal para abranger formas particularmente odiosas de vitimização de crianças e adolescentes.
- **Art. 121, § 2º-B, do Código Penal (Lei n. 14.344/2022 e Lei n. 14.811/2024):** Acrescenta causas especiais de aumento de pena quando o homicídio recai sobre menores de 14 anos em situações de especial vulnerabilidade, tais como deficiência, doença incapacitante, ou quando perpetrado em instituições de educação básica, públicas ou privadas.
- **Observação normativa relevante:** O inciso VI do § 2º, anteriormente destinado ao feminicídio, foi revogado pela Lei n. 14.994/2024, que autonomizou essa figura no novo art. 121-A do Código Penal.

Essas inovações refletem um nítido movimento de **objetivação legislativa da agravante homicida**, deslocando parte da dogmática qualificadora da esfera subjetiva do agente para a constatação objetiva da vítima, do vínculo ou do contexto da ação.

Em termos práticos, a denúncia deverá, com absoluta clareza, **narrar e descrever os elementos fáticos correspondentes às novas hipóteses**, indicando:

- a condição objetiva da vítima (menor, autoridade, vulnerável);
- eventual vínculo parental, funcional ou educacional;
- o contexto específico de exercício da função pública ou de violência familiar.

A correta capitulação normativa não constitui mera formalidade: sua ausência, sua capitulação equivocada ou sua descrição genérica podem comprometer, desde a fase de admissibilidade, a decisão de pronúncia e a formulação dos quesitos perante o Conselho de Sentença.

É, pois, dever técnico do Ministério Público, na condição de *custos vitae*, manter atualizado o rigor classificatório da peça inicial, adequando-a às sucessivas inflexões normativas que têm buscado ampliar a tutela penal diante de homicídios especialmente gravosos e socialmente perturbadores.

A correta individualização normativa, contudo, não dispensa o zelo acusatório contra excessos de capitulação, hipótese que será analisada no item 4 – "Denunciar para mais?".

3.1.1. *Da imputação penal em crimes de autoria coletiva indeterminada*

Nos homicídios praticados por organizações criminosas, com divisão de tarefas, rotatividade operacional e pactuação prévia de violência, o Ministério Público depara-se, não raro, com a impossibilidade de identificar quem, entre os coautores presentes, desferiu o golpe ou disparou o tiro fatal. Nesse cenário, a acusação não se fragiliza, apenas exige técnica acusatória ajustada à realidade complexa da criminalidade organizada.

Não se trata de uma "denúncia genérica", expressão vulgar que traduz deficiências descritivas e impessoalidade excessiva. O que se deve produzir, nesses casos, é uma denúncia **fundada em autoria funcional coletiva**, consagrada doutrinariamente na teoria do domínio do fato e no conceito de coautoria por convergência de desígnios e comunhão de meios.

Desde que haja elementos indiciários que demonstrem a presença ativa do denunciado no grupo ofensivo, seu engajamento operacional e sua adesão à conduta letal, não há nulidade na ausência de individualização do gesto exato que causou a morte. A conduta coletiva, quando orientada à produção do resultado típico, suprime a necessidade de rastreio balístico da mão que empunhou o ferro ou acionou o gatilho.

Como fixado reiteradamente pela jurisprudência, em crimes plurissubjetivos, a denúncia pode descrever o contexto de ataque coletivo, o resultado letal e a participação convergente dos envolvidos, mesmo sem atribuição precisa da conduta letal individualizada – o que seria exigir uma "prova diabólica" para isso, muitas vezes –, bastando que se demonstre a adesão dolosa ao plano homicida e a execução conjunta.

O órgão do Ministério Público que pretenda narrar o improvável – como se cada crime coletivo fosse reconstruível em detalhes – incorre no risco de transformar a limitação natural da investigação em lacuna jurídica artificial, vulnerando o próprio núcleo ético do direito penal. A descrição clara, fática e coerente da ofensiva grupal é o bastante.

Como fruto do pensamento penal contemporâneo, asseveramos: a denúncia penal não é uma fotografia estática do instante fatal. É uma narrativa dinâmica de causalidade orientada pelo interesse ético da justiça. Essa formulação, que ecoa a tradição romano-germânica do processo penal como reconstrução interpretativa e não mecanicista do fato, honra os princípios do devido processo legal e do dever de punir com proporcionalidade, sem ceder à paralisia do formalismo inatingível.

4. "DENUNCIAR PARA MAIS?"

A prática de que muitos se utilizam encontra-se expressamente recomendada por Paulo Cláudio Tovo: "denunciar pelo mais, pois que neste momento processual prepondera o *in dubio pro societate*. É que o *mais* pode ser toda a verdade"[32].

32 *Apontamentos e guia prático sobre a denúncia no processo penal brasileiro*, Porto Alegre, Sergio Antonio Fabris Ed., 1986, p. 50.

Note-se que tal conselho é genérico, porque, nos processos afeitos ao Júri, parece-nos despropositada a aplicação, mister quando o "mais" não corresponda exatamente à verdade.

Entendemos que a denúncia deva amoldar-se com certa justeza a um tipo penal. O crime é o substrato fático da prefacial acusatória, e há a previsão penal que se encastoa ao mesmo. O fato, nesse sentido, ou se deu de uma forma, ou de outra. Não existe o *fato condicionalmente ocorrido*[33]. Caso persista a dúvida na análise do inquérito – não cabente mais diligências ou não sendo essas necessárias à propositura da ação – ulteriormente a mesma poderá ser resolvida, cabendo como remédio jurídico processual, tão somente, o aditamento[34].

É de técnica necessária aos processos do Júri essa justeza, principalmente para que, uma vez mais, o "periférico" não se revista como ponto central, *punctum saliens*, nos debates[35].

Seja o "motivo" do crime que não restou claro, ou a "forma de execução" que está dúbia; haja nebulosidade em circunstância qualificadora objetiva, ou subjetiva; há que se denunciar somente com os elementos concretamente provados, sujeitando-se a exordial, se for o caso, a posterior aditamento.

Na prática, essa "denúncia para o mais" traz situações verdadeiramente embaraçosas, como neste exemplo, para elucidação: inclui-se uma qualificadora subjetiva ao homicídio, na denúncia (art. 121, § 2º, I, do CP). Tal qualificadora não restara clara ao promotor, como motivo do crime na análise do inquérito. Depois, quando da pronúncia, o magistrado pronunciante afasta a circunstância especial de aumento de pena. O promotor por convencimento não recorre, ou recorre, e o Tribunal *ad quem* confirma a decisão impugnada.

....

33 Daí ser verdadeira ação suicida a pretensão de ofertar-se, v.g., uma "denúncia alternativa". Embora tenha aceitação na doutrina (Frederico Marques, *Elementos de direito processual penal*, Rio de Janeiro, Forense, v. 2, p. 154), e já tenha sido aceita na jurisprudência a tal "alternatividade" quanto às qualificadoras do homicídio (*RT* 419/112), verdade é que, em plenário de julgamento, qualquer mediano defensor conseguiria desacreditar toda a acusação, e não somente a "alternativa".

34 Doutrina: Jacques de Camargo Penteado et al, *O aditamento no processo penal*, 1. ed., Saraiva, 1992; *v.* subtópico 6.5 – "Quando o motivo não restou claro, como denunciar".

35 *V.* Capítulo 1 referente ao inquérito policial: "quando um pormenor ganha importância...".

No Júri, poderá a acusação ser atacada pelo excesso contido na denúncia, questionando-se, eventualmente, a "correção técnica do excesso acusatório" feita pelo juiz pronunciante ou pelo Tribunal Superior, fazendo-o de forma implícita ou até explícita, eis que, conquanto haja a regra proibitiva do art. 478, I, do CPP (não se poderia aludir à "pronúncia e às decisões posteriores..." como argumento de autoridade), a matéria ainda não foi apreciada, em controle abstrato, no tocante à sua constitucionalidade e, de nossa parte, cremos inconstitucional a vedação do artigo.

Digressões e justificações à parte...

Por certo que a denúncia *justa*, cujo motivo ou forma de execução do delito somente se aclara na instrução – sendo posteriormente aditada –, também desdobra-se de uma linha básica. Mas, se o promotor, quando dos debates, é provocado pela defesa em questão como a citada, eticamente melhor explicável e tecnicamente de justificação mais aceitável a justificativa de que "o motivo do crime somente surgiu na instrução" ou "o delito era ainda mais grave do que se imaginava de início"...

Nesse caso sim, pensamos, o *mais* torna-se o *justo*.

Então, se um é o promotor denunciante (que adota a técnica de denunciar "pelo mais") – excesso este afastado pela pronúncia – e outro é o acusador no Júri, o advogado lembrar-se-á, seguramente, da "unidade e indivisibilidade" do Ministério Público, e o "paradoxo" dos diversos entendimentos ministeriais para o fato único.

5. CIRCUNSTÂNCIAS PERIFÉRICAS E PENALMENTE INDIFERENTES

Deitar-se o verbo no papel, quando da denúncia, com circunstâncias penalmente indiferentes – ou faticamente irrelevantes – para a eclosão do crime, é, como se disse, abrir um vulnerável ponto à defesa.

Se o homicida e a vítima passearam antes do crime em determinada via pública, exatamente em dado horário, e conversaram antes com uma identificada pessoa, e tais circunstâncias não dizem, diretamente, respeito ao fato... jamais estes informes poderiam interessar à técnica da boa denúncia.

No caso de detalhes insignificantes para o evento criminoso, caso se confundam ou não se confirmem no curso da instrução, eles somente alicerçarão o réu na invocação e cantilena de suas "dúvidas", para possibilitar a declaração do *non liquet*...

Nesse sentido, o mesmo Lyra:

"Não seria mesmo conveniente perder-se em minúcias, de cuja justeza não se acha capacitado, antes de contrastados pela instrução contraditória. A servil, automática ou leviana reprodução de circunstâncias penalmente indiferentes e, de qualquer forma, propiciadoras de desmoralização que vem a afetar a integridade da acusação, é sempre pretexto para diluí-la, ou desviá-la, desorientando e perturbando o julgador, abrindo perigosos caminhos para a dúvida. Tais exageros ajudam a defesa. Na exposição circunstanciada do fato, o promotor público deve, pois, caracterizar o crime, nos seus elementos vitais"[36].

6. O MOTIVO DO CRIME NA DENÚNCIA

O homicídio representa-se como uma injusta sentença de morte criada e prolatada por um homem contra outro. Nas sentenças judiciais, é requisito obrigatório a indicação "dos motivos de fato e de direito em que se fundar a decisão" (art. 381, III, do CPP). Portanto, assim como a motivação é *anima et quasi nervus sententiae*, o motivo do crime é muitas vezes também *anima et quasi nervus* da "sentença de morte", tal como o legislador adequou-o em previsão típica.

Das searas do *factum internum* – discute-se na doutrina específica se pertencente ao elemento anímico, subjetivo ou afetivo – causal da ação homicida, tanto a recomendar uma maior reprovabilidade ao delito (art. 121, § 2º, do CP), como a ensejar uma especial circunstância minorativa da pena (art. 121, § 1º), nenhum fator oferece maior problema ao processo do Júri do que a *motivação* criminosa.

Na hipótese de *homicidium qualificatum*, as qualificadoras de ordem subjetiva são previstas em maior número (art. 121, § 2º, I, II e V, do CP), enquanto no *homicidium exceptum* ou *privilegiatum*, as circunstâncias subjetivas funcionam como a própria razão da existência do tipo penal derivado (art. 121, § 1º, do CP).

Mas ainda, no tipo básico ou fundamental do *crimen homicidii*, no denominado *homicidium simplex* (art. 121, *caput*, do CP), funciona o motivo do delito a acentuar a maior ou menor temibilidade do agente, notando-se ainda, se conjugado com as excludentes de ilicitude –

36 O início da ação pública e o novo Código Penal, *Revista do Ministério Público do Rio Grande do Sul*, n. 6, mar. 1943, p. 51.

notadamente a legítima defesa –, se havia ou não razão plausível para a ação dada como injusta.

Demonstra, outrossim, a *personalidade* do réu, necessária à dosificação apenatória (art. 59 do CP).

Os *motivos determinantes* do ilícito constituem, na lição de Hungria:

"... no direito penal moderno, a pedra de toque do crime. É através do 'porquê' do crime, principalmente, que se pode rastrear a personalidade do criminoso e identificar a sua maior ou menor antissociabilidade"[37].

Não é forçoso dizer que, mais importante que a análise da própria prova do delito e que a própria ação dada por criminosa, o *motivo* é, de regra, o fator causacional verdadeiramente preponderante, como "decisório" da maioria dos vereditos que, no Júri, são efetuados *contra legem* (*e.g.*, como era, no passado ainda recente, o caso de absolvição, por "legítima defesa da honra", do matador da esposa infiel, até o STF, por unanimidade, ao julgar a ADPF 779, reputá-la inconstitucional).

O precursor no Brasil – como em tantas outras matérias da criminologia e do direito penal – do estudo da "psicologia dos motivos" parece ter sido Tobias Barreto[38]. Quem mais dele se ocupou, no entanto, foi Pedro Vergara, sob a influência dos positivistas italianos (principalmente Florian), assim se expressando, em sua já clássica lição, quanto ao tema:

"O âmago, o cerne, a infraestrutura de todo o crime é o seu motivo. Tudo na alma é causacional, derivado e originário, a uma só vez, efeito e causa, simultaneamente. Tudo aí é influência e correlação. A vitória de um motivo é capital para o desfecho do ato voluntário. A intenção e a vontade, por sua vez, não excluem a poderosa ação do sentimento, na gênese do crime, e todo estado de consciência tem sempre uma tendência a exprimir-se por um movimento, por um ato"[39].

Depois, continua o pranteado autor:

"O povo, aliás, tem uma noção, por assim dizer, inconsciente da importância básica dos motivos. Isso, nós verificamos quando se pratica um

37 *Comentários ao Código Penal*, 4. ed., Rio de Janeiro, Forense, 1958, p. 122-4; v. doutrina específica sobre homicídio, também em Ivair Nogueira Itagiba, *Homicídio – exclusão de crime e isenção de pena*, Rio de Janeiro, 1958, v. 1 e 2.

38 V. seus *Estudos de direito*.

39 *Dos motivos determinantes do direito penal*, 1937, p. 513.

crime de certo vulto, que possa provocar o interesse e a atenção do grande número de pessoas. Há, nessas ocasiões, uma pergunta em todas as bocas:

'Por que foi que ele fez isso?... Que motivo teve F. para praticar o crime?'"[40].

Transportando ao campo da prática, idêntico alerta vamos encontrar em Cordeiro Guerra, cuja competência no Júri, como promotor, fez escola, roborando com sua autoridade a lição de Vergara:

"O jurado brasileiro dá uma particular atenção ao motivo, porque nós, brasileiros, por temperamento e, vou explicar mais tarde, pela história, temos uma grande indulgência com o crime.

Por exemplo, quando, na Inglaterra, se diz que alguém, John, matou Smith, a reação natural de um inglês é dizer: 'Como? What? Matou?'.

Porque não entra na cabeça de um inglês que a morte seja a solução para as dificuldades humanas, pelo menos no campo individual; então, a reação é de espanto.

Quando, no Brasil, a gente diz que um amigo nosso atirou num outro e matou, a reação imediata é: 'Por quê?'. Nós temos, no subconsciente, uma tendência natural a acreditar que, em determinadas circunstâncias, a violência pode ser a solução para as dificuldades humanas. Em vez de ter uma reação de espanto, nós temos logo uma curiosidade que se traduz numa pergunta, para ver se naquelas circunstâncias nós também não seríamos capazes de matar. Então, indagamos: 'Por quê?'. Este 'por quê' já é um princípio de absolvição"[41].

Sem dúvida que, tão grande como a dificuldade de provar o crime em si, muitas vezes a motivação do mesmo – ainda que não se revista de circunstância qualificadora ou privilegiadora do homicídio –, centrada no referido "por quê", passa a ser quase um nó górdio dos debates, em cujo desate medra o sucesso ou a derrota da ação.

Nos grandes centros, onde o homicídio faz parte da paisagem do cotidiano, conquanto a polícia logre até a elucidação da autoria criminosa, acaba, sem embargo, não encontrando prova testemunhal, ou sequer pessoas que conheceram os envolvidos. Daí, evidente a impossibilidade em levantar-se o móvel do delito, quando não confessado, verdadeiramente, pelo autor.

40 *Dos motivos determinantes do direito penal*, 1937, p. 574.

41 *A arte de acusar*, Rio de Janeiro, Forense Universitária, 1988, p. 4-5.

Nesses casos, infalivelmente, já no Júri, aparece com frequência um quadro, onde a defesa, com giz e paciência, sobrepõe infinitas interrogações, simbolizadoras e sintetizadoras da dúvida e da curiosidade que espia a alma do julgador. É quase uma campanha de *marketing*, para a venda da cabalística ideia do *in dubio pro reo*: "por que o crime?!".

O defensor, já sugestionando o jurado, acenando-lhe com uma investigação "malfeita", procura o descrédito das provas contra o acusado. "Por que o crime?" ... É o eco da provocação da pergunta no espírito investigador e desconfiado do jurado... e, muitas vezes, nem mesmo o promotor o sabe. Qual o motivo do crime? Quantas vezes, não terminamos um Júri sem sabê-lo... Quantas vezes não permanecem na ignorância os familiares da vítima e do próprio réu, muito embora seja inegável a autoria?!

6.1. Qual o motivo do crime?

Para Glover, "o crime representa uma das parcelas do preço pago pela domesticação de um animal selvagem por natureza; ou, numa formulação mais atenuada, é uma das consequências de uma domesticação sem êxito"[42].

Lombroso, após o seu *L'uomo delinquente*, em que via a causação do crime nos fatores naturais, morfológicos, em seu último trabalho *Crime: its Causes and Remedies*, já acentuava: "Todo o crime tem na sua origem uma multiplicidade de causas...".

Por isso, não conseguimos ir mais além da generalidade e muitas vezes do amálgama ou simbiose das razões delinquenciais, porque, como já afirmamos alhures, o homem, quando comete um crime – ou quando acusa, defende ou julga –, age ou reage, não é um quadro fotográfico congelado e hirto, um instantâneo imóvel, um grão de areia isolado do deserto, um floco de neve alheio à tempestade, como labareda imune ao fogo da vida em que se comburiu. Não. O homem, esse animal biomesológico, natural-cultural, amálgama de tudo, de todos e de si mesmo, quando age ou reage – e mesmo quando acusa, defende ou julga – recruta nesse momento todo o seu passado, a sua particular história, não só toda a sua carga genética, sua natureza, mas também seus antecedentes

....

42 Apud Hermann Mannheim, *Criminologia comparada*, Lisboa, Fundação Calouste Gulbekian, v. 1, p. 471.

psíquicos, sociais e culturais. E isso é altamente complexo, quase como se nele, no ato próprio homicida, se manifestasse o próprio universo.

Destarte, a questão da *motivação criminosa* não cabe nos moldes de ciência alguma em específico, foge de qualquer doutrina identificada e, conquanto busquemos elucidá-la, cabe-nos a convicção de que estamos muito aquém da sua descoberta. Ainda é mistério, um reino encantado em que se batem os mouros da ciência e da filosofia a tentarem clareá-lo[43].

Confira-se, tão somente para reflexão, esta bela página de Tobias Barreto:

"A filosofia tradicional afirmava que tudo provém de causas. Schopenhauer distingue causas, atrações e motivos. O monismo redargúi: tudo é causa e motivo ao mesmo tempo. Como causa *aparece*; como motivo, *existe* nos seres mesmos. Daí resulta que não há em parte alguma do universo puro mecanismo; qualquer movimento é determinado simultaneamente por causa e motivo.

Estas ideias, que muitos acharão de acre sabor metafísico, isto é, um pouco acima da compreensão humana, por estarem além dos limites da própria compreensão, vão de encontro ao determinismo. A lei da motivação não exclui a liberdade, pois que não é uma lei de causalidade mecânica...

O monismo filosófico é conciliável com a *teleologia*, não tem horror às causas finais, cujo conceito não é sempre, como querem os materialistas sistemáticos, um meio cômodo da razão preguiçosa, para se furtar à pesquisa das causas eficientes, ao passo que o monismo naturalístico só admite estas últimas, e crê poder com elas fazer todas as despesas da explicação científica.

Para o monismo filosófico o movimento e o sentimento sendo inseparáveis, dá-se entre eles somente uma questão de grau: onde mais domina o movimento, aparece então a *causa efficiens*; onde mais o sentimento, prepondera também a *causa finalis*. O mundo não é somente uma cadeia de *por quês*, como pretende o materialismo acanhado, mas ainda uma cadeia, uma série de *para quês*, de fins ou de alvos, que reciprocamente se apoiam, se limitam, que saem uns dos outros. A intuição

43 Para um entendimento das "teorias antropológicas", confira-se o capítulo "O homem delinquente", in *Criminologia – o homem delinquente e a sociedade criminógena*, de Figueiredo Dias e Costa Andrade, Coimbra Ed., 1984, p. 169 e s.

mecânica porém não quer saber do que vai além da simples concatenação de causas e efeitos. O monismo naturalístico, que representa a unidade de vistas adquiridas no domínio das ciências naturais, está preso, como elas, à exclusiva consideração da causalidade, que é a lei capital da empiria e o princípio gerador de toda a experiência"[44].

No estudo do tema imaginamos a necessidade de despojar-se de qualquer eventual preconceito acadêmico, ou adotar-se sem perquirição qualquer doutrina extremada: tudo, sobre a motivação, novo ou antigo não se basta sem constante análise. Teorias se renovam, combinam-se ou sucedem-se, excluem-se ou completam-se, trazendo algumas vezes até o gosto da novidade ou da originalidade em coisas até então sepultadas, ou, inumando-se, de pronto, bafejando-se com os ares do arcaísmo, descobertas com laivos de *vita eternae*.

Recentemente, aliás, respeitáveis cientistas americanos *redesenvolveram*, nas linhas mestras, a teoria do "homem criminoso" de Lombroso (morto em 1909), causando verdadeiro furor nos meios científicos, principalmente dentre aqueles que colocaram *à la retraite* questões que necessitariam de constantes perquirições[45].

....

44 *Estudos de direito*, Salvador, Livr. Progresso, 1951, p. 14-5.

45 Conforme *Folha de S.Paulo*, de 6-9-1992, p. 6: "A Justiça dos EUA está ressuscitando o 'criminoso nato' cuja violência é entendida como o sintoma de um defeito no cérebro, excluindo as influências sociais e a personalidade... Um artigo na revista *The Sciences*, assinalado pelo neurologista norte-americano Richard Restak, ressalta a frequência com que os advogados de seu país vêm apelando para a 'defesa neurológica' (expressão do momento nos tribunais dos EUA). Os americanos baseiam a defesa neurológica em três defeitos no cérebro: descontrole episódico do sistema límbico (área localizada na massa branca do órgão), epilepsia e disfunção do lobo frontal...".

... Aliás, as "modernas teorias bioantropológicas (...) vêm, desde a década de sessenta, a tentar descobrir a importância criminológica de determinadas aberrações ou anomalias cromossômicas. Trata-se de desvios em relação ao cariótipo humano normal, isto é, à estrutura cromossômica da célula normal" (Figueiredo Dias, *Criminologia – O homem delinquente e a sociedade criminógena*. Coimbra, Coimbra Ed., 1984, p. 174-5).

A matéria encontra-se em constante *sub analise* da ciência, porquanto "estudos feitos na Inglaterra, Alemanha, Estados Unidos e França têm, com efeito, apontado para resultados largamente coincidentes. Segundo eles, verificar-se-á que estas anomalias são extremamente raras na população em geral e, ao mesmo tempo, relativamente mais frequentes entre a população delinquente. O que parece ser particularmente nítido quanto à presença da 'síndrome do duplo' e *entre os*

Lombroso *revivendo* – que até recentemente soava como heresia científica para criminologistas canhestros ou apressados cientistas – evidencia que onde se pretendia colocar ponto final (como no *thema sub analise*), existem históricas interrogações, virtuais reticências, que não aceitam afirmações categóricas. Como afirmar-se algo, com certeza, sobre o crime e o criminoso – que ainda é exceção – e atribuir-se como uma regra a vários tipos de homens (como pretendem alguns segmentos da criminologia), ou, também erigi-lo, simplesmente (como pretendeu o médico italiano), a uma *species generi humani*?

E enquanto a criminologia clássica[46] procura em três grandes zonas – a físico-antropobiológica, a psicopsiquiátrica e a socioeconômica – rastrear a causa do crime, anos e anos a fio, sem solução; enquanto distingue-se o *motivo* da *causa*, da *intenção*[47], do *dolo*[48] etc.[49]; como explicar, muitas vezes, a razão preponderante para a causação do homicídio,

....

condenados por crimes violentos, nomeadamente por homicídio" (*Criminologia – O homem delinquente e a sociedade criminógena*. Coimbra, Coimbra Ed., 1984, p. 175).

46 A diferenciar das "escolas sociais" de criminologia, *v*. bibliografia citada no tópico 6.3 ("Crime sem motivo?"), em rodapé, neste capítulo.

47 Perceba-se no entendimento de Pedro Vergara (*Dos motivos determinantes do direito penal, 1937*, p. 523), ainda que escrevendo em 1937, sob a égide, portanto, de diferente doutrina penalística: "Ora, se a intenção quer dizer vontade e dolo, é evidente que haverá tanto menos vontade e tanto menos dolo, quanto menos existir o poder de controle, quanto mais forte for o sentimento, o estado afetivo que atrai e fixa a atenção e que faz preponder uma representação sobre todas as outras.

É verdade que a *intenção*, segundo o mesmo Carrara, é composta de vontade e de inteligência. 'Dal concorso dell'intelletto e della volontà sorge l'intenzione', diz ele. Mas isso é um jogo de palavras, porque na vontade já está o intelecto. Uma vontade sem inteligência é um disparate; é também incompreensível uma intenção que se forma da vontade e da inteligência, como se aquela pudesse existir independente desta. O melhor seria dizer, de acordo com os dados reais da psicologia contemporânea, que a vontade é constituída pelos sentimentos e pela inteligência. Carrara emprega, aliás, a palavra intenção no sentido de resolução e volição, isto é, define a intenção como sendo a vontade dinâmica, a vontade em movimento para o ato; a intenção será então, para ele, a decisão que resultou do predomínio definitivo, na consciência, de um motivo delituoso".

48 Recomenda-se a leitura, também, na literatura nacional do trabalho de Souza Neto, *O motivo e o dolo*, Rio de Janeiro, Freitas Bastos, 1949.

49 Confira-se a monografia de Roque de Brito Alves, dentre nós, *Os motivos do crime: análise científica e jurídico-penal* (Recife, 1980, Monografia apresentada ao X Encontro de Advogados de Pernambuco, em Garanhuns, 24/28-10-1980).

em um processo que tem por escopo apurar um culpado e puni-lo – tarefa já assaz difícil – e não, *especificamente*, descobrir o motivo (o vocábulo aqui empregado não está sendo tratado como "causa" perante o direito penal)?!

Batem-se os defensores em transformar, mister durante os debates em plenário, os autos de um processo-crime em um laboratório de descoberta da motivação criminosa, em uma casa de experiências geniais, procurando, no promotor, algo que não é propriamente sua função, tampouco seu especificismo técnico: o papel de *cientista* ou de *adivinho*, de descobridor dado às *eurekas*. Assim, direcionando infindáveis porquês à acusação – que ele sabe de resposta impossível ou duvidosa –, via deste sofisma, alvitra-se mudar o rumo da discussão, esta já não se dando mais sobre a responsabilidade ou não do réu.

A tarefa se agiganta, na análise do *crime de homicídio*, uma vez que neste, ousamos dizer, de regra há uma prevalência dos fatores endógenos, personalíssimos do agente, ou seja, do "bio" sobre o "meso" (os fatores exógenos: a sociedade, o ambiente cósmico, o fator cultural estudados na sociocriminogênese pela criminologia) na deflagração do delito[50]. Quanto ao homicídio, parece-nos mesmo oportuno o entendimento de De Sanctis:

....

Para o autor: "Ainda cientificamente, deve-se atender no motivo à sua natureza (ou índole) e à sua intensidade, sobretudo, mais do que às suas espécies ou divisões.

Em seu conceito ou compreensão (menos perigosa que uma definição), o motivo é o elemento psíquico, subjetivo que conduz à ação, que impulsiona ou transforma a vontade em atuar, é a força psicológica que conduz a simples vontade, o mero querer a realmente agir, a atuar objetivamente, concretamente. Transforma o querer em ação positiva, faz executar a vontade, faz mover a simples resolução ou deliberação mental, interna, tomando a vontade exteriorizada pela conduta.

Logo, psiquicamente, os motivos determinam que a vontade transforme-se ou passe a ser ação, conduta no mundo exterior.

Então, em esquema psicológico, os elementos do mecanismo interno, psíquico da conduta humana são: a) ideia; b) motivo; c) vontade; d) finalidade. E *externamente*, objetivamente, são: a) preparação; b) execução (inclusive em sua forma tentada); e c) consumação" (*Os motivos do crime: análise científica e jurídico-penal*, Recife, 1980, p. 14-5).

50 Confira-se "Júri de homicídio, um ensaio: em defesa da exemplaridade da pena; contra a falácia da criminologia radical", *RT* 683/268, tópicos 2 e 4, em artigo que subscrevemos.

"O crime é um resumo da personalidade do agente e dele é quase um símbolo vivo"[51].

Ou, para aqueles que vislumbram a "culpa da sociedade" em tudo, valemo-nos da afirmativa do nosso Tobias Barreto, incontestável e ampla, ao combater esse *festival* de requestadas e desmedidas *sociolatrias*:

"A natureza não é a santa que se supõe; pelo contrário, ela come, bebe e peca"[52].

É necessário reconhecer o *pessimum genus* do homicida. Os *fatores exógenos* motivam a ação criminosa quando perfeitamente identificados (v.g., no plano realístico da ação quando da provocação da vítima na legítima defesa, ou do homicídio cometido logo após a injusta provocação da vítima, dentre outros...), e estes sempre socorrem em favor do réu. Outra é a óptica, contudo, nesta prevalência dos *fatores endógenos*, ou, individualizadamente, diante da "especial condição de ser do indivíduo". Daí, como se perscrutar a alma do criminoso para descobrir o preponderante motivo do crime, se ele comumente nega a autoria, e se a constituição psicossomática é variável *hominis ad hominem*?

Conforme Roque de Brito Alves:

"Princípio correto, pois verdadeiramente o motivo é afetividade, pertence ao plano anímico da afetividade, e não racionalidade ou formulação intelectual, não pertencendo ao plano interno ou anímico intelectivo do indivíduo. Encerra uma visível carga de sentimento – de paixão, já afirmava Aristóteles – e não de conteúdo noético, de raciocínio. Sendo caráter afetivo, passa a ser, sem dúvida, a origem ou fonte da conduta humana. Cientificamente, em termos de Psicologia, a pura ideia – ou mesmo imagem ou representação do fato – na mente do indivíduo não o conduz necessariamente à ação e sim ao motivo que surge no mecanismo interno, psíquico do homem.

Então, o fator ou elemento afetivo ou sentimental é mais importante na vida psíquica e para a explicação do comportamento do homem que o fator ou elemento racional ou lógico. O motivo, assim, leva, conduz o indivíduo a atuar, em plano superior a qualquer outro elemento ou fator psíquico"[53].

51 Problemi e programmi della Scuola Positiva, *Scuola Positiva*, 1921, p. 162.
52 *Estudos de direito*, Salvador, Livr. Progresso, 1951, p. 26.
53 *Os motivos do crime: análise científica e jurídico-penal*, Recife, 1980, p. 24-5.

Nota-se, daí, sob esse prisma, a hercúlea tarefa para se diagnosticar a motivação delituosa: *o motivo é afetividade*. E, conforme o referido autor, "afeto ou sentimento que segundo a Psicologia atual é de amplo entendimento, abrangendo paixões, emoções, impulsos e até as tendências instintivas ou caracterológicas do indivíduo. O sentimento como núcleo do motivo não contém necessariamente um dado ou elemento racional, e tal representação reveste-se de uma carga ou matiz afetivo"[54].

Portanto, uma questão não resolvida, cuja temática se bifurca na ideia-mãe de toda a civilização, como razão e essência histórica da própria humanidade (razão e sentimento, emoção e entendimento, paixão e razão etc.), somente por um daqueles enormes absurdos poderia pretender-se, seguramente, sua solução em sede de um processo criminal.

Conhecer-se o *ânimo homicida* que é demonstrável via da ação originada do agente, realisticamente, é possível; contudo, pretender-se a introdução de um periscópio científico-jurídico a mergulhar na alma ou nas profundezas de sua personalidade, e, sobretudo, radiografar ou fotografar algo tão fugaz quanto a própria *emoção* (e estaria aí a estufa do motivo), tão fugidio quanto uma ideia momentânea, é tarefa de remarcada *stultitia*. É o esquisito gozo da arte da adivinhação. Como atribuição científica é possível, mas afeita a outras searas, como a psicanálise criminal... porém esta não é função estatal, não sendo pergunta que caiba ao promotor invariavelmente responder, em sede dos processos penais[55].

Onde, com segurança, encontrarmos a gênese das "decisões", em dois órgãos que humanamente são compartimentos comunicantes, como o cérebro e o coração, e que, sendo variáveis e mutantes, jamais permitiriam a análise e o estudo certeiro por quem não os desenhou, como o homem?

Se a emoção ou a afetividade definem a ação (como força motriz), o acusado, por evidentes razões, põe seu *cérebro* a pensar, visando obstacularizar o conhecimento do mal praticado. Daí o conhecido desespero

....

54 *Os motivos do crime: análise científica e jurídico-penal*, Recife, 1980, p. 25.

55 Sobre o assunto, afora os conhecidos clássicos, v. Jiménez de Asúa, *Psicoanálisis criminal*, 6. ed., Buenos Aires, Depalma, 1982; Criminologia dei reati omicidiari e del suicidio, in *Trattato di criminologia, medicina criminologica e psichiatria forense*, a cura de Franco Ferracuti, Milano, Giuffrè, 1988, v. 7; dentre nós, Odon Ramos Maranhão, *Psicologia do crime*, 1. ed., São Paulo, Revista dos Tribunais, 1981.

do promotor que se dispõe a entrar no lúdico das "adivinhas", proposto pela defesa, tentando, no Júri, adivinhar algo que às vezes sequer o próprio réu, com segurança, identifica.

6.1.1. *O feminicídio como tipo penal autônomo e de natureza motivacional específica*

A edição da Lei n. 14.994, de 9 de outubro de 2024, ao introduzir o art. 121-A no Código Penal, promoveu uma relevante inflexão sistemática na dogmática do homicídio no Brasil, ao deslocar o feminicídio da condição de qualificadora do homicídio doloso para erigi-lo em tipo penal autônomo, dotado de regime sancionatório próprio e agravamento substancial da resposta penal.

Não se trata de mera alteração topográfica ou reorganização estrutural da Parte Especial do Código. Representa, antes, o reconhecimento normativo expresso de um fenômeno criminológico e sociológico de longa duração, profundamente enraizado em práticas históricas de dominação, subjugação e violência de gênero. O gênero feminino, em determinadas circunstâncias, deixa de ser um dado acidental da vítima, para converter-se no próprio núcleo propulsor da motivação homicida.

O feminicídio – agora como tipo penal independente – permanece conservando sua natureza essencialmente motivacional: o comportamento material é idêntico ao homicídio doloso comum, mas distingue-se qualitativamente pelo móvel que o anima, consistente na supressão da vida da vítima em função de sua condição de mulher, seja no âmbito da violência doméstica e familiar, seja em contextos de menosprezo, ódio ou discriminação de gênero.

Nesse sentido, ao oferecer a denúncia, cumpre ao Ministério Público – *custos vitae* na tribuna do júri – descrever com exatidão e rigor analítico os elementos fáticos que demonstrem o nexo motivacional específico exigido pela nova legislação. Não basta a mera transcrição da fórmula legal; é imprescindível a exposição minuciosa da dinâmica relacional, do histórico de violência, dos elementos de dominação psicológica, econômica ou física, ou de quaisquer circunstâncias reveladoras da motivação discriminatória.

A deficiência probatória quanto ao elemento subjetivo da motivação não torna a denúncia inepta, mas pode fragilizar tanto a pronúncia quanto, sobretudo, a formulação da quesitação pelo juiz-presidente. Como sempre, a apreciação definitiva da existência ou não do feminicídio, em sua nova estrutura típica, caberá soberanamente ao Conselho de Sentença, a quem incumbe julgar munido de todos os elementos probatórios e argumentativos apresentados em plenário.

Cumpre ressaltar, ademais, que o feminicídio, enquanto tipo autônomo, não exige necessariamente vínculo conjugal ou afetivo prévio entre autor e vítima, tampouco reclama histórico prolongado de violência pretérita. O art. 121-A do Código Penal estabelece que se caracteriza como feminicídio o homicídio praticado contra mulher "por razões da condição do sexo feminino", compreendendo, expressamente, situações de violência doméstica e familiar, bem como a prática do crime em razão de "menosprezo ou discriminação à condição de mulher".

A doutrina contemporânea, com acerto, tem destacado que a tipificação autônoma do feminicídio não afronta o princípio da culpabilidade, mas antes o robustece, ao permitir uma captação mais refinada da reprovabilidade social de condutas que perpetuam estruturas arcaicas de dominação patriarcal, violentando a dignidade humana em sua expressão mais elementar.

Por sua própria natureza, o feminicídio impõe ao acusador o duplo encargo técnico e ético: não apenas narrar os fatos, mas também conduzir, com precisão didática e vigor persuasivo, o Conselho de Sentença à exata compreensão da gravidade singular desse delito, cujas raízes atravessam séculos de desigualdade estrutural e cujas vítimas clamam, *post mortem*, pela integridade e nobreza do julgamento.

6.2. A classificação dos motivos e a dificuldade diagnosticatória

Nesse entendimento, de notar-se que os motivos tanto podem ser *conscientes* como *inconscientes* (e de mais difícil diagnose), entendidos estes últimos como aqueles que, "em consequência, toda a vez que o próprio agente não perceber, não estiver consciente do que existe detrás de sua representação, quando ele não representar-se devida e afetivamente... como motivo mais profundo (ou das profundidades da personalidade) que não se percebe, não se compreende ou mesmo ignora-se sua existência"[56].

[56] Cf. Roque de Brito Alves, *Os motivos do crime: análise científica e jurídico-penal*, Recife, 1980, p. 26.

Bowlby[57] relata o fato de que o homem que matou o presidente francês Doumer[58] dirigira-se antes do crime à polícia, comunicando o ato que viria a praticar. Não o levaram a sério...

Por sua vez, a Comissão Warren, que em 1964 teve a incumbência de investigar o assassinato de Kennedy, concluiu não ter sido possível um diagnóstico definitivo da personalidade e dos *motivos* que levaram Lee Oswald ao delito[59].

Urtin, citado por Vergara, aduzia que "a ação criminosa é o triunfo, pois, de um móvel ou de um motivo sobre todos os outros, consagrando uma ruptura de equilíbrio da personalidade".

Portanto, o fato de denunciar o indiciado por um determinado *motivo*, e provar o *motivo criminoso* ao Júri, por vezes, a par da importância que se revista eventualmente a missão, enquanto perde tempo o acusador – gastando-o, por vezes, inutilmente –, perde, também, em inútil trabalho. Como aludido, o *motivo preponderante* muitas vezes o próprio homicida desconhece, mesmo hígido mentalmente, ou não o identifica com segurança. Certo, ainda, que existem muitos *motivos concorrentes* ou justapostos que identificam-se no *conflito de motivos* para o delito[60].

....

57 Apud Hermann Mannheim, *Criminologia comparada*, Lisboa, Fundação Calouste Gulbekian, v. 1, p. 471.

58 Paul Doumer, nascido em 1857, foi governador da Indochina e, posteriormente, presidente do Senado em 1927. Chegou à Presidência da República em 1931, tendo sido assassinado em Paris no ano seguinte (cf. *Lello, Dicionário prático ilustrado de história e geografia*, Porto (Portugal), 1961, Lello & Irmão, v. 3, p. 1563). Esse crime revela a enorme turbulência da psicanálise na identificação da motivação criminosa. Gorguloff, autor do homicídio, ao ser preso deixou cair de seu bolso um manuscrito: "Mémoires de Paul Gorguloff, chef-président du parti politique fasciste russe, qui a tué le president de la République française". A perícia feita pelos Drs. Génil Perrin e Roques de Fursac concluiu pela higidez mental do acusado. De outro lado, a perícia realizada pelos Drs. Logre e Legrain afirmou que Gorguloff era um alienado completo. Instalou-se então o debate científico: defendido por Henri Géraud e Marcel Roger, acabou por ser condenado (apud Carvalho Neto, *Advogados – Como vivemos, como aprendemos, como sofremos*, 3. ed., São Paulo, Ed. Aquarela, 1989, p. 271).

59 E, ainda que houvesse uma conclusão "indesmentível", teríamos sempre alguém especulando razões contrárias, como se pôde comparar com o filme *J. F. K.*, que tanto impacto causou.

60 Di Tullio, Alice Marangapoulos, Falchi e muitos outros tratam dos motivos determinantes ou impelentes para o delito e os motivos crimino-repelentes, ou seja, os motivos incitadores e os motivos inibidores do delito. Na prática e, exteriormente, para facilitar a compreensão, poderíamos, no terreno das ideias,

Vale um exemplo e a proposição de um problema:

Tício mata *Caio*, que lhe devia certa soma em dinheiro e não pagava. Mas, também, de se notar que *Tício* sabia que *Caio* propalava a terceiros que não iria, de fato, quitar o débito, fazendo-o com acinte e ironicamente. Some-se, ainda, o fato de que, quando do crime, a vítima acabara injuriando moralmente o assassino. Pergunta-se: qual o preponderante motivo do crime? Seria a vingança pela dívida não paga? *Tício* teria morto *Caio* em face do orgulho ferido pelo escárnio que a vítima fazia-lhe perante terceiros? Ou o real motivo (preponderante sobre os demais concorrentes, na visão de Urtin) teria sido o último destrato que a vítima lhe impingiu?! Dada a multiplicidade de motivos concorrentes para a ação de *Tício*, torna-se difícil o estabelecimento da certeza, quanto ao *preponderante motivo*. Assim, como os efeitos do delito ecoam como *gritos mudos*, perenemente, semelhantes a um fenômeno polifônico a maltratar diversos corações, da mesma forma somente a poligenia – *in casu*, a designar uma multiplicidade de motivos – poderia explicar a conduta criminosa. É o elo causa e efeito, tese e antítese de um acontecimento demonstrador dos prodígios naturais: o agir do agente e as nefastas consequências do delito.

Ora, é inegável que não existe hoje um método que seja seguro para diagnosticar o motivo; ainda que cientificamente se diga que exista um preponderante sobre os demais.

O fato é que, colocada esta cadeia de motivos (este feixe de problemas que encantariam a psicanálise) para explicar o acionamento do mecanismo da *voluntas sceleris*, o nascimento da *intentio homicidii* e a final execução do crime; se foi o "último motivo" (a injúria) que se sobrepujou aos demais (a vingança pelo não pagamento ou o orgulho ferido pelo escárnio), ou se este fez apenas transbordar e ressurgir a verdadeira motivação

representar o fato e a citada nomenclatura como pensamentos prós e contrários, a favor e resistentes (a determinada ação ou omissão), originando, inclusive, o que denominaríamos *ideias vencidas* (v.g., o caso de uma pessoa que alude a todo dia a pretensão de suicidar-se – coisa que realmente tem a intenção de fazê-lo – e, no entanto, passados alguns dias, acaba por vir a ser assassinada. Ou seja: sua constante "ideia" e promessa de autoeliminação, enquanto esteve viva, preferencialmente foi sendo vencida por outras "ideias" ou pensamentos contrários – para analogicamente compararmos aos "motivos contrários" – que se opunham à pretensão suicida (e seus motivos), acabando por constituir mais uma "ideia vencida", turbada que fora pelos *contra-motivos*, ou *crimino-repelentes*.

do ilícito, vê-se bem que é uma equação verdadeiramente insolúvel. Não menos certo é que, tratando-se de matéria de foro tão íntimo – sequer o homicida explica-a convenientemente –, como irá, com segurança, firmá-la, o acusador?

Dada a inexistência de *crime sem motivo*, em caso de impediência em explicar-se a *motivação* criminosa, ou quando esta não se aclara nas investigações, trata-se de um homicida cuja higidez mental mereça questionamento (assim, logicamente, encontraria dificuldades em explanar o *porquê* da ação), ou de caso de *motivação inconsciente*. A terceira hipótese, no entanto, é a mais correta: na quase unanimidade dos casos, mostra-nos a experiência que o opróbrio motivador da ação delitiva é tão reprovável que, a sete chaves, guarda-o o acusado...

Embora possa até confessar a ação, oferta outra motivação para o crime, que à evidência não o explica ou, explicando-o, não nos convence. La Rochefoulcauld (1613-1680), em suas *Reflexões*, lembrava que "frequentemente envergonhar-nos-íamos de nossas ações mais belas se o mundo visse todos os motivos que as produzem".

Que dizer, então, de muitas más ações cujo motivo desencadeante se pretenda esconder? Daí por que não compreendemos a conhecida corrente jurisprudencial para a qual o crime sem motivo (aparente) não pode ser equiparado ao crime cometido por "motivo fútil", para o fim de reconhecimento da qualificadora (art. 121, § 2º, II, do CP)[61].

Por tal, se o homicida reconhece a autoria do crime (ou esta vem a ser identificada) e não oferece um "motivo" para a ação, é porque – fútil ou torpe – o sabe tão reprovável que, se o confessasse ao julgador, imagina que de início já conquistaria a repulsa e o asco (como prevenção) pelo pecado, dada a intensa reprovação social à sua conduta. Como pretender, neste caso, premiar, com a retraída penalização de um homicídio *simplex*, aquele que esconde as razões (evidentemente condenáveis) de sua danura?!

Mais sensato, então, mesmo que se reconhecesse a "ausência de motivação"[62], o seguinte aresto:

"... A ausência de motivo equipara-se, para os devidos fins legais, ao motivo fútil, porquanto seria um contrassenso conceber que o legislador

....

61 TJSP, *RT* 444/329, 481/370, 496/274.

62 *V.* item seguinte.

punisse com pena maior aquele que mata por futilidade, permitindo que o que age sem qualquer motivo receba sanção mais branda"[63].

E ainda:

"A ausência de motivo é mais do que motivo fútil, sendo a ele equiparada para os fins legais. Não se concebe que o legislador punisse com pena maior aquele que mata por futilidade, permitindo que o que age sem qualquer motivo receba sanção mais branda"[64].

"Impõe-se reconhecer que a ausência de motivo equipara-se, para os devidos fins legais, ao motivo fútil, sob pena de se confrontar com o absurdo de apenar com maior severidade aquele que cometeu o delito por razões insignificantes do que o agente que, sem nenhuma razão, ainda que desproporcional, comete o mesmo crime"[65].

Entretanto, infelizmente essa não parece ser a posição mais recente do Superior Tribunal de Justiça quanto à matéria, conforme se infere do seguinte julgado:

"(...) A incidência da qualificadora prevista no art. 121, § 2º, inciso II, do Código Penal, é manifestamente descabida, porquanto motivo fútil não se confunde com ausência de motivos, de tal sorte que se o crime for praticado sem nenhuma razão, o agente somente poderá ser denunciado por homicídio simples"[66].

6.3. "Crime sem motivo?"

Com frequência o promotor de justiça, ao compulsar o inquérito policial para o oferecimento da denúncia, não encontra a razão para o cometimento do delito atribuído ao indiciado... como também não haviam encontrado motivação os policiais que foram comunicados do assassinato que vitimaria o presidente Doumer.

Relembre-se, como referido, que o *motivo* de Lee Oswald, da mesma forma, remonta, até hoje, em mistério.

....

63 TJMG, rel. Des. Costa e Silva, *RT* 622/332.

64 TJSP, rel. Denser de Sá, *RT* 511/357.

65 TJMG, Processo 1.0188.06.052711-9, 1ª Câmara Criminal, Rel. Edelberto Santiago, j. 25-3-2008, *DJ*, 4-4-2008.

66 STJ, HC 152.548/MG, 5ª Turma, Rel. Jorge Mussi, j. 22-2-2011. No mesmo sentido, STJ, HC 77.309/SP, 5ª Turma, Rel. Felix Fischer, j. 6-5-2008, *DJ*, 26-5-2008.

Nesse contexto, oportuna a evocação de Grygier (antigo promotor em Berlim) de que:

"O delinquente tem uma percepção diferente do mundo que o rodeia e do seu próprio papel nesse mundo. Esta tendência geral do pensamento altera a sua concepção dos fenômenos sociais em que está envolvido e imprime sentido às suas ações..."[67].

Salientávamos os *motivos conscientes* e os *motivos inconscientes*; dizíamos da higidez mental ou da ausência desta, dos réus "fronteiriços" (aproveitemos a designação de Aníbal Bruno) e dos totalmente insanos, demonstrando-se a problemática regente do tema.

Existe o homicídio em *curto-circuito* (Kurzschluss-Handlungen), mencionado por H. Mannheim, como no caso do rapaz que matou uma pessoa inteiramente desconhecida e depois explicou: "Houve uma discussão porque ele chocou contra mim. Perdi o domínio de mim próprio e atirei-me a ele de navalha em punho". McDougall menciona também a Sonata Kreutzer, de Tolstoi, "como um estudo sobre o ciúme em que a raiva do marido ciumento se dirige não contra a pessoa amada, mas contra a pessoa do terceiro..."[68].

Alexander e Staub[69] relatam o caso de uma jovem que furtou uma edição barata do *Fausto*, de Goethe, alguns quadros sem valor e alguns vestidos que ela não podia usar, aduzindo que assim procedera para vendê-los e tornar-se uma atriz. Entretanto, a explicação psicanalítica, ulteriormente obtida, demonstrou uma motivação completamente diversa para o furto.

O certo é que o crime tem raízes psicoafetivocausacionais profundas e variadas.

Lombroso via o "motivo" no "homem", como biologicamente concebido. A "criminologia contestativa", "crítica" ou "radical"[70] quer vê-lo

67 Apud H. Mannheim, *Criminologia comparada*, Lisboa, Fundação Calouste Gulbekian, v. 1, p. 421.

68 *Introduction to social psychology*, London, 1948, p. 435.

69 Apud Mannheim, *Criminologia comparada*, Lisboa, Fundação Calouste Gulbekian, v. 1, p. 469.

70 Ainda que apareçam sobre diversas denominações, acabam por ter conteúdo político-filosófico assemelhado (v. Eugenio Raúl Zaffaroni, *Criminología, aproximación desde un margen*, 1. ed., Bogotá, Ed. Temis, 1988).

quase exclusivamente na "sociedade"[71] como malformadora do homem. Hungria[72] lembra *As cavernas do Vaticano* de Andre Gide, em que o jovem Lafcádio empurra para o abismo a Fleurissoire, fazendo-o, no que chamou de "um ato puro, sem o lastro de qualquer motivação, sem outro antecedente subjetivo que um desejo espontâneo" e, combatendo o tal "ato puro", diz que o personagem de Gide não cabe nas roupas do "homem normal", "não passando de psicopata ou de um anômalo de afetividade".

Para Hungria, era impossível o "crime gratuito" pelo homem hígido, somente atribuível ao alienado mental "à grande orquestra". Recorda também Baldassarre e a narrativa de "um desses anormais que espancou um pacífico viandante *porque não lhe agradava o seu jeito de andar*, e de outro que feriu gravemente o sacristão *porque não sabia tocar a campainha direito*". Leciona, ainda, o saudoso mestre que "a insuficiência de motivação não pode ser confundida com ausência de motivos. O preponderante motivo de Lafcádio foi, certamente, o propósito de praticar um crime sem motivo. Motivo paradoxal, disparatado, mas motivo, *quand même*".

Para H. Mannheim[73], também, no caso, o fato de Lafcádio ter empurrado de um comboio, para a morte, uma pessoa completamente desconhecida, devesse ao fato de Gide não ter querido demonstrar, com o romance, a possibilidade de um crime sem motivo, "mas apenas enriquecer o catálogo dos motivos clássicos...". Tal fato reporta seu romancista frustrado, Julius de Baragliou, aduzindo que "a sua autêntica razão para cometer o crime é precisamente cometê-lo sem qualquer razão".

71 *V.*, dentre os autores nacionais, histórico sobre as correntes criminológicas radicais: Roque de Brito Alves, *Criminologia*, 1. ed., Rio de Janeiro, Forense, 1986, p. 104 e s.; Juarez Cirino dos Santos, *A criminologia radical*, 1. ed., Rio de Janeiro, Forense, 1981. Remetemos ainda o leitor para o artigo que subscrevemos na *RT* 683/267, contestando tal corrente criminológica, mister quando se põe a explicar os crimes de homicídio.

V. como bibliografia mais recente e fundamental das "Escolas Sociais" de Criminologia: Marc Ancel, *A nova defesa social*, Rio de Janeiro, 1979; Jan Taylor, Paul Walton e Jack Young, *Criminologia crítica*, Rio de Janeiro, 1980; Lola Aniyar de Castro, *Criminologia da reação social*, Rio de Janeiro, 1983; Alessandro Baratta, *Criminologia crítica y crítica del derecho penal*, México, 1986.

72 *Comentários ao Código Penal*, 4. ed., Rio de Janeiro, Forense, 1958, p. 122-4.

73 *Criminologia comparada*, Lisboa, Fundação Calouste Gulbekian, v. 1, p. 428-9. *V.* também *Criminologia*, de Jorge de Figueiredo Dias e Manuel da Costa Andrade, p. 182-3.

E são tantas e tão variadas as hipóteses que o promotor, com um ou mais *motivos* – ou sem nenhum – não sabe por onde começam, encontram-se ou se explicam (?) para justificar a conduta criminosa...

Do romance de Gide, em que se queria um "crime puro" para o *homo medius*, chega-se a outro extremo, a Dostoievsky – em seu *Crime e castigo* –, quando seu herói, Raskolnikov, comete um homicídio por se sentir um "homem extraordinário", um "super-homem", acima da moralidade média[74].

Por isso, sempre temos *in menthi*, ao analisarmos qualquer delito, que este é único, não se encontrando, no mundo, qualquer molde ou figurino industrial para o mesmo, embora possamos encontrar similitudes. Quando possível, descobrimos o *móvel* do delito, e, cumpridamente, o provamos. Porém, como remarcado, esta não é a função primordial do Ministério Público, mas sim objeto de estudo da "criminologia", da psicanálise etc.

6.4. Erro de interpretação

No mais das vezes, a dificuldade em descobrir-se a motivação preponderante para a ação criminosa dá-se porque o promotor busca situar-se, ele próprio, na ótica do indiciado (ou do réu), quando do crime. Não encontrará fatalmente, com esse expediente, o motivo do crime. Sendo o "adjetivo moral", de que falava Hungria, o que faltasse em razão para o promotor justificar um ato, não faltaria ao criminoso[75].

....

74 "É o que os autores costumam ilustrar com a figura de Raskolnikov", apud Figueiredo Dias e Costa Andrade, *Criminologia – O homem delinquente e a sociedade criminógena*, Coimbra, Coimbra Ed., 1984, p. 199.

75 Na crônica judiciária paulistana, ganhou publicidade, há poucos anos, o caso do homicida conhecido pela sugestiva alcunha de "Chico Picadinho" (Francisco Costa Rocha), que, após ter matado uma prostituta em São Paulo "porque teve vontade", fazendo-a em pedaços, condenado no Júri, voltou às ruas após o cumprimento de mais da metade da pena. Sua conduta carcerária fora considerada exemplar e o exame criminológico, elaborado em equipe, considerou-o em perfeita higidez mental. Solto, cometeu novo crime, semelhante ao anterior...

Igualmente chama a atenção da criminologia o caso de Pedro Rodrigues Filho (amplamente divulgado pela imprensa), que avocou para si a autoria de setenta e seis homicídios (a maioria cometidos contra companheiros de cela) e, tendo tatuado no braço a frase "gosto de matar por amor", em entrevista para a *Folha de S.Paulo* (em 19-8-1991, p. 4), quando perguntado se sentia prazer em matar, afirmou: "Sinto. É como, por exemplo, depois de uma jornada de seis horas de exercícios eu entrasse numa ducha gelada. A sensação é parecida".

Destarte, buscar o jurista, em si próprio, o referencial para a análise do delito, é partir de premissa equivocada, levando-se invariavelmente a errôneas conclusões. De se lembrar a ponderação de Grygier, da "percepção própria" do mundo que tem o delinquente. Depois, ainda que a influência do meio (fatores exógenos) possa ter sido em menor escala no homicídio, somente se aproximaria o estudioso da motivação criminosa do real acontecido se fosse possível, em uma fórmula mirífica, transportar-se *a pessoa do réu*, naquele mesmo momento, *ao local* da ação criminosa[76].

Como falávamos de início[77], a investigação pós-crime não encontra, jamais, "congelado", incólume, *todo* o palco criminoso. Vale dizer: *o mesmo réu* – tal como ele se encontrava juspsiquiatricamente quando do fato –, no mesmo *local de delito*, com a *mesma influência mesológica* a circundá-lo, como somente aquele momento pudesse ter.

Nessa tessitura, o que seja motivo para um, é irrelevante motivo para outrem, assim como o instinto de sobrevivência que impele o homem à legítima defesa se vê inibido pelo fanatismo político ou religioso em outros, como demonstraram os *kamikazes* da 2ª Grande Guerra, ou mais recentemente os suicidas fanáticos do Texas e os terroristas de carros-bombas que explodem diariamente pelo mundo afora...

6.5. Quando o motivo não restou claro, como denunciar?

O titular da ação penal ao denunciar há que se acautelar quanto à possibilidade da "mudança" da motivação criminosa.

Caso não tenha restado seguro o motivo do crime na análise do inquérito, melhor que não o ofereça na denúncia – enquanto não seja requisito obrigatório[78] – do que o faça, e depois o altere. Preferível, nesse particular, o aditamento (art. 569 do CPP) que inclua um motivo do crime (antes nebuloso) ao aditamento que retifique a motivação antes ofertada. Vale dizer, a adição é melhor que a corrigenda, para que já não

76 V. ítem 7 – "O interrogatório do réu", no Capítulo 6 – "Do julgamento pelo Júri".

77 V. Capítulo 1 – "Da produção do inquérito policial".

78 Oportuna a lição de Paulo Cláudio Tovo: "Na denúncia por homicídio doloso só se pode omitir o motivo quando até então ignorado. Se incerto o motivo, tal incerteza pode ser apontada na narrativa ou não, a critério do acusador, aditando, posteriormente, se surgir no sumário da culpa" (*Apontamentos e guia prático sobre a denúncia no processo penal brasileiro*, Porto Alegre, Sergio Antonio Fabris Ed., 1986, p. 46).

sofra uma fissura a exordial acusatória: melhor, por conseguinte, uma cirurgia plástica, quase estética, que uma cirurgia extirpadora de um mal sedimentado; ambas sujeitam-se rotineiramente ao bisturi, mas a segunda é mais arriscada e ensaia um corte muito maior.

... E se afinal, malgrado todas as investigações, restar obscuro o motivo do delito e, no Júri, como aludíamos, aparecesse o famigerado quadro de giz, remontando-se em mil interrogações, perguntando-nos o "porquê" do crime, recomendamos ao defensor que pergunte ao próprio cliente, numa relação de confitente e confessor... Por quê? Ora, se tanto interessa à defesa, a questão que a ciência e a inteligência humana ainda não nos revelaram, quem sabe no seu advogado o homicida confie, e dê as razões do ato celerado...

A curiosidade de um promotor não pode e não precisa ser maior que a de qualquer cidadão diante de um delito; incumbe-lhe saber se tem o réu responsabilidade penal ou não ante os fatos objetivamente provados e à luz da lei: é o *quantum satis* de sua função. Agora, buscar nos escaninhos da propriedade íntima do acusado o "porquê" da ação é quase injusto, mas com certeza é *mais* que um ingênuo desafio... Quem a tal se fada, queda-se, com frequência, a ser mais uma vítima dos *estelionatos* que cotidianamente nos oferecem os argutos criminosos.

De se fixar, todavia, que, na prática, mais ocorrente que a superposição de motivos, ou de uma concorrência destes – que podemos admitir –, dá-se, em verdade, a *prestidigitação* do verdadeiro motivo para o ilícito[79].

[79] Poderia caber aqui um subtópico ofertado aos réus mais espertos: "Da arte de embair...". Mas, com a devida vênia do consulente mais "dogmático", o fato é que não poderíamos deixar de dar um registro prático (um caso real), *ad exemplum*, em face de tão relevante matéria, como o ocorrido na Comarca de Araçatuba.

... Delito de homicídio. Fomos designados pela egrégia Procuradoria Geral de Justiça para atuar em um segundo julgamento. No primeiro, o Júri absolvera o acusado por sete votos, reconhecendo a tese de "legítima defesa da honra", aceitando uma versão de passionalismo.

Procedendo ao estudo dos autos, a estória do réu e de suas testemunhas se afigurara muito "redonda", despertando-nos a desconfiança. Mostrava-se o acusado como um marido exemplar; a vítima, uma megera indomável. Ficava até difícil imaginá-los (como o Júri no primeiro julgamento aceitara): um virtuoso cristão convivendo com uma demoníaca madama.

Antes do julgamento, passamos a uma investigação paralela de todo o caso. Soubemos que havia uma ação proposta no juízo cível, antes do delito, em que se tentara a separação judicial do casal. Não tardou a descoberta de que, anteriormente ao casamento, o acusado provinha de família humilde, enquanto a ofendida tinha origem em família abastada. Começava a ganhar força a suspeita de que outro pudesse ser o motivo do crime. Os autos de processo de separação haviam sido arquivados por discórdia dos cônjuges quanto à partilha dos bens... é que o réu queria do patrimônio do casal quase "tudo", com o que, obviamente, não concordava a esposa. No feito cível, não se falava em adultério. Via-se, sim, a cupidez e a ganância do futuro homicida, buscando abocanhar fortuna maior da que lhe propiciava a meação do matrimônio.

Iniciado o Júri, o "motivo" do delito começara a se alterar. Uma daquelas "testemunhas de viveiro" (concebida e *criada* para servir o acusado) dispôs-se em plenário a macular o conceito da vítima, informando ter com esta mantido relações sexuais na constância daquele casamento. Antes, porém, já notávamos que fora acostada aos autos uma declaração da mesma testemunha, documento este não produzido em juízo, mas juntado a requerimento do defensor. Fizemos então, à testemunha, três perguntas, baixando, proposital e gradualmente, a tonalidade da voz. A primeira pergunta: se o depoente confirmava o teor da declaração prestada. Respondeu que sim. A segunda – feita com pequena pausa para atrair a atenção do Júri – por sobre os óculos, lançamo-la: "Onde foram prestadas essas declarações?". Aduziu em resposta que fora "em um escritório". Com voz baixa, pausadamente, e com a "boa maldade" que a justiça requeria, perguntamo-lhe, seguidamente: "Quem era o proprietário do escritório? Por acaso hoje ele está aqui presente?". Aturdido, o rapaz-testemunha – que prodigalizava suas virtudes de atleta sexual –, percebendo o desenlace fatal, começou a girar sobre os pés, torcendo o quadril e o ombro, em sentido exatamente oposto ao da tribuna da defesa, até que, não podendo mais continuar virando – momento em que veria pela frente o defensor –, parou. Pedimos, continuamente: "...Termine a volta...". Num misto de irritação e espanto, ante o desfecho inevitável, protestou com veemência o advogado: "Vai, fala logo que sou eu...!".

O Júri começava a ganhar nova coloração. Outra testemunha, ex-empregada da vítima, informara que a mesma era uma "louca", que arremessava objetos e até facas nos filhos e traía o marido no próprio leito do casal. Informou fatos tão escabrosos que parecia se reunirem em torno da mesma todas as anomalias mentais que possam acometer os humanos. Em verdade, parecia ser semi-imputável.

Com mais alguns elementos colhidos, não demorou a montar-se o quebra-cabeças: o réu sempre soubera dos desmandos e traições da mulher, que se amoldava no perfil das ninfomaníacas, mais merecendo a química medicamentosa que os projéteis que lhe endereçara o assassino. Não a amava, queria-lhe somente o patrimônio. Deliberara matá-la porque, resguardada sua meação, ficaria ainda – confiava na impunidade, com sua absolvição – na administrarão do espólio da falecida, uma vez que os herdeiros – seus filhos – eram menores impúberes. Iria gerir todo o patrimônio como bem lhe aprouvesse.

Urdira o crime de longa data. O *animus necandi* era impulsionado por motivo vil, incondizente com a decantada honra. Por dinheiro, por ganância, agredira-lhe a vida. O *motivo* somente aclarou-se em plenário.

O mago é o delinquente: escamoteia o motivo, ocultando-o, e fazendo-o desaparecer em um determinado momento; depois, faz com que ressurja outro diferente, às vezes até em local diverso: na polícia, em juízo, ou perante o Júri.

6.6. Da desnecessidade de se qualificar o dolo como eventual na denúncia

A doutrina mais serena do direito penal brasileiro orienta que não há necessidade de o Ministério Público, ao denunciar, classificar o dolo como direto ou eventual. O que se exige é a narrativa clara da conduta e da intenção homicida, ainda que presumida a partir do comportamento do agente.

O Código Penal, em seu art. 18, I, estabelece:

"Diz-se o crime: I – doloso, quando o agente quis o resultado ou assumiu o risco de produzi-lo".

Essa fórmula legal iguala juridicamente os dois tipos de dolo, tornando desnecessária – e por vezes até imprudente – a qualificação nominativa na denúncia.

É tecnicamente mais sólido que o membro do Ministério Público descreva, com riqueza objetiva, os elementos que revelem o dolo, como a conduta arriscada, a voluntariedade do gesto, o desprezo pelas consequências, o ambiente em que o crime se deu, e deixe para a pronúncia ou para os jurados a valoração da espécie de dolo.

Afinal, o dolo eventual não é uma qualidade verbal a ser pronunciada, mas um conceito inferido. Como leciona a doutrina penal contemporânea, é a coerência fática que determina a responsabilidade, não o rótulo que a anuncia.

O uso indiscriminado de expressões como "assumiu o risco de matar" pode ser interpretado como tentativa de conduzir a convicção do julgador. Em vez disso, o núcleo acusatório deve repousar no que se sabe, no que se colhe da prova e no que é narrável com objetividade.

A denúncia é o lugar da verdade fática, não da rotulação doutrinária. Ao descrever o dolo, deve-se confiar no peso da narrativa, não no rebuscamento da classificação.

E mais: ao se rotular o dolo como eventual, sem segurança, abre-se margem à retórica defensiva, que questionará a natureza do dolo, a voluntariedade da conduta, a tipificação correta e, não raro, alegará inépcia ou contradição interna na peça.

Por isso, a acusação eficaz deve recusar os rótulos frágeis e apressados. Narra-se o fato, descreve-se o resultado, demonstra-se a consciência do risco e o desprezo pelo bem jurídico. Isso basta. A imputação jurídica, em sua inteireza, será construída na pronúncia e, em última instância, pelo Conselho de Sentença.

7. RECOMENDAÇÕES PRÁTICAS QUANTO À DENÚNCIA E COTA DE OFERECIMENTO

A Procuradoria Geral de Justiça do Estado de São Paulo e a Corregedoria Geral do Ministério Público Paulista, através do Ato n. 1/84P-PGJ-CSMP-CGMP[80], em consonância com o estatuído no art. 41 do CPP, recomendam expressamente aos promotores de justiça do Estado as seguintes observações:

"Na denúncia:

I – mencionar todos os nomes e apelidos usados pelo acusado, bem como as folhas dos autos em que se encontra a sua qualificação;

II – indicar, sempre que possível, dia, hora e lugar da infração;

III – descrever o fato delituoso com todas as suas circunstâncias;

IV – nos casos de coautoria, descrever a participação isolada de cada um dos coautores, quando desenvolverem condutas distintas;

V – consignar a motivação dos crimes dolosos e, nos delitos culposos, descrever o fato caracterizador da culpa e sua modalidade (imprudência, imperícia e negligência);

VI – mencionar o tipo penal ao qual se subsume o fato descrito, indicando, quando for o caso, a aplicação combinada das normas atinentes à coautoria, ao concurso de delitos, à tentativa, às circunstâncias agravantes e às qualificadoras;

VII – indicar o rito processual;

....

80 O Ato n. 1/84-PGJ-CSMP-CGMP aprova o *Manual de atuação funcional dos promotores de justiça do Estado de São Paulo* (autores: José Cássio Soares Hungria, Júlio Francisco dos Reis e Tilene Almeida de Morais), em cujas fls. 60-1 (Ed. Associação Paulista do Ministério Público e FIEO – Fundação Instituto de Ensino para Osasco, 4. ed., 1985) encontram-se as recomendações citadas. Observe-se que são recomendações genéricas para os diversos tipos de denúncia e, no que tange ao crime de homicídio, mister quanto à "motivação" criminosa, a recomendação consignada no inciso V do art. 40 entende-se que deva ser compreendida dentro do contexto ora analisado.

VIII – formular o pedido de condenação ou pronúncia;

IX – apresentar o rol de testemunhas".

Quanto à cota de oferecimento da denúncia, recomendou-se ao promotor de justiça[81]:

"Art. 41. Formular, com o oferecimento da denúncia, todos os requerimentos necessários à suplementação das eventuais falhas do inquérito e à apuração da verdade real, especialmente:

I – da prisão preventiva, quando cabível, explicitando os elementos dos autos que justificam a medida[82];

....

81 In *Manual de atuação funcional dos promotores de justiça do Estado de São Paulo* (Ato n. 1/84), p. 60-1. Confira-se também a revista *Justitia* 101/152, que traz recomendações semelhantes.

82 *V*. as seguintes decisões:

"Prisão Preventiva. Pressupostos. Réus primários e de bons antecedentes. Ocorrentes os motivos legais para a custódia preventiva, a sua decretação não fica obstada por serem os acusados primários e de bons antecedentes. Recurso de *habeas corpus* improvido" (STF, RHC 61.565 1/MG, 1ª Turma, j. 10-2-1984, rel. Min. Rafael Mayer, v.u., *DJU*, 23-3-1984, *RT* 592/447).

No mesmo sentido:

"Processual e Constitucional. Prisão Preventiva. Réu Primário e de bons antecedentes. Possibilidade. 1. A CF – art. 5º, LVII – mesmo declarando que 'ninguém será considerado culpado até o trânsito em julgado da sentença penal condenatória', não proíbe a prisão cautelar processual. 2. Denunciado residente em local diverso do distrito da culpa e que, de forma inequívoca, embaraça a ação da justiça, ainda que seja primário e de bons antecedentes, deve ter mantida a sua segregação celular, inclusive para evitar que prejudique a colheita de prova, tendo em vista a periculosidade revelada" (STJ, RHC 787-SP, 5ª Turma, j. 10-10-1990, rel. Min. Costa Lima, *DJU*, 22-10-1990, *RT* 662/347).

Ainda:

"Prisão Preventiva. Revogação. Inadmissibilidade. Primariedade e alegados bons antecedentes que não bastam para elidir o decreto da custódia cautelar, no interesse da instrução criminal, na garantia da ordem pública e da aplicação da lei penal. Ordem denegada" (TJSP, 5ª Câmara, rel. Des. Marino Falcão, *RJTJESP* 113/582).

No mesmo sentido: STF, RHC 67.338-4-SP (2ª Turma, Min. Carlos Madeira, *RT* 646/359); STF, RHC 60.954-6-RJ (rel. Min. Djaci Falcão, *RT* 583/471); STF, RHC 65.118-6-DF (1ª Turma, rel. Min. Néri da Silveira, *DJU*, 26-2-1988, p. 3192); STJ, RHC-PR (rel. Min. Costa Leite, *DJU*, 28-9-1989, n. 167, p. 13681) e *RJTJESP* 119/540 e *RT* 550/406, 551/414, 619/387, 632/362, 658/291, entre outras (cf. *Caderno de doutrina e jurisprudência*, Ed. APMP, n. 21).

II – de folha de antecedentes e de informações dos Distribuidores Criminais;

III – de remessa a Juízo dos laudos de exame de corpo de delito faltantes, inclusive os complementares e outros periciais;

IV – de remessa de fotografia do réu, quando necessária para o reconhecimento em Juízo;

V – de certidões de peças de outros procedimentos, quando relacionadas com o fato objeto da denúncia;

VI – de arquivamento do inquérito em relação aos indiciados não denunciados, fundamentando-o;

VII – de realização de exame complementar da vítima, sempre que necessário à exata capitulação do crime;

VIII – de expedição de ofício ao Delegado de Polícia que presidiu o inquérito, para fins de indiciamento do acusado, se essa providência já não tiver sido tomada na fase pré-processual;

IX – de certidão de remessa a Juízo, juntamente com o inquérito, das armas e instrumentos do crime e de outros objetos apreendidos na fase pré-processual, fiscalizando o seu recebimento pelo Cartório, através do respectivo termo nos autos".

Outras recomendações, em sede de processo afeito ao Júri, tornam-se necessárias, não somente para a aferição da verdade fática objeto dos autos, como ainda para o delineamento do perfil do criminoso, ou da vítima.

Assim requer-se rotineiramente: cópias de denúncias oferecidas em outros processos criminais (movidos ao réu ou à vítima); interrogatórios, depoimentos, sentenças, acórdãos etc., tudo a ensejar o fornecimento de elementos que ajudarão a desmistificar uma eventual personalidade camuflada no processo *sub judice*, principalmente quando o crime não seja "ocasional", mero acidente na vida do réu, ou da vítima. Para utilizarmo-nos do jargão forense cunhado à *boca de foro*, tal procedimento consiste em "vestir" o processo: ajuda-nos a entender o caráter do acusado à luz da criminologia; a fixar a personalidade da vítima, à luz da vitimologia[83].

....

[83] Alguns doutrinadores insistem em considerar a "Vitimologia" um capítulo da "Criminologia". Contudo, a partir dos anos 40, graças à sistematização dos princípios e da doutrina publicada e divulgada pelo alemão Hans von Hentig (Remarks on the interaction of perpetrator and victim, 1940/41, p. 303 e s.; *The criminal and his victim*, New Haven, 1948) e pelo advogado em Jerusalém Benjamin Mendelsohn (The victimology, in *Études internationales de psycho-*

Em síntese, serve ao promotor para a futura sustentação da acusação; serve ao magistrado para lastrear qualquer tipo de custódia preventiva (art. 311 *et al*), bem como para viabilizar o *arbitrium regulatum* da pena, consoante disposto no art. 59 do CP, e serve, sobretudo ao jurado, como uma apresentação do *curriculum vitae* da "pareja penal" (Jiménez de Asúa): delinquente e vítima.

-*sociologie criminelle*, 1956; La victimologie, science actuelle, *Revue de Droit Pénal e de Criminologie*, 1959), parece mesmo que a "vitimologia" destinou-se a consolidar com o *status* de ciência autônoma.

Basicamente destina-se a "vitimologia" a detectar e esclarecer o papel da vítima para a eclosão do delito, indo de um "nada" (vítima totalmente *inocente*), passando por um *minus* (vítima com uma "participação": *provocadora, voluntária*), chegando ao *majus* (vítima *totalmente culpada*, como no caso da legítima defesa em que ela criou o episódio criminoso). *V.* a ressalva na seguinte página de Manuel da Costa Andrade:

"Acontece, porém, que aqui se empolam as principais dificuldades e perplexidades com que hoje se debate a criminologia. Desde logo, e sobretudo, porque, ao contrário do que sucede com o delinquente, não parece possível identificar e recortar um estatuto unitário para a situação ou papel de *vítima*. Tanto no que concerne à sua Intervenção no processo da *deviance*, como ao *pathos* emocional que a vítima desperta, há todo um contínuo de situações entre dois polos extremos. Entre o que, em alegoria bíblica se pode referenciar como a *vítima-Abel* (totalmente inocente duma vitimizacão para que não contribui) e a *vítima--mulher-de-Putifar* (gritando a sua situação de vítima em nome do ressentimento duma provocação frustrada)" (*Vítima e o problema criminal*, 1. ed., Coimbra, 1980, p. 20).

V. na literatura específica nacional: Edgard de Moura Bittencourt, Conceito e classificação, in *Vítima*, 3. ed., São Paulo, LEUD, 1987, p. 78 e s.

Capítulo 3

A INSTRUÇÃO PROCESSUAL. O *JUDICIUM ACCUSATIONIS*

Sumário: 1. Introdução. 2. Resposta do acusado: obrigatoriedade. 2.1. Procedimento em caso de não apresentação da resposta. 2.2. Conteúdo da resposta defensiva. 2.3. Oposição de exceções. 2.4. Exceção e objeção. 2.5. Apresentação de documentos e justificações. 3. Oitiva do Ministério Público. 4. Designação de audiência de instrução e julgamento. 5. Sobre a colheita de testemunhos. 5.1. Testemunhas referenciais. 6. Elogio e crítica do interrogatório judicial. 6.1. Interrogatório por videoconferência. 6.2. A tríplice finalidade do interrogatório. 6.3. Recomendações úteis à acusação e à defesa.

Prova e verdade acham-se correlacionadas e a tal extremo que se poderia dizer que não há verdade sem prova, posto que a prova é a pedra de toque, o meio de aquilatar, de adquirir a evidência inquestionável da verdade, de verificar (verum) *a verdade encontrada, de certificar-nos* (certus) *de sua exatidão, de sua certeza legítima. Toda verdade deve resistir ao choque da dúvida e sair triunfante dela por meio da prova, da qual poderíamos dizer que é a filha da dúvida e mãe da verdade* (Antonio Dellepiane, *Nova teoria da prova*, p. 49-50).

1. INTRODUÇÃO

Iniciada a primeira fase (o *judicium accusationis*) deste processo bifásico ("escalonado") com o recebimento da denúncia, a óptica a ser emprestada à formação da chamada "culpa provisória", no procedimento do Júri, não poderia mesmo ser muito diversa daquela devida aos procedimentos sujeitos ao julgamento do juízo monocrático. Até porque, a um e a outro, presidem às sumariações dos feitos magistrados de carreira que, obrigatoriamente, primam por um regramento técnico-jurídico para a instrução probatória.

Portanto, quanto à "instrução processual" a doutrina existente já esgotou o assunto, não nos demandando a espécie outras perquirições que não sejam facilmente solucionáveis em qualquer manual de processo penal. Por outro lado, dado poder-se considerar ainda recente a edição da lei, a melhor resposta dará a jurisprudência, na solução dos variados impasses legais.

Não obstante, face à especificidade do Júri, cabem as ressalvas de algumas particularidades – simples recomendações –, pois, como já aludíamos com relação a outras provas (v.g., laudo de exame necroscópico)[1], se, primeiramente, a instrução probatória neste procedimento (arts. 394 e s. do CPP) serve apenas para ensejar o recebimento da acusação (requisitos do art. 413 do CPP), cuja análise é incumbência de pura técnica processual, seguidamente, os destinatários de tais provas são outros, e leigos. E estes não palmilham os caminhos da dogmática jurídica, decidindo preponderantemente com "a própria consciência", a qual, a despeito do juramento efetuado, dá interpretação *própria* aos "ditames da justiça" (art. 472).

Por desconhecerem toda a "teoria da prova" *conhecida* (correspondente à sua apreciação; princípios de íntima ou livre convicção etc.), e porque o sigilo das votações traz embutida a desnecessidade da fundamentação do veredicto, tal fato, por si só, já demonstra que, se por um lado é comum a *forma* da instrução probatória nos diferentes processos, o seu conteúdo, para demonstrar e convencer o julgador, necessita, por vezes, ser diverso.

Também, a constante e intensa fiscalização do *Parquet* no rito *sub analise* torna-se prática mais exigida, como na hipótese de um magistrado interrogar o réu em juízo – tal interrogatório pode realizar-se até por

1 *V.*, sobre o "laudo necroscópico", Capítulo 1 – "Da produção do inquérito policial", item 19.

precatória perante magistrado de outra comarca[2] –, enquanto outro o interrogará no Júri vindouro. Caso o primeiro interrogatório seja incompleto, não atendendo ao imperativo legal (art. 187 do CPP), e não seja impugnado em tempo oportuno pelo promotor, correr-se-á o risco de, em plenário, o acusado *sponte sua*, quando interrogado, nada falar; ou, falando, pouco aduzindo. Daí resulta inegável prejuízo para a aferição da verdade, por vez que inexistirá a possibilidade de cotejarem-se os diferentes atos.

2 O Provimento n. CXCI/84, do Conselho Superior da Magistratura do Estado de São Paulo, permitiu o interrogatório de réus por precatória nos processos criminais. A Associação dos Advogados de São Paulo solicitou ao Exmo. Sr. Dr. Procurador Geral da República que representasse. Intentada a representação, segundo informação da AASP, em seu *Boletim* n. 1.435, de 18-10-1986, "o STF, por decisão unânime de seu Pleno, julgou constitucional o referido Provimento, ressaltando, no entanto, que, se do interrogatório por precatória resultar em casos concretos algum prejuízo por ausência de indagação sobre determinada prova, caberá à defesa arguir oportunamente a nulidade e demonstrar o prejuízo, a fim de que o Juiz do Processo, entendendo razoável a alegação, sane a falha, reinquirindo pessoalmente o réu" (*Direito Criminal*, Edições APMP, coordenação: Antonio Scarance Fernandes e Carlos Fernandes Sandrin, p. 181).

Ainda o seguinte julgado publicado em *RJTJESP* 106/439:

"Absolutamente regular o interrogatório levado a efeito noutra Comarca, por precatória, em atenção às normas do Provimento n. CXCI/84, do Conselho Superior da Magistratura do Estado de São Paulo, considerado constitucional e não contrário à expressa disposição do CPP pelo Colendo STF (*RTJ* 116/889).

Em sentido contrário: "Nulidade – Agente interrogado por precatória em outra comarca – Ofensa ao direito de ampla defesa – Inaplicabilidade do Provimento n. CXCI do Conselho Superior da Magistratura, por não ter o agente defensor constituído – Eiva reconhecida.

O Provimento n. CXCI do Conselho Superior da Magistratura (que não determina, mas simplesmente autoriza o interrogatório por carta) não contempla a hipótese de ser interrogado réu que não dispõe de defensor constituído" (*JTACrimSP* 86/439).

Note-se, outrossim, o seguinte aresto: "Interrogatório – Efetivação na comarca onde o réu se encontrava preso – Processo em curso em localidade diversa – Inadmissibilidade – Ato a ser realizado perante o juiz do processo – Preliminar acolhida – Inteligência do art. 185 do CPP e do Provimento CXCI/84 do CSM.

O interrogatório do réu deve ser realizado no juízo perante o qual está processado, ainda que ele esteja preso em outra comarca. O Provimento CXCI/84 do CSM – que não determina, mas simplesmente autoriza, sua realização por precatória – não contempla a hipótese de ser interrogado réu que não dispõe de defensor constituído" (*RT* 611/371, citada em *Das nulidades no processo penal*, Ed. APMP, *Cadernos de jurisprudência*, org. Luiz Antonio Orlando e Cyrdemia da Gama Botto, p. 200).

Destarte, porque a "forma" é idêntica nos áltero-processos, somente nos ateremos, na análise da instrução, naquilo que consista em uma real peculiaridade inerente ao processo do Júri.

2. RESPOSTA DO ACUSADO: OBRIGATORIEDADE

Dispõe o art. 406, que "o juiz, ao receber a denúncia ou a queixa, ordenará a citação do acusado para responder a acusação, por escrito, no prazo de 10 (dez) dias". A acusação poderá arrolar até o máximo de oito testemunhas (§ 2º) e a defesa – a resposta do acusado –, "poderá arguir preliminares e alegar tudo que interesse a sua defesa, oferecer documentos e justificações, especificar as provas pretendidas e arrolar testemunhas, até o máximo de 8..." (§ 3º).

Pelo que se depreende da redação do art. 408, a defesa escrita é peça obrigatória, primando-se pela acepção técnica do exercício da ampla defesa do acusado. Assim, diversamente do que ocorria com a defesa prévia, cujo oferecimento era faculdade e mero ônus da defesa, a não apresentação de resposta escrita é causa de nulidade absoluta, que deve ser reconhecida de ofício em qualquer fase do processo e não depende de demonstração de prejuízo.

Essa conclusão se justifica pela simples leitura do art. 408. O referido dispositivo legal determina ao juiz que, no caso de omissão do réu, nomeie defensor para oferecimento de resposta, prestigiando-se, assim, a tecnicidade da defesa naquela fase processual. A redação do artigo não deixa dúvida acerca da obrigatoriedade. Compare-se a redação do dispositivo em comento com a redação primitiva do art. 395 – alterada pela Lei n. 11.719/2008 –, que estabelecia o seguinte: "O réu ou seu defensor poderá, logo após o interrogatório ou no prazo de 3 (três) dias, oferecer alegações escritas e arrolar testemunhas". Note-se, ainda, que não houve inclusão de norma semelhante àquela originariamente contida no art. 396, que dispunha: "Apresentada ou não a defesa...".

2.1. Procedimento em caso de não apresentação da resposta

Caso o defensor nomeado deixe de apresentar a peça de defesa no prazo, caberá ao juiz destituí-lo, nomeando outro causídico para o ato ou, ainda, a Defensoria Pública, nos locais em que existir.

Forçoso reconhecer que a falta de resposta escrita implica cerceamento de defesa, viciando todos os atos posteriores e sucessivos do processo.

2.2. Conteúdo da resposta defensiva

Na resposta, poderão ser arguidas questões preliminares e matérias de interesse da defesa, bem como faculta a lei a juntada de documentos e justificações. Deve, ainda, a defesa especificar as provas pretendidas[3] e arrolar até oito testemunhas, qualificando-as, na medida do possível, e requerendo, se necessário, sua intimação (art. 406, § 3º). Assim, se a defesa expressamente não postular a intimação das testemunhas indicadas na resposta, deverá, por conta própria, providenciar o comparecimento à audiência designada, não incidindo o disposto nos arts. 218 e 219.

A norma do art. 407 é repetitiva, e, portanto, despicienda. Dispõe que as exceções serão processadas em apartado, repetindo preceito contido no art. 111 do estatuto processual penal.

2.3. Oposição de exceções

Se forem opostas exceções – incidentes processuais que não suspendem, em regra, o andamento da ação principal –, serão processadas em apartado, na forma prevista nos arts. 95 a 112. As exceções, consoante o art. 95 do CPP, poderão ser de: I – suspeição; II – incompetência de juízo; III – litispendência; IV – ilegitimidade de parte; V – coisa julgada.

O termo "exceção" (do latim *exceptio*), em direito processual, tem vários significados. Em sentido lato, a exceção é entendida como o direito do réu que se contrapõe à ação. Alguns a definem como a "ação do réu", o meio pelo qual o acusado se defende do exercício do direito-poder de ação. Em sentido menos amplo, define-se por exceção qualquer alegação da defesa que busca neutralizar a pretensão do autor. No sentido adotado pelo Código de Processo Penal, a exceção designa a defesa indireta, ou seja, aquela que não diz respeito ao mérito do pedido. Diz-se dilatória quando tem por fim a procrastinação do curso do processo

3 Nessa fase, notam-se verdadeiras "preciosidades" em termos de diligências requeridas pelos defensores nos processos do Júri. Requerem, em tais autos, diligências que jamais pretenderiam em processos comuns. De certa feita, renomado advogado, sustentando a negativa de autoria de um homicídio, solicitou que fosse o seu cliente submetido ao *lie-detector* (detector de mentira). O promotor não concordou, sob o fundamento de ilicitude da prova, e o juiz indeferiu. Era o que pretendia o arguto causídico, para argumentar perante os pacienciosos jurados sobre a "truculência" da justiça que o queria condenar "a todo custo", até quando ele se dispunha a devassar o próprio íntimo, e "provar sua inocência"...

(suspeição do juiz e incompetência do juízo) ou a transferência do seu exercício (ilegitimidade de parte). Peremptória se denomina a exceção em que se busca pôr termo ao curso do processo (coisa julgada e litispendência).

2.4. Exceção e objeção

Parte da doutrina, ainda, identifica como subcategoria das exceções em sentido amplo as objeções. As objeções são exceções que, a rigor, não precisam ser arguidas, já que a matéria que lhes serve de conteúdo pode ser conhecida de ofício pelo juiz, dada sua natureza e relevante interesse público. As objeções são também chamadas de impedimentos processuais (não confundir com o impedimento que constitui causa de incompetência do juízo). Por essa razão, para alguns autores o Código de Processo Penal prevê somente hipóteses de objeções processuais, que podem, inclusive, ser arguidas pelo autor da ação.

2.5. Apresentação de documentos e justificações

Nesse momento processual poderá o réu juntar documentos. Caso não aproveite a oportunidade, nenhum prejuízo lhe advirá, já que no processo penal as partes poderão juntar documentos em qualquer fase do procedimento, salvo os casos expressos em lei, consoante estabelece o art. 231 do estatuto processual penal.

Poderá o acusado, ainda, oferecer justificações. Define-se justificação como procedimento que tem por objetivo a produção de prova sobre fatos sujeitos à análise e julgamento futuro. O permissivo, aliás, já houvera sido disciplinado identicamente no art. 55, § 1º, da Lei Antidrogas (n. 11.343/2006). A justificação vem disciplinada nos arts. 861 *usque* 866 do CPC, como procedimento cautelar autônomo.

3. OITIVA DO MINISTÉRIO PÚBLICO

Após a apresentação da resposta escrita com os documentos, justificações e preliminares pertinentes ao caso, determina o art. 409 que o juiz deverá conceder a oportunidade para que o Ministério Público (ou o querelante, na ação penal privada subsidiária da pública) manifeste-se sobre o teor da referida peça processual no prazo de cinco dias.

Nota-se, mais uma vez, a consagração do princípio do contraditório formal, vez que legitima-se ao *Parquet* rechaçar as preliminares suscitadas ou impugnar os documentos e justificações trazidas a lume.

Após dado vista dos autos ao Ministério Público, este deverá se manifestar sobre o conteúdo da resposta à acusação. Quanto à manifestação, não cremos ser mera faculdade do *Parquet*, haja vista sua atuação ser inspirada pelos princípios da obrigatoriedade e da indisponibilidade do interesse público. Em assim sendo, levantada pela Defesa alguma preliminar que possa conduzir à extinção do feito, sobre ela deverá se manifestar o Ministério Público.

Apesar do silêncio da lei, transcorrido esse prazo de cinco dias mencionado no dispositivo legal, deverão os autos ser conclusos para que o juiz decida sobre as preliminares arguidas, bem como se manifeste acerca dos documentos juntados.

Finalmente, insta salientar que, por vezes, a resposta escrita vem desprovida de qualquer preliminar ou documento instrutivo, limitando-se a arrolar as testemunhas que deseja ouvir. Nestas situações, entendemos inexistir obrigação de abrir vista à parte contrária, isto porque, ausente questão preliminar ventilada pela defesa que obrigue manifestação do juiz, nenhuma valia terá a manifestação do Ministério Público ou do querelante acerca da defesa apresentada. Ressalte-se, outrossim, que, muito embora o art. 409 não faça menção expressa acerca da manifestação do *Parquet* quando do requerimento de diligências pela parte contrária, entendemos que, também nestes casos, deverá ser oportunizada a manifestação do órgão acusador, mormente se as diligências requeridas forem desnecessárias ou procrastinatórias.

Após a manifestação do *Parquet*, caberá ao juiz, não sendo caso de acolher a preliminar suscitada, determinar a inquirição das testemunhas e a realização das diligências requeridas pelas partes, no prazo máximo de dez dias, nos termos do quanto dispõe o art. 410 do CPP.

4. DESIGNAÇÃO DE AUDIÊNCIA DE INSTRUÇÃO E JULGAMENTO

Em seguida à determinação para inquirição das testemunhas e a realização das diligências requeridas pelas partes, o juiz deverá designar audiência de instrução, interrogatório e julgamento, nos termos do art. 411 do CPP[4]. Serão ouvidas, se possível, a vítima, as testemunhas

4 "Art. 411. Na audiência de instrução, proceder-se-á à tomada de declarações do ofendido, se possível, à inquirição das testemunhas arroladas pela acusação e pela defesa, nesta ordem, bem como aos esclarecimentos dos peritos, às

arroladas pelas partes, os peritos – nas situações em que houver prévio requerimento e deferimento pelo juiz (art. 411, § 1º, do CPP) –, bem como realizar-se-ão acareações e reconhecimento de pessoas e coisas que se façam necessárias. Ao final, será o réu interrogado e, após, seguirão os debates orais.

Note-se que a ordem estabelecida no art. 411 deve ser estritamente obedecida, primando-se pelo interrogatório do réu como o último ato processual. Eventual inversão relativa à oitiva das testemunhas de acusação e de defesa pode gerar nulidade, desde que comprovado o prejuízo, em homenagem ao princípio do *pas de nullité sans grief*.

Primeiramente, no tocante à oitiva das testemunhas, algumas considerações subjazem importantes para que se obtenha o melhor resultado na produção da prova.

5. SOBRE A COLHEITA DE TESTEMUNHOS

A produção da prova testemunhal enseja a observância de regras básicas atinentes à "psicologia das testemunhas"[5].

Sempre resumimos, em alguns princípios, o que deve nortear, costumeiramente, a colheita dos testemunhos:

a) arguirem-se detalhes dos fatos às testemunhas que demonstrem o conhecimento do ocorrido;

....

acareações e ao reconhecimento de pessoas e coisas, interrogando-se, em seguida, o acusado e procedendo-se o debate. § 1º Os esclarecimentos dos peritos dependerão de prévio requerimento e de deferimento pelo juiz. § 2º As provas serão produzidas em uma só audiência, podendo o juiz indeferir as consideradas irrelevantes, impertinentes ou protelatórias. § 3º Encerrada a instrução probatória, observar-se-á, se for o caso, o disposto no art. 384 deste Código. § 4º As alegações serão orais, concedendo-se a palavra, respectivamente, à acusação e à defesa, pelo prazo de 20 (vinte) minutos, prorrogáveis por mais 10 (dez). § 5º Havendo mais de um acusado, o tempo previsto para a acusação e a defesa de cada um deles será individual. § 6º Ao assistente do Ministério Público, após a manifestação deste, serão concedidos 10 (dez) minutos, prorrogando-se por igual período o tempo de manifestação da defesa. § 7º Nenhum ato será adiado, salvo quando imprescindível à prova faltante, determinando o juiz a condução coercitiva de quem deva comparecer. § 8º A testemunha que comparecer será inquirida, independentemente da suspensão da audiência, observada em qualquer caso a ordem estabelecida no *caput* deste artigo. § 9º Encerrados os debates, o juiz proferirá a sua decisão, ou o fará em 10 (dez) dias, ordenando que os autos para isso lhe sejam conclusos".

5 V. sobre a matéria o Capítulo 6 – "Do julgamento pelo júri".

b) sempre sopesar, na produção da prova testemunhal, a possibilidade ou não (e conveniência) de posterior oitiva do depoente perante o júri[6];

c) abster-se de reperguntas às testemunhas que estejam demonstrando parcialidade, como "testemunhas privadas", impedindo-se a produção de "prova contrária"[7];

6 Como aludíamos na análise do inquérito policial, não podemos olvidar a existência de um constante e iminente risco da testemunha não mais ser encontrada para depor em plenário. Logo, cabe, de regra, esgotar-se com a mesma o *thema probandum*.

7 Roberto Lyra fala das "testemunhas de viveiro":

"Aprendi a temer as 'contradições', as 'variações' das boas testemunhas. E dizia: Livremo-nos dos depoimentos excessivamente verdadeiros e escrupulosos.

Considerava-me, então, muito eficiente, quando, desconfiado de uma testemunha de defesa, perguntava estas coisas que o 'viveiro' ensina a todo candidato a falsário: o tempo que fazia, a distância em que estava, por que se achava no local etc. Queria 'pegar' o mentiroso. E ele sorria de meu primarismo de promotor novo, cheio de vaidade e vazio de experiência. Indaguei por que a testemunha gravara a data do fato, e ela – 'Ora, 'seu' Doutor. Como iria esquecer o dia do aniversário de mamãezinha. Eu até levava comigo o meu presentezinho'. E passaria a descrever o 'presente', aliás ausente, se, irritado, eu não gritasse a minha decepção: 'Estou satisfeito'.

E o advogado, sorridente: 'Não quer mais reperguntar, Dr. Promotor?'.

... Hoje, eu deixaria que as testemunhas profissionais depusessem à vontade – tudo certo, exato, uniforme – para melhor criticar depois o excesso de prova. De prova só tem o nome. Prova que não prova? E provar é convencer... Por isso, fui bem-sucedido quando abandonei as teorias que, então, não passavam dos livros de Mittermeyer, Malatesta, Elero, Moreno, Tesoro, Musatti, Bonnier, Florian (Altavilla e Gorphe eram os mais avançados) e fiz interpretação dirigida à inteligência e ao sentimento dos julgadores" (*Como julgar, como defender, como acusar*, Rio de Janeiro, Ed. Científica, 1979, p. 156).

E as lições do virtuoso mestre ainda hoje advertem-nos da regra ainda vigente no foro criminal. Dia destes, em concorrido júri em que o réu – um dentista – matara um advogado porque este rompera o relacionamento homossexual que os unia, o acusado apresentou um álibi: estaria em Ilha Bela/SP quando do crime, e não em São Paulo/SP, local do delito. A contrariá-lo, tínhamos duas testemunhas que o haviam visto na casa da vítima, na noite do delito. A comprovar o álibi, apresentou uma testemunha, com *mestrado* e *doutorado* em "viveiro". Quando perguntada, pelo juiz, como se lembrava de ter estado em determinado sábado, com o réu, em Ilha Bela, após ter passado tantos anos da ocorrência do crime (mais de 5), respondeu: "É que sou devoto de São ... e aquele dia era o dia do meu Santo...".

d) como exceção ao item *retro*, oferecer reperguntas às testemunhas que faltem com a verdade (depondo fraudulentamente), de forma que, documentando-se o quanto possível a mentira, melhor se dê sua ulterior exploração junto ao Júri. E.g., quando a mentira é tão aberrante, que, quanto mais prolongada no termo de oitiva, melhor fica sua refutação em plenário (*argumentum ad absurdum*);

e) fiscalizar o termo de oitiva para que este de fato registre as verdadeiras expressões da testemunha[8].

Outras recomendações são genéricas, oriundas da Procuradoria Geral da Justiça de São Paulo, em seu Ato n. 1/84, mas ainda atuais, que guardam total pertinência aos processos do Júri em face da Lei n. 11.689/2008, no que tange à instrução processual[9]:

"Art. 52. (...)

IV – requerer, se for o caso, a reinquirição de vítimas e testemunhas inquiridas irregularmente.

Art. 53. Não concordar com pedidos de dispensa de presença de réus em audiência, especialmente quando o reconhecimento pessoal for elemento de prova.

Art. 54. Opor-se a pedidos de adiamento de audiência, quando perceber intuito protelatório ou quando houver prejuízo para o andamento da ação penal ou o risco de prescrição.

Art. 55. Quando houver suspeita da substituição de réus em audiência, requerer a coleta das impressões digitais do suposto réu e, quando possível, a sua fotografia, solicitando, na Comarca da Capital, a imediata colaboração do CAEX.

Nesse caso, se o promotor imagina-se com a obrigação de "esperteza" em querer reperguntar sobre o álibi e destruí-lo, a testemunha não somente dará todos os detalhes do encontro, como ainda a genealogia do "santo", desde quando era membro do Cabido de Cônegos, até o processo de sua canonização; explicará o funcionamento da Congregação das Causas dos Santos, as graças já alcançadas, as razões de sua devoção etc. Afinal, antes de ir depor, alicerça-se sempre, ilustra-se sobejamente no ponto crítico e principal de seu depoimento. Em uma palavra: na mentira!

Felizmente, socorreu-nos a lição de Lyra, e resguardamo-nos em silente protesto contra a farsa.

8 *V.*, sobre a colheita da prova testemunhal em plenário, o Capítulo 6, item 5 – "A inquirição das testemunhas no plenário".

9 Manual de Atuação Funcional, fls. 64-5.

Art. 56. Manifestar-se, desde logo, ao final das audiências, sobre as testemunhas que não tiverem comparecido, desistindo ou insistindo em seus depoimentos, ou substituindo-as, de forma a permitir que o réu e seu defensor já saiam intimados da nova designação.

Parágrafo único. Solicitar diretamente o concurso do CAEX, para a obtenção de endereços e localização de vítimas e testemunhas, preenchendo o formulário próprio.

Art. 57. No requerimento de expedição de cartas precatórias para inquirição de vítimas e testemunhas, requerer seja fixado prazo para cumprimento, bem como sejam as mesmas instruídas com cópia da denúncia e das declarações prestadas na Polícia, e, ainda, da fotografia do réu, se for necessário o reconhecimento.

§ 1º Ao ser intimado, no juízo deprecado, da designação da audiência em cartas precatórias expedidas para inquirição de vítimas e testemunhas, verificar se estão instruídas com as peças indicadas, requerendo, se for o caso, a respectiva remessa.

§ 2º Quando as vítimas ou testemunhas residirem em Comarcas limítrofes e de fácil interligação por transporte regular, sempre que houver interesse em razão da urgência ou gravidade do fato, promover a notificação das mesmas por meios próprios, ou através do CAEX, para comparecimento no próprio Juízo deprecante, na audiência de instrução".

5.1. Testemunhas referenciais

Esses testemunhos meramente abonadores dos melhores predicados do réu – sempre a dedicarem-lhe os maiores encômios – sempre interessarão àqueles que queiram de fato conhecer a verdade. Interessarão ao Ministério Público, tanto quanto ao arrolante, para avaliação da sinceridade com que depõem. Se para os réus o comparecimento de tais testemunhas em juízo somente tem o fito de aureolá-los, decantando-lhes ações de escotismo[10], para a acusação possibilita prova – quando mentem – na "prova" da defesa.

[10] Recomendam, contudo, experimentados causídicos: "Não deverá o advogado arrolar testemunhas meramente abonatórias. Os juízes modernos não têm mais paciência para ouvi-las. Há até aqueles que as impedem de ser arroladas. Recordamo-nos de uma audiência em um processo-crime em Porto Alegre/RS, em que um juiz federal proibiu os advogados de defesa de ouvirem testemunhas que sabiam tão somente sobre o caráter abonatório dos acusados. Embora nulo o posicionamento do magistrado, em termos processuais, o fato é que este

São testemunhas que afirmam conhecer o réu há muitos anos ("excelente pessoa"), mas, quando questionadas sobre os familiares deste, muitas vezes não sabem sequer o número de seus filhos, tampouco o nome dos pais ou da esposa, demonstrando, assim, o "quanto" conhecem efetivamente acerca do increpado.

E quando o acusado já conta com outros antecedentes criminais que a testemunha afirma desconhecer?

São providenciais "vizinhos" que apressadamente lhe tecem loas, mas depois alegam nada saber das más ações tributadas ao confinante. Ora, qual o crédito a se atribuir a um depoente desses, no sentido de acatarem-se os bons adjetivos com que impregnou o ego processual do réu? Se o vizindário não tem ciência dos detalhes de outros processos movidos contra o acusado até se compreende; porém, negar-se o *streptus judicii*, o natural clamor que um processo criminal proporciona, a ponto de um vizinho (que afirma ser "amigo de frequentar a casa") nada saber das artes e bulícios do elogiado, vai um chão maior que o terreno imaginário que medeia sua casa com a deste. Verdadeiro e antigo: as más ações ganham popularidade muito maior que as boas: *fama volats*, dissera-o Virgílio.

... Ou as testemunhas separaram e peneiraram informações, prestando-se somente a ouvir as boas ações do "amigo" denunciado? Que anêmicos depoentes, atípicos brasileiros, são esses, que se fecham em apatia britânica, como se não tivessem a menor curiosidade na oitiva dos malfeitos[11], dando-se, finamente, ouvidos moucos às misérias e vicissitudes humanas?!

Inquestionável que, embora não guardando relação com o fato principal, o *argumentum ad hominem* nesse particular não constitui extralógi-

sinalizou não se importar em saber se aqueles eram bons vizinhos, pessoas de boa índole, que frequentavam a igreja aos domingos etc. Para tanto, deve o advogado de defesa assumir um papel proativo nesta seara. Não se conformar com as testemunhas, que muitas vezes são trazidas pelo acusado para falar bem dele. Isto já se mostra atualmente contraproducente e não incute no magistrado qualquer convencimento sólido acerca da tese que vai ser levada a cabo pela defesa técnica" (Welton Roberto, *Defesas penais*, Coleção Prática do Direito, São Paulo, Saraiva, 2008, v. 13).

11 Altavilla, em sua *Psicologia judiciária* (trad. Fernando de Miranda, 3. ed., Coimbra, Arménio Amado Ed., Sucessor, 1982, v. 2, p. 257), trata dos testemunhos visuais e da temática da "curiosidade maligna", como denominado por Queyrat.

ca, porquanto se prende a denunciar a parcialidade do *animus*, com que prestou *público* depoimento, a *particular* testemunha[12].

Findas as considerações relativas à prova testemunhal, avancemos sobre o interrogatório, talvez o ato mais importante da audiência una prevista no art. 411 do CPP.

6. ELOGIO E CRÍTICA DO INTERROGATÓRIO JUDICIAL

"A arte psicológica e científica do interrogatório", aduz César da Silveira, "como base de um estudo psicoanalítico, não é um jogo infantil, mas a resultância de um trabalho sério e laborioso (Mezger). Interrogar é uma arte – diz Gorphe, L'Appréciation des Preuves en Justice, Paris, 1947, p. 220 – sendo necessário usá-la, à vez, leal e habilmente, em inspirando confiança ao inculpado e levando em conta seu caráter tanto pessoal como criminal. Não é conveniente utilizar-se dele de igual modo para com um indivíduo simplório e para com um perspicaz, para com um espírito sutil e para com um simples, de igual jeito que se não pode discutir com uma criança como se fora um adulto... é de mister precatar-se contra as questões sugestivas que poderiam carrear respostas inexatas ou mesmo falsas confissões. Para permitir ao inculpado responder livremente e cientemente, as legislações modernas formularam garantias do primeiro interrogatório. O interrogatório deve ser feito tanto para a inculpação como para a descriminação (Garraud, Lowe-Rosemberg)" (*Tratado da responsabilidade criminal*, São Paulo, Saraiva, 1955, v. 3, p. 1117).

Com a reforma da Lei n. 11.689/2008, o interrogatório passou a ser o último ato de instrução no *judicium accusationis*. Preponderou, assim, a dupla natureza jurídica do interrogatório, aceito como "meio de prova" e "de defesa"[13], e notando-se que tudo quanto restar disposto no termo próprio será de absoluta liberdade de apreciação pelo jurado[14].

Ao reformular a posição topográfica do interrogatório, colocando-o como último ato da instrução em plenário de julgamento, o legislador

12 *V.*, sobre a "testemunha profissional", Altavilla (*Psicologia judiciária*, trad. Fernando de Miranda, 3. ed., Coimbra, Arménio Amado Ed., Sucessor, 1982, v. 2, p. 321).

13 *V.* Hélio Tornaghi, *Curso de processo penal*, 6. ed., São Paulo, Saraiva, 1989, v. 1, p. 357 e s., e Magalhães Noronha, *Curso de direito processual penal*, 19. ed., São Paulo, Saraiva, 1989, p. 105.

14 Edilson Mougenot Bonfim, *Curso de processo penal*, 5. ed., São Paulo, Saraiva, 2010, p. 375 e s.

inovou gravemente. A medida, conforme se verá, a seguir as luzes da psicologia judiciária penal e demais ciências contributivas do processo penal (criminalística, criminologia, lógica etc.), gerará prejuízo à busca da verdade real, dando ensejo a graves tumultos processuais, retardando e comprometendo a prestação jurisdicional.

O interrogatório, conforme já se disse, é importante meio de prova (não se olvidando sua natureza de meio de defesa), tendo natureza mista, portanto, indispensável à formação da convicção do juiz da causa.

É nesse momento que o acusado exerce sua autodefesa, apresentando sua versão dos fatos, negando ou justificando a conduta que lhe é imputada. É, ainda, a oportunidade de o juiz e os jurados conhecerem a personalidade do acusado, sua formação educacional e familiar, bem assim sua conduta social. Nesse sentido, por imperativo lógico, posta a acusação, depois de ser interrogado é que deveria advir a confirmação do quanto por ele foi dito, ou o descrédito de suas informações, com eventual prova de suas inveracidades. Isso, à evidência, adviria da prova oral produzida, acusatória ou defensiva.

Destarte, como curial, após a narrativa do acusado e sua argumentação em seu prol, por imperativo lógico, resultaria a confirmação ou refutação e, tal como está, a ordem racional da busca da verdade resta comprometida.

É que o processo intrinsecamente tem uma ordem lógica, uma coesão interna, e a busca da verdade real por experiência histórica mostrou ser necessário colocar o interrogatório no início da instrução, após cientificado o réu da acusação que lhe é feita. Assim, o processo lhe é movido com suporte em justa causa e, para tanto, já tem contra si indícios de autoria de um delito.

Realizado como último ato da instrução probatória, poderá o juiz (e também as partes), durante o interrogatório, é verdade, confrontar o acusado com os demais elementos de prova trazidos ao processo. Não obstante, de lembrar, nenhuma obrigação tem o réu para com a verdade, de modo que tal confrontação é equívoca, visto que parte de pessoas compromissadas nos autos, cotejando-se-as justamente com quem nenhum compromisso legal tem para com a verdade.

Não é válido o argumento de que, com a medida, consagrou-se o respeito ao "princípio do estado de inocência". Ao contrário, não houve consagração, houve desbordamento do princípio, pois este encontra limites e se sujeita na dialética processual ao confronto com outros princípios processuais (busca da verdade real, segurança etc.) e constitucionais informadores do processo. Tanto é assim que, em caso de necessidade, utiliza-se o magistrado de medidas constritivas da liberdade, sem que tenha havido o julgamento. É a hipótese, por exemplo, de uma prisão preventiva decretada por conveniência da instrução criminal. Portanto, o princípio do estado da inocência não é um princípio sem começo, sem limite ou fim, mas, ao invés, pauta-se sempre pelo "princípio da proporcionalidade", este, sim, um "superprincípio" regulador como método interpretativo do que a doutrina convencionou chamar de "colisão de princípios" ou "conflito principiológico"[15].

Nesse diapasão, referido "princípio do estado de inocência" não é criação nacional, ao contrário, tem história e é salutarmente consagrado em toda legislação moderna dos países avançados. Não obstante, conquanto se lhe devote respeito, o interrogatório segue sendo em outros países, o primeiro – e não último – ato da instrução criminal.

A medida, do ponto de vista legislativo, é tão incoerente que, inaugurada a hipótese de colocá-lo como último ato da instrução na Lei n. 9.099/95, foi abandonada pelo legislador de 2006, que na Lei Antidrogas (n. 11.343) devolveu-o ao seu lugar de costume, iniciando a instrução.

Ademais, a reforma do procedimento do Júri trouxe inovação de paralelo desconhecido *no melhor* do direito comparado. Não se procede assim, em caso de crimes graves sujeitos ao Júri, em nenhum país democrático que se saiba contemporâneo, tomando-se os que classicamente nos servem de referência no estudo comparatístico da matéria (EUA, França ou Inglaterra etc.).

A inovação, como dito, nasce no Brasil para delitos menores – ideia que também existia no estrangeiro para infrações de menor potencial ofensivo –, com a edição da Lei n. 9.099/95, e agora se espraia para a persecução criminal de outros delitos. Nem se diga que a experiência com a Lei n. 9.099/95 seja exitosa. É grave erro de paradigma. Os Juizados Especiais foram concebidos em uma sistemática em que o dogma da culpabilidade já não existe, pela previsão dos acordos penais, o que não há no procedimento do Júri. Outros clássicos princípios do processo, identicamente, perderam vez. O rito deu lugar ao resultado, e não mais se perguntou da verdade real, mas sim da verdade combinada ou avençada.

15 Sobre o "princípio da proporcionalidade", v. o nosso *Código de Processo Penal anotado*, 4. ed., São Paulo, Saraiva, 2012 e, igualmente, o nosso *Curso de Processo Penal*, 7. ed., São Paulo, Saraiva, 2012.

O que ali se decide, contudo, como dito, são infrações menores, sem grande danosidade social. Por conseguinte, da mesma forma se criam procedimentos especiais para o combate às organizações criminosas, aos macrodelitos, na certeza de que o modelo procedimental adotado deve ser condizente com o crime que se visa coibir. No caso, as infrações afetas ao Tribunal do Júri são os "crimes dolosos contra a vida", ilícitos de grande expressão social e que emblematizam, hoje, o problema da violência no País. Portanto, extremamente perigoso um tratamento paritário com aquele concebido para as "infrações de menor potencial ofensivo", pelo desnivelamento da culpabilidade e lesividade que um e outro apresentam.

O tempo mostrará, pelo cotejo da prestação jurisdicional e eventual incremento da impunidade, se a reforma, nesse particular, foi ou não benéfica. O legislador de 1941 – época em que a "psicologia judiciária penal" tinha mais protagonismo no Brasil que hodiernamente –, sopesando as diversas hipóteses, instituíra aqui modelo que já era tradicional de persecução penal no estrangeiro. É que o réu se defende dos fatos elencados na prefacial acusatória, e não, obviamente, dos depoimentos colhidos na instrução.

O artigo, invertendo a experiência histórica da instrução – agora com a oitiva das testemunhas, peritos, acareações, reconhecimento de pessoas e coisas, para depois arguir o acusado –, gera iniquidade processual, porquanto o acusado poderá e tenderá a construir sua versão sobre os depoimentos e provas colhidos, desviando-se do que lhe pareça comprometedor, se por outra razão não fosse, até por instinto de defesa. Por conseguinte, poderá ajustar livremente sua versão do modo que lhe parecer conveniente, retirando do interrogatório a essência de ser fonte de prova para hipertrofiar sua característica de meio de defesa.

Se o processo é uma sucessão de atos para a frente, a mudança arrisca-se ao "noncesso" e ao "retrocesso" gerados pelo "molto-multo", tumulto processual, que é a desordenada sucessão de atos[16]. É que, ouvindo até o máximo de testemunhas permitido – 16, no total –, a instrução processual gerará invencível truncamento com efetiva perda de celeridade: ouvem-se as testemunhas, o réu dá sua versão, as testemunhas novamente poderão ser convocadas para oitiva sobre pontos contraditórios,

16 Galdino Siqueira, *Curso de processo penal*: com referência especial à legislação brasileira, 2. ed., São Paulo, Livr. Magalhães, p. 87 e s.

novo interrogatório ocorrerá (art. 196), até infindável tautologia processual, com nulidades e perda de celeridade na prestação jurisdicional e, em decorrência, comprometendo a efetividade do processo.

Superadas as críticas atinentes à inovação procedimental, vertemos os olhares a uma análise mais prática do referido ato processual. Com efeito, é de curial proveito, aos promotores, o contido no Aviso n. 014, de 23-12-1992, da Corregedoria Geral do Ministério Público do Estado de São Paulo[17]:

"1. Considerando o disposto no art. 185 do Código de Processo Penal.

2. Considerando o estabelecido no art. 49 do Manual de Atuação Funcional dos Promotores de Justiça do Estado de São Paulo – Ato n. 1/84/PGJ-CSMP/ CGMP.

3. Considerando que o interrogatório é meio de prova hábil a colaborar no esclarecimento da verdade, que serve à individualização da pena que configura termo indispensável, podendo sua ausência ocasionar nulidade.

4. Considerando, finalmente, que a ausência do interrogatório, em caso de recurso, poderá ensejar a baixa dos autos para sua realização, retardando a solução final do feito e colaboração para a ocorrência da prescrição.

Avisa aos Senhores Promotores de Justiça que deverão dedicar especial atenção aos casos em que, no curso do processo penal, o acusado for preso ou comparecer perante a autoridade judiciária, requerendo se proceda ao seu interrogatório, mesmo que já tenha sido proferida sentença, desde que pendente de recurso".

Note-se a tranquilidade com que o criminoso pode turbar a obtenção da verdade no caso de não ser localizado pela polícia na fase inquisitorial – sendo indiciado indiretamente – e, em juízo, tornar-se revel, portanto, deixando também de ser interrogado. Caso seja preso após a pronúncia e somente interrogado no plenário do Júri, o tal "meio de prova" pode injustamente auxiliá-lo, beneficiando-o, por conseguinte, por sua constante fuga da justiça: como se dizia, no caso, deste modo seria impossível a comparação e o paralelo com outros interrogatórios.

[17] No mesmo sentido o art. 49 do *Manual de Atuação Funcional dos Promotores de Justiça do Estado de São Paulo*.

Tal fator sujeita-o às nuances de cada arguidor, possibilitando que a "verdade" colhida por um seja diversa da "verdade" colhida por outro. Por quê? Porque para a obtenção da versão do réu, depende o arguidor da sua formação jurídico-filosófica, argúcia e até uma certa postura conceitual-moral frente ao caso concreto, já que se trata de verdadeira tarefa *inumana* pretender-se que, por paradoxo, o homem que ocupa a toga consiga sempre despojar-se, no todo, do "ser" e de sua particular *opinio*.

Desse modo, as perguntas endereçadas ao interrogando são variáveis na forma e no conteúdo, com maior ou menor propriedade, e distando-se, indefectivelmente, na quantidade, entre os diversos atos. Há interrogatórios paupérrimos, que se limitam a oitiva das explicações do acusado quanto ao "comportamento da vítima" antes do delito, pouco falando sobre o crime em si. Identicamente àqueles aos quais nos referíamos na análise do inquérito policial[18] – a crítica aqui é a mesma –, porquanto, se culpado é o réu, não se pode concordar que uma prova tremendamente importante seja conduzida ao alvedrio de sua inteligência malsã, deixando-se de buscar, ao fundo, a "verdade real". Esteticamente, assim, acabaríamos por ter um ato que "comprova", formalmente, algo que, de fato, não ocorrera...

Tais interrogatórios não atendem a *voluntas legem*, e não justificam sua realização: avolumam papéis sem elucidar fatos, burocratizam ainda mais a emperrada Justiça, obliteram, por fim, precioso tempo. Se a economia de palavras ou o silêncio teimoso são direitos do acusado, a fiel observância dos parâmetros do art. 187 é dever do magistrado na feitura do ato.

Versões ocas do réu, sem *conteúdo algum* – aquelas que enrolam, confundem logomaquicamente e nada dizem –, objetivamente não deveriam tomar sequer assento no termo, porque trazem apenas uma burundanga de palavras desconexas sobrepostas em papel... de embrulho. Melhor seria, então, o papel-carbono dos interrogatórios bem conduzidos, clarificador de sua consciência.

E o reverso da medalha: quantos réus inocentes não acabam por ser prejudicados, pois, mal conduzidos em sua oitiva, acabam por deixar de oferecer valiosos elementos comprovadores, v.g., de um álibi verdadeiro?

18 *V.*, no Capítulo 1 – "Da produção do inquérito policial", o item 10 – "Interrogatório do indiciado".

Tais atos merecem impugnação até a fase do art. 411, § 4º, do CPP pelas partes, do contrário, a pronúncia (art. 413 do CPP) tornará preclusa as vias impugnativas.

... Uma noite maldormida, um compromisso impostergável de inarredável lembrança, o humor momentaneamente perdido, coincidente com o início da audiência, bastam ao magistrado – e quem conhece a prática bem o sabe da rotina – para não conduzir o interrogatório de uma forma que realmente atenda a demanda da verdade e dos requisitos legais.

Apenas por argumentar, comparativamente – porque entendemos que o meio-termo melhor se adequaria à espécie –, hoje, até no direito japonês as coisas não andam como por estas terras. Para os nipônicos não são as partes que coadjuvam o magistrado no referido momento processual, mas este é que intervém suplementarmente quando preciso:

"En ce qui concerne l'ordre de présentation des preuves, normalement, l'interrogatoire du prévenu a lieu après qu'ont été examinées les autres preuves. L'interrogatoire est mené, d'abord, par les deus parties, l'avocat et le ministère public, ensuite, si nécessaire d'une manière suplémentaire, par le juge"[19].

Outrossim, num lampejo de sabedoria e pragmatismo, o legislador houve por bem modificar a forma do ato processual do interrogatório. Insta ressaltar que, sob a vigência da lei anterior, as partes se viam sob um verdadeiro cerceamento na obtenção da verdade, quando remanescia a elas o papel de simplesmente auxiliarem, com reperguntas (muitas vezes não imaginadas pelo magistrado), inviabilizando-se o acesso à realidade do ocorrido.

Uma verdadeira coação *ab extrinseco*, em que se violentava moralmente o *princípio do contraditório*, impedindo-se a complementação da prova pela acusação e defesa que, no caso, poderiam ter inteligentes e oportunas perguntas a ofertarem.

Venturosamente, o texto legal foi alterado pela Lei n. 10.792/2003, passando o art. 188 a prever que, *após proceder ao interrogatório, o juiz indagará das partes se restou algum fato para ser esclarecido, formulando as perguntas correspondentes se o entender pertinente e relevante*. Enfim, após permanecer insoluto anos a reio, o dispositivo legal contemplou

19 Yuji Shiratori, Le droit japonais, *Revue International de Droit Pénal*, Toulouse/France, 63/244, 1992.

a possibilidade da complementação da prova por meio das reperguntas feitas pelas partes após a inquirição judicial.

Proveitosamente, permitiu-se uma melhor incursão das partes no domínio das provas – afinal, é por elas que as provas são produzidas, em um sistema processual acusatório – e, nesta senda, prestigiou-se a liberdade de atuação do órgão acusatório e de seu adversário, primando-se por um Estado Democrático de Direito que percorre, incessantemente, o caminho para a obtenção da verdade real.

6.1. Interrogatório por videoconferência

A Lei n. 11.900/2009 passou a autorizar a prática de atos processuais pelo sistema de videoconferência, como o interrogatório de réus presos, inquirição de testemunhas presas, bem como oitiva de testemunha residente em comarca diversa (em substituição à carta precatória).

Com a nova redação do art. 185 e parágrafos do CPP fica autorizada a realização de interrogatório do réu preso pelo sistema de videoconferência ou "outro recurso tecnológico de transmissão de sons e imagens em tempo real".

Vale dizer, excepcionalmente, o juiz, por decisão fundamentada, de ofício ou a requerimento das partes, poderá realizar o interrogatório do réu preso por sistema de videoconferência ou outro recurso tecnológico de transmissão de sons e imagens em tempo real, desde que a medida seja necessária para atender a uma das seguintes finalidades:

I – prevenir risco à segurança pública, quando exista fundada suspeita de que o preso integre organização criminosa ou de que, por outra razão, possa fugir durante o deslocamento.

Não exige a lei que o acusado integre organização criminosa, mas que exista "fundada suspeita" de que a integre. Do mesmo modo, para tal hipótese permissiva do interrogatório *on-line*, não é preciso conexão ou nexo etiológico entre os crimes praticados pela possível organização criminosa e o delito de que o acusado se vê processar. É suficiente, como dito, a fundada suspeita (não se exige, pois, prova) de que o réu integre organização criminosa, pouco importando a natureza do processo a que responda, visto que, por tal – ou "outra razão" não especificada pelo inciso – este possa vir a fugir durante o deslocamento. Presume-se, assim, sua possibilidade de fuga, em face da natureza da entidade a que se suspeita pertencer (organização criminosa). Da mesma forma, a norma aberta ("qualquer outra razão, possa fugir durante o deslocamento") aduz às hipóteses, por exemplo, de periculosidade provada do acusado, levando-se à suspeita de que, durante o trajeto, possa encetar fuga e, bem como, na fundada suspeita de tentativa de resgate do réu, durante o deslocamento, por terceiros. O artigo acautela o Estado de danos maiores para a Segurança Pública, tal como muitas vezes a casuística demonstrara, a ponto de ensejar o permissivo legal. Nasce, pois, a lei, nesse particular, de imperiosa necessidade constatada no cotidiano forense, sobretudo nos grandes centros, quando se têm no polo passivo da ação indivíduos com "fundada suspeita" de integrar organizações criminosas;

II – viabilizar a participação do réu no referido ato processual, quando haja relevante dificuldade para seu comparecimento em juízo, por enfermidade ou outra circunstância pessoal;

III – impedir a influência do réu no ânimo de testemunha ou da vítima, desde que não seja possível colher o depoimento destas por videoconferência, nos termos do art. 217 deste Código.

Trata-se de medida destinada a salvaguardar a conveniência da instrução criminal quando da audiência una, ou seja, naqueles casos (por exemplo, procedimento do Júri e procedimento comum) em que se ouve, na mesma oportunidade, réu (em interrogatório), vítima (declarações) e testemunhas (depoimentos). "Na verdade", como sustenta Norberto Avena, "em que pese o aparente conflito que decorre da conjugação do art. 185, § 2º , inc. III, com o art. 217 do CPP, tais dispositivos são plenamente conciliáveis, bastando que se parta da premissa de que, enquanto o primeiro tem em vista, unicamente, o interrogatório do réu preso e visa a evitar o seu deslocamento ao fórum quando sua presença interferir na produção da prova oral, o segundo dirige-se, primordialmente, à inquirição da vítima e testemunhas nas hipóteses em que o acusado já se encontrar no fórum para acompanhar a instrução"[20];

IV – responder à gravíssima questão de ordem pública.

O adjetivo "gravíssimo" justapõe-se à questão de ordem pública. Pensamos pudesse o legislador prescindir da expressão adjetiva utilizada em sua máxima potência, porquanto toda questão "grave" de ordem pública já resultaria lógica, de per si, para a adoção do interrogatório on-line, tornando despropositado o requisito imposto pelo exagero vernacular, porque de muito subjetiva valoração: o que seria meramente "grave" e não "gravíssimo", impedindo a realização do ato on-line? Com

20 *Processo penal esquematizado*, Método, 2009, p. 488.

que bitola se mede a gravidade – e extensão da mesma – para fins de adequação da medida? À falta de clareza para a incidência do dispositivo, a doutrina sugere situações passíveis de aplicação do dispositivo, v.g., "clamor social em torno do fato imputado ou da pessoa do réu preso, de tal forma que a sua presença em audiência possa importar em protestos populares, riscos de agressão física, ofensas morais etc.; e o grau de periculosidade do acusado, exigindo elevado contingente de policiais ou agentes para impedi-lo de eventuais agressões contra o juiz, partes e servidores"[21].

Antes do interrogatório, terá o réu o direito de entrevistar-se reservadamente com seu advogado (art. 185, § 5º, primeira parte, do CPP, com a alteração determinada pela Lei n. 11.900/2009). Esta medida tem por escopo possibilitar que o réu receba, antes do interrogatório, orientação jurídica de seu defensor. Não estabelece o Código o tempo destinado a referida entrevista. Há de aplicar o critério da razoabilidade, considerando-se então a complexidade das imputações criminais deduzidas pela acusação. Por outro lado, não distingue a lei qualquer modalidade de interrogatório para a obediência da medida. Vale dizer: sempre terá o acusado o direito de entrevistar-se com seu defensor, qualquer que seja o tipo de interrogatório empregado, pouco importando, assim, esteja preso ou solto, no próprio juízo ou mediante carta precatória e, ainda, na hipótese de interrogatório por videoconferência ou outro sistema análogo (art. 185, § 5º, do CPP). Nos expressos termos do § 5º fica também garantido o acesso a canais telefônicos reservados para comunicação entre o defensor que esteja no presídio e o advogado presente na sala de audiência do Fórum, e entre este e o preso. Incumbe ressaltar que, nesta hipótese – interrogatório *on-line* –, fica vedada a interceptação telefônica entre o réu e seu advogado, porquanto diz o texto de lei, literalmente, de que ambos se comunicarão por meio de "canais telefônicos reservados", configurando-se, pois, prova ilícita, se desobedecido o comando da lei, em homenagem ao direito de defesa.

Embora editada a norma do § 2º do art. 185 do CPP, muito ainda se discute em sede doutrinária e jurisprudencial acerca da constitucionalidade do interrogatório *on-line*, tendo em conta os princípios da ampla defesa e da publicidade, consagrados no Texto Maior.

21 Norberto Avena, *Processo penal esquematizado*, Método, 2009, p. 488.

Parcela da doutrina sustenta a inconstitucionalidade do interrogatório *on-line*, com fulcro na violação ao direito de presença e a limitação da autodefesa, ambos corolários do princípio constitucional da ampla defesa. O princípio da publicidade dos atos processuais também seria restringido pela videoconferência.

Segundo essa corrente, o interrogatório do réu no estabelecimento prisional não permite que o juiz afira a existência de possíveis pressões externas, aptas a intimidar o réu e viciar seu depoimento.

Ademais, consoante esse entendimento, o princípio da imediação – segundo o qual o juiz deve tomar contato com as provas sem intermediários – é violado, na exata medida em que a tecnologia dificulta sobremaneira a percepção do juiz acerca das nuances do depoimento do acusado, com prejuízo à busca da verdade real.

Assim, para os defensores dessa corrente, o interrogatório em seu dúplice aspecto resta enfraquecido com a realização da videoconferência, conforme tem entendido a jurisprudência do Superior Tribunal de Justiça[22].

Não pactuamos dessa posição.

O moderno processo penal deve ser efetivo. A busca pela célere e efetiva prestação jurisdicional encontra-se consubstanciada na Constituição Federal. Com efeito, o art. 5º, LXXVIII, da Lei Maior estabelece que "a todos, no **âmbito judicial** e administrativo, são **assegurados** a **razoável duração do processo** e os **meios que garantam a celeridade de sua tramitação**" (destaque nosso).

O interrogatório feito por intermédio do sistema de videoconferência busca tornar efetiva e célere a prestação jurisdicional. Não há que se falar em afronta aos princípios da ampla defesa e publicidade, uma vez que o acusado, no interrogatório, tem contato direto e irrestrito com o magistrado e com seu advogado, sendo a publicidade garantida através da tecnologia.

A obrigatoriedade da presença do defensor, e a sua prévia e reservada entrevista com o réu elidem o argumento das possíveis pressões externas que possam macular a autodefesa e o valor probatório do ato. É imperioso ressaltar que, de acordo com o art. 185, § 5º, do CPP, faz-se necessária a presença de dois advogados, estando um primeiro no

22 HC 102.440/SP, *DJ* 23-6-2008, HC 88.914/SP, *DJ* 6-10-2007, HC 108.457/SP, *DJ* 31-10-2008, HC 98.422/SP, *DJ* 29-9-2008, HC 94.069/SP, *DJ* 6-10-2008.

fórum juntamente com o juiz e o promotor de justiça e o outro no interior do presídio, o que elide a existência de qualquer tipo de coação ou pressão no interior do estabelecimento prisional. Ademais, o réu pode sofrer pressões mesmo na presença do juiz, em virtude de anterior ameaça.

É a aplicação do princípio da proporcionalidade que assegura a constitucionalidade do interrogatório *on-line*. De um lado, há o direito de presença do réu, decorrente do princípio da ampla defesa, que é garantido na videoconferência por meio da tecnologia. De outro, a efetiva e célere prestação jurisdicional, a preservação da segurança da sociedade (com a redução das fugas durante o trajeto ao fórum e com a diminuição da necessidade de escoltas, possibilitando maior efetivo policial nas ruas, ainda no caso de conveniência para a instrução criminal, como nas hipóteses dos incisos I, III e IV do § 2º do art. 185) e a redução dos custos do Estado com o transporte dos acusados.

Como não existe direito absoluto, a presença física do réu no interrogatório cede em favor do interesse público, com fundamento no princípio da proporcionalidade, que nada mais é do que um método interpretativo e de aplicação do direito para a solução da colisão de princípios e do balanço dos valores em oposição.

No âmbito jurisprudencial, também controversa a matéria, cujo entendimento díspare remanesce do antigo vazio legal, ou seja, antes da expressa previsão do art. 185, § 2º, pela Lei n. 11.900, de 2009. Assim, antes de editada a nova lei, o Superior Tribunal de Justiça dividia-se ora pela constitucionalidade, ora pela inconstitucionalidade da matéria, e o Supremo Tribunal Federal, ainda que de forma não pacífica por seus pares, tendia ao reconhecimento da inconstitucionalidade do interrogatório *on-line*. Em um dos seus mais emblemáticos julgamentos quanto ao tema[23], tendo o Supremo Tribunal Federal considerado que o interrogatório *on-line* limitava o exercício da ampla defesa e, portanto, reputando-se-o inconstitucional, a Ministra Ellen Gracie, com voto vencido, enfrentou a controvérsia afirmando a licitude do ato, dizendo preservados os direitos e garantias fundamentais do acusado. A polêmica permanece mesmo após a edição do permissivo legal, mas já sem a força anterior; ao menos, perde razão o antigo argumento dos que sustentavam a inconstitucionalidade da medida por infração ao devido processo legal. É que,

23 HC 90.900/SP, *Informativo* n. 526, de 30-10-2008.

agora, tal argumento restou totalmente sepultado, em face da expressa previsão da lei.

A interpretação do § 4º do citado artigo permite concluir que a utilização do sistema de videoconferência está autorizada nas audiências previstas nos arts. 400, 411 e 531 do CPP.

Tem, portanto, aplicabilidade ao procedimento do processo de competência do Tribunal do Júri, limitada a audiência una de instrução e julgamento.

Entendemos vedada a utilização do sistema no julgamento em plenário, portanto. Isto porque a lei é expressa ao indicar que a videoconferência poderá ser de utilidade nas audiências do procedimento ordinário, da instrução preliminar e do procedimento sumário, silenciando quanto ao julgamento em plenário. Prevalece, aqui, o direito do acusado de se fazer presente em seu julgamento, *in persona*[24].

6.2. A tríplice finalidade do interrogatório

No que consiste um *interrogatório perfeito*?

In thesi, o ato deve atender a tríplice finalidade sustentada por Espínola Filho:

"a) facultar ao magistrado o conhecimento do caráter, da índole, dos sentimentos do acusado: em suma, compreender-lhe a personalidade;

b) transmitir ao julgador a versão, que, do acontecimento, dá, sincera ou tendenciosamente, o inculpado, com a menção dos elementos, de que o último dispõe, ou pretende dispor, para convencer da idoneidade da sua versão;

c) verificar as reações do acusado, ao lhe ser dada diretamente, pelo juiz, a ciência do que os autos encerram contra ele"[25].

Se rotineiramente a lição do competente mestre fosse seguida, não teriam os promotores e advogados, constantemente, diante de casos concretos – ou seja, na presença de um daqueles "interrogatórios anões" –, que se baterem em plenário pela imprestabilidade do ato, deparando-se ainda com o inocente raciocínio do jurado: " ... Por que não podemos

---

[24] Cf. nosso *O novo procedimento do Júri*. Comentários à Lei n. 11.689/2008, São Paulo, Saraiva, 2009.

[25] *Código de Processo Penal brasileiro anotado*, 4. ed., Rio de Janeiro, Borsoi, 1956, v. 2, p. 498.

acreditar nesse interrogatório? Por que o advogado diz que o réu não foi bem interrogado naquela oportunidade, se ele estava presente e nada fez? O promotor não 'trabalha' no Fórum, não é o fiscal da lei, por que então aceitou o interrogatório... afinal, não está tudo *escrito*?"[26].

6.3. Recomendações úteis à acusação e à defesa

Adicione-se, por oportuno, também a lembrança das seguintes recomendações que aproveitam à promotoria e à defesa e que constam, igualmente, do Ato n. 1/84-PGJ-CSMP-CGMP[27]:

"Art. 48. Após o interrogatório do réu, verificar:

I – se foi dado **curador** ao réu menor de 21 anos de idade (Não estaria revogado?);

II – se o defensor constituído do réu preso ou o defensor dativo foram intimados para o oferecimento de **defesa prévia**;

III – se há colidência de defesa, requerendo, se for o caso, a nomeação de defensores distintos.

(...)

Art. 50. Requerer, quando houver dúvida quanto à integridade mental do réu, o exame médico-legal adequado, limitando os quesitos às hipóteses previstas em lei.

Art. 51. Requerer, quando o réu alegar ser menor de 18 anos e não for possível a obtenção de certidão de nascimento, seja o mesmo submetido a exame médico-legal para verificação da idade".

26 Já se decidiu: "*HABEAS CORPUS*. DIREITO PROCESSUAL PENAL. AUSÊNCIA DO MINISTÉRIO PÚBLICO. NULIDADE RELATIVA. INEXISTÊNCIA DO PREJUÍZO. PRECLUSÃO. 1. A ausência de membro do Ministério Público, quer no interrogatório, quer em audiência de instrução, consubstancia nulidade relativa, a reclamar arguição oportuna e efetiva demonstração de prejuízo, uma e outra inocorrentes na espécie (intelecção dos arts. 572 e 564, inciso III, alínea *d*, do Código de Processo Penal). 2. Ordem denegada" (STJ, HC 22.045/RS, Rel. Hamilton Carvalhido, 6ª Turma, *DJ*, 6-2-2006, p. 321).

27 *Manual de Atuação Funcional dos Promotores de Justiça do Estado de São Paulo*, 4. ed., Osasco, 1985, p. 62-3.

Capítulo 4

AS ALEGAÇÕES ORAIS DO ART. 411, § 4º, DO CPP E A DECISÃO DE PRONÚNCIA

Sumário: 1. Introdução. 2. É facultativa ou obrigatória a realização dos debates orais? 3. Qual o critério para a feitura pelo Ministério Público? 3.1. A prova meramente inquisitorial pode ensejar a pronúncia? 3.2. Recomendações úteis. 4. As alegações defensivas. 5. Quanto à pronúncia. 5.1. Quais são os seus requisitos? 5.2. Como deve ser sua fundamentação? 5.3. É anulável a pronúncia prolatada em termos "candentes"? 5.4. Sobre o uso indevido do *in dubio pro societate*: advertência técnica e estratégica.

1. INTRODUÇÃO

Prescreveu o legislador:

"Art. 411. (...)

§ 4º As alegações serão orais, concedendo-se a palavra, respectivamente, à acusação e à defesa, pelo prazo de 20 (vinte) minutos, prorrogáveis por mais 10 (dez).

§ 5º Havendo mais de um acusado, o tempo previsto para a acusação e a defesa de cada um deles será individual.

§ 6º Ao assistente do Ministério Público, após a manifestação deste, serão concedidos 10 (dez) minutos, prorrogando-se por igual período o tempo de manifestação da defesa".

Tais alegações, tecnicamente, nada mais são que a indicação, para o juiz sumariante, dos necessários "indícios de autoria" e a comprovação da "materialidade do delito"[1], para que se possibilite o recebimento do *jus accusationis*, a teor do art. 413[2], com a consequente submissão do réu ao julgamento pelo Júri[3].

2. É FACULTATIVA OU OBRIGATÓRIA A REALIZAÇÃO DOS DEBATES ORAIS?

Para o Ministério Público e a Defensoria Pública, sim, visto que eles têm o dever de ofício de se manifestarem quando convocados, nos autos. Para a defesa constituída pelo acusado, contudo, é facultativa a apresentação de alegações orais, tais como o eram, à luz do antigo art. 406 do CPP, as antigas alegações por escrito. É que, por estratégia e na expectativa da pronúncia, advogados mais experientes costumam protestar pelo oferecimento da defesa somente em plenário, visando resguardar-se de possível adiantamento das teses defensivas[4].

1 V. item próprio no Capítulo 2 – "O 'corpo de delito' no homicídio...".

2 "Art. 413. O juiz, fundamentadamente, pronunciará o acusado, se convencido da materialidade do fato e da existência de indícios suficientes de autoria ou de participação. § 1º A fundamentação da pronúncia limitar-se-á à indicação da materialidade do fato e da existência de indícios suficientes de autoria ou de participação, devendo o juiz declarar o dispositivo legal em que julgar incurso o acusado e especificar as circunstâncias qualificadoras e as causas de aumento de pena. § 2º Se o crime for afiançável, o juiz arbitrará o valor da fiança para a concessão ou manutenção da liberdade provisória. § 3º O juiz decidirá, motivadamente, no caso de manutenção, revogação ou substituição da prisão ou medida restritiva de liberdade anteriormente decretada e, tratando-se de acusado solto, sobre a necessidade da decretação da prisão ou imposição de quaisquer das medidas previstas no Título IX do Livro I deste Código."

3 Cf. Tornaghi, *Curso de processo penal*, 6. ed., São Paulo, Saraiva, 1989, v. 2, p. 200: "O Direito inglês leva em conta o indiciamento do réu (existência de indícios) e chama de *indictment* o que o nosso denomina pronúncia; o francês tem em consideração seu caráter de decisão que envia ao júri e lhe dá o nome de *arrêt de renvoi*".

4 Edilson Mougenot Bonfim, *Código de Processo Penal anotado*, São Paulo, Saraiva, 2010, p. 717.

3. QUAL O CRITÉRIO PARA A FEITURA PELO MINISTÉRIO PÚBLICO?

Deve timbrar-se pela mesma característica havida no oferecimento da denúncia: o máximo comedimento. Por quê? Porque vigendo nesta fase o *in dubio pro societate*, não caberia mesmo uma argumentação de fôlego perante o juiz togado que, tecnicamente, apenas declarará admissível o recebimento do *jus accusationis*, expurgando uma eventual pretensão absurda. Basta, portanto, que se lhe indiquem as peças dos autos onde se encontram os necessários "indícios de autoria" e a "prova da materialidade" pleiteando-se a pronúncia, porquanto bastante será a dúvida, para compulsoriamente submeter-se o acusado a julgamento. Com tal procedimento, já estaria satisfeita a *ratio juris* da manifestação promotorial[5].

Evidente que, havendo *pro reo* uma eximente legal cabalmente provada ou uma circunstância de isenção de pena, tal fator deverá ensejar uma minuciosa análise para a postulação ministerial. No caso de

5 Por tal, *data venia*, há que se interpretar *cum granus salis* a lição trazida por James Tubenchlak, ao aduzir: "Lastimavelmente, quantas e quantas 'alegações finais' são redigidas sem qualquer conteúdo a justificar o nome, limitando-se o órgão acusador a pleitear, meramente, a pronúncia" (*Tribunal do júri – Contradições e soluções*, Rio de Janeiro, Forense, 1990, p. 51). Ora, a crítica feita sustenta, exatamente, em sentido diametralmente oposto, o elogio que fazemos aos promotores. Promotor que excitadamente exercita a caneta nesta fase processual – tal como aquele que oferece um verdadeiro "arrazoado" na denúncia – pode candidatar-se a articulista ou redator, mas jamais a "promotor do júri". Inexiste o imperativo legal pretendido: se o promotor seguisse tal conselho, faria, indubitavelmente, a delícia da defesa (por óbvias razões), não fazendo, em contrapartida, a exigência, como gosto do legislador.

A premissa, portanto, *permissa venia*, na substância é equívoca. Não se trata técnica e substancialmente de "alegações finais" (como no caso da previsão do art. 403 do CPP). *In casu*, estas são ofertadas oralmente perante o "juiz natural da causa", o Júri. Neste, a rigor, embora formalmente sejam as derradeiras alegações de uma fase processual, não correspondem ao espírito legal que, comparativamente, norteou a elaboração do citado art. 403. Tal primeira fase processual é apenas balizadora da acusação a ser levada a julgamento, não cabendo a aprofundada análise do mérito, bastando que a acusação indique as peças dos autos nos quais se lastreiam os requisitos para a pronúncia. Tais alegações pautam-se pela mesma regra com que os doutrinadores recomendam, aos juízes, na feitura da *pronúncia* (v. Adriano Marrey, Frederico Marques e outros): concisão; extrema concisão!

impronúncia[6] – que, por regra, consiste na exceção – basta ao promotor invocar em favor do acusado a inexistência dos requisitos do art. 413 (insuficiência de indícios de autoria, ou ausência da prova do fato).

3.1. A prova meramente inquisitorial pode ensejar a pronúncia?

Sim, inquestionavelmente.

A propósito, debalde muito tenha se suscitado a insuficiência da prova do inquérito para a prolação de pronúncia, entendemos com a melhor doutrina que a inexistência de provas sob o pálio do contraditório não é óbice para a admissibilidade do *judicium accusationis*, contentando-se para tal desiderato a simples existência de provas indiciárias colhidas no procedimento policial.

Aplica-se ao caso *sub analise* como uma luva o brilhante voto do eminente Desembargador Silva Leme, mais que atual, que se reproduz no tópico que interessa:

"Indiscutível que, em processo criminal, não pode ser proferida decisão definitiva, condenatória ou absolutória, com apoio único e exclusivo em prova inquisitória. Cuidando-se de sentença terminativa de uma das fases do processo do Júri, *judicium accusationis*, ponto de partida para outra, posterior e efetivamente definitiva, *judicium causae*, a prova meramente policial, passível de confirmação ou modificação na sequência do julgamento, pode e deve ser apreciada e considerada para servir ou não de lastro ao pronunciamento sobre o limite da acusação em plenário"[7].

Até porque, para a decretação da pronúncia não se faz necessário um juízo de certeza, bastando a presunção de responsabilidade. Apenas se exige a existência de indícios que o réu seja o autor do fato.

Nesse sentido, a mais abalizada jurisprudência do STF e do STJ tem decidido:

....

6 De Câmara Leal a seguinte definição da *impronúncia*: "A *impronúncia* deverá verificar-se: a) se ficar provada a inexistência do fato; b) se não houver prova da existência do mesmo; c) se faltar ao fato alguma circunstância que constitua condição para sua criminalidade, segundo a definição legal; d) se não houver, pelo menos, indícios suficientes de ter o réu concorrido para a infração" (*Comentários ao Código de Processo Penal brasileiro*, Rio de Janeiro, Freitas Bastos, 1942, v. 1, p. 197, n. 48).

7 *RT* 633/275.

"PROCESSUAL PENAL. *HABEAS CORPUS*. ART. 121, § 2º, INCISO IV, C/C ART. 14, INCISO II, AMBOS DO CÓDIGO PENAL. PRONÚNCIA. PROVAS. *IN DUBIO PRO SOCIETATE*. QUALIFICADORA. MANUTENÇÃO.

I – Em se tratando de crime afeto à competência do Tribunal do Júri, o julgamento pelo Tribunal Popular só pode deixar de ocorrer, provada a materialidade do delito, caso se verifique ser despropositada a acusação, porquanto aqui vigora o princípio *in dubio pro societate*.

II – Diferente do que ocorre em relação à sentença condenatória, a decisão que pronuncia o acusado exige, tão somente, a presença de indícios de autoria, além de prova da materialidade do delito. **Indícios estes que, por sinal, podem derivar de provas colhidas durante o inquérito policial (precedente do STF).**

III – Somente poderão ser excluídas da r. decisão de pronúncia as qualificadoras manifestamente improcedentes (precedentes). *Writ* denegado. Liminar cassada"[8].

"PROCESSUAL PENAL. *HABEAS CORPUS*. ART. 121, § 2º, II, DO CP. PRONÚNCIA. PROVAS. *IN DUBIO PRO SOCIETATE*.

I – Em se tratando de crime afeto à competência do Tribunal do Júri, o julgamento pelo Tribunal Popular só pode deixar de ocorrer, provada a materialidade do delito, caso se verifique ser despropositada a acusação, porquanto aqui vigora o princípio *in dubio pro societate*.

II – Diferente do que ocorre em relação à sentença condenatória, a decisão que pronuncia o acusado exige, tão somente, a presença de indícios de autoria, além de prova da materialidade do delito. **Indícios estes que, por sinal, podem derivar de provas colhidas durante o inquérito policial (precedente do STF)**. *Writ* denegado"[9].

"PROCESSUAL PENAL. *HABEAS CORPUS*. ART. 121, § 2º, INCISO II, C/C ART. 14, II, E ART. 129, § 6º, TODOS DO CÓDIGO PENAL. SUPRESSÃO DE INSTÂNCIA. PRONÚNCIA. PROVAS. *IN DUBIO PRO SOCIETATE*.

I – Tendo em vista que a tese levantada não foi analisada pela autoridade apontada como coatora, fica esta Corte impedida de examinar tal alegação, sob pena de supressão de instância (precedentes).

II – Ainda que ultrapassado este óbice, a tese sustentada pelo impetrante não merece prosperar pois diferente do que ocorre em relação à

8 STJ, HC 53.888/PR, Min. Felix Fischer, 5ª Turma, j. 13-3-2007.

9 STJ, HC 59.766/SP, Min. Felix Fischer, 5ª Turma, j. 7-11-2006.

sentença condenatória, a decisão que pronuncia o acusado exige, tão somente, a presença de indícios de autoria, além de prova da materialidade do delito. **Indícios estes que, por sinal, podem derivar de provas colhidas durante o inquérito policial (precedente do STF e desta Corte).** *Writ* parcialmente conhecido e, nesta parte, denegado"[10].

3.2. Recomendações úteis

Em síntese, incumbe ao fiscal da lei nesta fase:

a) relatar resumidamente o processo;

b) requerer preliminarmente documentos faltantes (folha de antecedentes, certidões processuais etc.), e diligências necessárias à apuração dos fatos (v.g., laudo complementar de exame de corpo de delito nos casos de tentativa, exame necroscópico, outras provas periciais, oitiva de testemunhas referidas, fundamentando-se no art. 209 do CPP etc.), convertendo-se o julgamento em diligência;

c) arguir em preliminar a ocorrência de eventual nulidade (art. 571, I, do CPP)[11];

d) requerer, quando cabível, a aplicação de medida de segurança, ou a realização de exame médico-pericial, se houver dúvida sobre a higidez mental do acusado[12];

e) requerer o afastamento das qualificadoras *manifestamente improcedentes*[13];

10 STJ, HC 85.077/DF, Min. Felix Fischer, 5ª Turma, j. 23-8-2007.

11 Como é cediço, as nulidades relativas não arguidas nesta fase considerar-se-ão sanadas pela pronúncia, que torna preclusas as vias impugnativas: é a regra, não se admite tergiversação.

"A arguição de nulidade durante a instrução criminal deverá ser feita dentro do prazo do art. 406 do CPP, sob pena de restarem sanadas, a rigor dos arts. 571, inc. I, e 572, inc. I, do CPP" (2ª Câmara do TJSP, RSE 109.507-3/8, *RT* 697/284). No mesmo sentido: 5ª Turma do STJ, HC 390-RO, *RT* 671/379.

12 "Tratando-se de crime de competência do Tribunal do Júri, se o laudo psiquiátrico conclui pela semi-imputabilidade do acusado e o juiz se convence da existência de crime e de indícios de autoria, deve pronunciar o réu. É impossível não submeter ao Tribunal do Júri, competindo ao libelo articular as notas das quais decorram a causa de diminuição de pena e pedir a medida de segurança" (1ª Câmara do TJSP, Rec. 78.344-3, *RT* 647/280).

13 Confiram os seguintes acórdãos que seguem a remansosa jurisprudência:

"As qualificadoras articuladas na denúncia somente devem ser afastadas quando manifestamente improcedentes e de todo descabidas e, mesmo

f) requerer a manutenção, revogação ou substituição da prisão ou medida restritiva de liberdade anteriormente decretada, conforme o caso e, tratando-se de acusado solto, manifestar-se sobre a necessidade da decretação da prisão ou imposição de quaisquer das medidas previstas no Título IX do Livro I do CPP (art. 413, § 3º);

g) pedir a *pronúncia* (ou impronúncia) em termos técnicos e necessários, indicando a prova do fato[14], os indícios de autoria[15] e demonstrando

quando duvidosas, devem ser incluídas na pronúncia, para que sobre elas se manifeste e decida o Júri, Juiz natural do processo (cf. *RT* 438/386, 440/376)" (TJSP, rel. Des. Adalberto Spagnuolo, *RJTJESP* 37/253).

"Só podem ser excluídas da sentença de pronúncia as circunstâncias qualificadoras manifestamente improcedentes, uma vez que não se pode usurpar do Tribunal do Júri o pleno exame dos fatos da causa" (STJ, AgRg no Ag 1249874, 5ª Turma, rel. Laurita Vaz, *DJ*, 21-2-2011).

"Tratando-se de sentença de pronúncia, mero juízo de possibilidade, não se justifica a exclusão de qualificadoras apontadas na denúncia, quando não as repele, manifesta e declaradamente, a prova colhida no inquérito e na instrução. Ao Tribunal do Júri compete apreciá-las, com melhores dados, em face da amplitude da acusação e defesa em plenários" (TJSP, rel. Silva Leme, *RT* 560/323).

Contudo, "embora na fase da pronúncia qualquer dúvida deva ser dirimido em favor da sociedade, não menos certo é que, sem prova, ainda que indiciária, não se pode reconhecer qualificadora de homicídios (TJMG, rel. Des. José Arthur, *RT* 520/483).

Desse modo, se é "manifestamente improcedente", não há por que levá-la aderida ao *libellum*, para apreciação do Júri. O pedido de afastamento de qualificadora, nesse caso, há que ser feito pelo promotor na oportunidade do art. 406, porque, se realizado em plenário de julgamento, acaba por acarretar (embora sem razão, mas invariavelmente) o enfraquecimento do libelo.

14 Pronúncia. Prolação com base nos indícios veementes de autoria. *Causa mortis* contudo indeterminada. Inadmissibilidade. Recurso provido. Inteligência do art. 408 do CPP. Para a pronúncia não basta a suficiência dos indícios de autoria. A materialidade do delito há de estar cumpridamente demonstrada nos autos. A *causa mortis* não pode ser indeterminada" (TJSP, rel. Des. Djalma Lofrano, *RT* 492/300).

Porém, de não se esquecer a seguinte decisão do Supremo Tribunal Federal:

"Laudos técnicos divergentes: Nos termos do art. 408 do CPP não é necessária a prova incontroversa da existência do crime para que o acusado seja pronunciado. Basta, para tanto, que o juiz se convença daquela existência. Assim não fosse, e o acusado seria garantidamente impronunciável sempre que pudesse sustentar a tese do autoextermínio ou da morte acidental" (STF, RE 72.601-GO, rel. Min. Bilac Pinto, *DJU*, 24-11-1972, p. 7844).

15 "Para a pronúncia não há necessidade, absolutamente, nem de confissão, nem de testemunhas visuais do crime. Bastam a prova da sua materialidade e indícios suficientes de autoria" (TJSP, rel. Des. Fernando Prado, *RT* 549/318).

a *intentio necandi* – se esta não for evidente –, como nos casos de dolo eventual em aparente conflito com a culpa consciente[16];

h) postular pela absolvição sumária ou desclassificação, quando for o caso, fazendo então detalhística análise fático-jurídica.

4. AS ALEGAÇÕES DEFENSIVAS

No que se diferenciam – no mérito? A técnica mais comum dos advogados que se deparam com um processo francamente desfavorável ao constituinte é aproveitarem-se dos moldes em que fora vazada a defesa escrita (ou seja, os de argumentação genérica): "... os indícios de autoria não estão provados...", "... o réu não cometeu o crime imputado na inicial", postulando, a seguir, pela impronúncia (art. 414 do CPP[17]), e pugnando pela posterior comprovação do alegado, se necessário, em plenário de julgamento.

Ou, de outra sorte, invocando-se uma das causas *excludentes de criminalidade* ou de *isenção de pena* (descriminantes putativas, coação irresistível, estado de necessidade, legitima defesa, estrito cumprimento do dever legal ou exercício regular de direito, inimputabilidade penal ou embriaguez fortuita completa), requerendo-se a *absolvição sumária*, *in*

....

16 Muito embora, também no caso, na dúvida, haveria a pronúncia, de se lembrar, no entanto, que caso o magistrado não tenha se convencido quanto à presença do necessário elemento subjetivo, ainda que o promotor recorresse, sofreria o representante da sociedade dois prejuízos: um, o de ter contra si (embora juridicamente superada) uma decisão do magistrado, *pro reo*; outro, o prejuízo advindo do fator temporal, que sempre tende a beneficiar o réu.

Quanto ao tema, a seguinte decisão:

"O juiz não pode realizar, no momento da pronúncia, análise profunda da prova, para verificar qual seja o elemento subjetivo do delito. A matéria da culpabilidade, nos delitos de competência do Júri, cabe ser resolvida pelo conselho de jurados, e não pelo Juiz Presidente, salvo se estiver demonstrado cabalmente que o acusado agiu movido por dolo de crime estranho à sua competências" (TJRS, rel. Des. Ladislau Fernando Rohnelt, *RT* 567/382).

17 "Art. 414. Não se convencendo da materialidade do fato ou da existência de indícios suficientes de autoria ou de participação, o juiz, fundamentadamente, impronunciará o acusado. Parágrafo único. Enquanto não ocorrer a extinção da punibilidade, poderá ser formulada nova denúncia ou queixa se houver prova nova."

limine (art. 415[18]), restando ainda a desclassificação, por ausência do *animus necandi* (sentença desclassificatória, art. 419[19]).

Como basta o *fummus boni juris* do direito da sociedade, para pronunciar-se o réu, promotor e defensor, no geral, pautam-se em contida argumentação nessa etapa, mesmo porque o convencimento do magistrado sobre a existência ou não dos requisitos necessários à pronúncia advém mais da prova do que da argumentação, porquanto, técnico em matéria jurídica, prescinde das verbosas manifestações.

18 "Art. 415. O juiz, fundamentadamente, absolverá desde logo o acusado, quando: I – provada a inexistência do fato; II – provado não ser ele autor ou partícipe do fato; III – o fato não constituir infração penal; IV – demonstrada causa de isenção de pena ou de exclusão do crime. Parágrafo único. Não se aplica o disposto no inciso IV do *caput* deste artigo ao caso de inimputabilidade prevista no *caput* do art. 26 do Decreto-Lei n. 2.848, de 7 de dezembro de 1940 – Código Penal, salvo quando esta for a única tese defensiva."

"O exame de ofício de sentença pressupõe o enquadramento da hipótese de precisão do art. 411 do CPP. Se a sentença está lastreada na ausência de crime ou indício suficiente de que seja o réu o seu autor (art 409 do referido diploma legal) descabe, no órgão revisor, substituir tal fundamento, para, a seguir, proceder-se à apreciação do acerto ou desacerto do que foi sentenciado" (2ª Turma do STF, HC 68.880-2-RS, *RT* 686/413).

"Não é de conhecer de recurso *ex oficio* interposto de decisão que reconhece a negativa de autoria do imputado e o absolve sumariamente, eis que se trata, em realidade, de caso de impronúncia (art. 409 do CPP), que não comporta o recurso necessário, previsto apenas para a hipótese de incidência de causa de exclusão de ilicitude ou culpabilidade" (2ª Câmara do TJSP, REO 8.344-3, *RT* 665/267).

19 "Art. 419. Quando o juiz se convencer, em discordância com a acusação, da existência de crime diverso dos referidos no § 1º do art. 74 deste Código e não for competente para o julgamento, remeterá os autos ao juiz que o seja.

Parágrafo único. Remetidos os autos do processo a outro juiz, à disposição deste ficará o acusado preso."

Já se decidiu:

"Se, na fase de pronúncia, o juiz desclassifica o crime para outro de competência do juiz singular, não deve, nessa oportunidade, fazer juízo de apreciação legal de fato, sob pena de incidir em prejulgamento. É necessário na hipótese, após intimadas regularmente as partes, aguardar-se o trânsito em julgamento para, em seguida, remeter o fato para o juízo competente que poderá ser o mesmo nas comarcas onde houver um único juízo de competência acumulada, reabrindo-se prazo à defesa para indicação das testemunhas e observância do disposto nos arts. 499 e 500 do CPP" (2ª Câmara do TJSP, Ap. 75.915-3, *RT* 644/269).

Proveitosas são as alegações dirigidas ao magistrado, que apenas sucintamente discutem a possibilidade ou não do recebimento da acusação, deixando as bonitas argumentações e as proverbiais "lições de direito" para os jurados.

Anote-se:

"A falta de alegações na fase do art. 406 do CPP não constitui nulidade, uma vez que, tratando-se de processo de competência do Júri, pode o advogado abster-se de oferecê-las, reservando-se para o julgamento em plenário"[20].

Também:

"JÚRI. ALEGAÇÕES FINAIS. NÃO APRESENTAÇÃO PELO ADVOGADO NO PRAZO DO ART. 406 DO CPP. CERCEAMENTO DE DEFESA INEXISTENTE. PROCESSO COM PECULIARIDADES PRÓPRIAS QUE ADMITEM QUE A DEFESA SEJA APRESENTADA EM OUTRAS FASES, COMO NA CONTRARIEDADE AO LIBELO-CRIME ACUSATÓRIO E EM PLENÁRIO. TÁTICA HABITUAL COMO ESTRATÉGIA DE DEFESA NOS PROCEDIMENTOS DA ESPÉCIE, PARA NÃO SE DESNUDAR ANTECIPADAMENTE A TESE DEFENSIVA. PREJUÍZO INOCORRENTE. PRELIMINAR DE NULIDADE REPETIDA. Tratando-se de processo do Júri, dadas suas peculiaridades próprias, uma vez que a defesa pode ser apresentada em outras fases, como a da contrariedade ao libelo-crime acusatório e em plenário, não se exige sempre a apresentação de razões na fase do art. 406 do CPP. Assim, desde que o defensor, por uma estratégia de defesa, se absteve de apresentar as alegações finais na oportunidade prevista no dispositivo, para não desnudar antecipadamente a tese defensiva, nem por isso o réu se considerará indefeso, não se podendo falar em nulidade a ser sanada, evidente a falta de prejuízo"[21].

Desse modo, já se decidiu:

"A falta de manifestação, na oportunidade de que cuida o art. 406 do CPP, pode, em certas circunstâncias, ser estratégia de defesa. Mas o fato de manifestar-se o defensor pela pronúncia do acusado configura cerceamento de defesa, que acarreta a nulidade do processo"[22].

....

20 TJSP, rel. Des. Diwaldo Sampaio, *RT* 606/320.

21 TJSP, rel. Des. Gentil Leite, *RT* 643/291.

22 STF, rel. Min. Sydney Sanches, *RT* 601/443.

5. QUANTO À PRONÚNCIA

Nenhuma lição condensou com mais propriedade o conceito de "pronúncia" que a doutrina de Magarinos Torres:

"Pronúncia é a decisão em que se apuram a existência do crime, *certeza provisória da autoria* e indícios da responsabilidade do réu"[23] .

Está para o juiz, como as alegações do art. 411, § 4º, estão para as partes[24]: nenhum deles faz profunda análise do *meritum causae*[25]; apenas se reconhece a existência de um crime e a presença de veementes indícios da responsabilidade do réu, apontando-se a direção a ser seguida pela

....

[23] *Processo penal do júri nos Estados Unidos do Brasil*, 1. ed., Rio de Janeiro, 1939, p. 185, n. 45.

[24] Além das obras citadas especificas do rito do júri, v. na doutrina sobre a pronúncia os seguintes artigos: "A pronúncia e sua natureza", F. Chiaradia Neto, *RT* 301/7; "Da desclassificação no juízo da pronúncia", Alcides Amaral Salles, *O Estado de S. Paulo*, 21-8-1987.

[25] "A pronúncia não deve descer ao exame analítico da prova como se fosse um juízo de condenação onde se busca a certeza. Não se trata de dois graus de prova, mas sim de valorização binária da prova. Esta é examinada a dois tempos: *per inviare* e *per condannare* como faz distinção o Direito italiano" (TJSP, rel. Des. Alves Braga, *RT* 476/322).

Porém, "Conquanto seja aconselhável aos Magistrados não confrontarem provas, não estudá-las, nem valorá-las na pronúncia, se assim o fizerem, não estarão causando nulidade alguma" (TJMS, rel. Des. Sérgio Martins Sobrinho, *RT* 559/389).

De outra parte, um grande número de defensores bate-se por uma absolvição sumária ao ofertarem as alegações do **art. 411, § 4º**, alegando "legítima defesa" em meio ao burburinho de provas: é unânime na jurisprudência, pacífico na doutrina, porque de acordo com o espírito do legislador, de que somente se absolve sumariamente quando a legítima defesa esteja estreme de dúvida. Havendo dúvida, a pronúncia se impõe: "Não se deparando, estreme de dúvida, ter o réu agido ao amparo da excludente da legítima defesa, imperiosa é sua pronúncia, para que seja julgado pelo Júri Popular" (TJPR, rel. Helianthо Camargo, *RT* 548/385).

Depois, sem reciclarem o aprendizado, os mesmos defensores – vencidos em primeira instância – acabam por prejudicar o próprio constituinte, ao interporem recurso em sentido estrito (art. 581, IV, do CPP), alegando que "o próprio magistrado reconheceu que há dúvida na prova", e "portanto deveria aplicar o *in dubio pro reo*"... Obrigatoriamente, *in casu* (prova conflitante), recebem acórdão unânime rejeitando o recurso defensivo, e chancelando a pronúncia, enfraquecendo a defesa, por duas irrespondíveis razões: a uma, ao demonstrar o "desvio" do seu entendimento jurídico; a duas, porque sujeitam o acusado a mais uma sentença desfavorável a ele...

ação penal. Na forma, produz-se simplesmente a depuração da linguagem técnica, coibindo-se e afastando-se o evidente excesso acusatório[26], e possibilitando-se, no dizer de Hermínio A. Marques Porto, "uma esquematizada formulação de fontes do questionário"[27].

Por isso, "não há como sustentar uma impronúncia fundamentada no brocardo *in dubio pro reo*. É que nessa fase processual há inversão da regra procedimental para a do *in dubio pro societate*, em razão do que somente diante da prova inequívoca é que deve o réu ser subtraído ao julgamento pelo Júri, seu Juízo natural"[28].

O juiz pronunciará o réu caso se convença da existência do crime e de indícios suficientes de autoria, dando os motivos de seu convencimento. Até 1941 – ano da promulgação do Código de Processo Penal – as legislações anteriores cobravam para a pronúncia, a par da prova da materialidade delitiva, a presença de "indícios veementes" de autoria, expressão que, a partir de então, substituiu-se por "indícios suficientes", fórmula agora mantida na edição da nova lei. A "suficiência dos indícios" é, pois, menos do que a "veemência indiciária" – que pode haver, evidentemente, mas não é *conditio sine qua non* para a pronúncia –, mas, inquestionavelmente, é mais que um simples ou "mero indício". Há, aqui, uma ascensão na escala probatória, que nasce da simples suspeita e conjectura, passa por indícios e, daí, aos "indícios suficientes", até indícios veementes e à certeza conclusiva pelo raciocínio dedutivo. Note-se, a propósito, que certeza e verdade não são sinônimos. A teor de antigas lições, a verdade está no fato, a certeza, na cabeça do juiz. Assim, pode-se estar certo de algo que, a rigor, não seja verdadeiro. Cobrou, pois, a lei, no que se refere à pronúncia, um *majus* em relação à presença de um simples indício, e um *minus* em relação à veemência desses. Por isso mesmo, à evidência, não exigiu certeza nesta fase. Donde concluir que a pronúncia não deve conter uma análise profunda do *meritum causae*. Assim, nessa decisão "apenas se reconhece a existência de um crime e a presença de suficientes indícios da responsabilidade do réu, apontando-se a direção a ser seguida pela ação penal". Na dúvida,

....

26 "A pronúncia demarca os limites da acusação. Impossível, pois, restringi-la, desde logo, sob fundamento de que não ficaram suficientemente provados todos os elementos" (TJSP, rel. Des. Silva Leme, *RJTJESP* 15/394).

27 *Júri*, 7. ed., São Paulo, Malheiros Editores, 1993, p. 77.

28 TJSP, rel. Des. Diwaldo Sampaio, *RT* 587/296.

cabe ao juiz pronunciar-se, encaminhando o feito ao Tribunal do Júri, órgão competente para o julgamento da causa. Nessa fase vigora a máxima *in dubio pro societatis*.

5.1. Quais são os seus requisitos?

Na pronúncia o juiz mencionará o dispositivo legal em cuja sanção julgar incurso o réu. Na pronúncia deverão constar, também, as elementares do tipo e as circunstâncias qualificadoras e as causas de aumento de pena. A exclusão das qualificadoras só será admitida se forem manifestamente improcedentes e de todo descabidas. Mesmo quando duvidosas, devem ser incluídas na pronúncia, para que sobre elas se manifeste e decida o Júri[29].

Vale ressaltar que a ausência de fundamentação sobre as qualificadoras na sentença de pronúncia é causa de nulidade absoluta, sanável a qualquer tempo, não sujeita ao instituto da preclusão[30].

O juiz mencionará, ainda, se o crime foi consumado ou tentado. Não caberá a menção das causas de diminuição de pena, bem como das circunstâncias agravantes e atenuantes. Também não poderá o juiz fazer referência ao concurso de crimes. O caminho a ser seguido pelo juiz na prolação da pronúncia está delineado no art. 413 do CPP.

No caso de **crimes conexos**, se o juiz pronunciar o réu em relação ao crime doloso contra a vida, não poderá manifestar-se acerca da admissibilidade das infrações conexas, preservando, desse modo, a competência do Júri para decidir a causa, em sua inteireza. Assim, no momento em que pronuncia pelo delito principal – doloso contra a vida – firma, a partir daí, a competência do Júri para o julgamento da causa, já não lhe cabendo analisar as infrações conexas.

No caso de **crime afiançável** (§ 2º do art. 413), o juiz arbitrará o valor da fiança para a concessão ou manutenção da liberdade provisória. A hipótese vislumbra-se nos casos em que houver desclassificação do delito original para crime que admite prestação de fiança (por exemplo, desclassificação de homicídio para infanticídio). O art. 323 do estatuto processual penal regula as hipóteses em que não será concedida fiança.

29 STJ, HC 128.620/MG, 6ª Turma, rel. Celso Limongi, j. 3-9-2009, *DJe*, 21-9-2009.

30 STJ, HC 136.446/RJ, 5ª Turma, rel. Arnaldo Esteves de Lima, j. 25-5-2010, *DJe*, 14-6-2010.

5.2. Como deve ser sua fundamentação?

E a fundamentação da pronúncia, como deve ser?

Recomenda Adriano Marrey:

"Na fundamentação da pronúncia deve o juiz usar de prudência, evitando manifestação própria quanto ao mérito da acusação. Cumpre-lhe abster-se de refutar, a qualquer pretexto, as teses da defesa, contra-argumentando com dados do processo, nem mesmo para acolher circunstâncias elementares do crime... Por satisfazer-se a lei processual com a prova indiciária da autoria... a redação da sentença, sem sofrer a censura de superficialidade, deve ser tal que não impeça sequer a arguição, pela defesa, da negativa de autoria.

A singeleza de expressões é recomendada, tanto mais que ao Júri é que compete, exclusivamente, apreciar as provas por seu merecimento"[31].

Depois, cita Frederico Marques:

"O juiz declara a sanção cabível, uma vez que não a aplica... O magistrado que prolata a sentença de pronúncia deve exarar a sua decisão em termos sóbrios e comedidos, a fim de não exercer qualquer influência no ânimo dos jurados"[32].

Outra não é a recomendação de nossos Tribunais:

"A pronúncia deve ser lançada em termos sóbrios e comedidos a fim de não exercer qualquer influência no ânimo dos jurados. Não pode o juiz antecipar-se ao julgamento do Tribunal do Júri com uma interpretação definitiva e concludente da prova em favor de uma das versões existentes nos autos. O juízo de comparação e de escolha de uma das viabilidades decisórias cabe ser feito pelos jurados, e não pelo juiz da pronúncia"[33].

Assim, temos que o juiz não pode incursionar exageradamente sobre as provas dos autos, já que assim poderia influir no ânimo do Conselho dos Jurados, causando nulidade do pronunciamento. Dessarte, se o juiz pronunciante, em vez de proporcionar um juízo de suspeita para os jurados, concluir por um verdadeiro juízo de certeza, viola a cláusula do devido processo legal, ensejando a decretação de sua nulidade.

---

31 Adriano Marrey et al. *Júri – Teoria e prática*. 3. ed. São Paulo, Revista dos Tribunais, 1988, p. 111.

32 Adriano Marrey et al. *Júri – Teoria e prática*. 3. ed. São Paulo, Revista dos Tribunais, 1988, p. 111.

33 TJRS, rel. Ladislau Fernando Rohnelt, *RT* 557/369.

5.3. É anulável a pronúncia prolatada em termos "candentes"?

Nulifica-se, contudo, a sentença que não tenha sido proferida em linguagem isenta, mas candente?

A posição maciça da jurisprudência, até o momento, entende que não. O acórdão, que teve como relator o eminente Desembargador Adriano Marrey, esclarece:

"Recomenda-se, em geral, como lembrado pelo ilustre Procurador da Justiça, Hermínio Marques Porto Jr., seja a sentença de pronúncia moderada em seu termo, para evitar possa influir indevidamente no espírito dos jurados, a quem competirá o julgamento do acusado. 'Deve ter o comedimento das expressões, para que não sejam ultrapassados os limites da decisão marcantemente de efeitos processuais' (v. Júri, p. 53). Também o Prof. José Frederico Marques acentua: 'O Magistrado que prolata a sentença de pronúncia deve exarar a sua decisão em termos sóbrios e comedidos, a fim de não exercer qualquer influência no ânimo dos jurados. É aconselhável, por outro lado, que dê a entender sempre que surja controvérsia a propósito de elementares do crime, que sua decisão, acolhendo circunstância contrária ao réu ou repelindo as que lhe sejam favoráveis, foi inspirada no desejo de deixar aos jurados o veredicto definitivo sobre a questão, a fim de não subtrair do Júri o julgamento do litígio em todos os seus aspectos' (v. *A Instituição do Júri*, v. 1/232, n. 7). Não se tem chegado, todavia, a ponto de anular a própria sentença, por motivo de veemência do Magistrado ao pronunciar o réu. Isto pode ser objeto de reserva ou mesmo de outra providência do órgão julgador de Segunda Instância, mas em regra não constitui nulidade. Decidiu-se, em caso semelhante, no egrégio STF dever a sentença de pronúncia ser redigida em linguagem serena para que não ocorram 'influências perturbadoras da isenção da Justiça' (acórdão do HC 42.733-RJ, rel. o então Min. Vitor Nunes Leal, in *RTJ* 23/23). Mesmo em se tratando de decisão de pronúncia em termos desarrazoados, pelo calor e veemência como se entendeu estar condenando antecipadamente ao réu, mesmo assim deixou o Pretório Excelso de concluir pela anulação da sentença impugnada. O então Min. Evandro Lins, de notória experiência como antigo e brilhante advogado criminalista, disse em seu voto: 'Não vejo como, no caso, se possa considerar nula a sentença. Não é aconselhável a linguagem apaixonada nela empregada, pois o Juiz deve destacar-

-se e adotar sempre, em suas decisões, um critério de serenidade nos seus argumentos, nas suas razões de decidir"[34].

No mesmo sentido, e também competentemente esclarecendo, o seguinte acórdão:

"É curial que o decreto de pronúncia deve conter a opinião do Juiz togado, sem o que ficaria injustificada a sua decisão. A maior ou menor veemência é questão de temperamento. Mas sempre ele se manifesta sobre a existência de uma infração penal, sobre a autoria, sobre as circunstâncias, opinando inevitavelmente na controvérsia. O que lhe é vedado é dizer aos jurados sorteados para o julgamento como devem julgar, influindo diretamente no julgamento"[35].

Assim, de se concluir, que o só fato de ter havido uma excessiva fundamentação na pronúncia, alegando-se excesso de linguagem, não é o bastante, de regra, para decretar sua nulidade, embora já se tenha decidido que o excesso de fundamentação pode prejudicar a defesa do réu[36].

O que não se permite, reste claro, é o magistrado afirmar um juízo condenatório, como aduzir, por exemplo, no corpo da pronúncia, "julgo procedente a presente ação penal", já que sua decisão tem caráter interlocutório e sua parte final, natureza meramente classificatória e provisória, não podendo ultrapassar os limites do art. 413 do CPP. No mais, continua absolutamente válida a lição do STJ de que a decisão de pronúncia, embora constitua mero juízo de admissibilidade da acusação, não prescinde de fundamentação acerca de seu objeto. Não é suficiente, pois, um texto genérico que abarcaria qualquer hipótese[37].

Há de se ressaltar que o excesso de linguagem na pronúncia é vício de natureza relativa, devendo ser alegada no momento oportuno, sob pena de preclusão[38].

34 TJSP, rel. Des. Adriano Marrey, *RJTJESP* 31/334.

35 TJSP, rel. Des. Acácio Rebouças, *RT* 431/315.
No mesmo sentido: TJSP, rel. Des. Adriano Marrey, *RT* 471/331; TJMS, rel. Des. Sérgio Martins Sobrinho, *RT* 558/373 etc.
Em sentido contrário: TJSP, rel. Des. Cid Vieira, *RT* 644/258.

36 STF, *RT* 784/531.

37 STJ, 5ª Turma, HC 38.737/PE, rel. Min. Felix Fischer, j. 22-2-2005, *DJU*, 4-4-2005, p. 331, v.u.

38 STJ, HC 32.005/SP, 6ª Turma, rel. Og Fernandes, j. 18-11-2008, *DJe*, 9-12-2008; HC 50.270/RS, 5ª Turma, rel. Napoleão Nunes Maia Filho, *DJU*, 6-8-2007.

Ademais, se as expressões do juiz na sentença de pronúncia não podem exercer qualquer influência no ânimo e vontade dos jurados, não há que se acolher a nulidade por excesso de linguagem[39]. Desta forma, não incorre em exagero vernacular o acórdão do Tribunal de Justiça que se limitou a confirmar a sentença de pronúncia, afastando a possibilidade de absolvição sumária sob alegação de estrito cumprimento do dever legal[40].

Por derradeiro, insta ressaltar que o Supremo Tribunal Federal entendeu que a alegação de excesso de linguagem na pronúncia restou superada com o advento da Lei n. 11.689/2008, que impediu a leitura da sentença de pronúncia em plenário. Inteligência do art. 478, I, do CPP[41].

Desta feita, em sendo adotada a corrente iniciada no Pretório Excelso, não há mais que se falar em excesso de linguagem na pronúncia, porquanto a referida decisão não terá o condão de exercer influência sobre os jurados.

Finalmente, sendo o réu pronunciado, o juiz, fundamentadamente, decidirá acerca da necessidade ou não de manutenção, revogação, substituição ou decretação de prisão cautelar.

Assim, caso o juiz decida que o acusado poderá aguardar o julgamento em liberdade ou se presentes os requisitos da preventiva, deverá fazê-lo motivadamente.

Conforme nosso *O novo procedimento do júri*, a alteração legislativa é significativa. Nos termos da lei anterior, entendia-se que a regra era a decretação da prisão do acusado pela pronúncia, salvo se fosse primário e possuísse bons antecedentes. Em princípio, o réu pronunciado deveria aguardar preso o julgamento. A redação do § 3º do art. 413 veio modificar tal entendimento.

A decretação da prisão do acusado, ou a manutenção da prisão cautelar já imposta ao réu, deverá ser decidida pelo juiz de forma fundamentada. Assim, a prisão do pronunciado somente será decretada, ou mantida, quando presentes os fundamentos do art. 312 do CPP. Há necessidade do surgimento ou persistência dos motivos autorizadores

---

39 STJ, *RSTJ* 90/344.

40 STF, HC 94.274/SP, 1ª Turma, rel. Carlos Britto, j. 1º-12-2009, *DJe*, 5-2-2010.

41 STF, HC 96.213/SP, 1ª Turma, rel. Carlos Britto, j. 3-2-2009, *DJe*, 6-3-2009.

da segregação cautelar do acusado. Prevalece, assim, entendimento de que a prisão do réu, antes do trânsito em julgado da sentença penal condenatória, é medida excepcional, justificada desde que comprovada a sua real necessidade.

5.4. Sobre o uso indevido do *in dubio pro societate*: advertência técnica e estratégica

Com frequência, o Ministério Público – por filiar-se a um vezo doutrinário mais antigo e ainda prevalente em manuais e sentenças – invoca, em suas alegações finais dirigidas ao juiz da instrução, a máxima *in dubio pro societate* como fundamento para o pedido de pronúncia. Embora compreensível no plano retórico, essa escolha pode, inadvertidamente, fragilizar o posicionamento acusatório na fase plenária.

Ocorre que, se nenhuma prova adicional é produzida após a decisão de pronúncia, a defesa poderá, com habilidade retórica, sustentar, diante do Conselho de Sentença, que "o próprio Ministério Público afirmou, outrora, haver dúvida quanto à autoria", e que, agora, prevalece o postulado *in dubio pro reo*.

Trata-se de uma estratégia forense conhecida, que explora a ambiguidade semântica da palavra "dúvida", convertendo um juízo técnico de admissibilidade fundado em indícios robustos em aparência de incerteza deliberativa. Ao fazer isso, o defensor não apenas distorce a função da pronúncia, como também procura atribuir ao órgão acusador uma incoerência que não existe, mas que, se a peça for mal redigida, pode parecer existir.

Por isso, é recomendável que o Ministério Público evite o uso do brocardo *in dubio pro societate*, substituindo-o por argumentações baseadas no art. 413 do Código de Processo Penal, que exige, para a pronúncia, a prova da materialidade do fato e a presença de indícios suficientes de autoria.

A pronúncia não se baseia na dúvida, mas na suficiência indiciária. É um juízo técnico, e não hesitante. Trata-se de afirmar com responsabilidade: há elementos objetivos que exigem julgamento por seus pares. Não se trata de julgar, mas de submeter à soberania do Júri os fatos que já se mostram narráveis com coerência e suportados por prova lícita.

Invocar o "estado de dúvida" nesse contexto pode abrir uma fenda que, mais adiante, será explorada com habilidade por quem se dedica à dissolução da convicção. E, como adverte a boa retórica processual, não se deve dizer mais do que o necessário, nem menos do que o prudente.

A frase elegante pode fragilizar se desnecessária. A máxima latina, se mal aplicada, pode tornar-se um aforismo contra o próprio propósito acusatório. Por isso, de se reiterar: *pronuncia-se porque há indícios e não porque há dúvida. Submete-se ao Júri porque há base para a imputação, e não hesitação sobre ela.*

O julgamento pelo povo exige coragem institucional. E esta começa já nas alegações finais, quando a linguagem do acusador deve antecipar a firmeza do que será dito em plenário. Nesse sentido, o cuidado com as palavras é parte do cuidado com a justiça.

Capítulo 5

DA ORGANIZAÇÃO DO JÚRI[1]: O SELECIONAMENTO DOS JURADOS, A QUESTÃO DA "NOTÓRIA IDONEIDADE" E A BOA FORMAÇÃO DO CONSELHO DE SENTENÇA NO TRIBUNAL

Sumário: 1. Considerações preliminares. 2. O alistamento dos jurados. 3. Fiscalização da lista pelo Ministério Público. 4. A convocação do Júri. 5. Recomendações úteis.

... inúteis as reformas políticas, porquanto a questão é de homens e não de instituições. Difícil será definir, desprezadas as aparências, o regime destes 48 anos rotulados de república, dos quais mais da metade foram de ditadura, estado de sítio ou estado de guerra. As organizações em regra não modificam os homens; pelo que indiferente seria haver ou não Poder Legislativo ou Judiciário e nomeadamente júri. Mas justamente porque este último me pareça

1 Referido capítulo, em linhas gerais, publicamos inicialmente na RT 693/309, sob o mesmo título agora apresentado.

capaz de atuar, com o tempo, neste sentido, como instituição educativa, escola de cidadãos, aí informados das verdadeiras causas da criminalidade, para as poder corrigir, é que o tenho defendido e defenderei...
Ninguém dirá que um sábio julga melhor que o leigo seu vizinho (Magarinos Torres).

1. CONSIDERAÇÕES PRELIMINARES

Com errôneo exercício de interpretação restritiva, fazendo bandeira postural de seu equívoco o pensamento supra-autorizado, porém não devidamente interpretado, do saudoso Juiz Presidente do Tribunal do Júri do Rio de Janeiro – primeiras décadas do século passado –, então Capital da República, medra no seio jurídico uma parcela doutrinária que defende, cegamente, a interpretação *ipsis verbis* do requisito "cidadania" (o *jus sufragii*), e faz vistas grossas à "notória idoneidade", requisito com laivos de subjetivismo, ambos, no entanto, condições *sine quibus non* – a teor do art. 436 do CPP – para a integração de um corpo de jurados.

Vezado aos grandes julgamentos, cuja batuta orquestrava a fase áurea da vetusta e controvertida instituição no Brasil, jamais defendeu o velho mestre a involução do pensamento contemporâneo e, bandeirante intimorato de um Júri mais racional, sempre pugnou pela mantença e aperfeiçoamento do Colegiado Popular.

Hoje, lamentavelmente, em um momento que os referenciais da "notória idoneidade" se perdem no caleidoscópio confuso dos crimes de *white-collor* (em um dia frequenta-se o noticiário como autoridade constituída, para, no dia seguinte, figurar como réu nas manchetes policiais), depara-se, muitas vezes, o juiz de direito – e o Ministério Público na atividade fiscalizadora – na indefinição concreta do que seja a "notória idoneidade", cuja falência, em última instância – dada a soberania do Júri –, dará morte certa da última esperança social da prestação jurisdicional: carente o "cidadão" da "notória idoneidade", desprovido de um mínimo de intelecção e adjetivos morais necessários à atividade judicante, de nada adiantará o percuciente trabalho investigatório da polícia judiciária e a boa instrução do feito para a formação da culpa... por terra quedará, morrendo assim no desaguadouro, a pretensão punitiva deduzida em juízo...

Notável que, da legislação imperial que somente aceitava para o serviço do Júri "homens", e que "fossem bons, honrados, inteligentes e patriotas" (Decreto de 18-6-1822), passando pelo Decreto n. 167/38, que em seu art. 5º exigia para a função de jurado a idade mínima de

25 anos, até hoje nenhuma grande modificação de fundo se passou para o selecionamento do "cidadão incumbido pela sociedade de declarar se os acusados submetidos a julgamento do júri são culpados ou inocentes"[2].

Pela Lei n. 261, de 3-12-1841, recomendava-se, em seu art. 28, que os delegados de polícia organizassem uma lista anual de cidadãos que preenchessem os requisitos legais para atuação como juízes leigos – no Júri – e que seria enviada ao "Juiz de Direito, o qual com o Promotor Público e o Presidente da Câmara Municipal formarão uma junta de revisão, excluindo todos aqueles indivíduos que notoriamente foram conceituados de faltos de bom senso, integridade, e bons costumes, os que estiverem pronunciados, e os que tiverem sofrido alguma condenação passada em julgado por crime de homicídio, furto, roubo, bancarrota, estelionato, falsidade ou moeda falsa".

Do Império à República (a velha, a nova e a neonata), o selecionamento dos jurados nunca divergiu, em síntese, do imaginado por Tocqueville, na comparação feita por Frederico Marques, de que o Júri consistiria em "um certo número de cidadãos escolhidos pela sorte e revestidos momentaneamente do poder de julgar".

Contudo, se é certo que os corcovos da *sorte*, moral e filosoficamente não rimam com justiça, quando mais se sabe que, embora momentânea a atividade julgadora, a sentença, uma vez em estado de coisa julgada, "destaca-se dos motivos que a ditaram, tal como a borboleta que sai do casulo"[3], na visão de Calamandrei..., e acaba por ter efeitos tão permanentes e até mais funestos, muitas vezes, que o próprio homicídio em nome do qual se reuniu, para julgar, o Colegiado Popular. Nesse contexto, restaria a *vox populi*, acertadamente inconformada, a formular a mesma indagação que o espírito e o estro de Dante (1265-1321) já houvera concebido: "... quem és, assim tão presumido, para julgar de coisas dessa alteza, com a curta visão de que és provido?" (*Paraíso*, XIX).

A década de 1930, no século passado, como que paradoxalmente, ante a iminência da implantação do "Estado Novo", no prelúdio da Ditadura Vargas, que acabaria por suprimir com o Decreto-Lei n. 167/38 a "soberania dos veredictos" – razão e essência do Júri –, trouxe uma conquista

2 F. Whitaker, ao conceituar o que seja "jurado".

3 *Eles, os juízes, vistos por nós, os advogados*, 7. ed., Lisboa, Clássica Ed., p. 29.

para a instituição, aperfeiçoando-lhe a forma democrática: é que, até o advento do Decreto n. 21.076, de 24-2-1932, as mulheres não exerciam o direito de voto; logo, não eram "cidadãs"[4]... por conseguinte, não poderiam ser "juradas", dada a inexistência do requisito objetivo da cidadania. Pelo predito decreto, em seu art. 2º, conferido o direito do voto às mulheres, passaram elas a incorporar o Júri, agora por reconhecimento legal, retirando dos varões a hegemonia de julgar, outrora tributada a um só sexo.

Então, mais realisticamente, era ouvido em nossa terra o grito revolucionário dos franceses que, um século e meio antes, pretendiam um julgamento de fato "popular":

"O Júri torna real a soberania popular; o cidadão vota, o cidadão julga"[5].

... e não por uma casta, como aquela que até então albergava somente "homens", como a erigi-los em ungidos únicos com o "dom de julgar".

2. O ALISTAMENTO DOS JURADOS

Dispõe o art. 425 do CPP:

Art. 425. Anualmente, serão alistados pelo presidente do Tribunal do Júri de 800 (oitocentos) a 1.500 (um mil e quinhentos) jurados nas comarcas de mais de 1.000.000 (um milhão) de habitantes, de 300 (trezentos) a 700 (setecentos) nas comarcas de mais de 100.000 (cem mil) habitantes e de 80 (oitenta) a 400 (quatrocentos) nas comarcas de menor população.

§ 1º Nas comarcas onde for necessário, poderá ser aumentado o número de jurados e, ainda, organizada lista de suplentes, depositadas as cédulas em urna especial, com as cautelas mencionadas na parte final do § 3º do art. 426 deste Código.

§ 2º O juiz presidente requisitará às autoridades locais, associações de classe e de bairro, entidades associativas e culturais, instituições de ensino em geral, universidades, sindicatos, repartições públicas e outros núcleos

---

4 Magarinos Torres (*Processo Penal do Jury nos Estados Unidos do Brasil*. 1. ed. Rio de Janeiro, Livr Jacyntho, 1939, p. 85.) relata o caso de um julgamento ocorrido na Comarca de Bariri-SP, nos idos de 1931, que foi posteriormente anulado pelo Tribunal de Justiça de São Paulo, em face da participação de mulheres no Conselho de Sentença.

5 Trad. livre do autor, "Le jury donne la realité à la souveraineté du peuple; le citoyen vote, le citoyen juge".

comunitários a indicação de pessoas que reúnam as condições para exercer a função de jurado.

Diante disso, a pergunta cabente logo se evidencia: qual o critério utilizado pelo juiz presidente para alistar, como jurado, um "cidadão"?

O Código de Processo Penal, que entraria em vigor (1941) quase uma década após o reconhecimento da "cidadania" às mulheres (1932), salvaguardou o direito-dever de ser jurado "para os cidadãos maiores de 21 anos, isentos os maiores de 60 (art. 434) e, como requisito, laconicamente – enquanto extremamente ampla a interpretação pretendida por alguns, nesse particular –, exigiu que os jurados "serão escolhidos dentre cidadãos de notória idoneidade" (art. 436). Requisito que se repetiu ("notória idoneidade") com a Lei n. 11.689, de 9-6-2008, que dando nova redação ao art. 436 do CPP, estatuiu, contudo, em 18 anos a idade mínima para ser jurado, donde nosso protesto, por ter sido infeliz o legislador ao reduzir a idade para 18 anos e manter o requisito da "notória idoneidade", porquanto com tal idade, à evidência, pode se ter eventualmente "notoriedade", mas não "notória idoneidade"...

A propósito, já escrevemos em nosso *Código de Processo Penal anotado*, *verbis*:

"Notória idoneidade não é notoriedade

Ora, confunde-se a formação de um 'tribunal de leigos' – característica essencial do serviço do Júri – com um tribunal inexperiente, podendo até mesmo ser imaturo para as altas funções a que se propõe. O jurado precisa ter – a teor da redação do art. 436 – 'notória idoneidade'. De se perguntar: como alguém pode ter 'notória idoneidade' tendo 18 anos de idade? Aos 18 anos, excepcional e raramente, pode-se ter 'fama' ou 'notoriedade', como no caso de um atleta ou artista, mas não 'notória idoneidade'.

Note-se, a 'notória idoneidade' é um *plus* em relação a alguma experiência de vida, denotando a atual redação, por impossibilidade de cobrar uma, abrir mão também da outra. Portanto, nem se argumente que se inspirou o legislador na novel capacidade civil, isto porque, uma coisa é referida capacidade, outra, bem diversa, é a 'notória idoneidade' exigível legalmente (art. 436 do CPP) para qualificar e tornar apto a ser jurado o cidadão comum. Chancelou-se, pois, um equívoco ao se reduzir a idade dos jurados e ao mesmo tempo cobrar a 'notória idoneidade'. Ademais, uma coisa é a capacidade de civil (art. 5º do CC) ou penalmente ter responsabilidade por seus atos, outra, diversa, é a aptidão e a qualificação para poder julgar, mister na condição de jurado.

O descompasso legislativo-constitucional

Nesse sentido, não será franqueando a todos o poder de julgar que se fortalecerá o Estado Democrático de Direito, mas somente dando-se tal poder àqueles que 'tenham condições de julgar', tendência, aliás, obedecida com o incremento do prazo de 3 anos de exercício profissional necessários ao concurso de ingresso à Magistratura e ao Ministério Público. O legislador, nesse ponto, dissociou-se totalmente daquele que ditou a Emenda Constitucional n. 45, que reclamou maior experiência – de vida e profissional – aos magistrados e membros do *Parquet* ao cobrar o interstício de 3 anos de exercício profissional, antes de prestar concurso.

Note-se, por outro lado, que, no caso do júri, ainda mais se reclama experiência de vida – que nada tem que ver com a formação técnico-profissional – eis que aos jurados leigos é dado um grande poder, configurador de decisões às quais se empresta a 'soberania dos veredictos'"[6].

Nesse sentido, afora os requisitos objetivos (cidadania e maioridade civil), a doutrina e a jurisprudência jamais conseguiram delimitar um requisito que, em última análise, seria *in thesi* eminentemente subjetivo, ou seja: qual o entendimento aplicável à expressão "notória idoneidade"?

Magalhães Noronha em seu magistério propõe:

"Não se exige evidentemente tenha diploma ou pertença a esta ou àquela classe social para integrar o corpo de jurados, mas é indispensável que, ao lado da vida honesta, possua o necessário descortino, para que possa compreender as questões jurídicas – sim, jurídicas, dizemos – científicas etc. que constituem objeto dos debates"[7].

Posteriormente, o festejado paulista Adriano Marrey aduziu que a idoneidade exigida significa "aptidão", "capacidade", tanto moral como "intelectual". A seguir, cita Borges da Rosa: "... na lista geral de jurados só deverá ser incluído o cidadão que tiver idoneidade moral e intelectual. Tanto vale dizer que o corpo de jurados se deve compor de cidadãos mais notáveis do município por seus conhecimentos, experiência, retidão de conduta, independência e elevação de caráter"[8].

6 *Código de Processo Penal anotado*, 3. ed., São Paulo, Saraiva, 2010, p. 762-763.

7 *Curso de direito processual penal*, 19. ed., São Paulo, Saraiva, 1989, p. 244.

8 *Júri*, 3. ed., Revista dos Tribunais, p. 54.

Existe, por outro lado, uma corrente – da qual falávamos alhures – pretendendo a máxima democratização da lista de jurados, a qual não se inibe de incluir na referida "lista" os mais despreparados comarqueanos – inclusive os *analfabetos*, porque agora "cidadãos" –, aduzindo do que a sociedade é composta por pessoas de diferentes quilates e matizes e, por tal, em sendo o Júri o "julgamento do homem por seus pares", os representantes dos diversos segmentos sociais deveriam adentrar a justiça, como jurados.

Não entendemos assim, aliás, bem ao contrário. Propugnamos pela melhoria nos critérios seletivos dos referidos cidadãos. A maior crítica dos adversários do Júri é justamente o despreparo do leigo ao julgar. A propósito, confiram-se os clássicos argumentos de Nélson Hungria, Heleno Fragoso[9], Hoeppner Dutra, Elóscolo da Nóbrega, Alcides de Mendonça, dentre outros, entre nós; assim como os de Garofalo e Mittermayer a Lopes-Rey Arrojo, doutrina d'além fronteira.

Nesse contexto, "democratizar" não encontra sinonímia em "desqualificar". Assim, se por um lado é certo que a *ratio* do Júri é a não exigência de qualificação técnica, do jurado, por outro também, a *minus valia* intelectiva e de caráter não abona a pretensão de ver-se incluído na citada "lista"... afinal, bem julgar, conquanto não seja apanágio egoisticamente tributado somente ao juiz togado (especificando a visão de Magarinos Torres), também não pode ser pressuposto de quem sequer entenda o processo que se julga e a missão a que se destina. Ademais, a complexidade da causa, a aferição de provas, o cipoal da quesitação e de teses jurídicas, enfim, a solução das equações lógico-jurídicas propostas necessitam encontrar supedâneo, ao menos, para frutificar em justiça, em terreno fértil que seja a inteligência não viciada ou infecunda dos jurados.

Se o raciocínio curto, se a *capitis diminutio* não se afere facilmente, uma das maneiras pensadas para uma boa composição da lista anual será a convocação de cidadãos que evidenciem, por seus afazeres e *modus vivendi*, qualidades que sejam "elogio", e não "crítica". A idoneidade moral e a intelecção mínima, afora requisitos indispensáveis para o salutar convívio social, haverão de ser *substractum* indiscutível de qualquer jurado.

9 *RF* 117/14, 249/48, 193/20, 196/16, entre outras.

Elóscolo da Nóbrega, contrário ao Júri, ponderava "...Não vale argumentar com o exemplo do Rio, São Paulo e outros grandes centros, onde, mercê de um conjunto de circunstâncias favoráveis, o júri apresenta apreciável nível de moralidade e eficiência". Depois, continuava por elogiar os jurados dos grandes centros "professores de universidade, juristas, médicos, engenheiros..."[10].

Nem tanto, contudo, como queria o mestre, diga-se. De fato, parece-nos, a unanimidade de "doutores" (como lobrigava o referido lente) retira a essência e a justificação do Júri, suprimindo-lhe vorazmente a capacidade auscultativa da vontade popular. O mecânico e o bancário, o estudante e o funcionário, todos, de "notória idoneidade", não necessitam de formação acadêmica para bem julgarem e prolatarão, nesse contexto, a sentença que seja o ditame da vontade popular.

Hélio Tornaghi[11], a propósito, recorda que "homens de carne e osso têm de ser julgados de acordo com os padrões do meio em que vivem. Os anglo-americanos têm sempre em consideração os *standards* de cada região, de cada grupo, de cada parcela do povo"[12].

De se lembrar no que repousa a metáfora de Carnelutti[13] a elogiar o juízo colegiado – "o juízo colegiado é comparado à visão binocular: se a natureza nos dotou de dois olhos em lugar de um só, é porque uma única imagem não basta para que seja completamente visto o que devemos ver". Portanto, como se pretender um bom julgamento, se os "olhos da consciência" são míopes ou vesgamente desonestos?

Aliás, para a magistratura togada, o concurso de ingresso, como é sabido, afora o bacharelado em direito, exige do candidato um irreprovável comportamento social, delineando-se sua personalidade, pela *vita anteacta*, demonstrável pela exigência de certidões e documentos vários (certidão negativa de antecedentes criminais, protestos etc.). Assim, tirante o bacharelado em direito, quer-nos parecer, até como de bom senso, que se procure nivelar os jurados pelo alto, exigindo-lhe, quando menos, os mesmos requisitos necessários ao juiz togado, e não selecioná-los sem critério algum, apenas fulcrando-se (como de regra tem sido) na

10 *RF* 117/19.

11 *RDP* 28/117 (Rio de Janeiro).

12 V. Marcel O. Stati, *Le standard juridique*, Paris, 1927.

13 Apud Walter P. Acosta, *O processo penal*, 17. ed., Rio de Janeiro, Coleção Jurídica da Editora do Autor, 1987, p. 462.

"idade" e "cidadania"; ademais, a justiça que se busca ali não difere daquela visada pela magistratura organizada em carreira.

Com inteligência e idoneidade moral, melhor exercerão os jurados o requisito da *imparcialidade*, sem se valerem da apoucada ideia de Rabelais[14], citado por Calamandrei, que para ser imparcial "tirava aos dados suas decisões", ou "sempre em dúvida" (amantes incondicionais e desajuizados do decantado *in dubio pro reo*), vitimizarem-se pelo "Complexo de Pilatos"[15]. Se, por um lado, pretendesse violar, pelo sentimento, pela emoção desaçaimada veiculada pelo coração, a imparcialidade, por outro, o cérebro, com acendradas razões, poria cobro ao julgamento *pietatis causae*. E assim, fundados na "razão", sobretudo, dariam sua *sententia*, dizendo "o que sentem" – conforme lembrado por Tornaghi –, mas, acima disso, dizendo o que "pensam". O sensor intelectivo, a boa-fé salvaguardada pela independência moral, não sucumbirá ao medo e ameaças – resistindo como qualquer juiz togado – e, tampouco, cairá, sem luta, às armadilhas e cabalas realizadas[16], buscando com abnegação a verdade, ao julgar. Sobretudo, é preciso que o jurado tenha *disposição* de ser jurado, queira ser jurado (como o juiz de direito quis a função exercida) para poder perseguir incessantemente a faina da justiça, visto que "há duas leis que regem o trabalho mental: a lei do mínimo esforço e a lei do máximo esforço. A lei

....

14 *Eles, os juízes, vistos por nós, os advogados*, 7. ed., Lisboa, Clássica Ed., p. 26.

15 Teoria citada por Moacyr Benedito de Souza, in *Mentira e simulação em psicologia judiciária penal*, São Paulo, Revista dos Tribunais, 1988, p. 44, ao exprimir em juízo crítico o tipo de magistrado sempre hesitante e indeciso, cujas raízes comportamentais "são potenciadas por estímulos que afloram do subconsciente".

16 Apud Mário Hoeppner Dutra, A evolução do direito penal e o júri, *RF* 249/48. Chamava a atenção o autor para os fatos que atentavam contra a dignidade da instituição, como o procedimento que "vai num crescendo, com manipulações que se desenvolvem com a conivência de certos 'servidores da justiça', culminando nos casos de homicídio, na cabala de jurados e na preparação do próprio Conselho de Sentença. 'Fazem a casa', como se diz na gíria forense. Certos 'criminalistas' jactam-se inclusive dessas autênticas rasteiras na Justiça, e sua clientela aumenta na razão dos resultados assim obtidos..." (citado no artigo publicado em *O Estado de S. Paulo*, 28-7-1973).

Por seu turno, o Professor Heleno C. Fragoso, asseverava: "Estão os jurados sujeitos a toda sorte de influências. Uma vez sorteada a lista de jurados, começa uma infindável 'cabala', com as lamentações que a todos são feitas pela mãe, filhos, a mulher e parentes do réu. isto é verdadeira praga. Sem saber se vai julgar o caso, o jurado que consta da lista é 'catequisado' por todas as formas..." (A questão do júri, *RF* 193/27).

do mínimo esforço é a mascarilha do despreparo. É a razoira achanando os níveis da cultura... É a apologia do solecismo e do barbarismo"... como se para ele lecionasse Batista Pereira[17].

Cumpre, assim, identificar na população, para a inclusão na lista, aqueles a quem a função de julgar – conquanto laboriosa e difícil, "usurpada pelo homem a Deus", na visão de Pietro Ellero[18] – não seja um peso insustentável, um obstáculo intransponível; mas que a vejam como um exercício útil de sabedoria e boa-fé, reversíveis em prol da própria comunidade, para que possam merecer a "presunção de idoneidade moral" e demais previsões alteadas pelo legislador (arts. 439 e 440 do CPP) àqueles que exercerem a função.

3. FISCALIZAÇÃO DA LISTA PELO MINISTÉRIO PÚBLICO

Com o dever legal de velar pelo cumprimento da própria lei (art. 257, II, do CPP) e com a legitimidade *ad causam* para a interposição de recurso contra selecionamento equívoco de jurado (consultem-se as leis complementares estaduais organizadoras do Ministério Público e arts. 426, § 1º, 581, XIV, 582, parágrafo único, 586, parágrafo único, do CPP), de se perguntar, por oportuno, qual critério eletivo para o Ministério Público pugnar pela exclusão da lista, no tocante à falta de "notória idoneidade", a teor do contido no art. 436 do CPP?

O controle prévio da lista – chamemo-lo, em homenagem à doutrina constitucionalista, de *controle difuso* –, diversamente do controle efetivado na sessão plenária (via de recusas), este um *controle concentrado* (art. 468 do CPP, tratando da recusa peremptória e imotivada), obriga o recorrente – *in casu*, o órgão ministerial – ao aduzimento de suas razões explicativas do porquê se pleiteia a exclusão do "cidadão maior de 18 anos" da lista anual de jurados. Conforme dizíamos, a "notória idoneidade" *in thesi* é conceito subjetivo e, nesta sociedade babélica de valores, em que a virtude e o defeito se congregam nos mesmos entes, entrelaçando-se e confundindo-se, mais difícil a atividade fiscalizadora do agente da lei para identificar e coibir verdadeiras tranquibérnias que se montam em nome da justiça.

17 Apud Rui Barbosa, *Coletânea jurídica*.

18 Citado por Romeiro Neto na peroração da defesa de Gregório Fortunato, in João Romeiro Neto. *Defesas penais*. 3. ed., Rio de Janeiro, Liber Juris, s.d., p. 168.

O magistrado, para a organização da "lista anual", vale-se, no mais das vezes, tão somente dos nomes enviados pelo Cartório Eleitoral (rol de cidadãos), ou, quando requisitados, dos nomes fornecidos pelas "autoridades locais, associações de classe..." (art. 425, § 2º, do CPP). Necessário, por oportuno, que o Ministério Público diligencie e de fato exerça a fiscalização da lista, a começar, v.g., pelo Cartório Distribuidor da Comarca[19] que, consultado, e comprovado posteriormente eventual processo criminal contra um jurado alistado, já legitimará o promotor a pleitear a exclusão da lista, do referido cidadão. Não se fala em "condenação". Diga-se, em bom tempo, que o só processo criminal (especialmente por crimes dolosos) já legitima a exclusão da lista[20], mister quando presentes certas situações, como, por exemplo, a própria natureza do processo *sub judice*. Nem se alegue a "presunção de inocência" alteada na Carta Magna (art. 5º, LVII). Isto porque não se trata de "condenação" do jurado, mas,

....

19 No Estado de São Paulo os promotores de justiça solicitam informações quanto aos antecedentes dos jurados, querendo, diretamente ao CAEX-Criminal (Centro de Acompanhamento e Execuções), órgão do próprio Ministério Público.

20 Em comarca do interior de São Paulo (Valparaíso, região noroeste), na qual militamos em anos passados, graduado funcionário bancário, alistado como jurado daquele foro, acabou processado por "desacato e vias de fato" cometidos contra um juiz de direito de comarca vizinha àquela. Imediatamente, durante o processo em que o réu confessava embriaguez e a prova testemunhal roborava o crime e o vício, pugnamos, junto à então MMa. Juíza, sua exclusão da referida "lista de jurados", aduzindo que o réu não detinha mais a "notória idoneidade" exigida pela Lei (art. 436 do CPP). Em lacônica decisão, decidiu-se que, se atendido o pedido ministerial, afrontar-se-ia o "princípio da presunção de inocência" previsto constitucionalmente (art. 5º, LVII, da Carta Magna). Inconformados, interpusemos o recurso em sentido estrito (art. 581, XIV – analogicamente – c/c o art. 582, parágrafo único, ambos do CPP), aduzindo, inclusive, o *periculum in mora* havente, dada a aproximação de uma sessão plenária de julgamento. Sustentamos que, ao incluir na lista de jurados ou dela excluir um cidadão, não atuava o magistrado, em verdadeira função judicante (daí não falar-se no decantado preceito constitucional), mas exercia-se função quase "anômala" do Judiciário, de cunho mais administrativo. Afinal, ponderávamos, àquela altura, se teria idoneidade moral para ser jurado o cidadão que confessava às pândegas embriaguez constante que, senão configurasse o *majus* denunciado, configuraria o *minus* de uma contravenção?"... Em bom tempo, novo magistrado assumia a comarca e, no juízo de retratação possível naquele recurso, excluía, como pretendido, o indigitado cidadão – cujo descaso com a lei já era patente –, desnecessitando-se, assim, da subida do inconformismo para o Presidente do Tribunal de Justiça deste Estado... Ao depois, o "jurado-réu" impugnado foi condenado no aludido processo, com sentença confirmada pelo Tribunal de Justiça de São Paulo.

temporariamente (pois questionado judicialmente de sua adjetivação moral), porque faltar-lhe-ia a necessária imparcialidade, um devido e conveniente resguardo da Justiça; se, posteriormente o referido cidadão-jurado, processado, viesse a ser absolvido, aí então teria o direito de novamente figurar na lista... afinal, se o homem não é incorrigível, pela mesma razão pode vir a ser um execrável, conquanto temporariamente virtuoso!

Não "douremos pílulas" e sejamos a par de pragmáticos, distantes da hipocrisia que muitas vezes mina as virtudes dos homens de bem: a "notória idoneidade" a que alude o Código e que estabelece "presunção de idoneidade moral" ao jurado (assegurando-lhe ainda as vantagens do art. 437 do CPP) não compactua com o assestamento de processo criminal, quando mais fulcrado em *justa causa* e sem a obstacularização da ação via dos remédios legais para ações sem *fummus boni juris*... Se fosse de confundir-se o espírito da lei aportaríamos em descalabros rotundos e raciocínios patéticos, v.g.: "Então, se o Júri é o julgamento do acusado por seus pares, nada impede que integre o Conselho de Sentença homicidas como o próprio réu...".

Do contrário, estaríamos "discriminando" (palavra tão em moda para provocar a aproximação forçada de pessoas moralmente opostas) um segmento social...

Nesse *non sense*, "notória idoneidade" teriam, *exempli gratia*, os "notáveis" banqueiros do Jogo do Bicho, os "notáveis" do "colarinho branco" (já "encardidos" pelos ilícitos, mas sempre com a defesa alienígena do "*ilegal, but no criminal*", como queriam os defensores americanos), os quais, no mais das vezes, dividem mesas e camarotes com autoridades constituídas...

Ora, diante da evidência que a publicidade traz, diante das verdades sabidas, em havendo um "cidadão idôneo" de um lado, e de outro, um mito espúrio da contravenção ou do "ilegal mas não criminal", qual o jurado a ser alistado pelo juiz presidente se, contra ambos, juridicamente, não consta "condenação transitada em julgado"?

A resposta é óbvia, pensamos.

Devemos evitar que, em nome da Justiça, sentencie do alto de seu mais sagrado altar o probo, com o mesmo peso de voto do pecador que o circunda... o vezo dita a experiência: jurado com processo criminal (...e diga-se, são muitos os assim alistados na Capital de São Paulo, contrariando a visão já citada de Elóscolo da Nóbrega) fará ouvidos moucos à justiça (que olhará com todas as reservas indevidas) e, na fala acusatória (porque logicamente falta-lhe a necessária isenção), deixará o promotor como o Batista... *vox clamantis in deserto*[21]...

Obviamente que "morre-se de unanimidade como se morre de anemia" (em prefácio primoroso de Eliézer Rosa), mas responde Tobias Barreto aos que, *venia maxima*, esposam entendimento diverso:

"Na opinião do veneno, as vísceras de um Mitrídates, que resistem à ação tóxica, são revolucionárias, como é revolucionário, na opinião do punhal, o sangue que borbulha"[22].

O recurso providencial do fiscal da lei, fazendo excluir o jurado que responda a processo criminal, além de ser uma obrigatoriedade legal e uma cautela necessária, é ainda, a um só tempo, respeito e elogio com os verdadeiros "jurados", agora sim, distinguidos, em congresso com outros cidadãos de "notória idoneidade", merecedores todos, sem a adulação fementida do plenário, do tratamento devido às verdadeiras "Excelências", integrantes de uma "lista honrosa que se deve compor somente de homens de moral pura e consciência reta"[23].

4. A CONVOCAÇÃO DO JÚRI

Com a "lista geral dos jurados" devidamente publicada – art. 426 – os nomes e endereços dos alistados, "em cartões iguais, após serem verificados na presença do Ministério Público, de advogado indicado pela Seção local da Ordem dos Advogados do Brasil e de defensor indicado pelas Defensorias Públicas competentes, permanecerão guardados em urna fechada a chave, sob a responsabilidade do juiz presidente" (art. 426, § 3º). Depois, sabido que as reuniões periódicas de julgamento dar-se-ão na conformidade do art. 453 e, mais comumente, de acordo com as legislações de cada Estado-membro (v. os correspondentes Códigos de Organização Judiciária), dispõe o art. 433, § 1º:

"O sorteio será realizado entre o 15º (décimo quinto) e o 10º (décimo) dia útil antecedente à instalação da reunião".

....

21 S. João, 1, 23, trad. da "Vulgata".

22 Apud Carvalho Neto, *Advogados – Como vivemos, como aprendemos, como sofremos*, 3. ed., São Paulo, Ed. Aquarela, 1989, p. 393.

23 F. Whitaker, *Júri*, 4. ed., 1923, p. 26.

De ser observado o disposto no art. 424 do CPP:

"Quando a lei local de organização judiciária não atribuir ao presidente do Tribunal do Júri o preparo para julgamento, o juiz competente remeter-lhe-á os autos do processo preparado até 5 (cinco) dias antes do sorteio a que se refere o art. 433 deste Código.

Parágrafo único. Deverão ser remetidos, também, os processos preparados até o encerramento da reunião, para a realização de julgamento".

O sorteio é de ser realizado a portas abertas e o juiz retirará as cédulas até completar o número de vinte e cinco jurados, ato ao qual, convenientemente, há que estar presente o órgão do Ministério Público, o representante da Ordem dos Advogados do Brasil e da Defensoria Pública, uma vez que devidamente intimados (art. 432 do CPP).

Uma vez sorteados os vinte e cinco jurados, juntamente com o juiz de direito presidente do Tribunal do Júri, estará composto (cf. art. 447 do CPP) o referido tribunal, decorrendo daí direitos (arts. 439 e 440) e deveres aos jurados que, convocados para a sessão e sorteados no dia do julgamento, sete deles comporão o Conselho de Sentença.

5. RECOMENDAÇÕES ÚTEIS

No mesmo sentido do bom selecionamento de jurados, fazendo-se excluir da lista aos que faltem os requisitos de "notória idoneidade", pelas mesmas razões já analisadas, e possibilitando-se uma avaliação completa da conduta social de cada cidadão alistado, não somente os que foram processados criminalmente – incluam-se aqui aqueles indiciados em inquérito policial por crimes dolosos –, mas, ainda, aqueles que no juízo cível sofram ações que, por sua natureza, evidenciem o comprometimento moral do mesmo, se investido na função de julgar. Vale dizer: jurado que tenha sofrido ação ordinária de cobrança ou de execução, petitória de pensão alimentícia, falência etc., como terá resguardada a intangibilidade moral, a necessária imparcialidade, quando for julgar delitos em que qualquer destes fatores – v.g., dívida não paga – tenha sido o móvel do delito e, aos quais ele próprio esteja *sub judice*? Até onde será "juiz" e, mantida sua independência e serenidade, não se transportará com o comprometimento do ânimo à qualidade do réu – ou da vítima –, por ter vivido, ou estar vivendo, situação semelhante, análoga à ocasionante do crime?

Algumas recomendações, parece-nos, são de valia para um eficaz controle da "lista anual de jurados":

a) começando pelo Cartório Distribuidor da Comarca, solicitar as eventuais "certidões positivas" de antecedentes penais dos alistados, bem como referentes a eventuais ações sofridas no juízo cível;

b) diante da lista – publicada anualmente –, requerer através dos órgãos competentes a "folha de antecedentes" dos alistados, possibilitando-se o controle sobre aqueles indiciados em inquérito policial e, obviamente, sobre aqueles já processados criminalmente;

c) havendo certidões positivas, requerer a pronta exclusão do jurado a que faltem os predicados legais, recorrendo, em caso de indeferimento da exclusão[24], à superior instância, para a observância da medida;

d) proceder à conferência anualmente – ou, diante da ocorrência de um caso concretamente noticiado – possibilitando-se um controle seguro sobre a lista de jurados[25];

e) fiscalizar efetivamente a realização dos sorteios (art. 433 do CPP), tal como manda a lei, exigindo a lavratura do correspondente "termo", em livro próprio.

24 *V*. nota 25.

25 Conforme amplamente noticiado pela imprensa nacional, a partir do mês de março de 1993, tão logo tomamos conhecimento de uma série de irregularidades que havia quanto ao alistamento e sorteio de jurados no 1º Tribunal do Júri de São Paulo, denunciamos o fato, suspendemos a realização dos Júris que estavam designados (imediatamente adotou postura idêntica o eminente promotor Walter Pinto da Fonseca Filho e outros colegas), e intentamos as medidas pertinentes à espécie. Na lista (herança antiga), estavam inscritos alguns "inacreditáveis" jurados; dentre os alistados (atuando ativamente como jurado) constatamos que existiam vários criminosos e, dentre estes, até réu de homicídio, que seria julgado no mesmo Tribunal em que atuava como jurado. Era um *doublet*, de réu e juiz... (v. o jornal *O Estado de S. Paulo*, 16-4-1993.) Pugnamos, com sustentáculo no entendimento defendido nesta matéria, pela imediata exclusão de "todos" os jurados alistados que ensejassem esse questionamento comportamental, pela prática de atos antissociais: o Poder Judiciário, com presteza, excluiu 238 "cidadãos" de "questionável" idoneidade (cf. *O Estado de S. Paulo*, 30-4-1993, caderno "Cidades"). A Promotoria de Justiça do 2º Tribunal do Júri da Capital Paulista, ante as notícias alarmantes que eram veiculadas, seguidamente, por ação de seus competentes promotores, efetuou também minuciosa fiscalização no corpo de jurados, constatando igualmente alguns casos escabrosos e postulando o pronto saneamento da lista.

Capítulo 6

DO JULGAMENTO PELO JÚRI. ASPECTOS PROCESSUAIS. A INSTRUÇÃO EM PLENÁRIO

Sumário: 1. Roteiro legal. 2. A arguição de nulidades. 2.1. A oportunidade de arguição. 3. A formação do Conselho de Sentença: a recusa peremptória do jurado. 3.1. Conclusão sobre os jurados. 4. O relatório do processo e a leitura de peças. 4.1. A leitura de peças: conveniência e utilidade. 4.2. A substituição ou complementação da leitura de peças pelos recursos audiovisuais. 5. A inquirição das testemunhas no plenário. 5.1. A testemunha arrolada em caráter de imprescindibilidade. 5.2. Inquirição direta pelas partes. 5.3. Da dignidade da vítima durante a instrução em plenário. 5.4. Reinquirição de testemunhas. 5.5. Acareação. 5.6. O "ponto essencial divergente" para a acareação. 5.7. O falso testemunho. 5.8. Conveniência da inclusão do quesito de falso. 5.9. Recomendações úteis. 5.10. Da superação da expressão "testemunha de ouvir dizer": classificação técnica das vozes indiretas. 5.11. A autenticidade dos testemunhos e a naturalidade das pequenas divergências. 5.12. A alteração de depoimento sob coação: autenticidade × silenciamento. 6. Distribuição de cópias de peças dos autos. 7. O interrogatório do réu. 7.1. O silêncio do réu. 7.2. Nulidades no interrogatório. 7.3. Como ouvir e analisar o interrogatório? 7.4. Verdade ou simulação? 7.5. A versão do crime pelo acusado: o enxerto da mentira. 7.6. A negativa de autoria, a contribuição da psicologia judiciária penal e o erro. 7.7. Diferentes versões nos interrogatórios. 8. O art. 479 do CPP: impediência de prova surpresa. 8.1. As partes podem deliberar sobre o prazo?

1. ROTEIRO LEGAL

Estatuem os arts. 462 e 463 do CPP:

"Realizadas as diligências referidas nos arts. 454 a 461 deste Código, o juiz presidente verificará se a urna contém as cédulas dos 25 (vinte e cinco) jurados sorteados, mandando que o escrivão proceda à chamada deles.

Comparecendo, pelo menos, 15 (quinze) jurados, o juiz presidente declarará instalados os trabalhos, anunciando o processo que será submetido a julgamento".

As testemunhas arroladas pelas partes para a instrução em plenário, antes de constituído o Conselho de Sentença, serão "recolhidas a lugar onde umas não possam ouvir os depoimentos das outras" (art. 460).

Verificando estar presentes pelo menos 15 jurados, e que se encontram na urna as cédulas relativas aos jurados presentes, o juiz presidente sorteará os 7 jurados que irão formar o Conselho de Sentença (art. 467). Antes, porém, de proceder ao sorteio, o juiz esclarecerá sobre os impedimentos, a suspeição e as incompatibilidades constantes dos arts. 448 e 449, e também dos arts. 252 e 254 do CPP.

Dos jurados sorteados, defensor e promotor poderão cada qual, a seu tempo, recusar imotivadamente até três jurados, na forma do art. 468 – são as chamadas "recusas peremptórias" –, recusas estas que excluirão os jurados da participação do referido julgamento, e que não se confundem com a "exclusão por impedimento ou suspeição" (art. 451, *caput*).

Prestado o compromisso pelos jurados, será iniciada a instrução plenária quando o juiz presidente, o Ministério Público, o assistente, o querelante e o defensor do acusado tomarão, sucessiva e diretamente, as declarações do ofendido, se possível, e inquirirão as testemunhas arroladas pela acusação (art. 473).

As partes e os jurados poderão requerer acareações, reconhecimento de pessoas e coisas e esclarecimento dos peritos, bem como a leitura de peças que se refiram, exclusivamente, às provas colhidas por carta precatória e às provas cautelares, antecipadas ou não repetíveis (art. 473, § 3º).

Com a reforma trazida pela Lei n. 11.689/2008, passou o interrogatório a último ato da instrução probatória. Beneficiado pela lei, será o acusado o último a falar, apresentando sua versão acerca da acusação que lhe é imputada.

Somente, então, é que se procederá aos debates, com as alegações finais da promotoria (art. 476), seguindo-se a manifestação da defesa (art.

476, § 3º), ambos com o tempo de uma hora e meia para a sustentação das respectivas razões (art. 477), podendo ainda o acusador seguidamente replicar, e a defesa, por sua parte, treplicar (art. 476, § 4º), com o tempo de uma hora, então, para cada um (cf. art. 477).

Finalizados os debates, o juiz indagará dos jurados "se estão habilitados a julgar ou se necessitam de outros esclarecimentos", consoante dispõe o art. 480, § 1º, procedendo-se, a seguir, conforme o § 2º do artigo. Continuamente, lerá os quesitos e, explicando-lhes a significação legal, indagará das partes se têm esclarecimentos ou reclamação a fazer, constando da ata qualquer eventual requerimento ou reclamação não atendida (art. 484).

"Não havendo dúvida a ser esclarecida, o juiz presidente, os jurados, o Ministério Público, o assistente, o querelante, o defensor do acusado, o escrivão e o oficial de justiça dirigir-se-ão à sala especial a fim de ser procedida a votação" (art. 485). Em seguida, proceder-se-á ao julgamento pelos jurados, que votarão os quesitos propostos na "sala especial", ou seja, na "sala secreta"[1], conforme tenham sido apropriadamente construídas nos fóruns para essa finalidade.

Terminada a votação, o juiz presidente mandará que o escrivão registre o resultado em termo especial, assinado pelo juiz e pelos jurados

1 James Tubenchlak defende em seu citado livro (p. 290 e s.) a abolição da sala secreta nos julgamentos pelo Júri. Como juiz presidente do Júri de São Gonçalo/RJ, inovando, extinguiu por seu entendimento a referida "sala", ensejando, por parte dos promotores daquela comarca, a interposição de *mandado de segurança* junto ao Tribunal de Justiça carioca, assim como dando azo – era um dos fundamentos – à impetrado de *habeas corpus* pela ré (...concedido!). Oportuna a leitura do artigo da lavra de Adriano Marrey, in *RT* 686/278, esclarecendo que em hipótese alguma a "sala secreta" foi abolida pela nova ordem constitucional.

Nesse sentido, tem-se decidido: "A C. Federal não aboliu a denominada 'sala secreta', havendo mantido a votação no referido recinto, consoante o disposto no art. 5º, XXXVIII.

O julgamento na 'sala secreta' não viola o princípio da publicidade dos atos processuais e de decisões judiciais previstas nos arts. 5º, LX, e 93, IX, da CF, em face da faculdade que a parte final do último dispositivo constitucional concede à lei de limitar a presença, em determinados atos, aos advogados das partes. Os arts. 476, 480 e 481 do CPP foram, assim, recepcionados pela C. Federal. A votação do Conselho de Sentença em plenário do júri viola esses dispositivos legais e constitui em nulidade absoluta do julgamento a fim de que o réu seja submetido a novo júri, obedecidos assim os conceitos dos arts. 476, 480 e 481, todos do CPP" (*RT* 679/372).

(arts. 488 e 491), lavrando a sentença, continuamente, o magistrado (arts. 492 e s.), após o que a lerá de público.

Conforme o art. 495, do momento da instalação dos trabalhos (na sessão de julgamento) à publicação da sentença se lavrará ata que "descreverá fielmente todas as ocorrências..." (art. 495, trazendo em seus incisos as ocorrências especialmente na ata)[2].

2. A ARGUIÇÃO DE NULIDADES

O art. 564 do CPP dispôs que ocorrerá nulidade nos seguintes casos:

"I – por incompetência, suspeição ou suborno do juiz[3];

II – por ilegitimidade de parte;

III – por falta das fórmulas ou dos termos seguintes:

a) a denúncia ou a queixa e a representação e, nos processos de contravenções penais, a portaria ou o auto de prisão em flagrante;

b) o exame de corpo de delito nos crimes que deixam vestígios, ressalvado o disposto no art. 167;

c) a nomeação de defensor ao réu presente que o não tiver, ou ao ausente, e de curador ao menor de 21 anos[4];

d) a intervenção do Ministério Público em todos os termos da ação por ele intentada e nos da intentada pela parte ofendida, quando se tratar de crime de ação pública;

---

2 Já se decidiu no STF: "O valor da ata de julgamento, cujo conteúdo é a expressão fiel de todas as ocorrências do julgamento (CPP, art. 495), reveste-se de importância essencial. Meras alegações da parte, desprovidas de qualquer comprovação, não se revelam suficientes para descaracterizarem o teor da veracidade que esse registro processual reveste" (*RT* 678/399). No mesmo sentido: TJMT, *RT* 555/414.

"Nos processos de competência do Trib. do júri, não concordando com a redação do questionário, deve impugná-lo no momento oportuno, ao final dos debates, sendo inadmissível fazê-lo após o advento da sentença condenatória" (3º Grupo de Câmaras do TJSP, Rev. 94.888, *RT* 675/354).

3 *V.*, sobre *suspeição e incompetência* do juiz, art. 95; forma da suspeição, arts. 96 a 102; casos de ocorrência de suspeição, arts. 254 a 256; *suspeição de jurados*, art. 106; *incompetência do juízo*, arts. 108, 109. *V.* também arts. 111 a 113.

4 A nomeação de curador ao acusado por motivo de idade já não se aplica, tendo em vista que, com o advento do novo Código Civil (Lei n. 10.406/2002), que estabeleceu a maioridade civil aos 18 anos, não mais existe a figura do acusado menor de idade. Revogado, destarte, o art. 262 do Código de Processo Penal (Edilson Mougenot Bonfim, *Código de Processo Penal anotado*, São Paulo, Saraiva, 2010, p. 510).

e) a citação do réu para ver-se processar, o seu interrogatório, quando presente, e os prazos concedidos à acusação e à defesa[5];

f) a sentença de pronúncia, o libelo e a entrega da respectiva cópia, com o rol de testemunhas, nos processos perante o Tribunal do Júri[6];

g) a intimação do réu para a sessão de julgamento, pelo Tribunal do Júri, quando a lei não permitir o julgamento à revelia[7];

h) a intimação das testemunhas arroladas no libelo e na contrariedade, nos termos estabelecidos pela lei;

i) a presença pelo menos de 15 jurados para a constituição do júri[8];

j) o sorteio dos jurados do conselho de sentença em número legal e sua incomunicabilidade[9];

k) os quesitos e as respectivas respostas[10];

l) a acusação e a defesa na sessão de julgamento;

m) a sentença[11];

n) o recurso de ofício, nos casos em que a lei o tenha estabelecido;

o) a intimação, nas condições estabelecidas pela lei, para ciência de sentenças e despachos de que caiba recurso;

p) no Supremo Tribunal Federal e nos Tribunais de Apelação, o *quorum* legal para o julgamento;

IV – por omissão de formalidade que constitua elemento essencial do ato;

V – em decorrência de decisão carente de fundamentação.

Parágrafo único. Ocorrerá, ainda, a nulidade, por deficiência dos quesitos ou das suas respostas, e contradição entre estas"[12].

5 *V*. arts. 351 a 369.

6 Com o advento da Lei n. 11.689/2008, suprimiu-se o libelo do procedimento do júri.

7 *V*. art. 457 do CPP.

8 *V*. art. 463 do CPP.

9 *V*. art. 467 (sorteio de jurados na sessão de julgamento), que, obviamente não se confunde com o sorteio dos vinte e um jurados para a sessão periódica prevista no art. 433 (também *ato essencial* para a validade do julgamento, art. 564, IV). *Incomunicabilidade*: advertência feita pelo juiz, art. 466, § 1º.

10 *V*. arts. 483 e seguintes (quesitos), 488 e 491.

11 Art. 492 do CPP.

12 Sobre repetição da votação em caso de contradição na resposta dos quesitos, *v*. art. 490 do CPP.

2.1. A oportunidade de arguição

Com o trânsito em julgado da decisão de pronúncia, as nulidades relativas considerar-se-ão sanadas se não forem arguidas na fase do art. 411, § 4º, do CPP pelas partes[13]... Como é sabido, entretanto, as nulidades absolutas não convalescem[14], podendo, a qualquer tempo, ser alteadas.

Nesta segunda fase do procedimento do Júri – o *judicium causae* –, toda nulidade ocorrida após a pronúncia deve ser suscitada "logo depois de anunciado o julgamento e apregoadas as partes" (art. 571, V), pena de preclusão[15]. Outras, no entanto, se ocorrerem posteriormente ao pregão das partes e até o momento da votação, deverão, mediante pronto protesto – imaginamos necessário, se for o caso, pedir-se a palavra para o levante de *questão de ordem* (analogamente como se dá nas sessões plenárias do Legislativo, v.g.) –, ser arguidas pela parte prejudicada, consignando se o protesto em ata (cf. arts. 495, XV, e 571, VIII).

De se notar que esta matéria não se aclarou devidamente em nossa doutrina e tampouco nos arestos jurisprudenciais, determinando o Código de Processo Penal para o prejudicado, como regra geral, arguir as nulidades "logo depois de ocorrerem" (art. 571, VIII), sem especificar o momento da arguição...

A melhor exegese, pensamos, deve ser no sentido de obrigar a parte não produtora do vício inquinado a, de fato, suscitá-lo imediatamente à sua ocorrência, pedindo a palavra ao magistrado, para, seguidamente – se for o caso –, fazer constar em ata o protesto.

....

13 "*Júri*. Nulidade. Vício ocorrido na instrução criminal. Arguição a ser feita no prazo do art. 406 do CPP, sob pena de convalidação. Aplicação dos arts. 571, I, e 572, I, do CPP. *Ementa oficial*: Recurso de *habeas corpus*. Sentença de pronúncia. Nulidade. Arguição extemporânea. Impossibilidade de apreciação de prova pela via eleita. A arguição de nulidades durante a instrução criminal deverá ser feita dentro dos prazos previstos no art. 406 do CPP, sob pena de restarem sanadas, a teor dos arts. 571, I, e 572, I, do mesmo diploma legal. A via estreita do *habeas corpus* é inadequada para apreciação aprofundada de matéria de prova existente nos autos. Recurso a que se nega provimento" (RHC 930-RO, 5ª Turma, j. 4-2-1991, rel. Min. Fláquer Scartezzini, *DJU*, 4-3-1991, *RT* 671/380).

14 *V*. arts. 564, 571 e 572 do CPP.

15 Não arguida nesse momento, a nulidade estará sanada, pois não se concebe que, presente ao ato, guarde o recorrente em segredo uma falha nele ocorrida, para alegá-la mais tarde como motivo para anular o julgamento (*RT* 380/72).

Explica-se: se o defensor, v.g., produz *prova surpresa* em plenário (em infringência ao art. 479), incumbe ao promotor fazer o pronto protesto no exato momento em que o advogado principiar a mostragem de tal prova – ou prometer fazê-lo. Com tal atitude o Ministério Público provoca a decisão do magistrado, que deverá, como determinado no art. 497, X, do CPP, "resolver a questão de direito" suscitada.

Assim, caso o defensor pretenda mostrar qualquer documento aos jurados, em desobediência ao disposto no art. 479, cabe ao Ministério Público altear como *questão de ordem*[16], protestando *sine intervallo*, e requerendo ao magistrado o impedimento de produção da prova espúria; afinal, esta é uma das funções do juiz presidente (art. 497, IV e X). Com sua decisão, percebendo afronta do defensor ao dispositivo processual mencionado, deve o magistrado coibi-lo de utilizar-se da prova, invertendo-se, nesse momento, o protesto a ser consignado em ata.

Essa medida do protesto imediato, válida para ambas as partes, evita a chicana, como, em um exemplo, demonstra-se o pretendido:

O promotor vale-se, em sua manifestação inicial, de um funcionário do fórum para demonstração do modo como a vítima foi atingida por disparos. A defesa, silente, a tudo presencia. Esgota-se o tempo ministerial de sustentação do libelo, e a defesa recebe o tempo regulamentar para a exposição de sua tese. Ora, se o defensor pretender protestar em ata, nesse momento, fazendo consignar, v.g., uma "reprodução simulada dos fatos", estaria já preclusa, por serôdia, sua oportunidade impugnativa: deveria tê-lo feito ao primeiro sinal do impugnado – que de resto não configura nulidade – e não, espertamente, aguardando toda a fala do promotor – plantando e semeando a nulidade – para, somente depois, argui-la e colhê-la em seu prol[17].

....

16 V. item 10 – "A questão dos apartes: direito ou não?", no Capítulo 7 – "Tribunal do Júri: os debates em plenário".

17 O exemplo ora suscitado advém da casuística. Trata-se do ocorrido nos Autos n. 887/89, oriundos da Comarca de Palmeira D'Oeste (fizemos alusão a este caso ao tratarmos da 'produção do inquérito policial'), cujo julgamento fora desaforado para Pereira Barreto-SP, e no qual atuamos. Na ocasião, condenado o réu e ante sua apelação alegando diversas nulidades (uma delas, a do exemplo do texto), tivemos oportunidade de contra-arrazoar o recurso, sustentando a posição aqui defendida, no sentido de que, dada a intempestividade do protesto que a defesa interpusera no julgamento, preclusa estaria a via impugnativa, por *interpretação lógica* dos arts. 593, III, *a*, 571, 497, X, e 565 do CPP. A Procuradoria Geral de Justiça seguiu, em parecer, nosso entendimento. O Tribunal de Justiça

No caso, se nulidade houvesse, o defensor indubitavelmente para ela teria concorrido, conforme regra do art. 565 do CPP, pois, embora haja a previsão legal de que a defesa terá a palavra após a fala do promotor, isto não lhe impede – e vice-versa – de protestar, fiscalizando de pronto o direito do acusado, ante a ocorrência ou iminência de ocorrência de um ato que se imagine ilegal.

Não lhe determina a lei a tartamudez na fala do *ex adversu*, tanto assim que, por muito menos, lhe é permitido, facultativamente, apartear.

Em qualquer caso, repise-se, há que ser reclamada a solução da questão de direito perante o juiz presidente, restando ao vencido, após a determinação do magistrado, veicular seu inconformismo, via de protesto, em ata[18].

3. A FORMAÇÃO DO CONSELHO DE SENTENÇA: A RECUSA PEREMPTÓRA DO JURADO

Uma vez publicada a lista anual de jurados (art. 425 do CPP) e sorteados, dentre os alistados, os vinte e cinco jurados que comporão o Júri em cada sessão (art. 447), sem impugnações, ter-se-á, juridicamente e em tese, os melhores cidadãos para o exercício do múnus.

Entretanto, malgrado o controle prévio por parte do Ministério Público visando excluir da lista o cidadão equivocadamente convocado (já diante da impossibilidade de solicitar a exclusão por via de recurso em sentido estrito, porque passados mais de vinte dias da publicação definitiva da lista, a teor do disposto no art. 586, parágrafo único, do CPP) e, não sendo o caso de ocorrência clara de casos de suspeição ou impedimento, que legitime a recusa justificada (arts. 466, 451 e outros), casos existem em que o promotor ou o defensor necessitam valer-se da recusa peremptória, imotivada, tal como prevista no art. 468 do mesmo Código[19].

A situação do jurado ao ser convocado, por exemplo, poderia adequar-se ao espírito da lei, razão pela qual não fora impugnada, àquela ocasião,

....

de São Paulo não anulou o julgamento. Interpondo recurso especial ao Superior Tribunal de Justiça, uma vez mais a defesa foi vencida...

18 Sobre a "Ata do julgamento", *v.* Adriano Marrey, *Júri – Teoria e prática*, 3. ed., São Paulo, Revista dos Tribunais, 1988, p. 212-3, o qual faz remissão a vários outros autores.

19 Ao ser chamado o jurado, deve a parte que quiser recusá-lo dizer simplesmente: "Recuso". Não há óbice, todavia, em fazê-lo elegantemente: "Agradeço, mas recuso"... sem *discursos* ou manifestações palavrosas, evidentemente!

sua inclusão na lista. No entanto, ocorrente uma mudança dessa situação, como um desvio de conduta no seu comportamento social, de todo conveniente a "recusa peremptória".

Vale o mesmo para a defesa:

"A recusação", diz Mittermayer, "é da essência do Júri porque assegura aos acusados o favor de não serem julgados por quem eles sabem ou suspeitam que os prejudicaria"[20].

Talvez, tão importante seja a recusa, que constitua, pelo critério seletivo do jurado permitido às partes, o maior elogio da instituição, porquanto é a única oportunidade, na justiça organizada, que tenha o próprio acusado – e o acusador – de escolher, selecionando, o julgador.

Nesta visão, sustenta Faustin Hélie:

"As recusações são da essência do Júri, e pode-se dizer que esta instituição é forte ou débil, tutelar ou perigosa, conforme a maior ou menor extensão das recusas. Não basta que os jurados sejam indicados pela sorte; é necessário que sejam aceitos como juízes pela acusação e pela defesa, e que ambas as partes os reputem dignos da magistratura temporária, de que se revestem.

É isso que constitui o poder do Júri, e o que lhe adquire a confiança das partes, e o sentimento de sua imparcialidade. Só quando livremente aceito como soberano árbitro, é que o Júri torna-se como que órgão da consciência social e as suas decisões podem ser consideradas como a expressão da verdade... o direito da recusação é complemento da instituição do Júri, seu acessório indispensável, seu princípio de vida"[21].

A seu tempo, entre nós, Pimenta Bueno prelecionava:

"Com razão estabeleceu a lei a valiosa garantia das recusações peremptórias. Pode haver ódios, antipatias, ou fundadas ou nascidas somente de prevenções, preconceitos que não se podem explicar ou menos provar, e que, entretanto, exerçam influência e impressões incômodas e aflitivas sobre o espírito do acusado ou acusador. Pode haver motivos ocultos que não se possam nem ao menos expressar, porque ofendam conveniências públicas ou graves interesses..."[22].

20 *Esprit des Inst. Jud.*, v. 6, p. 455.

21 Apud Duarte Azevedo, "Parecer" ofertado na revista mensal de legislação, doutrina e jurisprudência *O Direito*, maio/ago. 1897, Rio de Janeiro, v. 73, p. 7.

22 *Apontamentos sobre o processo criminal brasileiro*, 1922, p. 163.

Nesse sentido, grassou escola – hoje, felizmente, devidamente sepultada no cemitério das discriminações gratuitas – em que se acastelavam ilustres defensores nos ensinamentos de Clarence Darrow[23], pretendendo: "... nunca aceite um alemão; eles são cabeçudos. Só raramente aceite um sueco; eles são teimosos. Aceite sempre um irlandês ou judeu; eles são mais fáceis de se deixar levar pela simpatia emocional. Os velhos são geralmente mais caridosos e têm posição mais generosa do que os jovens, viram mais o mundo e o compreendem...".

O fato é que, tirante o folclore e o misticismo comum aos visionários e jejunos, cuja estigmatização bocó pretenda "catalogar" jurados convenientes ou não, a "recusa", quando corretamente exercida, ajuda ao aperfeiçoamento do Júri. Jamais conseguimos, nesse sentido, colocar no balaio das generalizações, por raça, credo, profissão, sexo ou idade, o jurado disposto ao prejulgamento[24].

....

23 Citado por Evandro Lins e Silva, *A defesa tem a palavra*, 2. ed., Rio de Janeiro, Ed. Aide, 1984, p. 20, cuja obra – tratante do "Caso Doca Street/Ângela Diniz" – acabou por transmudar-se em verdadeiro guia prático dos advogados do Júri da novel geração.

24 Uma "catalogacão de jurados" oferta, pelas notáveis contradições que possui, a demonstração inegável de que não passa de fantasia. A segui-la, como outras tantas existentes, não haverá jurado imparcial a compor o Conselho de Sentença, porque todos, indefectivelmente, acabam sendo tomados por "suspeitos" ou "tendenciosos"...

Ademais, a prática diária nos demonstra que, a menos em especialíssimos casos, a "única regra é a inexistência de regra", eis que, *persona ad personam*, são mutáveis os cidadãos e, por conseguinte, com perfis não perfiláveis. Para ilustrar, colacionamos uma compilação, das mais completas que já vimos (por isso mesmo, das mais contraditórias), extraída de *La instituición del jurado en los Estados Unidos – sus intimidades*, 1. ed., Ed. Civitas, 1986, p. 196-8, por Reid Hastie, Steven D. Penrod e Nancy Pennington:

"Con respecto a la ocupación, por ejemplo, se aconseja a los abogados que eviten a personas especializadas en cuestiones acerca de las que atestiguarán los peritos, ya que tales individuos tienden a pensar que saben más que los otros jurados y que los mismos expertos (Heyl, 1952). Se piensa que los desempleados, pensionistas y los que viven de la beneficência estatal tienden a ser generosos, mientras que en general los docentes, eclesiáticos y abogados deberían ser rechazados (White, 1952). El abogado defensor debería aceptar a jurados cuya profesión es la misma que la de sua cliente (Biskind, 1954). Los agricultores son convenientes para la acusación en causas penales y la defensa en causas civiles debido a su estricto sentido de la responsabilidad legal, mientras que los camareros y simulares son indulgentes (Belli, 1954). Evítense a los jurados expertos en temas relacionados con el proceso (Davis & Wiley, 1967)...

3.1. Conclusão sobre os jurados

Assim, seja exercitando o controle prévio da lista, ou, em plenário, via da recusa peremptória, temos que o protótipo do bom jurado – como do bom juiz – é o ser humano normal mas que evidencie virtudes; seja "justo", função para a qual a independência moral e a coragem se fazem necessárias. Embora não esmiúcem os dispositivos legais qual a "notória idoneidade" exigível à função de jurado, parece-nos, sem medo de errar, serem os mesmos atributos vislumbrados pelos biógrafos do magistrado das araucárias, Clotário Portugal[25], ao sintetizarem seu perfil no bojo da

....

En cuanto a sexo, se aconseja a los abogados que eviten a las mujeres en todos los casos de defensa (Darrow, 1936). Las mujeres son compasivas y extraordinariamente escrupulas (Holdstein, 1935). Si se defiende a una mujer, seleciónese sólo hombres (Heyl, 1952). Las mujeres son imprevisibles e influenciables por la expenencia de sus maridos (Bodin, 1966)... Las mujeres son buenos jurados para todos los acusados, excepto para una procesada atractiva (Katz, 1968-69, y Karcher, 1969).

Con relación al grupo étnico se aconseja que los abogados defensores en una causa penal nunca rechacen a los irlandeses...

En lo referente a conducta y apariencia, los abogados que presentan la demanda en un caso de lesiones deberían seleccionar a personas débiles a quienes aterrorizaría una pelea (Cornelius, 1932). Escoja individuos sonrientes, sobre todo si sonríen ao abogado (Darrow, 1936, y Bodin, 1966)... Hay que desconfiar de los jurados sonrientes que tratan de apaciguar y atraerse la simpatia del abogado; estas personas quieren ser parte del jurado y 'asesinar' al abogado (Harrington & Dempsey, 1969). Evítense los que han tenido una vida de sufrimiento, pues tales personas suelen procurar extender sus infortunios de acuerdo al refrán 'mal de muchos, consuelo de todos' (Donovan, 1887)... Acerca de la religión, se advierte a los defensores que los presbiterianos son demasiado frios, los baptistas son aún menos aconsejables y que los luteranos, en particular los escandinavos, condenan. Los metodistas pueden ser aceptables. Acéptense los judíos, unitarios, universalistas, congregacionalistas y agnósticos (Darrow, 1936). Algunos expertos, sin embargo, advierten que los datos relativos a la religión del candidato, por lo general, no son útiles (Appleman, 1952).

En relación al estado civil se dice... En cuanto a la edad, se dice que los jóvenes tinden a favorecer al acusado (Appleman, 1952). Los ancianos son en general clementes, paro, a veces, en causas penales son severos (Adkins, 1968-69)".

25 José Pereira de Macedo e Túlio Vargas homenageiam, biografando, o paranaense Clotário de Macedo Portugal, em obra editada em 1982, em Curitiba-PR, com apoio da Associação dos Magistrados do Paraná. Falecido em 1947, Clotário Portugal ascendeu aos mais altos cargos da magistratura, havendo também sido, inclusive, interventor federal naquele Estado, dando origem, por seu exemplo, a uma estirpe de juízes e juristas que, no Parará, orgulham-se do patronímico herdado.

obra *O juiz integral*. Por certo que o bom jurado hoje é a tônica, desacreditando-se, assim, na velha invectiva de Genaro Marciano[26] que o imaginava fútil, "esculpido através de sua fácil impressionabilidade, de sua ignorância...".

Contudo, porque sua missão é muito mais abrangente, não se descure o representante da sociedade de que lhe dota a lei de recursos impedientes de atuação no Júri, do jurado cuja idoneidade seja questionável. Cumpre-lhe, fielmente, zelar pelo justo prestígio da instituição.

Culpar-se o jurado pela má decisão é explicação hipocritamente cômoda, quando para ela possa ter contribuído o fiscal da lei não ajudando no correto selecionamento dos juízes leigos[27]. Tais cidadãos, uma vez galgados à função, sem critério e tornados "Excelências" no elogio fácil das loas bajulatórias, dão vazão ao vazio possuído e por ele se vai esboroando a causa da justiça. Leigos, sim, mas que não sejam apequenados na inteligência, encolhidos de raciocínio e, tampouco, devedores morais. Ademais, já em seu tempo, sentenciava Rui:

"... precisamos melhorar a composição do júri, como de melhorar a do eleitorado, atuando-lhe sobre a qualificação, filtrando-o, decantando-lhe as impurezas. Aliás, ainda com estas, as arguições fundadas contra o júri não são maiores, entre nós, do que as queixas oferecidas contra a magistratura togada"[28].

... O mesmo Rui que, com avinagrada adjetivação, exprobrava a prevaricação anuladora da justiça, desmistificando o mito, e cobrando postura de quem, com caráter flácido, não nasceu para a judicatura:

26 Famoso advogado do foro criminal italiano, das primeiras décadas deste século, ao prefaciar *Psicologia judiciária*, trad. Fernando de Miranda, 3. ed., Coimbra, Arménio Amado Ed., Sucessor, 1982, de Enrico Altavilla, v. 1, p. 17.

27 De longa data foi-se o tempo do comodismo, em que "um bom conselho de jurados depende *só e só do juiz*, que forma o corpo desses juízes" (Firmino Whitaker, Carta de 30 de abril de 1932, in *O jury no interior do Brasil*). Perdeu, pois, atualidade, a ácida advertência do mesmo saudoso ministro do Supremo Tribunal Federal: "Doa, pois, a quem doer. *J'accuse*! Denuncio os presidentes togados como os responsáveis únicos pela decadência do Jury no interior do Brasil". E depois de enumerar-lhes as culpas: "... não valem, moralmente, mais do que os próprios jurados-eleitores, a quem entregam criminosamente tal função" (*O jury no interior do Brasil*, 1934, p. 20, apud Magarinos Torres, *Processo Penal do Jury nos Estados Unidos do Brasil*. 1. ed. Rio de Janeiro, Livr Jacyntho, 1939, p. 156-7).

28 Apud Roberto Lyra, A obra de Rui Barbosa em criminologia e direito criminal, *Revista Brasileira de Criminologia*, Rio de Janeiro, 1949, p. 161-6.

"Medo, venalidade, paixão partidária, respeito pessoal, subserviência, espírito conservador, interpretação restritiva, razão de Estado, interesse supremo, como quer que te chames, *prevaricação judiciária*, não escaparás ao ferrete de Pilatos. O bom ladrão salvou-se. Mas não há salvação para o juiz covarde"[29].

Acautelando-nos assim, fiscalizando a convocação indevida de jurados, estaremos, a um só tempo, salvando não somente um julgamento em concreto, como, sobretudo, salvaguardando o próprio conceito da Instituição. Do contrário, em futuro breve, o Tribunal Popular, nesta época que vive da especificação técnica e do cientificismo, será recolhido, como "osso de megatério", "ao lado de um bacamarte", em um museu de história, realizando assim o antigo sonho de Nélson Hungria, que combatia o júri, razão por que, a nós que o defendemos, incumbe evitar.

4. O RELATÓRIO DO PROCESSO E A LEITURA DE PEÇAS

Até o advento do Decreto-Lei n. 167/38 (dois meses após a implantação do Estado Novo), procedia o escrivão do Júri à leitura dos autos do processo, sem subordinação a qualquer requerimento das partes. Ganhava-se em quantidade e zelo (liam-se todas as peças dos autos), perdia-se em praticidade e qualidade[30]. Os jurados acabavam cansados com a leitura dos autos, perdendo o próprio interesse que esta lhes deveria despertar, tornando-se o ato uma superfetação, que acabava, não raro, conduzindo-os a merecido repouso. O templo de Themis, vigilante, transformava-se no palácio de Morpheu, enfastiado.

Substituiu-se o sistema com o citado decreto-lei, determinando-se, desde então, em substituição, um modelo misto, em que o magistrado fizesse somente o relatório do processo e, sendo possível, a entrega aos jurados de cópias da pronúncia, libelo, contrariedade e outras "consideradas úteis para o julgamento da causa" (cf. art. 60 do Decreto-Lei n. 167/38).

29 Apud Aloísio Sayol Sá Peixoto, *Acusação de homicídio/suicídio*, 1. ed., Ed. Cultura Goiana, p. 234.

30 Confira-se a impressão de Magarinos Torres: "Era penosa sempre a leitura do processo, visto que o escrivão não podia ter ênfases... Demais, a leitura, por ele, podia ser escabrosa, escandalizando o público e o conselho, em que figurassem senhoras; ao passo que oradores cultos sabem dizer as coisas melindrosas, sem ofensas ao pudor dos seus ouvintes" (*Processo penal do júri nos Estados Unidos do Brasil*, Rio de Janeiro, 1939, p. 344).

Posteriormente, com a promulgação da Lei n. 263, de 23-2-1948, a leitura de peças passou a se dar por requerimento das partes – ou dos jurados –, que no seu interesse deveriam indicá-las, sendo tal regra mantida na atual redação do art. 473, § 3º, do CPP, somente que, optando-se por uma hipótese restritiva, porquanto, na atual dicção legal somente será passível de leitura (requerida pelas partes) "as provas colhidas por carta precatória, cautelares, antecipadas ou não repetíveis", *verbis*:

As partes e os jurados poderão requerer acareações, reconhecimento de pessoas e coisas e esclarecimento dos peritos, bem como a leitura de peças que se refiram, exclusivamente, às provas colhidas por carta precatória e às provas cautelares, antecipadas ou não repetíveis.

4.1. A leitura de peças: conveniência e utilidade

E quanto à leitura de peças, qual sua conveniência e utilidade?

Hoje, observa-se que a disposição em requerer a leitura, rotineiramente, é posta de lado pelas partes, por temerem-na fastidiosa, a incomodar os jurados ao ponto da antipatia e da prevenção. Restam, por conseguinte, duas questões: quais peças devem ser requeridas para a leitura, que interessem à apuração da verdade? E tal interesse não colide com o pensamento do jurado que não pretende ouvir uma cansada leitura?!

Note-se, então, que essa leitura de peças, como requerimento facultativo das partes – e dos jurados –, trouxe uma inevitável conclusão. Se antes do Decreto-Lei n. 167/38 lia-se tudo, compulsoriamente, sob a responsabilidade do magistrado em determiná-la *secundum legis*, a partir da Lei n. 263/48 a responsabilidade passou a ser somente do requerente, podendo da referida leitura advir prejuízo ou mérito nos debates que se seguem. Assim, um documento lido que desperta a atenção do jurado poderá ser sobrevalorizado com tal leitura, reclamando, quando dos debates, maior análise do julgador; por outro lado, poderá uma valiosa prova ser lida por um escrivão que não tenha exatamente uma *voz*, mas um *açoite* linguístico a maltratar os ouvintes... A prova, a princípio, transforma-se então em simples "documento", que se desvaloriza como "prova" pelo medonho castigo que propicia.

Existem, ressalve-se, inegáveis virtudes, dentre elas o fato de que uma boa leitura, a par de despertar o interesse no jurado sobre a causa, também nos ajuda a avivar a memória sobre o ocorrido...

Depois, serve de pronto antídoto contra o veneno de uma inverdade assacada pelo réu em plenário no interrogatório, e que, a princípio, já o colocaria em uma simpática posição perante o Júri. Por conseguinte, funcionaria em saudável dialética como uma réplica imediata, estabelecendo-se, diante da afirmação aleivosa do acusado, o entrechoque da prova, o fogo cruzado do contra-argumento. Definido, então, o ponto controvertido, quando dos debates, aos jurados torna-se mais fácil estabelecer a real essência da prova – pelos pontos cruciais da causa –, da estéril discussão periférica.

Destarte, quantas vezes o réu, perguntado pelo magistrado se já foi processado alguma vez, não faz ouvidos moucos, ou nega desavergonhadamente o passado criminoso, quando a prova processual, via de certidões, demonstra exatamente o contrário?

O revide da prova, a retorsão imediata ao refalsado delinquente, já lhe confisca a máscara da mentira, mostrando as artimanhas e criando, a um só tempo, um terreno mais fértil para a acusação.

Vê-se, portanto, pelo menos quatro bem destacadas funções da referida leitura de peças[31]:

a) funciona como forma de despertar no julgador o interesse pela causa;

b) ajuda a avivar na memória das partes os fatos havidos e as provas produzidas;

c) elabora-se um histórico-lógico do delito, facilitando-se a exposição da tese, porque o jurado, mesmo antes dos debates, já teria assim assistido a um resumo ou painel da ocorrência fática;

d) propicia a economia de tempo na tribuna que, muitas vezes, só seria despendido com a leitura obrigatória de algumas peças... e estas já teriam sido, desse modo, de antemão, lidas pelo escrivão.

Dizia-se de alguns delinquentes, bons farsantes, que acabam por se impor perante o Júri, captando, de início, certa simpatia. Nesse sentido, a leitura das peças que demonstrem o mal praticado – mostrando a

---

[31] Firmino Whitaker, tratando da leitura do processo, ao tempo em que era imperativa a leitura integral dos autos, resumia em sua ótica seus objetivos: "... inteirar os jurados dos fatos que serviram de fundamento à pronúncia; esclarecer o réu para que possa bem se defender; pôr o público a par das ocorrências, para apreciar devidamente o veredito e exercer a fiscalização que dificulta ao jurado desviar-se do exato cumprimento do dever" (*Jury*, 6. ed., 1930, p. 89).

maquiagem moral com que se apresenta no Tribunal – mostra-se necessária, por vez que a imparcialidade do escrivão empresta força ao documento, às vezes até maior do que aquela outra havida se o próprio promotor as lesse. Ademais, podem merecer registro mais vivo na percepção e entendimento dos jurados, pois não sujeitas às intempéries com que se sujeitam algumas leituras durante os debates (v.g., através dos "apartes").

A leitura do laudo de exame cadavérico retratando as lesões sofridas; uma carta da vítima em crime "passional" ao réu aguçam no jurado a responsabilidade do julgamento e podem levá-lo a captar – do laudo, ou de uma carta – elementos da maior valia que o próprio órgão ministerial, por vezes, não detecta.

Entre a leitura de muitas peças e a de poucas, ou nenhuma, de regra ficamos na escala intermediária, requerendo-as sempre em uma ordenação lógica e temporal dos fatos ocorridos. Se o promotor não requer a leitura, e a defesa o faz, a primeira impressão que transparece aos jurados é a de que ou o Ministério Público "não tem provas" ou "não as tem como a defesa" – e por isso não as lê –, ou, tendo-as, mostra-se mais desinteressado na sustentação do libelo do que o defensor na sua refutação...

Dialeticamente, é notável que, se somente a defesa vale-se dessa faculdade (a leitura), estará ela *verdadeiramente iniciando* os debates, e, depois, *verdadeiramente* o estará *terminando* (pela tréplica). Mister, por conseguinte, que, para um equilíbrio louvável ao entendimento e análise dos jurados, pelo menos principie a acusação faticamente a exposição das provas pela leitura...

Ponto-finalizando, ressalve-se que, se por outro lado a prova é tão segura a ensejar uma absolvição ou condenação, por óbvio que a abstenção da analisada facultatividade se impõe; desnecessário, pois, "gastar palavras em contar extremos, de golpes feros, cruas estocadas" (Camões, canto VI, *Os lusíadas*).

4.2. A substituição ou complementação da leitura de peças pelos recursos audiovisuais

A evolução tecnológica e o perfil cognitivo dos jurados contemporâneos – cada vez mais visuais, digitais e orientados por estímulos concretos – têm provocado uma transformação silenciosa, porém substancial, no modo como a prova é apresentada em plenário. Se antes predominava a leitura de peças dos autos – como laudos, declarações, perícias ou transcrições –, hoje observa-se uma tendência consolidada à sua complementação (ou mesmo substituição) por recursos audiovisuais: imagens, vídeos, sons, mapas digitais, simulações visuais.

Vídeos extraídos de câmeras de segurança, gravações de áudio, capturas de conversas em aplicativos de mensagens, publicações em redes sociais, localizações via GPS ou reconstruções de trajetos por ferramentas como Google Maps ou Street View são, cada vez mais, instrumentos legítimos de narração probatória, desde que previamente constantes dos autos e devidamente comunicados com antecedência mínima de três dias úteis, nos termos do art. 479 do CPP.

Esses meios têm servido à acusação, por exemplo, para demonstrar o trajeto percorrido pelo autor do fato até a cena do crime, a cronologia da fuga, a compatibilidade entre a versão das testemunhas e as imagens, ou ainda para sensibilizar o Júri ao apresentar, com respeito e sobriedade, os últimos registros em vida da vítima.

Do mesmo modo, a defesa também tem se valido desses recursos para contrapor acusações genéricas, evidenciar a ausência do réu no local ou demonstrar contradições materiais entre o que foi alegado e o que é objetivamente captado por imagens. Um vídeo mostrando o réu em outro ponto da cidade no horário do crime ou uma gravação que contradiga a versão de uma testemunha podem ter força de persuasão concreta superior à palavra.

Essas práticas não eliminam o direito – ainda previsto no art. 473 do CPP – à leitura de peças dos autos durante o julgamento, seja na instrução, seja na fase dos debates. A leitura permanece como mecanismo de resgate e reforço probatório, especialmente em plenários com menor estrutura ou diante de provas técnicas cujo conteúdo é mais eficazmente transmitido por palavras do que por imagens.

Contudo, a linguagem do Júri atual é híbrida: exige verbo e, se possível, imagem, raciocínio e percepção. A comunicação processual eficaz já não se faz, tantas vezes, somente pela oralidade ou pelo texto. Ela demanda, cada vez mais, a integração de suportes diversos e, por isso, requer que o orador – seja acusador, defensor ou assistente – saiba narrar com os olhos e com a voz, com a palavra e com o gesto, com os autos e com a tela, quando e se o caso.

Importante frisar: todo esse arsenal comunicativo deve estar subordinado à ética processual e à legalidade estrita. O material exibido em plenário precisa ser pré-constituído nos autos, referenciado de modo claro e, sempre que possível, examinado pelas partes com antecedência.

A prudência recomenda, ainda, que se realize testagem prévia dos equipamentos e arquivos junto à vara, a fim de evitar contratempos técnicos que comprometam o efeito desejado ou abram espaço para nulidades formais.

Em resumo: a leitura de peças continua autorizada e útil, mas já não é exclusiva. O Júri do século XXI ampliou o espaço da comunicação probatória: a pródiga utilização de imagens com significado, sons com respeito, documentos com contexto e narrativas com autenticidade. A verdade, quando amparada em sua forma justa e concreta, fala com mais de um sentido. É bem certo, por outro lado, que a utilização de simulacros da verdade e contrafações da realidade –sobretudo com as manipulações imagéticas por meio de inteligências artificiais, atualmente –, a pretexto de emular virtualmente o que seria real e distorcendo a veracidade dos fatos, não desmerece o serviço que a tecnologia e o progresso podem trazer à justiça. Isso porque, com ou sem aparato tecnológico, a chicana sempre existiu e, quando identificada – no mais das vezes com apoio no próprio uso de tecnologia –, foi e continua sendo reprimida com a adequada responsabilização de quem a praticou.

5. A INQUIRIÇÃO DAS TESTEMUNHAS NO PLENÁRIO

Serão ouvidas, inicialmente, as testemunhas de acusação, seguidas das de defesa[32]. Se houver, contudo, testemunhas arroladas pelo juiz presidente, estas serão ouvidas antes mesmo das testemunhas de acusação, conforme a lição de Frederico Marques[33].

Ao discorrermos nesse tópico, bipartimos a matéria para fim de estudo, por antolharmos nesse contexto duas grandes divisões quanto à colheita da prova testemunhal em plenário, que, para praticidade do leitor, deu-se um tratamento concomitante:

a) a análise de um *aspecto formal* ou *processual*, no qual selecionamos os problemas mais comuns e as dúvidas mais corriqueiras daqueles que militam na tribuna;

32 Os peritos podem ser olvidos em plenário, desde que o requerimento tenha sido feito com antecedência de três dias, com ciência da parte contrária: "A presença de perito perante o Tribunal de Júri, a fim de prestar esclarecimentos, não induz nulidade, por inocorrência de prejuízo" (STF, rel. Min. Djaci Falcão, *RT* 513/500).

33 *A instituição do júri*, São Paulo, Saraiva, 1963, v. 1, p. 294.

b) a análise do *aspecto material* ou *psicológico* advindo do correspondente meio probatório, oportunidade em que dedicamos algumas recomendações de ordem prática.

É que dizíamos – em análise ao interrogatório prestado perante o Júri – que os jurados tendem a uma maior atenção e, sobretudo, a uma maior valoração (*pro reo*, ou contra ele) a este último ato (se comparado ao prestado perante a polícia e aqueloutro em juízo). Da mesma forma, é esta última impressão, no que tange à colheita de testemunhos que, igualmente, também fica acentuadamente mais forte na consciência dos julgadores.

Com efeito, em última instância o jurado, ao julgar, também é substancialmente uma *testemunha*. *Testemunha* da testemunha. É que *testemunhando* ele próprio a produção de prova oral, viva, ali realizada no plenário, na hora de julgar, antes de depositar o voto na urna, há uma natural tendência de dar-lhe a "preponderância do último argumento", a força própria da última – e única – prova a que assistiu produzir.

Como, em regra, somente presenciou aquela oitiva em plenário, há esta natural tendência em sobrevalorizá-la, em um ou em outro sentido, *pro reo* ou *pro societate*.

Ademais, consta até como recomendação de doutrina – com a natural cautela que se exige – como com precisão assinala Frederico Marques:

"... o convencimento do jurado, para ser sincero, deve brotar do contato direto com a prova. Depois de ouvir o que narram as testemunhas e esclarecem os peritos; depois de presenciar a reprodução dos fatos feita ao vivo é que o juiz leigo, com estas impressões, terá de tudo uma visão panorâmica, que lhe norteie a decisão. O julgamento através de peças probatórias mumificadas no procedimento escrito é um julgamento analítico e escolástico, dedutivo e frio, que, por isso mesmo, não se casa com as qualidades do Júri, onde o bom senso e a intuição, colocados em plano predominante, é que inspirarão o juízo sobre a espécie. O *processo* formativo da convicção do jurado somente na oralidade plena encontra seu clima e ambiente próprios"[34].

Intuição, assinala o mestre. E de fato ela existe, notadamente no Júri, onde encontra melhor acolhida, porque o jurado sente a testemunha com mais vibração, que aqueloutro testemunho formalmente derramado sobre

34 *O júri no direito brasileiro*, São Paulo, Saraiva, 1955, p. 138.

o papel, do qual ele não participou da elaboração, e que, por isso, sujeita-se mais facilmente às críticas do acusado. Esta é a inteligência do Júri, valendo, nesse sentido, as considerações já traçadas quando da análise do inquérito policial, que se dizia, sempre que possível, deveria ser instruído com a fotografia da vítima: naquela oportunidade, aludiu-se que, na impossibilidade de trazer-se a vítima ao conhecimento do Júri (enquanto o réu apresenta-se *ao vivo* ao Colegiado), ao menos essa ilustração fotográfica do laudo necroscópico impediria que um laudo eminentemente técnico fosse facilmente enxovalhável nos debates.

Destarte, para o jurado, a testemunha que se apresenta ao Júri põe-se como prova instrutória, candente e palpitante, sobrepondo-se, muitas vezes, como dissemos, a outros testemunhos até melhores, mas mais facilmente atacáveis, visto que produzidos longe dos olhos do julgador. Porque para a decisão ele empresta "sentimento" e "intuições", sentindo o verdadeiro, intuindo a mentira, como também intui e empresta sentimento o próprio magistrado togado, ao exercer a função judicante.

Afinal, sustenta Altavilla:

"Não é somente com as faculdades intelectuais que o homem julga, mas também com suas faculdades instintivas, com os seus sentimentos... O instinto é verdadeiramente um fator obscuro e poderoso de todo julgamento, e sobretudo do julgamento do magistrado penal. No juízo penal têm frequentemente predomínio movimentos sentimentais e emotivos, que dão uma particular orientação à personalidade do juiz que empreende o exame das provas"[35].

Daí a natural explicação para essa força de convencimento que dimana de toda prova oralmente produzida perante o julgador.

Para Schopenhauer – lembrado por Altavilla –, "uma memória, mesmo fraca, no geral retém o que tem valor para a paixão dominante".

A formação da convicção para o ato de julgar é, antes de tudo, um exercício de inteligência e memória, lembrando-se de que o jurado foi colocado como "testemunha" de uma produção probatória. A memória responde pela fixação, conservação e evocação da percepção, e a "paixão dominante" é aquela presente no Júri.

[35] Apud Magarinos Torres, *Processo penal do júri nos Estados Unidos do Brasil*, Rio de Janeiro, 1939, p. 430.

Portanto, quando a *evocação* se faz necessária, o jurado – em atendimento a essa *paixão dominante* –, com mais facilidade, traz para o seu juízo de valoração, em um processo intrapsíquico, esta prova oral e viva, que à sua frente fora produzida.

Em verdade, a oratória e a forma na exposição das provas, o entrechoque do argumento e do contra-argumento, pelo maior ou menor talento do expositor, podem fazer com que qualquer prova ou detalhe, produzido a qualquer tempo, sobreponha-se com vigor àquela realizada em plenário.

Mas esta não é a regra, como não é a lógica. Esta, ademais, era a crítica que fazíamos na análise do inquérito policial com a possibilidade da parte em supervalorizar detalhes insignificantes. Vai muito da habilidade, talento e experiência do orador, e a Justiça, como é cediço, não pode viver à mercê desses talentos, ou sujeita à própria morte, vitimada pelos "talentos" que advogam causas contrárias a ela.

O que se diz, em síntese, é que há uma explicação natural para uma maior valoração da prova produzida em plenário (muitas delas funcionando como verdadeiros "tiros pela culatra" por quem as pensou produzir). Não que deva ser assim valorizada; mas que seja sobretudo respeitada e não subestimada, pois, do contrário, aquele para o qual toda a prova esteve a seu lado no curso da ação pode, à undécima hora, sofrer, com um único depoimento adverso, o efeito de uma imprevista bacamartada, arrasando e derrubando por terra o libelo... ou uma tese defensiva.

Desde logo, conclua-se. Ainda que houvesse uma errônea valorização de tal prova, o equívoco não seria muito diverso daquele que teria a magistratura togada. A responsabilidade, portanto, não é do Júri, enquanto instituição. Da mesma forma, um juiz de carreira, se tivesse conhecimento apenas da prova oral feita *vis-à-vis*, sem que lhe fossem expostos outros elementos, também, com certeza, julgaria assemelhadamente como os jurados.

Por isso, duas grandes advertências endureçam se feitas aos militantes do Júri: a primeira, a de que na *instrução processual* consiga produzir-se de fato uma prova que realmente tenha substância, de modo que nenhuma "surpresa" produzida pela parte contrária em plenário consiga eficazmente combater a verdade substancial já sedimentada nos autos; a segunda, a de que, por melhor que seja a instrução realizada na fase do *judicium accusationis*, o orador deverá estar preparado para uma verdadeira prova "surpresa", tal como se constituem alguns testemunhos verdadeiramente inoportunos (e inverídicos)...

5.1. A testemunha arrolada em caráter de imprescindibilidade

A testemunha arrolada pelas partes com essa designação (testemunha "imprescindível") recebeu do legislador tratamento diverso, se comparada àquelas assim não nominadas, conforme direito assentado no art. 461 do CPP.

No que se diferencia das testemunhas *prescindíveis*, ou seja, das testemunhas *comuns*?

Diferencia-se porque firma, *in concreto*, um direito previsto *in abstrato*, ou seja, ao arrolá-la o promotor ou o defensor, fazendo-o em caráter de imprescindibilidade, confere-lhe *sponte propria* e *formalmente* o cunho de *imprescindível*, visto que, no caso de não comparecimento da respectiva testemunha, adiar-se-á o julgamento *obrigatoriamente uma vez*, caso insista, em sua oitiva, a parte arrolante.

Por certo, se tal cláusula (de imprescindibilidade) não constar expressamente, o julgamento realizar-se-á mesmo que faltante a testemunha[36], não sendo causa, portanto, de sua anulação.

Pacífica a jurisprudência nesse particular[37]:

"*HABEAS CORPUS*. PROCESSUAL PENAL. ROUBO CIRCUNSTANCIADO. AUDIÊNCIA DE INSTRUÇÃO. AUSÊNCIA DE ADVOGADO CONSTITUÍDO. NOMEAÇÃO DE DEFENSOR *AD HOC*. NULIDADE. INEXISTÊNCIA. TESTEMUNHAS ARROLADAS PELA DEFESA. NÃO COMPARECIMENTO. SUBSTITUIÇÃO. PRAZO. PRECLUSÃO. FALTA DE INDICAÇÃO DO PARADEIRO. IMPRESCINDIBILIDADE DA OITIVA NAO DEMONSTRADA. ADITAMENTO DA DENÚNCIA APÓS A DEFESA PRÉVIA. INCLUSÃO DE CORRÉUS. REALIZAÇÃO DE NOVO INTERROGATÓRIO. CERCEAMENTO DE DEFESA INEXISTENTE. SENTENÇA. FUNDAMENTAÇÃO. APRECIAÇÃO DAS TESES DEFENSIVAS. CAUSAS DE AUMENTO. DEMONSTRAÇÃO E ESPECIFICAÇÃO. INEXISTÊNCIA DE DISCREPÂNCIA COM A DENÚNCIA.

---

[36] Se, contudo, o Júri insistir na oitiva e não for possível a célere localização e apresentação da testemunha (cf. arts. 477 e 497, XI, do CPP), daí então poderá ser suspensa e redesignada a sessão.

[37] Confira-se vasto repertório de acórdãos in Borges Pereira, *Tribunal do júri*, São Paulo, Saraiva, 1993, p. 308 e s.

1. Nos termos do art. 265, parágrafo único, do Código de Processo Penal, a falta de comparecimento do defensor, ainda que motivada, não implicaria adiamento da prática do ato, devendo ser nomeado advogado *ad hoc*, como feito no caso concreto pelo juiz de primeiro grau.

2. **Além de deixar precluir o prazo para substituição das testemunhas, a Defesa sequer indicou os endereços em que poderiam ser encontradas aquelas que haviam sido por ela arroladas e, mais ainda, em momento algum declinou as razões pelas quais considerava que sua oitiva seria imprescindível ou influenciaria no julgamento da ação penal. Inexistência de ilegalidade na decisão que declarou precluso o direito à produção de prova testemunhal"**[38].

"Defesa que arrolou testemunha dentro do prazo do art. 422 do CPP, sem, contudo, fazer menção acerca de sua imprescindibilidade em plenário, bem como informando endereço equivocado. Desnecessidade de adiamento do julgamento, em conformidade com art. 461 do Código de Processo Penal. Testemunha que inclusive foi cientificada três dias antes da Sessão de Julgamento pelo Tribunal do Júri"[39].

"Não existe cerceamento de defesa se o Juiz Presidente dispensa a oitiva de testemunha que comparece somente quando o réu está sendo interrogado, ouvindo-lhe parte das declarações, considerando, inclusive, que não fora ela arrolada com o caráter de imprescindibilidade. Não se pode reputar ter havido quebra da incomunicabilidade entre os Jurados se um deles se comunica com o juiz"[40].

"Testemunha que deixou de ser ouvida em razão de não haver o magistrado adiado o julgamento. Imprescindibilidade do seu depoimento. Vulneração do art. 455 do CPP[41]: como já decidiu este egrégio Tribunal, 'a regra expressa no art. 455 do CPP é a de que a falta de qualquer testemunha não será motivo para o adiamento do julgamento, salvo se o seu depoimento for imprescindível. Para tanto é mister que isso se declare, de maneira expressa, com antecedência necessária para a intimação' (cf. *RT* 237/83)"[42].

---

[38] STJ, HC 89.930/SP, 5ª Turma, rel. Laurita Vaz, j. 4-5-2010.

[39] TJRS, ACR 70033504986, 2ª Câmara Criminal, rel. Marlene Landvoigt, *DJe*, 13-7-2011.

[40] TJPR, ACR 174.331-9, 1ª Câmara Criminal, rel. Gil Telles, j. 9-6-2005.

[41] Atual art. 461 do CPP.

[42] TJSP, rel. Des. Goulart Sobrinho, *RJTJESP* 10/558.

"O art. 455 do CPP[43] previne que a falta de testemunha não será motivo de adiamento do julgamento, salvo se uma das partes tiver requerido a sua intimação, declarando não prescindir do depoimento e indicando o seu paradeiro com antecedência necessária. Omisso, o arrolante, no cumprimento da lei, não pode pleitear, posteriormente, a nulidade do julgamento"[44].

"Se arrolada como imprescindível e não comparece, ou é conduzida coercitivamente ou adiado o julgamento. O que o juiz não pode fazer é dispensá-la contra a vontade da parte" (STF, *RTJ* 92/371).

Note-se, todavia, que será causa de somente um adiamento de julgamento a ausência da testemunha imprescindível. Faltante em nova designação do Júri (que determina o Código seja feita para "o primeiro dia útil desimpedido" – cf. art. 461, § 1º)[45], este se reunirá independente de sua ausência, procedendo ao julgamento, tal como aduz o citado art. 461, § 1º, do CPP. *In claris cessat interpretatio.*

Cumpre observar que, mesmo arrolada como imprescindível, caso a testemunha não resida na comarca, não terá obrigação de comparecer ao julgamento e, nesse sentido, não será causa para redesignação[46].

Como também esta outra decisão:

"A testemunha residente em comarca diversa não é obrigada a se deslocar para prestar depoimento em plenário do Júri, ainda quando regularmente intimada e arrolada com cláusula de imprescindibilidade"[47].

O Professor Damásio E. de Jesus faz a seguinte observação:

"Desistência de testemunha em plenário. Como já decidiu o STF, arroladas que sejam as testemunhas, quer pela acusação ou defesa, não pode qualquer das partes dispensá-las sem o consentimento da parte contrária, 'a qual poderia com elas procurar produzir prova de sua conveniência; e dos próprios jurados, e, ainda, dos juízes da instância

43 Atual art. 461 do CPP.

44 TJSP, rel. Des. Acácio Rebouças, *RT* 415/80.

45 Ferindo frontalmente esse dispositivo legal, têm-se visto, na prática, alguns magistrados a *saltarem* pauta, *pulando* o "primeiro dia útil desimpedido", sem justificáveis razões. Como norma é de evidente cogência e, desobedecido o preceito legal, sujeita-se a medida à impugnação recursiva, desde uma *correição parcial* ou mesmo um *mandado de segurança*, a um *habeas corpus*, conforme o caso recomende e legitime.

46 *RT* 403/107.

47 TJMG, rel. Des. José de Barros, *RT* 620/341.

recursal, os quais, assim também informados, melhor compreenderão o veredito' (*RTJ* 65/175 e s.). No mesmo sentido: *RT* 444/316. Não há nulidade, entretanto, quando, embora dispensada irregularmente, sem a consulta exigida, a parte contrária não impugnou a dispensa no ato, insistindo no depoimento da testemunha (*RT* 432/304)"[48].

"Não cabe falar em nulidades processuais que teriam sido causadas pela dispensa de uma testemunha arrolada com caráter de imprescindibilidade se não houve a demonstração do efetivo prejuízo sofrido pelo apelante, como exige o art. 563 do CPP (*pas de nullité sans grief*)"[49].

"Não se verificam as nulidades processuais alegadas pelo impetrante – que teriam sido causadas pelo indeferimento do pedido de adiamento do julgamento e pela dispensa de testemunhas – se não houve a demonstração do efetivo prejuízo sofrido pelo paciente, como exige o art. 563 do CPP (*pas de nullité sans grief*). Ordem denegada"[50].

O espírito jurisprudencial que, com muito acerto tem recomendado a práxis, norteia-se pelo princípio de que, uma vez arrolada a testemunha por uma das partes, sua desistência dependerá da anuência da parte contrária, a qual "pode procurar produzir prova de sua conveniência".

Uma vez arrolada a testemunha por uma das partes, criou-se uma promessa e uma expectativa de sua oitiva no Júri. Não se admite a "surpresa" da desistência na última hora. O legislador, ao instituir o art. 479 do Código de Processo Penal que impede a produção de "prova surpresa" em plenário, quis, evidentemente, evitar a *chicanerie*, tão ao gosto dos *mágicos* do *barreau* que pretendem a *arte do ilusionismo* com a ciência do direito, quando não lhes socorra a razão. Nesse entendimento, não poderíamos esperar um expediente de trica, uma "surpresa" como a própria "prova surpresa", no qual a parte cria a expectativa da oitiva de testemunha em plenário, promete-a, recomendando-a, e depois, como em um gesto de esperteza, pretende retirá-la da inquirição pelo Colegiado Popular.

Se existe uma razão pela qual tenha arrolado a testemunha e, no Júri, peremptoriamente não mais pretenda a sua oitiva, é porque,

48 *Código de Processo Penal anotado*, São Paulo, Saraiva, comentários ao art. 467.

49 TJPA, Ap. 2007.3007724-2, rel. Therezinha Martins da Fonseca, j. 3-9-2009.

50 HC 61.432/RJ, Min. Laurita Vaz, rel. p/o acórdão Min. Felix Fischer, *DJe*, 2-2-2009.

evidentemente, supõe que a verdade irá prejudicar-lhe... afinal se não é essa a natural explicação, qual seria? *Quod abundat, nocet?*

Se é verdade que nenhuma parte tenha obrigação de fazer prova para a parte contrária, verdade é, também, que nenhuma prova – criada a expectativa de sua produção – pode ficar subtraída à apreciação do Tribunal do Júri, pelo evidente dano que causaria ao racional julgamento.

E o direito não pode estar à mercê de quem não pretenda a *verdade real*, como princípio máximo, informativo do processo penal. *Ratio est anima legis*.

Logo, *imprescindível* ou não a testemunha arrolada para plenário, somente com a anuência da parte contrária para dar-se sua dispensa. Mesmo porque bastaria que apenas um jurado quisesse ouvi-la, para que a dispensa se tornasse inviável[51] (*RTJ* 65/175; *RT* 470/450 etc.).

Já decidiu o Tribunal de Justiça de São Paulo:

"A dispensa de testemunha é um direito natural das partes, mas não absoluto. Há a considerar que os arts. 467 e 468[52] consagram o direito da parte contrária, bem como dos jurados, à inquirição das testemunhas presentes à sessão de julgamento, pelo que a dispensa não pode ser efetivada, se uma ou outros quiserem fazer-lhes perguntas"[53].

---

51 Nesse particular, assim se tem mantido o entendimento de nossos Pretórios: "Nulo não é o julgamento do Júri por haverem sido dispensados pelo Juiz Presidente, a requerimento das partes, os depoimentos das testemunhas em plenário, independentemente de consulta ao Conselho de Sentença" (STF, rel. Min. Cunha Peixoto, *RT* 549/403).

Também:

"Dispensa de depor, na sessão de julgamento, de testemunhas arroladas no libelo, em face do assentimento das partes, sem audiência do Conselho de Sentença, que ainda não estava constituído. Nulidade que inocorre. Código de Processo Penal, art. 497. Inexistência, no caso, sequer, de alegação de prejuízo para a defesa" (STF, rel. Min. Néri da Silveira, *RTJ* 106/77).

E ainda:

"Dispensa da inquirição de testemunha, em plenário, sem consulta aos jurados. Inocorre infringência ao art. 564 do CPP. Precedente da 1ª Turma, no RHC 59.731-9. Hipótese em que nenhuma reclamação da defesa se fez, nem se afirma haja disso resultado prejuízo à defesa, deprendendo-se, inclusive, do texto da Ata, que a defesa concordou com a desistência da oitiva da testemunha" (STF, rel. Min. Néri da Silveira, *RTJ* 108/128).

52 Atual art. 473, § 3º, do CPP.

53 TJSP, rel. Des. Nélson Fonseca, *RT* 444/316.

E ainda:

"Os arts. 467 e 468[54] do CPP consagram o direito da parte contrária, bem como dos jurados, à inquirição das testemunhas presentes à sessão de julgamento, pelo que a dispensa não pode ser efetivada se uma ou outros quiserem perguntá-las"[55].

No entanto, o Superior Tribunal de Justiça já sustentou que a dispensa de testemunhas em plenário do Tribunal do Júri, mediante a concordância da parte contrária, não acarreta nulidade, ainda que falte expressa anuência dos jurados[56].

5.2. Inquirição direta pelas partes

Dispõe o art. 473 do CPP:

"Art. 473. Prestado o compromisso pelos jurados, será iniciada a instrução plenária quando o juiz presidente, o Ministério Público, o assistente, o querelante e o defensor do acusado tomarão, sucessiva e diretamente, as declarações do ofendido, se possível, e inquirirão as testemunhas arroladas pela acusação.

§ 1º Para a inquirição das testemunhas arroladas pela defesa, o defensor do acusado formulará as perguntas antes do Ministério Público e do assistente, mantidos no mais a ordem e os critérios estabelecidos neste artigo.

§ 2º Os jurados poderão formular perguntas ao ofendido e às testemunhas, por intermédio do juiz presidente.

§ 3º As partes e os jurados poderão requerer acareações, reconhecimento de pessoas e coisas e esclarecimento dos peritos, bem como a leitura de peças que se refiram, exclusivamente, às provas colhidas por carta precatória e às provas cautelares, antecipadas ou não repetíveis".

Conforme se depreende do *caput* do dispositivo legal, alterado pela Lei n. 11.689/2008, é direito que as partes inquiram diretamente as testemunhas, aplicando-se, no Júri, o mesmo sistema aplicado ao juiz singular e previsto no art. 212 do CPP.

54 Atual art. 473, § 3º, do CPP.

55 TJSP, rel. Des. Bonilha, *RT* 454/371. *V*. ainda *RJTJESP* 21/469, e *RT* 607/275.

56 STJ, HC 88.881/GO, rel. Paulo Gallotti, *DJ*, 16-6-2008.

Nota-se, portanto, o fim do sistema presidencialista de inquirição[57].

Ressalte-se que a mudança é extremamente salutar, haja vista não mais haver razão para uma intermediação das perguntas, visto que esta, no Júri, seria uma atividade aleatoriamente até nociva à Instituição, quando perguntas que evidenciariam um falso testemunho, com tal "intermediação", perderiam sua função. Nesse ir e vir da pergunta (da parte para o juiz, e do juiz para o depoente), a testemunha que se dispusesse a mentir já teria tempo mais que suficiente para elaborar uma resposta ao menos "salomônica". Mesmo mentirosa, poderia manter até o final a aura sacra de veraz, porque impossível a aferição psicológica da *sinceridade impulsiva* da qual falava Altavilla[58].

Aliás, antes mesmo da mudança redacional do dispositivo em epígrafe, este já vinha sendo o entendimento de parte da doutrina, conforme se infere do magistério de Magalhães Noronha, quando comentava o antigo art. 467 do CPP:

"A inquirição, agora, como se vê do art. 467 (atual art. 473), diverge da feita na instrução (art. 212[59]): aqui as partes reperguntam à testemunha por intermédio do juiz, mas no júri inquirem-nas diretamente nesta ordem, juiz, acusador, seu assistente, defensor e jurados, quando se trata de testemunha de acusação. Se de defesa, o defensor antecederá na inquirição ao acusador..."[60].

....

57 Altavilla, tratando do "interrogatório" – aproveita-se a lição para a colheita da prova testemunhal –, anota as três grandes escolas de interrogatório (e inquirição de testemunhas), que acabaram norteando a feitura das modernas legislações processuais: "Podemos dizer que os sistemas para interrogar se reduzem a três: a) *Sistema anglo-americano*: as perguntas são feitas pelo advogado e pelo *prosecutor*. Ao interrogatório segue-se o contrainterrogatório (*cross-examination*). O juiz limita-se a dirigir os debates... b) *Sistema italiano*: as perguntas devem ser feitas pelo juiz. Os advogados e as partes devem, por conseguinte, dirigir-se a ele, que as formulará como melhor entender. c) *Sistema misto* (alemão): o acusador e o advogado chegam a acordo para fazerem diretamente as perguntas, e o juiz autoriza-o. Sistema adotado igualmente pela prática judiciária da Itália" (*Psicologia judiciária*, cit., v. 2, p. 576).

58 Altavilla utiliza-se da expressão com relação ao testemunho infantil, aos quais o referido autor aduz estarem mais sujeitos à ocorrência (cf. *Psicologia judiciária*, trad. Fernando de Miranda, 3. ed., Coimbra, Arménio Amado Ed., Sucessor, 1982, v. 1, p. 75).

59 Ressalte-se que, com a reforma implementada pela Lei n. 11.690/2008, o art. 212 do CPP foi alterado para se permitir que as perguntas sejam feitas diretamente pela parte, cabendo ao juiz tão somente complementar a inquirição.

60 *Curso de direito processual penal*, 19. ed., São Paulo, Saraiva, 1989, p. 271.

Por seu turno, o saudoso Marques Porto reforça a lição:

"A inquirição da testemunha em Plenário, após ouvida pelo Juiz Presidente, será feita diretamente pela acusação, pelo assistente, pelo defensor e, por fim, pelos Jurados; ao contrário do art. 212 que diz que as perguntas são requeridas ao Juiz, o art. 467 (atual art. 473 do CPP), tratando da instrução em Plenário, não dá referência à mediação do Magistrado"[61].

E outro não é o entendimento de Adriano Marrey[62], Espínola Filho[63] e Borges Pereira[64].

E sempre foi assim na doutrina mais autorizada, conforme esta esclarecedora página do mais festejado juiz presidente do Júri que o Brasil já teve, Magarinos Torres:

"As testemunhas são inquiridas: primeiro pelo juiz, a seguir, pela parte que a arrolou, e afinal pela adversa, podendo os jurados também lhes fazer perguntas.

Não é plausível esse encargo atribuído ao presidente, que pode estar alheio às circunstâncias do fato, tendo sido obrigado a dar atenção a outras coisas de sua função administrativa, muito embora já se inteirasse do caso pelo resumo inicial das provas, que fora obrigado a fazer. Mas então, se ele não se limita a mandar que a testemunha narre tudo o que saiba, geralmente será estéril a sua intervenção, porque das minúcias só conhecem bem as próprias partes, as quais realmente devem ser deixadas.

A lei aplicou o sistema dos juízes singulares. Mas, no Júri, o critério melhor seria o de confiar às próprias partes a inquirição, para que fossem diretamente aos pontos controvertidos e de interesse para a causa. Era o que antigamente recomendava a lei e Galdino Siqueira consignava sem críticas (*Curso de Processo Criminal*, 2. ed., 1917, n. 288, p. 216). Era o critério legal no Estado do Rio de Janeiro (v. Oldemar Pacheco, *Manual do Jury*, 1931, p. 28). É o que se praticava no Distrito Federal de 1929 a 1938. E *sempre foi o ideal da Justiça no Júri* (v. Raoul de La Grasserie, *L'Évolution* etc. p. 47)"[65].

61 *Júri*, 7. ed., São Paulo, Malheiros Editores, 1993, p. 131.

62 In *Júri – Teoria e prática*, 3. ed., São Paulo, Revista dos Tribunais, 1988, p. 156, com Alberto Silva Franco e outros.

63 *Código de Processo Penal brasileiro anotado*, 3. ed., v. 4, n. 904.

64 *Tribunal do júri*, São Paulo, Saraiva, 1993, p. 333.

65 *Processo penal do júri nos Estados Unidos do Brasil*, Rio de Janeiro, 1939, p. 432.

5.3. Da dignidade da vítima durante a instrução em plenário

Com a promulgação da Lei n. 14.245/2021, conhecida como Lei Mariana Ferrer, o Código de Processo Penal passou a contar com o art. 474-A, que estabelece:

"Art. 474-A. Durante a instrução em plenário, todas as partes e demais sujeitos processuais presentes no ato deverão respeitar a dignidade da vítima, sob pena de responsabilização civil, penal e administrativa, cabendo ao juiz-presidente garantir o cumprimento do disposto neste artigo, vedadas:

I – a manifestação sobre circunstâncias ou elementos alheios aos fatos objeto de apuração nos autos;

II – a utilização de linguagem, de informações ou de material que ofendam a dignidade da vítima ou de testemunhas".

A introdução desse dispositivo representa um marco civilizatório, ainda que tardio, pois reafirma um pressuposto ético-jurídico do qual jamais deveríamos ter nos afastado. Trata-se da consagração normativa de um imperativo já contido nas cláusulas implícitas da própria civilidade processual: *in iudicio decet humanitatem*; no julgamento, é preciso decoro e humanidade.

Não são raros os casos em que, ante a impossibilidade de desconstruir a materialidade ou a autoria delitiva, a estratégia da defesa consiste em desviar o foco da imputação e desferir ataques contra a reputação da vítima. Assim, promove-se um *argumentum ad hominem* (*argumentum ad indignitatem*), ou seja, uma tentativa de desqualificar moralmente quem deveria ser protegido pelo aparato estatal.

Essa inversão perversa – que transforma o processo em palco de revitimização – é precisamente o que o art. 474-A visa coibir, ao vedar, em seu inciso I, a manifestação sobre elementos alheios aos autos, e, no inciso II, a utilização de linguagem, conteúdos ou materiais ofensivos à dignidade da vítima ou das testemunhas. É uma advertência legal contra o uso da tribuna como instrumento de opressão simbólica.

É tempo de recordar: o direito de defesa não é o direito de ataque à moral da vítima. O processo penal civilizado não pode tolerar, como estratégia defensiva, o assassinato moral de quem já tombou ou de quem ainda sangra. *Austeritas orationis* – severidade do discurso – é distinta de agressão gratuita. Essa é a clássica lição de Quintiliano, em *Institutio Oratoria*, Livro VIII. A defesa pode ser firme, mas decente. Deve ser altiva, sem ser ofensiva. *Non est defensio, sed opprobrium* – não é defesa, mas afronta – quando se converte o plenário do júri em tribunal contra a vítima.

O juiz-presidente, na qualidade de garantidor da legalidade e da lisura do julgamento, deve intervir de ofício ou por provocação sempre que detectar violação ao art. 474-A. Incumbe-lhe interromper o ato, advertir o autor da transgressão e determinar o registro do incidente em ata, nos termos do art. 495, XV, do CPP. Se a violação for cometida por advogado, deve remeter os autos à Ordem dos Advogados do Brasil para apuração disciplinar, sem prejuízo das responsabilidades civil e penal cabíveis. Se, excepcionalmente, for praticada por membro do Ministério Público, o juiz deverá comunicar o fato aos órgãos correcionais da Instituição.

Ao Promotor do Júri incumbe vigilância ativa: deve intervir com firmeza quando perceber tentativas de humilhação, vilipêndio ou difamação da vítima. Mas deve, igualmente, pautar a própria atuação pela compostura e pela nobreza que se exige da função ministerial. Preservar a dignidade da vítima não exige a renúncia à veemência, mas impõe o veto ao escárnio, à perfídia e à retórica vil. *In acerbitate, urbanitas:* mesmo na aspereza, que haja urbanidade.

5.4. Reinquirição de testemunhas

É previsão disposta no art. 476, § 4º, do CPP que não dá margem a dúvidas:

"A acusação poderá replicar e a defesa treplicar, sendo admitida a reinquirição de testemunha já ouvida em plenário".

É por essa razão que, após a regular oitiva da testemunha, sua dispensa deve ser precedida da audiência da parte contrária e dos jurados[66].

Contudo, já se decidiu que "a dispensa de testemunha, após a inquirição, sem consulta às partes e aos jurados, em si, não acarreta nulidade, a menos que a parte que a arrolou proteste, pedindo a consignação"[67].

Embora de rara ocorrência, faz-se legítima, quando necessária, a reinquirição da testemunha em plenário, em atendimento ao disposto no

66 *RT* 496/285.

67 TJRS, rel. Des. Alaor Antonio Wiltgen Terra, *RT* 576/416.

art. 497, XI, com a expressa previsão do citado art. 476, § 4º, podendo ocorrer até a finalização da tréplica.

5.5. Acareação

Prevê o art. 473, § 3º:

"As partes e os jurados poderão requerer acareações ...".

Por sua vez, o art. 229 assim está redigido:

"A acareação será admitida entre acusados, entre acusado e testemunha, entre testemunhas, entre acusado ou testemunha e a pessoa ofendida, e entre as pessoas ofendidas, sempre que divergirem, em só declarações, sobre fatos ou circunstâncias relevantes.

Parágrafo único. Os acareados serão reperguntados, para que expliquem os pontos de divergências, reduzindo-se a termo a ata de acareação".

Portanto, perfeitamente lícita a acareação entre testemunhas, acusado e testemunha, acusado e acusado etc., não se compreendendo, *ipso facto*, o seguinte julgado, coligido por Adriano Marrey, ainda antes da reforma operada em 2008:

"Já ocorreu o caso de um julgamento, durante o qual foi admitida a acareação, em Plenário, do réu com testemunha. O TJSP o anulou, pela consideração de que o art. 470 do CPP admite unicamente a acareação entre testemunhas (*RT* 242/70)"[68].

No entanto, para que seja possível a acareação, uma vez inquiridas, não serão liberadas imediatamente, pois devem regressar à sua sala, aguardando até que o juiz consinta em sua retirada, porque sujeitas a chamamento para reinquirição (art. 476, § 4º)[69] ou para a acareação propriamente dita (art. 473, § 3º).

A "acareação" que durante instrução mostrasse, rotineiramente, uma medida inócua (raramente os acareados se retratam), no Júri, contudo, denota uma grande valia. Tirante a possibilidade de a testemunha, ao ser acareada, retratar-se (possibilidade um pouco remota!), mesmo em se mantendo o depoimento ofertado, possibilita-se à parte, quando dos debates, uma análise das reações fisionômicas e psíquicas dos acareados, que, adicionada à percepção já feita pelos jurados (segurança do

---

68 *Júri – Teoria e prática*, 3. ed., São Paulo, Revista dos Tribunais, 1988, p. 156.

69 Até o final do julgamento, vale dizer, mesmo na fase da réplica e tréplica, estão as testemunhas sujeitas à reinquirição.

depoimento, intranquilidade, expressões etc.)[70], enseja um completo juízo valorativo sobre os depoentes.

O jurado, atento ao menor detalhe de tudo quanto se passa no plenário, não deixa escapar suas impressões do ato da acareação, podendo dela retirar valiosas conclusões[71].

De se notar que o julgador *quer* tirar, ele também, suas próprias deduções quando assiste ao depoimento de uma testemunha acusatória que oferece uma versão e, em seguida, o depoimento de testemunha defensiva que oferece versão contrária. E este remate conclusivo, para ele, há de ser próprio, ao qual, por certo, adicionará a argumentação expendida pelas partes por ocasião dos debates: quer tocar a certeza, definir impressões, e somente as tem quando presencia a acareação[72].

5.6. O "ponto essencial divergente" para a acareação

A dificuldade que oferece o dispositivo processual *sub analise* é saber-se o que se deva entender sobre o tal *ponto essencial* ("quando duas ou mais pessoas divergirem sobre *pontos essenciais*"). Como saber o que seja essencial para cada jurado, quando é a ele que em última instância o ato se destina, e quando é sabido que o essencial a um, a outro pode não ser?

Bem, pensamos que algumas questões aberrantemente periféricas, dadas como *divergentes*, sejam identificadas desde logo, *prima facie*, não dando azo a perquirições. Estas, tão somente, sujeitam-se ao pronto indeferimento. Contudo, há as "intermediárias", que não se evidenciam

70 *V*. as interessantes observações de Altavilla, *Psicologia judiciária*, trad. Fernando de Miranda, 3. ed., Coimbra, Arménio Amado Ed., Sucessor, 1982, v. 2, p. 323 e s.

71 Para Herotides da Silva Lima, "é um trabalho que dificilmente dá resultado, porque o que se tem observado é que pouca gente retira aquilo que referiu em juízo; cada qual sustenta o que disse". No entanto, anota: "Como a impressão pessoal do juiz sobre as partes e testemunhas tem uma importância fundamental, é possível que ele consiga surpreender a que está mentindo ou se está enganando" (apud Magalhães Noronha, *Curso de direito processual penal*, 19. ed., São Paulo, Saraiva, 1989, p. 124).

72 "Mesmo que já se tenham testemunhas mostrado em divergência, na instrução, e por isso acareadas, nada impede que, mantendo suas versões, o sejam, novamente, agora, à vista dos jurados, para que tenham eles impressão pessoal, pois muita vez o dito de uma testemunha mais vale pelo modo porque é proferido do que por seu conteúdo" (Magalhães Noronha, *Curso de direito processual penal*, 19. ed., São Paulo, Saraiva, 1989, p. 271-2).

à primeira análise como essenciais, tampouco como periféricas. Nesse caso, a parte deve justificar a medida.

Na hipótese de *dúvida*, ou seja, persistindo-se a questão sobre a essencialidade ou não do ponto conflitante, o mesmo há que ser objeto da acareação, devendo ser submetido às testemunhas. Afinal, o único prejuízo que poderia advir da medida, em se atendendo a acareação sobre ponto secundário, seria um prejuízo eminentemente temporal.

Vale, como regra formal, a mesma cautela adotada para as "acareações" procedidas na fase investigatória, ou em juízo, como na recomendação de Galdino Siqueira:

"... antes de acareadas, devem as testemunhas prestar novo compromisso ou juramento, na presença das partes, e não devem ser acareadas em turma, mas separadamente, descrevendo-se tudo no respectivo termo, bem como o estado de ânimo de cada uma delas, porque, como diz o Eccl. cap. 13, v. 13: 'cor hominis immutat faciem ejus'"[73].

5.7. O falso testemunho

Omnis homo mendax!

Diante de um depoimento tomado em plenário – ou no curso da ação, mesmo antes da pronúncia –, este, evidenciando-se como falso (art. 342 do CP), estará sujeito a um quesito especial[74], pertinente ao delito correspondente, para aferição, pelo Conselho de Sentença, se a testemunha cometeu ou não crime de falso.

Segundo Mira y Lopez[75], dos seguintes fatores dependem o testemunho de uma pessoa: como percebeu o acontecimento; como sua memória o conservou; como é capaz de evocá-lo; como quer expressá-lo; e como pode expressá-lo.

73 *Curso*, n. 289, p. 221.

74 Recomenda Adriano Marrey a seguinte redação: "Verificou-se, no curso do julgamento, que F... (nome e qualificação da testemunha), ouvida na fase da instrução (ou em Plenário), prestou falso testemunho, versando sobre fato juridicamente relevante e pertinente ao objeto do processo a que responde o réu... (nome do réu da ação penal por crime contra a vida)?" (*Júri – Teoria e prática*, 3. ed., São Paulo, Revista dos Tribunais, 1988, p. 286).

75 Emílio Myra y Lopez, *Manual de psicologia judiciária*, trad. Elso Arruda, Rio de Janeiro, Ed. Agir, 1955, p. 171; apud também em Moacyr Benedito de Souza, *Mentira e simulação em psicologia judiciária penal*, São Paulo, Revista dos Tribunais, 1988, p. 25.

Ressalve-se, por oportuno, que eventual erro da testemunha não se confunde, à evidência, com o dolo exigível pelo art. 342 do CP para adequação típica. Somente quando presente, portanto, a *voluntas sceleris*, no rigor do art. 18, I, do CP é que a testemunha sujeita-se à responsabilização penal.

E quem poderá requerer a inclusão do referido quesito de falso?

As partes, Ministério Público e defesa. Porquanto, se qualquer dos jurados assim o fizer, estará comprometendo, pela quebra do sigilo da votação, o julgamento realizado[76].

Após o que, votando-se positivamente ao quesito correspondente (que será o último da série), conforme Adriano Marrey, "o Juiz Presidente, na sentença, determinará, nos termos dos arts. 40 e 211, parágrafo único, do CPP, sejam extraídas peças para a instauração da ação penal contra a testemunha reputada falsa. Se esta se achar presente, por ocasião do julgamento do Júri (por não tê-la dispensado o Juiz Presidente), o magistrado, após a votação dos quesitos, determinará sua apresentação imediata à autoridade policial, para o fim de ser autuada.

Não se trata de prisão em flagrante, mas para indiciamento"[77].

5.8. Conveniência da inclusão do quesito de falso

E a conveniência da medida?

Há que se ter redobrada cautela, porquanto, para o jurado, já se põe como um fardo o julgamento do homicida para o qual fora convocado a

76 V. divergência doutrinária a respeito, trazida por Adriano Marrey, *Júri – Teoria e prática*, 3. ed., São Paulo, Revista dos Tribunais, 1988, p. 287, com posicionamento diverso, na doutrina mais recente, de Marques Porto, *Júri*, 7. ed., São Paulo, Malheiros Editores, 1993, p. 133. Para Marrey – o que nos parece mais acertado –, aos jurados é vedado o requerimento do quesito especial, enquanto para Marques Porto, em sentido diametralmente oposto, é exclusividade do Conselho de Sentença "a iniciativa pelo levantamento da questão". Em posição mais abrangente, porquanto alude como faculdade de invocar a inclusão do quesito de falso, tanto aos jurados, como ao juiz presidente e às partes, *v.* Ary Franco, *O júri e a Constituição Federal de 1946*, 2. ed., Rio de Janeiro, Forense, 1956, p. 147.

77 *Júri – Teoria e prática*, 3. ed., São Paulo, Revista dos Tribunais, 1988, p. 166. Esta é a lição também de Espínola Filho, *Código de Processo Penal brasileiro anotado*, 6. ed., Rio de Janeiro, Borsoi, 1965, v. 3, n. 456.

julgar[78]. Depois, adicionar a este peso um outro, que é a pretensão para que julgue também a admissibilidade do falso testemunho, tributado a um *tertius*, pode tornar-se perigoso. Ademais, não sendo regra imperiosa a obrigatoriedade da quesitação, o promotor poderá, ulteriormente, requisitar diretamente da autoridade policial a instauração de inquérito (art. 5º, II), ou até, conforme o caso, oferecer, desde logo, denúncia contra a testemunha se tiver elementos para tanto (art. 46, § 1º), requisitando, em paralelo, o formal indiciamento do denunciado (art. 13, II).

Nesse sentido:

"Se a testemunha em plenário do Júri presta depoimento falso, resultando daí a absolvição do réu, que somente após a renovação do mesmo vem a ser condenado, impõe-se a sua condenação pelo delito de falso testemunho, sendo irrelevante o fato de o Conselho de Sentença não ter declarado a falsidade. Insubsistente a alegação de ser inculto o depoente, já que tal circunstância não constitui excludente"[79].

Ora, se é uma medida legalmente dispensável, qual a razão lógica de se impor ao Colegiado *mais um julgamento* – além daquele para o qual estava naturalmente convocado –, gastando-se precioso tempo em provar um delito-filhote, quando poderia dispensá-lo todo no *thema probandum* básico e subjacente, verdadeiramente gerador dessa prole delitiva?

A não ser em especialíssima situação – que verdadeiramente obriga o órgão acusatório à postulação – não vemos praticidade, nem proveito notável, na subsunção de quesito especial ao Júri.

5.9. Recomendações úteis

Além das recomendações que fazíamos na produção da prova testemunhal na fase instrutória (antes da pronúncia), bem como quando analisávamos o oferecimento do rol a acompanhar o inteiro teor da acusação[80], outras recomendações tornam-se necessárias, no tocante à

78 Por outro lado, para a sustentação do libelo necessitará aludir, em crítica, ao depoimento falso. Defensores experientes, sabedores do "peso" que um quesito desses pode trazer aos jurados, costumam desafiar o promotor, indagando: "Se é falso o depoimento, por que não se submete à apreciação do Conselho de Sentença?".

79 TJSP, rel. Des. Cunha Bueno, *RT* 627/285.

80 *V.*, no Capítulo 3, item 5 – "Sobre a colheita de testemunhos", o subitem 5.1 – "Testemunhas referenciais".

matéria da referida instrução em plenário, erigindo-se à condição de verdadeiras "regras" para as partes:

a) *Não se improvisar as reperguntas para as testemunhas*: nada mais medonho que essa "improvisação" de que se jactam alguns, sob o fundamento de decenária "prática".

A testemunha precisa ser, de fato, *sabatinada* em plenário, e não chegar com estorietas decoradas, recitando-as, para graça e gáudio do compositor anônimo, em desabrochados cânticos.

... Dessa composição prévia, com o *recital* em plenário, é que se dá o encontro da tese jurídica urdida para o caso, com a *inocência fabricada do acusado*. A versão da testemunha, decorada e proclamada sem bloqueios, ajustada adrede com a versão do réu, representa o *matrimonium putativum* da verdade fática e real, com a verdade formal e aparente. Aproveitando o poeta: são corpos juridicamente casados, mas almas em plena viuvez.

É necessário que se analise a versão ofertada na polícia e na fase instrutória, confrontando-a com a versão do acusado e com a de outras testemunhas, com o laudo necroscópico, com o auto de levantamento do local etc. Preparando-se depois o maior número possível de perguntas, aferidoras da sinceridade ou mendacidade do depoente, obter-se-á, mais facilmente, por inclusão ou exclusão, a verdade fática do ocorrido. A testemunha *profissional* somente dessa forma é diagnosticada[81]...

Às perguntas para as quais se preparou, responde sempre desembaraçadamente, denotando o preparo ao qual se submeteu. Contudo, quando lhe são endereçadas questões, às quais não aguardava, acaba por evidenciar-se, mudando a fluência verbal, o ritmo da oratória e a própria forma de responder. Vive então seu *dies paenitentiae*.

Quando cair na exceção o conteúdo da pergunta, a testemunha fraudulenta conta com os olhos o *susto*, evidenciando pelo comportamento a causa que defendia. O jurado não repergunta por pura timidez:

81 *V.*, contudo e *mutatis mutandis*, a ressalva de Roberto Lyra: "Todo depoimento acusa as condições pessoais e até personalíssimas, objetivas e subjetivas, fisiológicas e psicológicas da testemunha, ao receber, fixar e reproduzir as mensagens. Aluam ainda as influências da inquirição e da escrituração. Por mais idônea e veraz, a testemunha não pode escapar a fenômenos extremados pela conjuntura do crime e do castigo, com o drama vivo no palco da Justiça". E conclui: "A autenticidade deve ser procurada nas diferenças e não nas semelhanças dos depoimentos. A prova verdadeira traz as imperfeições do homem, do meio e da vida" (*Como julgar, como defender, como acusar*, Rio de Janeiro, Ed. Científica, 1979, p. 90).

mas também não deixa passar *in albis* um olhar cúmplice trocado entre a testemunha e o réu, entre o contratado e o contratante. Também é certo que a tensão constante do medo da contradição, aliada à surpresa da repergunta para a qual não se amestrara, acaba por explicar a etimologia semântica de sua *personalidade*: *persona*, máscara! Assim, se responde de inopino, pode trair-se; se responde com muito vagar, acaba por denunciar-se.

Por outro lado, a experiência tem demonstrado que aqueles que confiam sobremaneira na memória – ou no dom da improvisação, para inquirirem as testemunhas em plenário – portam-se como desavisados profissionais, uma vez que as perguntas mais inteligentes e oportunas somente com longa avaliação dos autos é que se tornam passíveis de formulação. Ademais, jurados e juízes não costumam simpatizar com a parte que fica demoradamente, em plenário, elucubrando, elaborando perguntas que já deveriam estar prontas ou fazendo algumas que, com inteligência, deveria abster-se...

O "improviso" das reperguntas deve limitar-se somente às questões nascidas no plenário; em geral, como dizíamos, as grandes perguntas – que desmistificam e desnudam o mentiroso – são nascidas na véspera do Tribunal.

Diligente promotor, bom defensor é aquele que improvisa as perguntas, como Mark Twain (1835-1910)[82] *improvisava* seus discursos:

"Comumente levo mais de três semanas a preparar um bom discurso de improviso".

b) *Posicionar a testemunha defronte para o Conselho de Sentença*: na maioria dos Júris nota-se que as testemunhas acabam por permanecer de costas, ou lateralmente para os jurados, em razão de terem sido primeiramente inquiridas pelo juiz presidente.

... Somente os liliputianos de Jonathan Swift (1667-1745), em suas *Viagens de Gulliver*, simbolizavam, porque *viam*, a Justiça com seis olhos: dois na frente, *dois atrás*, e um para cada lado...

Incumbe portanto à parte, no momento de reperguntar, dirigir-se ao lado dos jurados, fazendo com que a testemunha vire-se a eles, ou expressamente solicitar ao juiz presidente que determine um posicionamento da testemunha de frente para o Conselho de Sentença. A razão é

82 In *Citações de uma linha*, de Edward Murphy. "It usually takes me more than three weeks to prepare a good impromptu speech."

óbvia: o jurado tem necessidade de focalizá-la para análise, estudá-la, aferindo sua sinceridade e detectando-lhe senões. Sua decisão lastreia-se no seu entendimento e intuição, e isso somente se torna possível quando colocado face a face com a testemunha[83].

Em sede de judicatura togada, nos crimes não afeitos ao julgamento do Júri, nenhum magistrado aceitaria um depoimento nas condições já criticadas. Por que razões fenomênicas deva o jurado aceitá-lo?!

c) *Fiscalizar para que de fato proceda-se ao compromisso da testemunha*: vale dizer, a testemunha precisa ser advertida sobre o crime de falso[84].

A prática demonstra que muitos magistrados esquecem-se simplesmente de advertir a testemunha, deixando de tomar-lhe o compromisso. Desta forma, a mentira flui mais facilmente porque não encontra, desde logo, o menor obstáculo. Algumas destas testemunhas, após um requerimento do Ministério Público no sentido de serem advertidas, parecem sentir que existe "lei" à qual estão sujeitas, e passam então à narrativa da verdade, refazendo o depoimento, pelo temor de futura responsabilização penal.

d) *Não reperguntar diretamente sobre o fato principal*[85]: porque aqueles que treinaram horas seguidas um falso testemunho esperam sempre que

83 V. Vallardi, *La mímica del pensiero*, Milano-Palermo, 1904, p. 95.

84 Roberto Lyra assim recomenda: "Compete ao Promotor Público provocar a compenetração das testemunhas, pela certeza das sanções legais contra a falsidade e pela convicção das consequências de seus depoimentos, conduzindo-as, assim, à verdade. Diante de sua tendência para a prolixidade, sobretudo, da testemunha técnica, precisará os pontos capitais, isto é, o crime, os seus elementos, as suas circunstâncias, o seu autor, o seu passado e as suas condições. Se surpreender o pendor da testemunha para favorecer, por ação ou omissão deve usar de toda cautela, procurando, habilmente, documentar, pelas suas próprias palavras, essa parcialidade, seja a testemunha de acusação ou de defesa. Certa ocasião, notei esse vício, numa testemunha de acusação, de notável loquacidade, empenhada em tudo saber e responder prontamente. De repente, formulei, com aparente despreocupação, esta pergunta banal: 'Lembra-se se fazia bom tempo na ocasião do crime?'. E a testemunha: 'Qual, 'seu' Doutor! Chovia como nunca vi'. Um ofício ao Instituto Meteorológico, a meu pedido, provou que a testemunha mentira..." (*Teoria e prática da promotoria pública*, 2. ed., Porto Alegre, Sérgio Antonio Fabris Ed., 1989, p. 229).

85 V. Stern, citado por Altavilla, *Psicologia judiciária*, trad. Fernando de Miranda, 3. ed., Coimbra, Arménio Amado Ed., Sucessor, 1982, v. 2, p. 570, que demonstra as diversas formas de perguntar, sugestionando-se ou não a testemunha e, por conseguinte, lícitas ou não: v.g., "pergunta determinativa", "disjuntiva", "implicativa" etc.

o inquiridor ataque pelo ponto-chave, justamente a questão para a qual se prepararam e estão “aptos”.

Se o inquiridor vai direto aos fatos, a testemunha “treinada” ganha força e revigora, conquistando segurança e demonstrando desembaraço mesmo ao sustentar a pior lorota. Inquirindo-se primeiramente sobre fatos adjacentes, aos quais ela jamais poderia imaginá-los em sua totalidade, dificilmente escapará à natural espontaneidade, respondendo ou não à pergunta. Os jurados que prestam atenção detalhística no Júri traçam, sem esforço, rapidamente um paralelo sobre a forma de expressão da testemunha ao responder com espontaneidade, comparando-o à postura artificial ou ensaiada (que em regra comprometeria o réu). Isto é necessário, principalmente, porque o jurado de regra não conhece a testemunha, sua forma de se expressar etc. Logo, quando responde com o treino, diferenciando-se do que responde com naturalidade, o julgador estabelece um referencial comparativo.

e) *Requerer a “folha de antecedentes” dos depoentes*: trata-se de medida substancial: no dia do julgamento, a parte arguidora já terá, destarte, um perfil psicossocial da testemunha.

Quantos que, trazidos ao Júri como profundos conhecedores de virtudes do acusado – ou mesmo da verdade fática dos autos –, que posavam até o julgamento como exemplares cidadãos, quando solicitada a “folha de antecedentes”, mostram-se tão ou mais pecadores que aquele ao qual emprestavam adjetivados encômios?

f) *Fiscalizar o termo de assentada após o depoimento*[86]: é necessário que as expressões utilizadas pela testemunha sejam fielmente transcritas, reduzidas, *ipsis verbis*, no termo próprio[87].

Utilizar-se o magistrado ou o escrivão da sinonímia, no mais das vezes, retira a força da real expressão do testemunho, e de outras não se põe como o melhor designativo do que pretendeu dizer o depoente. Se o problema é de *substância*, não incumbe a outrem a *adjetivação*; portanto, o melhor é a fidelidade da *forma*, jungindo-a ao conteúdo do depoimento. Como isto é muito subjetivo, o quanto possível o registro deve corresponder à expressão. Existem, nesse sentido, palavras insubstituíveis;

86 V. Luigi Battistelli, *La mentira ante los tribunales*, trad. esp. Rolando Enrique Oviedo, Bogotá, Ed. Temis, 1984, p. 29: “Errores en la instrucción. Infidelidad de las actas”.

87 Cf. art. 215 do CPP.

termos próprios que não se dão à alternatividade e, por tal, como pronunciados, devem merecer a figuração na assentada.

Confira-se a advertência de Battistelli, que se aproveita tanto para o interrogatório do réu quanto para a colheita de prova testemunhal:

"Otro elemento pasible de crítica en el actual procedimiento es la forma como el escribano acostumbra redactar las actas, en las cuales no siempre se reproduce toda la verdad. El art. 158 del Código de Procedimiento Penal dice, sobre el valor probatório del acta, que esta 'hace fe, hasta la impugnación de falsedad, de cuanto el funcionario público certifica haberse realizado o haber ocurrido en su presencia'; pero a menudo ese resultado no se logra, porque es difícil que la respuesta del acusado esté copiada en el acta en su genuina expresión, de manera que cuanto allí pueda haber de capcioso en la frase ritual 'a la pregunta responde', nada se trasluce a quien lee aquella acta; como nada se trasparenta de las frecuentes indecisiones eventuales, de las dudas o del lenguaje oscuro, picaresco y truhanesco de algunos embaucadores; mientras que una palabra germanesca, una frase, una manera de expresarse propia de determinado círculo o clase de personas, quizá bastaría para dar luz en las densas tinieblas de una investigación. Y tampoco se concede importancia ni se toma nota de la excesiva verbosidad que, desacompañada del tono emotivo que comúnmente se halla en los interrogatorios judiciales, hace pensar en una lección aprendida de memoria. De lo cual se deduce, asimismo, que en el acta figuran copiadas solamente las aceptaciones finales dictadas por el juez al secretario"[88].

5.10. Da superação da expressão "testemunha de ouvir dizer": classificação técnica das vozes indiretas

A expressão consagrada na linguagem processual antiga – "testemunha de ouvir dizer" – não é apenas imprecisa: é, sobretudo, equívoca e defasada. Sob sua epígrafe indistinta, abrigam-se entidades jurídicas semanticamente diversas, de valor probatório absolutamente desigual. Ao igualar, sob um mesmo rótulo, o rumor vago e a confissão íntima, o boato distante e a revelação confidencial, comprometem-se o juízo justo e o rigor da valoração probatória.

[88] *La mentira ante los tribunales*, trad. esp. Rolando Enrique Oviedo, Bogotá, Ed. Temis, 1984, p. 30-1.

Fixamos, com fundamento técnico e justificação filosófico-processual, uma nova classificação das vozes testemunhais indiretas, permitindo que o intérprete – e o tribuno – nomeie com propriedade, precisão e correta correspondência argumentativa aquilo que, por comodidade, desconhecimento ou descuido, vinha sendo agrupado sob rótulo único e indevido.

Essa sistematização não é isolada nem arbitrária, mas alicerçada nos fundamentos da melhor ciência contemporânea (antropologia, filosofia, linguística etc.) e em consonância com o tratamento mais refinado que o tema recebe no direito comparado. Assim, a classificação ora firmada confere ao intérprete brasileiro instrumentos mais adequados para lidar com um universo testemunhal cuja complexidade exige sensibilidade linguística, precisão semântica e justiça probatória.

Como advertido por pensadores da linguagem jurídica, da linhagem de Herbert Hart – e sua precisa teoria da "textura aberta do direito" –, a clareza conceitual não é um luxo retórico, mas uma exigência da justiça: sem categorias precisas, a decisão vacila, e o processo se converte em formalismo sem verdade. Aplicar a mesma denominação a testemunhos de origem, estrutura e confiabilidade tão diversas é abdicar do rigor que o discurso jurídico exige e permitir que a forma suplante a substância.

A doutrina que ora firmamos distingue, pois, com precisão, as seguintes categorias:

- Testemunha de revelação confidencial: designa quem toma conhecimento direto de fatos incriminadores em contexto de intimidade ou lealdade afetiva, em que a espontaneidade do agente e a ausência de estímulo externo conferem verossimilhança ao relato.
- Depositário de confissão extrajudicial: é quem ouve do próprio autor, sem qualquer coação, uma narrativa confessional detalhada. Não é um eco: é o recipiente ético de uma verdade que o processo ainda não colheu.
- Receptor de narrativa autoinculpatória: é a testemunha que, em circunstância precisa, recebe confissão espontânea do autor dos fatos, sem expectativa de recompensa nem envolvimento passional.
- Testemunha de conhecimento indireto qualificado: refere-se ao sujeito que, embora não tenha presenciado o crime, reproduz informação obtida em condições confiáveis, claras e coerentes, com aderência ao conjunto probatório.

- Testemunha de ciência derivada substancial: abrange aquele que reproduz conhecimento de terceira origem, mas cuja narrativa apresenta robustez lógica, encaixe material e convergência indiciária.

Essa classificação traduz uma exigência técnico-retórica de um sistema probatório que se queira honesto, rigoroso e sensível às complexidades do testemunho humano. No Tribunal do Júri, onde a ausência de testemunhas oculares é, muitas vezes, efeito direto da premeditação do crime, do silêncio imposto pelo medo – sobretudo em época em que preponderam os homicídios praticados por faccionados de organizações criminosas – e da lógica de ocultação que rege o homicídio doloso, negar valor à palavra transmitida é, não raro, premiar a astúcia do criminoso.

A jurisprudência consolidada admite, com acerto, que a prova testemunhal indireta – quando contextualizada, corroborada e coerente – pode fundamentar validamente a condenação.

No Tribunal do Júri, em que vigora a íntima convicção, cabe às partes em plenário atribuir às palavras sua exata carga de veracidade e nomeá-las como devem ser nomeadas. Porque a justiça não se faz apenas com aquilo que se vê, mas também com aquilo que se escuta com responsabilidade e se compreende com rigor.

A nomenclatura aqui adotada – embora precisa e distinta – não foi concebida como compartimentos estanques, mas como marcos em uma escala ascensional, que reflete a densidade qualitativa das manifestações testemunhais indiretas. Trata-se de uma estrutura que, sem comprometer a admissibilidade de nenhuma das categorias, reconhece suas forças probatórias diferenciadas com base em três variáveis determinantes: o grau de espontaneidade da fonte originária (quanto maior a naturalidade da confissão, maior sua força persuasiva); a proximidade relacional entre o autor do fato e aquele que transmite a narrativa (vínculos afetivos, de confiança ou convivência, que conferem plausibilidade ao relato); e a carga narrativa (o nível de precisão, contexto e verossimilhança do depoimento transmitido).

A partir desses critérios, estabelece-se um gradiente de confiabilidade e de impacto persuasivo, que deve ser manejado com sensibilidade probatória e inteligência retórica. Não se trata de hierarquizar a admissibilidade, mas de escalonar a força.

Sob o ponto de vista pragmático, essa concepção fornece aos debatedores de plenário uma ferramenta de eficácia superior: permite distinguir, com propriedade, a voz do boato da voz da revelação, desarmando a objeção genérica que insiste em desqualificar, sob o rótulo vago de "ouvir dizer", até mesmo confissões recebidas em confidência íntima. Mais do que isso: permite a construção de uma narrativa progressiva e visual diante do júri – da sombra ao foco, do eco à voz –, convidando o julgador popular a ponderar graus de verossimilhança, e não apenas a identificar a origem da escuta.

Sob o plano filosófico e linguístico, a classificação ascensional encontra respaldo na tradição que distingue entre a natureza da palavra e o impacto daquilo que ela transmite. Como ensinaram os estudiosos da linguagem jurídica, os atos de fala possuem diferentes pesos: nem toda fala tem o mesmo valor performativo, mesmo que transmitida. O que importa, pois, não é apenas a origem do som, mas a legitimidade da palavra escutada, sua forma, intenção e aderência ao real.

Nessa moldura, a classificação aqui firmada – com seus nomes e gradações – não pretende apenas substituir uma expressão. Pretende reordenar a forma de ouvir a palavra testemunhal, valorizando não o eco, mas a ressonância. Porque há vozes que merecem ser silenciadas, tanto quanto há ecos que exigem ser ouvidos com o mesmo respeito com que se escutaria a presença da verdade.

5.11. A autenticidade dos testemunhos e a naturalidade das pequenas divergências

A psicologia judiciária contemporânea reconhece que testemunhos absolutamente idênticos em todas as fases do processo não são um indicativo de fidedignidade absoluta, mas, por vezes, de artificialidade. A memória humana não opera como um repositório estático, mas como uma estrutura viva, sujeita à reconstrução interpretativa. Pequenas variações de linguagem, de foco, de ênfase ou de circunstância não infirmam a veracidade essencial de um relato; ao contrário, muitas vezes a autenticam.

A psicologia cognitiva moderna confirma essa ideia. Daniel Schacter[89], professor da Universidade de Harvard, observa que os mesmos processos mentais utilizados para rememorar o passado são mobilizados para imaginar o futuro, o que confere à memória um caráter construtivo, porém não fictício. Essa reconstrução não invalida a lembrança, desde que preservado o núcleo fático essencial. As variações secundárias, como a

....

89 Daniel L. Schacter. *Os sete pecados da memória*: como a mente esquece e lembra, trad. Sueli Anciães Gunn. 1. ed. Rio de Janeiro, Rocco, 2001.

ordem exata dos eventos, o grau de detalhamento, a tonalidade das expressões, são esperadas, sobretudo quando o tempo, a emoção e a repetição desgastam os contornos da experiência vivida.

Nesse contexto, é tecnicamente inconsistente – e metodologicamente apressado – pretender que divergências laterais entre depoimentos prestados em fases diversas do processo (delegacia, instrução, plenário) sejam sinônimo de inveracidade. A tentativa de sobrevalorizar incongruências periféricas revela mais um esforço retórico do que uma análise epistemológica séria. A verdade não exige congruência milimétrica, mas coerência íntima, estabilidade do núcleo factual, harmonia entre o que se viveu e o que se narra.

Portanto, é fundamental que os profissionais do Júri, especialmente os mais jovens, compreendam que a presença de pequenas divergências nos testemunhos é não apenas natural, mas frequentemente indicativa de autenticidade. Quando um depoente narra um fato com absoluta repetição em cada detalhe técnico – inclusive da linguagem – em todas as fases do processo, o sinal de alerta é outro: pode haver aí a sombra do ensaio, da indução ou do treinamento.

A busca pela verdade processual exige maturidade interpretativa. A Justiça não deve ser refém do literalismo automático, nem da retórica que monumentaliza o que é apenas humano. A solidez do testemunho está, não raro, em sua leve imperfeição.

5.12. A alteração de depoimento sob coação: autenticidade × silenciamento

A fidelidade de um depoimento não reside em sua constância formal, mas na liberdade com que é prestado. Assim como a veracidade não se mede pela repetição milimétrica, tampouco o recuo de uma testemunha, em especial quando alegado sob o signo do medo, pode, por si só, conduzir à sua desconsideração. A Justiça, que repele a mudez forçada do réu, também não pode acolher o silenciamento ilícito da testemunha.

A jurisprudência do Supremo Tribunal Federal vem reiteradamente reconhecendo que a alteração de versões testemunhais, quando permeada por indícios de ameaça ou retaliação, não autoriza a despronúncia do acusado. Ao contrário: impõe cautela redobrada. É o que decidiu a Ministra Cármen Lúcia no ARE 1.491.768/RS (1-7-2024), ao restabelecer a pronúncia revertida pelo STJ em razão da retração da testemunha. Disse ela:

"A circunstância de a testemunha recuar em seu depoimento não pode, de início, conduzir à conclusão pela despronúncia, menos ainda quando se tem alegação de pressão ou ameaça. (...) Assim, sem necessidade de revolvimento probatório (...) especialmente em relação aos indícios de ameaça às testemunhas e medo de retaliações, conclui-se que a fundamentação apresentada no Superior Tribunal de Justiça para rever a decisão de pronúncia afronta a competência do Tribunal do Júri".

A firmeza desse entendimento ancora-se no art. 5º, XXXVIII, *d*, da Constituição da República, que confere ao Tribunal do Júri a soberania sobre os veredictos nos crimes dolosos contra a vida. Se a retratação da testemunha – ainda que posterior – for motivada por coação, sua nova versão perde, não ganha, valor epistêmico. A coerção, como a tortura, não produz verdade: produz silêncio ou distorção.

É dever das partes, sobretudo no plenário do Júri, escancarar as razões da mudança. Quando houver suspeita de intimidação, deve-se requerer que a testemunha seja confrontada – direta ou indiretamente – com sua versão anterior, oportunizando-se a reinquirição e, se cabível, a acareação. Nesses casos, ganha relevo a análise fisionômica e emocional do depoente. A palavra não se dissocia do olhar: o temor costuma deixar marcas visíveis.

Não raro, quem cala sob ameaça faz eco ao silêncio que o homicida impõe à vítima. Cabe ao processo romper essa cadeia de silêncios. Negar a validade de versões pretéritas prestadas com segurança, em favor de recuos inexplicados ou visivelmente forçados, é premiar a opressão. É permitir que o medo – e não a razão – conduza o processo.

O Ministério Público, a defesa e o juiz presidente devem estar atentos aos sinais desse fenômeno. A retratação de testemunhas em delitos praticados por organizações criminosas, em especial, não pode ser lida sob a ótica da mera volubilidade do ser humano, mas como possível produto da dominação paralela que desfigura o processo penal em territórios socialmente subjugados.

A autenticidade do testemunho reside, pois, em sua liberdade. Onde houver coação, há vício. Onde houver silêncio imposto, há ausência de Justiça. A prova testemunhal não é inócua por ter mudado: é suspeita por ter sido calada.

"O testemunho que se cala por medo é irmão da vítima que tombou por violência", esta máxima, ainda que sem constar dos manuais, deveria orientar toda leitura forense do fenômeno do recuo sob ameaça.

6. DISTRIBUIÇÃO DE CÓPIAS DE PEÇAS DOS AUTOS

Além de os jurados receberem cópias da pronúncia ou de eventuais decisões posteriores que julgaram admissível a acusação (art. 472, parágrafo único), as partes podem, igualmente, ajudar à ilustração do Conselho de Sentença, fornecendo-lhes cópias reprografadas, v.g. "xerox", das peças que tiverem interesse.

Sempre nos utilizamos dessa faculdade, fotocopiando antecipadamente as peças que iremos requerer para leitura em plenário e, antes que referida leitura se inicie, distribuimo-las aos jurados. Conclama-se, com o expediente, uma maior atenção dos mesmos à leitura, e à realidade haurida dos autos, enquanto facilita-lhes a compreensão daquilo que é lido. Depois, a qualquer momento, consultam imediatamente referida prova, sem a necessidade de solicitarem ao juiz os autos do processo.

O jurado necessita ser valorizado. Um magistrado profere sua sentença após horas de estudo minudente. Quantos oradores do Júri não argumentam por duas horas sem sequer mostrar as provas ao Conselho de Sentença, ou, quando menos, sem sequer manusear os autos?

Portanto, é perfeitamente lícito e mesmo recomendável, o quanto possível, distinguir-se os jurados como *juízes reais*, e não tratá-los como *aparentes*, entregando-lhes cópias dos principais documentos nos quais se lastreia a tese a ser invocada pelo orador: é um gesto que denota a segurança na tese invocada e a confiança na sincera análise do julgador.

Para tanto, tais cópias não devem estar grifadas ou anotadas, sob o risco de anulação do julgamento. Ou seja, devem constituir uma *cópia fiel* do documento constante dos autos.

Confira-se o seguinte repertório jurisprudencial coligido por Marques Porto:

"A distribuição de peças xerocopiadas dos autos aos jurados não importa infringência da lei, que somente proíbe a exibição, em Plenário, de documento novo sem prévia juntada ao processo com antecedência legal (*RT* 599/302-305, Rel. Des. Diwaldo Sampaio, com referência a vários julgados sobre o tema – *RJTJSP* 27/418; *RT* 515/326, 369/149, 551/320, 550/301, 568/284, 526/442; *RTJ* 95/563 e 91/131)"[90].

....

[90] *Júri*, 7. ed., São Paulo, Malheiros Editores, 1993, p. 326.

7. O INTERROGATÓRIO DO RÉU

"Os criminosos, como se apresentam na Polícia e no Tribunal, nada têm deles próprios..." (Max Kauffman, *Psicologia do crime*).

E parece ter razão o citado mestre... Não somente nas hipóteses em que analisou e concluiu *pro reo* (quando aduziu a quebra da espontaneidade pelo ambiente, pelos fatores circunstanciais a lhe retirarem as características aparentemente próprias).

É que precisamos meditar com o excerto coligido, guindando-o a verdadeiro paradigma de certos indícios, que frequentemente colhemos no foro criminal.

Pois, passado o delito, a vida passou a girar para o criminoso em torno de um fato da maior gravidade; pesa-lhe, por conseguinte, o fardo de solucionar um impasse cujo sucesso ou insucesso representará, indubitavelmente, o porvir mais ou menos venturoso do resto de sua existência: a condenação ou a absolvição. Vale dizer, o futuro, em toda a sua amplitude, bom ou cinzento.

Portanto, fatos e costumes que eram até a ocorrência do crime o hábito e a cartilha do acusado, passam, no *post delictum*, de regra, a desempenhar um papel secundário no seu cotidiano. É que a rotina foi quebrada pela novidade criminosa, e sabe o delinquente que de sua habilidade em confundir a Justiça dependerá o seu amanhã. Ele próprio é, nesse momento, exatamente, o seu primeiro defensor...

Daí a mudança de hábitos visando a manutenção do *status libertatis*: quantos renitentes ateus, acusados de um homicídio, não passam, após este, a frequentar em penitente beatitude as mais diversas "igrejas"? Quantos ex-amigos não são procurados pelo acusado, em uma oportuna reaproximação para angariarem testemunhos favoráveis?!

Posicionado como o protagonista principal frente ao Tribunal do Júri, o réu, nesse dia, posta-se – de regra – como as musas fabricadas para os sábados e festas: "véu e pintura" ... como aqueles modelos pobres que, um dia, desfilam a elegância e o luxo, vestindo roupa alheia.

É o ritual do dia: naquele dia (do interrogatório), como *no dia do crime*, o delinquente apresenta-se de forma diversa do seu dia a dia. Não é a estampa do cotidiano, é o produto da elaboração apropriada àquela data. No Júri, quando culpado, apresenta-se um ator a encenar uma estória criada; a da falsa inocência. Quando do crime, trata-se do criminoso, na expressão mais crua da maldade interior, onde a técnica e o artifício, quando empregados, o são, não para salvar e libertar, como pretendem as defesas no *barreau*, mas para matar e diminuir...

... Algarismando os destinos, não somando, mas subtraindo!

Se à lei interessa o "momento do crime" (teoria do tempo do crime, art. 4º do CP) e estipula o "lugar do crime" (art. 6º do CP) é porque, como afirmávamos em incursões pela criminologia, somente naquele momento e naquele lugar o réu comportou-se *daquela exata forma*. O "depois" é o "depois", cuja cautela do analista do *factum* há que ser a bússola investigatória, pois, quando muito o "após" é mera consequência, como são consequências os apensos processuais ensaiados por circunstâncias periféricas, que distam do *meritum causae*. Daí ser redobrada inocência, frívola presunção, imaginar-se que o acusado, quando do Júri – mister em seu interrogatório –, vá comportar-se assemelhadamente como quando do crime. O *homo delinquens* dissimula, procurando assemelhar-se pelo disfarce, ao *homo typicus* da sociedade sã. O momento é diverso, e os locais, bem diferentes. No crime, o assassino é a autoridade suprema decidindo sobre a vida e a morte da vítima; no Júri, ele é o acusado que, embora com garantias processuais e constitucionais variadas, está na incômoda posição de sucumbência, ante imperiosa convocação. Por si só, esta mudança de ambiência e valores já acarreta uma mutação postural. No crime, predomina a autenticidade do criminoso. No Júri, o celerado apresenta-se sob o disfarce de inocente[91].

Por isso, dizemos, somente no momento e no local do crime que se avalia a real periculosidade do homicida, porque as aparências enganam mesmo...

Desta latitude, a ressalva do grande Eça de Queirós (1845-1900), que somente faltaria acrescentar um "em justiça", ao irônico apotegma com que interpelou o seu tempo:

91 Anota Borges da Rosa: "Parece escusado que o réu deve responder ao interrogatório de pé, pois que fala ao juiz. Antes, pois, que este lhe dirija a palavra, o oficial de justiça deve incumbir-se de acenar ao réu para que se levante. Nada obsta, entretanto, a que, por doente, lhe consinta aquele responder sentado. Também, se fala baixo, nenhum inconveniente haverá em que o juiz o faça aproximar-se de si, ou este, em face das alegações do interrogado, pedir ao Presidente que esclareça circunstâncias, ou mesmo, que seja o réu examinado de público, por algum ou vários membros do Conselho. Tivemos ensejo de convir nisto, muitas vezes, ante alegações de cicatrizes, deformidades ou subsistência de bala, atribuídas à ação da vítima e não examinadas antes, pericialmente" (apud Adriano Marrey, *Júri – Teoria e prática*, 3. ed., São Paulo, Revista dos Tribunais, 1988, p. 152).

"... em Literatura, em Costumes, em Política e no fabrico de ourelo, nós estamos vivendo e estamos morrendo deste obtuso, viscoso aferro *ao vago das primeiras impressões...*".

O que fazer?

Os "métodos para reconhecer a verdade" já fizeram o homem palmilhar os obscuros caminhos da violência, com o desrespeito à dignidade humana[92]; hoje, contudo, resguardou-se um integral direito ao "cidadão", vendo-se na pessoa do réu, antes da figura do delinquente, o referido "cidadão". Se, por um lado, é uma conquista das democracias da civilização contemporânea, por outro, inibiu e desestimulou as investigações científicas fazendo de tão importante tema – alude-se aqui ao "interrogatório" e à "descoberta da verdade" – a mesmice de uma burocracia bestunta... daí endereçarem-se ao "interrogatório no Júri" as mesmas críticas que fazíamos no tocante a tal ato, quando realizado perante a autoridade policial e, posteriormente, perante o juiz da Instrução[93].

Porque de vital importância o *interrogatório* do acusado perante o Tribunal do Júri, onde, com mais vigor, decifrando-se a *simulação*, como *enigma da arte cênica*[94], ou seja, sabendo separar-se a real personalidade do homicida (que ele esconde como natural mecanismo de defesa) dos seus pendores para a representação sustentada pela mentira, chegar-se-á mais proximamente da verdade, já que toda esta, na expressão integral de sua virtual "totalidade", perdeu-se na fugacidade do momento criminoso.

Veja-se a ressalva de Luigi Battistelli:

"Com muita frequência, ao fazer uso da mentira, a pessoa indiciada, para dissimular o seu mal-estar, temendo perder o fio da meada, quando se

92 Sobre tais "métodos para reconhecer a verdade" vejam-se alguns em *Psicologia judiciária*, de Enrico Altavilla, v. 1, p. 425 e s.

93 Para um entendimento da nossa postura em uma visão mais abrangente do tema, combine-se a matéria agora tratada com aquelas já analisadas por ocasião da produção do inquérito e da fase de instrução: *v.*, no Capítulo 1, item 10 – "Interrogatório do indiciado: acompanhamento pelo promotor?" e item 12 – "Valor da confissão extrajudicial"; e no Capítulo 3, item 6 – "Elogio e crítica do interrogatório judicial".

94 Aproveitemos a lição de Hélio Gomes ao tratar da simulação: "O simulador é, a um tempo, ator e autor. Cria o papel, ao mesmo tempo que o vai vivendo. Representa e improvisa incessantemente. Está sempre em ação. Não tem *ponto* a ajudá-lo. Nunca sai da cena nem repousa jamais, pois a sua 'peça' não conhece intervalos nem se faz por sessões" (*Medicina legal*, 25. ed., Rio de Janeiro, Freitas Bastos, 1987, p. 201).

vê apertada pela implacável sucessão das perguntas, procura ganhar tempo e detém-se a falar de circunstâncias absolutamente secundárias. Quanto mais o juiz a exorta a não divagar, mais ela procura distrair-lhe a atenção com inúteis diversivos, sempre na esperança de, entrementes, seu cérebro lhe sugerir qualquer engenhosa mentira, que a ajude a salvar a situação em que se encontra; e tal como o náufrago, que está prestes a afundar-se, agarra-se a qualquer pedaço de madeira flutuante, quando já não tem outro recurso, e aferra-se desesperadamente ao artifício do sofisma"[95].

7.1. O silêncio do réu

E o "silêncio" do acusado ao ser interrogado?

Desde já, afirme-se, não se discute o direito ou o não direito do réu ao silêncio. Como direito posto é garantia indiscutível, conquista inalienável que dele faz uso como melhor lhe aprouver. Aliás, há de se observar que a atual redação do art. 186 do CPP sacramentou a impossibilidade de que o silêncio do réu seja interpretado em seu desfavor:

Art. 186. Depois de devidamente cientificado do inteiro teor da acusação, o acusado será informado pelo juiz, antes de iniciar o interrogatório, do seu direito de permanecer calado e de não responder perguntas que lhe forem formuladas.

Parágrafo único. O silêncio, que não importará em confissão, não poderá ser interpretado em prejuízo da defesa.

Desta feita, o legislador, dando efetividade à previsão constitucional estabelecida no art. 5º, LXIII, da Lei Maior, alterou a redação do art. 186 – que previa a possibilidade de o acusado ser interpretado em seu prejuízo – e passou a contemplar mais uma garantia ao acusado no processo.

Aliás, tal garantia vem secundada no famigerado art. 478, II, do CPP, que dispõe que *durante os debates as partes não poderão, sob pena de nulidade, fazer referências: (...) II – ao silêncio do acusado ou à ausência do interrogatório por falta de requerimento, em seu prejuízo.*

Não obstante a mudança redacional do dispositivo legal, não se pode olvidar que, no Júri, o sistema processual de valoração da prova é o da íntima convicção, de modo que, inobstante quaisquer das partes fomentem a valoração acerca do silêncio do réu, não se saberá se o jurado leigo interpretará referida garantia em seu desfavor, notadamente em razão da interpretação psicológica dos interrogatórios dimanados destes

[95] Apud Moura Bittencourt, *Crime*, 1. ed., São Paulo, EUD, s.d., p. 240.

réus silentes – ou parcimoniosos na fala. Isto porque restaria, em qualquer julgador – mister no jurado que tenha sobeja vivência – o espírito investigativo e interrogativo, azando desconfiança: por que se cala o acusado se não é mudo? Se é inocente, por que ele próprio não o diz?!... *Oratio vultus animi est*, afirmava Sêneca[96].

Afinal, nada, absolutamente nada, mister sob a égide do *due process of law*, com ampla possibilidade de defesa, justifica o silêncio resoluto de um inocente. É praticamente unânime na psicologia judiciária penal o entendimento de que depõe contra o acusado, como indício incriminador, o seu silêncio ao ser interrogado. Este *quid* de desconfiança do julgador ante o silêncio do réu não há código no mundo que o suprima, como não há lei formal que o institua... é a experienciação irreversível da humanidade que aprendeu, empiricamente, a descobrir e a sentir "culpados" e "inocentes", ainda quando estes nada falam.

É por isso que "ainda creio na lógica, operando sobre dados empíricos e podendo fazê-los decuplamente render", como proclamado pelo sergipano Tobias Barreto[97].

7.1.1. *O interrogatório parcial: a desfiguração processual e a ficção da defesa monológica*

Se, por um lado, o silêncio absoluto é constitucionalmente assegurado, de outro, surgem arranjos contemporâneos – a exemplo do chamado interrogatório parcial – que, embora travestidos de estratégia defensiva, produzem uma desconfiguração ontológica do processo dialético. Trata-se de fenômeno que, por seu crescente uso, exige análise crítica à luz dos princípios estruturantes do rito do Júri.

Não é recente a tentativa de deformar o ato do interrogatório – transfigurando-o de arena dialógica em monólogo dirigido – sob o manto nebuloso da chamada "plenitude de defesa". Surge, em plenário, expediente de sabor moderno e conteúdo retrógrado: o interrogatório parcial. Nele, o acusado e sua defesa reivindicam o direito de escolher a quem responder, muitas vezes silenciando diante do juiz e do Ministério Público, como se o processo penal fosse palco de encenação unilateral.

---

96 "O discurso é o rosto da alma", Sêneca (4-65), *Epístolas*, CXV, 2.

97 Excerto, 1884, apud Roberto Lyra, *Introdução ao estudo do direito criminal*, Rio de Janeiro, 1946, p. 113-9.

Ora, essa prática não encontra guarida na dogmática, na jurisprudência, nem na lógica. O interrogatório, do latim *interrogare* (perguntar entre partes), exige reciprocidade. A própria etimologia denuncia a fraude: prefixo *inter*, não *intra*. *Inter* significa "entre", "no meio de", "reciprocamente", enquanto *intra* indica algo dentro de um mesmo elemento, "no interior de". O que se propõe, com esse expediente, é transformar o "interrogatório" em "intrarogatório", que seria o neologismo apropriado para descrever a técnica, inaceitável e nociva, porque reduz o ato ao interesse unilateral da parte, convertendo o processo dialético em espetáculo defensivo. Como metamorfosear um instituto essencialmente *inter partes* em cena *intra partes*? A contradição não é apenas formal: é ontológica.

A Constituição Federal garante, sim, o direito ao silêncio (art. 5º, LXIII), mas não consagra o direito ao silêncio seletivo, à escolha caprichosa de quais perguntas responder e quais ignorar. O silêncio constitucional é absoluto, indivisível, uno. Fragmentá-lo é desvirtuá-lo. Sobre o tema, já tratamos alhures: "Um tal interrogatório, com a escolha de quem fará as perguntas, perde por completo sua natureza, passando a séria impressão de tratar-se de mera entrevista combinada, espécie de jogral jurídico".

A natureza mista do interrogatório – simultaneamente, meio de defesa e fonte de prova – é reconhecida doutrinária e jurisprudencialmente. Negar-lhe sua dimensão probatória é empobrecer a verdade processual. O art. 188 do CPP legitima sua condução inicial pelo juiz, com complementações pelas partes. Mesmo no júri, em que vigora o modelo da repergunta direta (art. 474, § 1º), isso não autoriza a instauração de uma entrevista exclusiva, dirigida e protegida contra o contraditório.

Do ponto de vista lógico, o interrogatório parcial corrompe o encadeamento silogístico do julgamento. A premissa maior (norma penal), a menor (fatos verificáveis) e a conclusão (absolvição ou condenação) exigem acesso integral ao que o acusado tem a dizer. Quando a defesa seleciona os fatos que deseja abordar e silencia quanto aos incômodos, constrói-se um raciocínio viciado, um *petitio principii*, esta *falácia de argumento circular* em que a conclusão é deduzida de premissas convenientemente moldadas.

A psicologia do julgamento, por sua vez, desmascara o artifício. O silêncio dirigido produz suspeita, não serenidade. Assim, o silêncio calculado grita. A omissão diante de perguntas cruciais é percebida pelos jurados como esquiva e dissimulação. O que se pretende ocultar – perguntam-se – que não pode sequer ser enfrentado?

Qui tacet consentire videtur (Quem cala, consente). Essa máxima, tão antiga quanto o próprio direito, continua a pulsar no inconsciente coletivo das civilizações, ecoando nos idiomas que nos soam mais exóticos até aqueles mais próximos, como em nossa língua-irmã hispânica, que consagra o dito: *El que calla, otorga* (Quem cala, outorga).

Não se trata, por certo, de sentença jurídica ou de direito posto, mas de ponto de partida para juízos inferenciais, fundados nas chamadas *máximas de experiência*: esse patrimônio silencioso de sabedoria social, construído por sucessivas gerações e que autoriza a extração de conclusões verossímeis a partir de condutas pretéritas. É o saber forjado não nos códigos, mas na vivência; não nas normas, mas na memória coletiva da humanidade.

Por isso, é preciso distinguir o plano da norma do plano da percepção. Juridicamente, não há dúvida, é garantido ao réu o direito ao silêncio. Contudo, psicologicamente – e, portanto, persuasivamente –, o silêncio seletivo é percebido como fuga retórica. O Conselho de Sentença, não estando adstrito à fundamentação racional ou técnica, age com base na intuição, na coerência narrativa e no impacto comportamental do acusado. A neurociência e a psicologia cognitiva explicam: o cérebro humano preenche lacunas com inferências, e quando alguém evita responder a uma acusação direta, a mente do ouvinte – jurado, nesse caso – interpreta o gesto como sinal de incerteza ou de culpa.

Portanto, não se trata de negar o direito ao silêncio, mas de reconhecer que o silêncio, quando manipulado de forma estratégica e seletiva, ativa mecanismos instintivos de descrédito, e aquilo que se arquitetara como pensado em ser beneficente ao acusado, termina por minar-lhe o crédito e prejudicar-lhe. Porque o jurado, humano que é, julga também com a experiência e com a carga emocional, e não apenas com categorias lógicas.

Se a versão da defesa é verossímil, por que não enfrentá-la? Se o acusado crê na própria inocência, por que temer o crivo das perguntas? *Veritas non quaerit angulos* (A verdade não se esconde nos cantos), não se esgueira, ao contrário, ela enfrenta, confronta, dialetiza em seu teste de validez. Para a verdade, pois, concorrem a luz, a tensão, o confronto e a altivez.

Não há, em toda a história do júri – seja na França, seu berço; na Inglaterra, sua segunda pátria; na Itália, onde se expandiu sob novas formas; ou no Novo Mundo, nos Estados Unidos e no Brasil – um só grande tribuno que tenha defendido, praticado ou celebrado o interrogatório parcial como técnica legítima. Os grandes nomes da tribuna forense defensiva – Gambetta, Chaix d'Est-Ange, Erskine, Darrow, Webster, Maurice Garçon, Enrico Ferri, Moro-Giafferi – jamais se valeram desse expediente. Sua ausência não é omissão: é sintoma. Porque a tradição repudia o que a razão repele.

Dado que o processo penal não é terreno de joguetes: *ex falso quodlibet* (de uma falsidade, tudo se segue), o artifício produz erosão. Por isso, a plenitude de defesa não autoriza a manipulação do contraditório, nem legitima o escamoteio de perguntas incômodas: o processo deve ser palco de verdade, não laboratório de conveniências.

Portanto, à jurisdição compete o zelo pela integridade do rito, sabendo-se que a tolerância com o interrogatório parcial é a antessala do arbítrio. O silêncio dirigido, em vez de proteger o acusado, o expõe, não como voz calada, mas como voz evitante. E, ao evitá-la, retira do próprio discurso sua dignidade.

Não há verdade sem risco, nem defesa sem coragem, tanto quanto não há justiça quando se amordaça, por conveniência, o contraditório. A grandeza do júri reside, pois, na sinceridade do enfrentamento. Ali, não se exige que o réu fale, mas, se falar, que enfrente – pelo que é ínsito ao princípio da dignidade humana tratar o acusado como adulto, sujeito não só de direitos, mas também de obrigações, e não infantilizá-lo como a cata de miçangas.

Em síntese, a justiça não se presta ao ato farsesco de legitimar com solenidade mero jogral de perguntas filtradas, que amputam o confronto e lhe vedam o eco, nem pode chancelar uma prática que desfigura o arquétipo do mais antigo dos interrogatórios – aquele inscrito na história sagrada, quando Deus inquiriu Caim, após o fratricídio, onde estaria seu irmão –, dando origem a uma dialética que ecoa até hoje nas salas dos tribunais de todas as nações.

E mesmo Caim – símbolo ancestral da culpa – não se calou. Preferiu responder, ainda que mentindo, a permanecer mudo. Porque o silêncio absoluto, na presença da acusação, é o mais eloquente dos abismos. Ao balbuciar "Sou eu, porventura, o guardador do meu irmão?", não se isentou da culpa, apenas revelou que até o homicida mais primitivo reconhece que enfrentar é menos indigno do que fugir.

7.2. Nulidades no interrogatório

Caso ocorram, devem ser arguidas logo após o término do ato (art. 571, VIII, do CPP).

E, por outro lado, caso o interrogatório mostre-se deficiente – e.g., em questões fáticas fundamentais o magistrado deixa de formular as necessárias perguntas[98] –, em desacordo com o art. 188 do CPP, cabe ao órgão ministerial sugerir a pergunta ao juiz presidente, para que a faça ao acusado; porquanto o promotor, como fiscal da lei (art. 257 do CPP), tem a obrigação funcional de intentar a medida, fundamentando-se no art. 497, XI, *in fine*, do referido Código. Afinal, se *calar* é um direito do réu, *perguntar* também é um direito da sociedade, como já ponderava Bandeira Stampa[99].

Entretanto, a nulidade resultante de interrogatório incompleto é sanável por força do art. 572 do CPP se não suscitada tempestivamente, ou seja, na própria sessão, ato contínuo à sua ocorrência[100], em harmonia com o art. 571, VIII, do mesmo Código[101].

7.3. Como ouvir e analisar o interrogatório?

No Júri, a tônica postural dos acusados tem um sinete diferenciador: eles não se calam completamente...

Falam o mínimo do fato, e o máximo das circunstâncias periféricas. Andam pelo circunjacente dos périplos mais astutos. Do crime? Pouco ou quase nada se lembram...

Não se olvidam, por outro lado e, fartamente, de decantarem suas virtudes (que são muitas), da família para criar (que é numerosa) e, sobretudo, das más qualidades da vítima (que, indubitavelmente, são transformadas em renitentes pecadoras).

98 V. "Interrogatórios lacunares", in Altavilla, *Psicologia judiciária*, trad. Fernando de Miranda, 3. ed., Coimbra, Arménio Amado Ed., Sucessor, 1982, v. 2, p. 32.

99 Interrogue-se com austeridade, com habilidade, com inteligência. Não se cometa o crime de perguntar com brutalidade, com fraude, com chantagem, com malícia. Assim, estarão resguardados o *direito de calar* do indivíduo, e o *direito de perguntar* da sociedade" (in Prefácio do livro *O direito de calar*, Serrano Neves, 1. ed., Feitas Bastos, 1960, p. 9).

100 V. Ary A. Franco, *O júri e a Constituição Federal de 1946*, 2. ed., Rio de Janeiro, Forense, 1956, p. 141.

101 Cf. *RTJ* 38/630.

Um só interrogatório é rico de conteúdo e pródigo de informações: de regra, nos casos em que se invoca o passionalismo como causa criminógena[102], isto se explica, notadamente, por duas causas, que acabam por juntar-se, comunicando-se entre si:

– a primeira (nos casos de comprovado passionalismo) porque o criminoso precisa bradar aos quatro ventos que "sua honra foi lavada"[103];

– a segunda porque, *in thesi*, embora não se encontre uma justificativa legal para o ato e, na impossibilidade de negar a autoria[104], procura para o homicídio uma *justificativa moral*, embora não legal[105].

Busca-se desse modo um eco de anuência no espírito do jurado, tentando por vias transversas conseguir ao menos um *minimum* de simpatia para com o seu ato. Põe-se o réu como traído e apaixonado, trabalhador e excelente chefe de família; a vítima, adúltera, uma devassa "boneca de luxo", que amiúde nada fazia, pouco valia e tudo gastava, perdulariamente a consumir. Depois, desapegados da lei, libertos do famoso "tecnicismo jurídico" por que tanto bradam os advogados da tribuna (forma encontrada para pugnar-se disfarçadamente por tremendas ilegalidades), adapta-se, o caso, a uma eximente legal, notadamente, a "legítima defesa". Como?

Ora, simplesmente porque pela ligação psicológica alvitrada pela retórica, juntando-se os fatos ainda que juridicamente desconexos entre si, as justificativas "morais" ou meramente "humanas" ganham os contornos de uma ação legítima, podendo ao leigo parecer apropriado, a subsunção do fato criminoso à exculpante legal.

102 A título de ilustração, confira-se o interrogatório de "Doca Street", in Evandro Lins e Silva, *A defesa tem a palavra*, 2. ed., Rio de Janeiro, Ed. Aide, 1984, p. 88-102.

103 Observação que também encontramos na literatura específica dentre os autores nacionais, em Moacyr B. de Souza, *Mentira e simulação em psicologia judiciária penal*, São Paulo, Revista dos Tribunais, 1988, p. 62.

104 V. Enrico Ferri, *Sociologia criminale*, Bocca, 1892, p. 183, Cesare Lombroso, *L'uomo delinquente*, Bocca, v. 2, 1897, p. 212, e Enrico Altavilla, *Psicologia judiciária*, trad. Fernando de Miranda, 3. ed., Coimbra, Arménio Amado Ed., Sucessor, 1982, v. 2, p. 53.

105 Abstraímos aqui a hipótese de *homicidium privilegiatum*, tal como previsto no art. 121, § 1º, do CP, ou, ainda que se aceitasse a tese de defesa da honra nos casos de comprovado passionalismo... e não nos casos de *dissimulação do real motivo do crime*, em que se toma o passionalismo por empréstimo para invocar a ação *honoris causae*.

Nesse sentido, ao observar-se o interrogatório, precipuamente o do Júri, não deve o promotor colocar-se como mero fiscal da lei, mas, sobretudo, como diligente investigador, perscrutador da personalidade do acusado[106], porque reveste-se tal ato como "a peça mais importante do processo penal", como afirmava Vicente de Azevedo[107].

Dos três interrogatórios a que possa ser submetido o réu (na polícia, em juízo e no Júri), o último, porque na presença dos julgadores, pode ser o mais valorado pelos jurados, através do qual saem as pugnas mais acesas na discussão da prova.

Para o réu não abona a esfarrapada desculpa do "esquecimento dos fatos" que, em razão do tempo decorrido, escondem-se como desculpas, espertamente, as mais omissivas testemunhas...

Como afirmávamos, ele é o personagem principal do processo penal, em torno do qual gravita toda uma organização judiciária. Vive, após o crime (se de sanidade inconteste), a murmurar diuturnamente o mal praticado, na medida de sua maior ou menor experimentação no mundo celerado, paralelamente à sua personalidade, suas características próprias, *morpho* e *phatos*, enfim, sua "especial condição de ser".

Sabe, portanto, que, no Júri, desembocará toda a sua pretensão absolutória, em evidente conflito, com os augúrios da Justiça pública, e dificilmente terá outra oportunidade para argumentar e clamar por suas razões. Tamanha a importância desse interrogatório que a minúcia, ou o detalhe, no caso, pode transfigurar-se como fator decisório e preponderante de qualquer veredito: afinal, é neste ato que pela primeira e última vez o jurado coloca sobre o réu o termômetro de suas impressões.

Talvez fosse, por esta razão, o alerta de Frederico Marques para todos os magistrados: "... quando dirigido com perspicácia e inteligência, é um dos mais fecundos e úteis meios de prova para a elucidação do fato delituoso"[108].

---

106 Se do interrogatório surgir dúvida sobre a higidez mental do acusado, será determinada a realização de incidente de insanidade mental, com a dissolução do Conselho de Sentença, pois, em caso de dúvida, o exame é obrigatório (*RTJ* 63/70). A competência é do juiz presidente (art. 497, XI, do CPP), porém, entendo conveniente deixar-se para que os jurados decidam, caso o juiz entenda desnecessário o exame (art. 478 do Estatuto Adjetivo).

107 Vicente de Azevedo aduzia aos interrogatórios em geral (v. *RT* 133/636).

108 *Elementos de direito processual penal*, Rio de Janeiro, Forense, v. 2, p. 325.

Ou ainda, a lembrança de Hélio Tornaghi, como que doutrinando para o Júri:

"É a grande oportunidade que tem o juiz para, num contato direto com o acusado, formar juízo a respeito de sua personalidade, da sinceridade de suas desculpas ou de sua confissão, do estado d'alma em que se encontra, da malícia ou da negligência com que agiu, de sua frieza e perversidade, ou de sua nobreza e elevação; é a ocasião propícia para estudar-lhe as reações, para ver, numa primeira observação, se ele entende o caráter criminoso do fato e para verificar tudo mais que está ligado ao seu psiquismo e à sua formação moral"[109].

Nesse diapasão, os jurados não somente ouvem a versão do acusado, como observam cada detalhe de suas expressões, de sua fisionomia. Buscam de todas as formas a cognição da alma do acusado; visam elucidar o delito e o apossamento da verdade real. Portanto, a análise técnica e psicológica do interrogatório, feita pelo promotor ou pelo advogado, pingando pontos que evidenciem a pessoa do réu, ou seja, sua personalidade, combinando-os e analisando-os no contexto das provas, desmerecendo-o ou elogiando-o, é tarefa minimamente obrigatória para se principiar a sustentação ou não de uma acusação. Quando corretamente efetuada, verbera no espírito investigativo do jurado e faz efeito, porque coincidente com a prelibação por ele efetuada.

7.4. Verdade ou simulação?

Toda a manifestação do réu, captada pelos sentidos, com fulcro na lógica e na psicologia judiciária, logrará aos jurados e às partes um juízo responsável sobre o fato. Necessário, sobretudo, é que se apreenda não somente pela prática, mas por regramentos científicos – não absolutos, evidentemente –, quando o réu minta ou dissimule, de quando ele fala a verdade. Então, como qualquer falsificação, pondo-se *palpabile ed intuitiva* (na frase de Carrara ao tratar das contrafações), merece a pronta identificação. Afinal, lembrava Flamínio Fávero:

"... uma simulação não se adivinha: diagnostica-se"[110].

É mister, nesse entendimento, que nos afastemos dessa práxis advinda da curiosidade dos leguleios ou do palpite infeliz da rabulagem (e até

---

109 *Instituições de processo penal*, v. 4, p. 12.

110 Apud Moacyr Benedito de Souza, *Mentira e simulação em psicologia judiciária penal*, São Paulo, Revista dos Tribunais, 1988, p. 132.

da má-fé e da chicana), dando-se um *plus* científico nos julgamentos pelo Júri, impedindo-se, destarte, o desdouro do direito positivo e a falência da Instituição. Até porque, asseverava Giuseppe Bettiol, "a história dos erros judiciários é muitas vezes a história dos erros sobre a apreciação dos resultados da prova por parte do juiz"[111].

Destarte, identificada a veracidade ou não das alegações do interrogando, expondo-se analiticamente as conclusões para os jurados, dissecando-se e decompondo-se a manifestação do réu e, depois, demonstrando-se-a no conjunto, estabelece-se o liame da confiança, um nexo lógico entre o orador e o julgador. Nasce, daí, uma *empatia* – como aquela receitada por Cordeiro Guerra[112] –, de todo necessária para o sucesso da ação. Perpassa, no íntimo do jurado, a proposição que atribuirá confiança ao promotor:

"... nós tivemos a mesma impressão; pensamos a mesma coisa, desta ou daquela colocação ou comportamento do réu; entendemos identicamente que ele mentia ou falava a verdade...".

Portanto, se o raciocínio do acusador de forma empírica ou cientificamente estiver correto – e dele não destoar o jurado, ou, destoando, ainda assim convencer-lhe –, ganhará a acusação necessário crédito; do contrário...

O jurado que é leigo traz uma gama de conhecimentos adquiridos ao longo da vida, cuja certeza de suas impressões e análises nem uma biblioteca de sofismas retirará. V.g. se o réu, nos momentos cruciais ou pontos-chaves de seu interrogatório – em que faticamente incriminar-se-ia ou não –, mudar a direção de seu olhar, não mais olhando para os olhos do juiz, o jurado "terá a impressão" de que o acusado está mentindo... porque aprendeu em casa, desde cedo, que "quem mente não olha nos olhos", o que, de regra, é positivamente correto[113]. E este aprendizado de

....

111 Apud Dario Martins de Almeida, *O livro do jurado*, 1. ed., Coimbra, Livr. Almedina, 1977, p. 94.

112 *A arte de acusar*, Rio de Janeiro, Forense Universitária, 1988, p. 14.

113 Confira-se a interessante obra de Fritz Lange, *El lenguaje del rostro*, trad. do alemão para o espanhol por Fermin Fernández, Barcelona, Ed. Luiz Miracle, 1942, em que o autor trata de dois específicos ramos da ciência, a fisionômica e a patognomônica: a primeira como expressão facial característica da pessoa em razão dos sentimentos que mais comumente padece, levando-a, com o passar dos anos, a ter a forma habitual em seu rosto; a segunda – a patognomônica – é

berço, que ninguém pense contrariar com falácias ou especulações, porque, certamente, cairá no descrédito. É a sabedoria do matuto, que mil teorias científicas apenas alicerçaram o conhecimento e a experiência popular, e que sem uma gênese em registro (como aduzia Cícero à legítima defesa), tampouco uma autoria patenteada, espreitam o espírito e o convencem, logrando um julgamento justo.

De Sanctis afirmou:

"A tristeza, a alegria, a cólera e o amor, tudo o que nos comove, nos perturba, nos exalta ou nos deprime, reflete-se, fatalmente, em nosso rosto. É ele que conta a todo momento, por meio de atitudes fugidias e pequenos movimentos, a história da alma"[114].

O próprio Lyra, ainda no limiar dos estudos da moderna criminologia – que a rigor, nesse particular, já se mostrava avançada –, anotava com precisão:

"O grande serviço de Lombroso foi a documentação da antiga conjetura (ele mesmo citou Homero, Salomão, Aristóteles, Avicenna, Della Porta) da influência do físico no psíquico. Esta influência é recíproca, donde a integração. As expressões não estão nas formas e sim nos gestos, nos movimentos. O estelionatário, por exemplo, procura a máscara da boa-fé, da sinceridade. A *caftina* assume fisionomia maternal. A morte é que faz a *cara patibular* no condenado. O carrasco, sim, deveria trazê-la. A fotografia na carteira de identidade parece resultar de um

....

a expressão ou sentimento momentâneo que cada qual expressa em seu rosto ao ouvir ou sentir algo. *V*. ainda Vallardi, *La mimica del pensiero*, Milano-Palermo, 1904.

Também, a título ilustrativo, porque bastante abrangentes, verdade é que os estudos de Hartemberg (*Physionomie et caractère*: essai de physiognomonie scientifique, Alcan, 1908, p. 98, 195) ofereceram valiosas diretrizes para o estudo da matéria, influenciando várias experimentações científicas. Resumia, o autor, as atitudes expressivas e suas interpretações: "*Como está a testa*? Enrugada transversalmente = atenção exterior, surpresa; franzida no meio, com sobrancelhas contraídas... *Como estão as sobrancelhas*? Levantadas, com rugas transversais na testa = atenção exterior, surpresa... *Como é o olhar*? Dirigido para a frente = franqueza, atenção exterior; paralelo = sonhador, distração; para baixo, desconfiança..." (apud Altavilla, *Psicologia judiciária*, trad. Fernando de Miranda, 3. ed., Coimbra, Arménio Amado Ed., Sucessor, 1982, v. 1, p. 154).

114 Apud Vallardi, *La mímica del pensiero*, Milano-Palermo, 1904, p. 95.

foco celerado indistinto. É à cara da aparência ou do disfarce que o povo se refere jocosamente: '*está na cara*'"[115].

D'além mar, e da mesma geração, Altavilla – talvez aquele que mais estudou a psicologia dos personagens que habitam o foro criminal – chamava-nos a atenção:

"Não pode haver pensamento sem exteriorização: ele é uma palavra ou um ato no estado nascente (Setchenoff, Ribot). Pode tratar-se de movimentos sutis, mas o pensamento pode ler-se também no rosto, podemos até senti-lo vibrar nos inconscientes e tenuíssimos movimentos da mão"[116].

Por certo que, da mesma forma que aludíamos na criminologia e nas razões próprias da delinquência, de per si, aplica-se aqui o mesmo conhecimento, de que, não sendo o homem produto de fábrica, de linha de montagem, como criação serrada, cada qual traz suas próprias condições psicossomáticas e, portanto, obviamente inexiste uma regra absolutamente incontestável, ou cientificamente apodíctica[117]. Porém, mister

---

[115] Roberto Lyra, Endereço para o crime, in *Criminologia*, 2. ed., Rio de Janeiro, Forense, 1990, p. 41.

[116] *Psicologia judiciária*, trad. Fernando de Miranda, 3. ed., Coimbra, Arménio Amado Ed., Sucessor, 1982, v. 1, p. 155.

[117] Veja-se o mistério de Moacyr B. de Souza, ao reproduzir as lições e experimentos de outros estudiosos, no "diagnóstico da sinceridade":

"Mas, apesar das dificuldades apontadas, alguns sintomas são, geralmente, mencionados como reveladores de presumível mentira em um interrogatório, embora dentro de um relativismo:

a) A *precisão excessiva nas recordações*...

O criminoso – já o dissemos – é, reconhecidamente, um exímio manipulador de situações novas. Tal constatação exige que a atenção e a argúcia do magistrado estejam sempre presentes a fim de que se não deixe envolver pelas suas artimanhas. A acentuada precisão nas recordações, especialmente em se tratando de fato bem remoto, pode constituir um ato de atenção forçada visando dar à sua narração uma aparência de veracidade. Em tais situações, é muito comum a apresentação pelo culpado de álibis em que, com abundância de detalhes, procura dar conta de sua não participação no evento questionado, inclusive mencionando o local em que se achava e as pessoas com quem se relacionava no momento do fato, além de outros detalhes, sabidamente inverificáveis...

b) A *prontidão ou a hesitação nas respostas*. Ambas as atitudes, embora contrastantes, podem constituir indícios de insinceridade, pois, como argumenta Gorphe, 'o excesso de certeza é defeito tão grande como o excesso de incerteza'... Em muitos casos, entretanto, ao contrário, o acusado mostra-se lacônico e lento face às perguntas formuladas. Finge não as ter entendido e, com isso, procura

em se analisando o comportamento do criminoso, é bom que se diga que a exceção da não existência de regra não pode também, ela própria, ser erigida à condição de uma espécie normativa moral: a regra.

7.5. A versão do crime pelo acusado: o enxerto da mentira

Se é certo, como asseverava Bourdin, que "a mentira não necessita de mestre", também é inegável que, sendo a última arma do criminoso para subtrair-se ao espectro da sanção penal, grassa hoje verdadeiro aprendizado em "escola própria", esse método elaborativo da patranha.

Na forja de uma inteligência malsã, o ardil mentiroso, como expediente defensivo, já mereceria, enquanto "técnica", uma cátedra nas "melhores penitenciarias do Estado", rotulando-se-a com o título de um livro de Lémant[118]: *Teoria da mentira entre os indiciados*...

Anota Moura Bittencourt:

"O velho refrão, pelo qual 'é mais fácil apanhar um mentiroso do que um coxo', apenas em parte coincide com a técnica e a ciência. Realmente, deixando-se o mentiroso falar, desponta nele logo a preocupação de explicar ou de provar a afirmação, porque, como é natural, sente ele, muito mais do que os sinceros, a necessidade de fundamentar o que diz. E, paradoxalmente, na *prova* da verdade é que, quase sempre, irá ser encontrada a mentira. Demais, alguma vez o mentiroso preconstitui a prova daquilo que irá dizer e nessa preconstituição é que será apanhado"[119].

ganhar tempo para melhor arquitetar suas mentiras, para compor seus álibis, ou mesmo para desviar a atenção do juiz dos pontos 'críticos' do interrogatório. Rosadi, com propriedade, menciona que 'algumas vezes, a necessidade de ganhar tempo, para responder ou de alongar as respostas para lhes diluir o efeito inevitável, conduz o réu a um labirinto cego de pensamento e de sintaxe, e quanto mais o interrogador o exorta e o empurra para o caminho da verdade, mais ele se atira por terra e se revolve e enrodilha em argumentos limosos de obscura filosofia. Se, em seguida, é interrogado sobre qualquer circunstância indiferente ou acidental, então não se cala mais'...

c) O *silêncio*. É uma postura, sem dúvida, não muito frequente, posto que o normal é o indiciado, como natural atitude de defesa, mencionar as circunstâncias que lhe são favoráveis...

d) *Outros sintomas*..." (*Mentira e simulação em psicologia judiciária penal*, São Paulo, Revista dos Tribunais, 1988, p. 137-40).

118 Apud Roberto Lyra, *Teoria e prática da promotoria pública*, 2. ed., Porto Alegre, Sérgio Antonio Fabris Ed., 1989, p. 207.

119 *Crime*, São Paulo, LEUD, s.d., p. 239.

Colocada a questão em moldes práticos, a técnica dos delinquentes, para a persuasão dos juízes de sua falsa inocência, é a utilização de *fatos verdadeiros* (como periferia, circundantes de um ponto central), embutindo-se, na essência, *fatos mentirosos*. É o que costumamos chamar *de enxerto da mentira*: a verdade *por fora*, a mentira, *por recheio*... Ou, por analogia com uma explicação de Altavilla, trata-se da utilização da "verdade-meio" para a obtenção da "mentira-fim"[120].

Assim, situações fáticas de negação impossível pelo réu – ou que, por si sós, não o comprometam penalisticamente – são confessadas e esmiuçadas pelo interrogando (é a "verdade-meio"). Depois, ou conjuntamente, faz-se a providencial *enxertia* de dados ou fatos inverídicos – logo, adicionando-se nesse momento a mentira substancial – que o exculpa ou que oferece um álibi em seu favor[121].

No caso, por exemplo, de uma *confissão* falsa, o que existe, olhando-se à distância, é emolduradamente uma confissão veraz. Mas de conteúdo adulterado ou contrafeito, que se não for decomposto e analisado o quadro – separando-se o verdadeiro do artificial –, o maior embuste, a maior lorota embutida nesse simulacro de confissão, passará por verdade, driblando a análise açodada e ensejando as mais escandalosas absolvições. É o famoso "parece mas não é"; o reluzir de falso ouro.

Essas "falsas confissões" são oferecidas pelos réus aos promotores e jurados como um "bombonzinho envenenado" (aproveitamos aqui a ironia do jargão peculiar de Evaristo de Morais). Se aceitas à primeira oferta, não se põe como "dação em pagamento" ante a cobrança da verdade. No foro criminal a "obrigação" não se extinguiria, se, por analogia e como figura de linguagem, aproveitássemos exemplificativamente o citado instituto jurídico tomado do direito civil. Até ao contrário... sem os foros da gratuidade, custam caro à justiça que, de regra, paga com o conceito do próprio nome.

....

120 "A mentira tem sido dividida em *mentira-meio* e *mentira-tendência*: a primeira serve para conseguir uma utilidade qualquer..." (*Psicologia judiciária*, trad. Fernando de Miranda, 3. ed., Coimbra, Arménio Amado Ed., Sucessor, 1982, v. 2, p. 255).

121 Aliás, preferível, muitas vezes, que sequer invocasse um álibi... poderia até ser mais convincente, ensejando-nos, então, a exclamação proclamada por Emile Gaboriau (1832-1873): "Quoi? Pas d'alibi? Alors il doit être innocent!" (Como? Não há álibi? Então ele deve ser inocente!).

Afinal, relembra Moura Bittencourt:

"Na batalha que se trava entre a acusação e a defesa, a mentira do réu, na luta por sua liberdade, se não é elogiável sob o aspecto moral, também não lhe é proibida. Dizer a verdade contra si próprio, com o risco de um enorme sofrimento, é atributo das criaturas superiores, mas a lei penal – observa o velho Garraud – não quer o heroísmo"[122].

Logo, de se questionar, ante a ocorrência de uma "confissão qualificada"[123], se essa é verídica ou não, identificando o "motivo" que levou o acusado a ofertá-la. Obviamente, o *animus confidenti* verdadeiro mais se apresenta como um espécime de sonho, produto onírico da imaginação, em que fantasiamos o réu nas viagens do pensamento, maltratado pelo remorso – aviso dos céus de que o criminoso não foi absolvido pelo tribunal da sua própria consciência –, e que, por isso, resolveu quitar seu débito com a sociedade. Esse fenômeno da confissão *honoris causa*, em que o acusado diria simplesmente "é tudo verdade o que diz o promotor...", é inédito na nossa experiência, porque "atributo das criaturas superiores", no dizer de Moura Bittencourt... e mais que a ressalva de Garraud: porque a lei não espera heroísmos...

De ocorrência comum, no mais das vezes, é o fato de alguns criminosos confessarem ínfimos pecados ou simplórias contravenções, para reforçar o argumento da "sinceridade". *In cauda veneno*. Narram que estavam embriagados a não mais poder, ou que estavam na casa da amante, quando do crime... mas quanto ao fato criminoso, a "inocência" oferecida é inverídica, embutida pela segura técnica objeto de suas elucubrações.

Se Caio embriaga-se em um bar[124], desentende-se com Tício, e a facadas o mata, indo depois homiziar-se em sua residência, no Júri, fa-

....

122 Edgar de Moura Bittencourt. *Crime*. 1. ed., São Paulo, Leud, s.d., p. 218.

123 Camargo Aranha diferencia a "confissão simples" (que traz um aparente prejuízo ao réu porque ele dá todas as nuances do crime, sem justificá-lo) da "confissão qualificada" (em que o réu confessa a autoria, mas invoca em seu favor uma causa de exclusão de antijuridicidade, ou então uma ausência de culpa, como no erro). Aduz, ainda, com as várias razões que levam o criminoso a confessar: v. *Da prova no processo penal*, 2. ed., São Paulo, Saraiva, 1987, p. 78 e s.

124 Cordeiro Guerra (*A arte de acusar*, Rio de Janeiro, Forense Universitária, 1988, p. 6-7) traz um exemplo semelhante para retratar o medo das testemunhas em deporem sobre o crime.

talmente, afetará sinceridade, conquanto negue o crime, ao ofertar um falso álibi. Confessará o "antes" e o "depois", negando, com seu embuste, o "meio". Ou seja, dará os detalhes da chegada ao bar, o que bebeu e o que conversou. Do futebol à cerveja, deambula verbos e adjetivos com desenvoltura. Para não comprometer, às vezes suprime os "sujeitos". É o "antes".

Peremptoriamente nega, todavia, que tenha matado a vítima, aduzindo não conhecê-la. É o *enxerto* da mentira, no "meio". "Depois", sem parcimônia, dá todos os detalhes da chegada em casa, com os filhos lhe abraçando e o carinho da esposa. Para reforçar a técnica, utiliza-se, quase sempre, de expressões a que as testemunhas já haviam feito referências como tendo ocorrido no interior do bar, ou fora deste. As mesmas expressões levam o julgador a um raciocínio enganoso e precipitado ("o réu afirmou a mesma coisa que as testemunhas já haviam dito..."), porque com esta "parcial sinceridade" o acusado busca captar a confiança do jurado[125].

"Depois"? Depois, o raciocínio fica comprometido, apaspalhado pelo processo de uma falsa dedução: "Se no antes e no depois está provado que o réu fala a verdade, e se no meio existe dúvida, por que razão não dar crédito para o réu no meio também?". Logicamente que a razão é simples: porque o meio o compromete, e este ele não confessaria jamais.

7.6. A negativa de autoria, a contribuição da psicologia judiciária penal e o erro

Nos casos de "negativa de autoria" em processos eminentemente indiciários, como é certo inexistir um *signus specificum* para diagnosticar o culpado, de um outro *indício* de autoria damo-nos à reflexão... como no caso de manter-se impassível o réu ao submeter-se ao interrogatório, mesmo acusado do mais bárbaro delito, portando com uma tranquilidade que se plasma às sombras das varandas...

---

125 Altavilla trata das "percepções fixadas com um fim defensivo": "... Isto encontra-se em álibis artificiosamente preparados. É frequente o caso de acusados que, cometido o crime, se precipitam para um lugar distante, onde procuram fazer-se notar o mais possível. Em tais casos, o criminoso, para *revestir* o seu álibi, ostentará recordações minuciosas daquilo que viu, das pessoas com quem falou e descerá a tais pormenores, que logo revela um especial interesse em recordar..." (*Psicologia judiciária*, trad. Fernando de Miranda, 3. ed., Coimbra, Arménio Amado Ed., Sucessor, 1982, v. 2, p. 18).

É um indício que se afere psicologicamente, mas que, aliado a outros mais objetivos (v.g., prova testemunhal), torna-se mais um *signum demonstrativum delicti*, não deixando de acenar para a responsabilidade.

Em um mundo que já não vive nas trevas medievais – onde a Justiça impunha conhecido terror e desconfiança, pelos processos inquisitoriais e porque a serviço dos interesses palacianos –, oferecer o acusado um álibi candidamente, com blandícia e inexplicável ternura, ofertando uma versão muitas vezes melíflua, com a fronte dos seres celestiais, com a máxima vênia dos que entendem diversamente, este fato não pode deixar de constituir um "sintoma". Sintoma de sua culpabilidade. Nos "manuais da sintomatologia dos criminosos", há que constar no *index*. Somente o amoral manter-se-ia nessa postura de estátua – como um monge em meditação transcendental – se com ele se desse uma acusação injusta.

É que nos processos indiciários, cuja prova não se faz diretamente, o criminoso confia na incapacidade do Estado em provar a autoria. Aguarda que seu espírito gélido lhe ajude a alcançar a impunidade.

O homem não mudou. O homicida arquetípico mais antigo de que se noticia – Caim – saiu-se também com a conhecida e fria evasiva registrada por Kalil Gibran (1883-1931), dado que, quando perguntado por Deus sobre Abel, redarguiu:

"Serei eu, porventura, o guarda de meu irmão?".

Depois, num salto de história e de épocas, mas sempre por temática o personagem do homem criminoso, vamos encontrar também, nos celerados da Itália de Ferri, a observância de que o delinquente não alterou substancialmente sua postura no processo penal. Hoje, como ontem, na Idade Antiga ou Moderna, nos processos prevalentemente indiciários vale-se ainda da mesma técnica, portando-se assemelhadamente: ou se esquiva, à moda de Caim (o tipo mais primitivo de homicida), ou nega o delito, indo *mais longe*... Frio e impassível, firmemente acusado, desafia a provarem sua culpa, ainda que o façam tacitamente, como quando silenciam, ou pouco falam, no interrogatório.

Denota-se haver um verdadeiro entrave psicológico a impossibilitar uma postura diferente ao infrator do *crimen homicidii*. Talvez porque ele próprio o sinta como "a mais chocante violação do senso moral médio da humanidade civilizada" (na cosmovisão de Hungria[126]). "Matar" é

[126] *Comentários ao Código Penal*, 4. ed., Rio de Janeiro, Forense, 1958, v. 5, p. 25.

sempre "matar", e a natureza parece tê-lo privado de técnicas e dons mais eficientes.

Por oportuno a inquestionável experiência de Ferri no caso concreto:

"Quem finge, exagera! E no julgamento Ca. marca seu procedimento de esgrimista com uma declaração que registrei nos meus apontamentos. Uma declaração de esgrimista culpado que se defende. Ca. disse: 'Se sou eu o assassino, por ter sido o último a andar com o Renato, provem-no'. Oh, não! Aquele 'provem-no' não é o arranco, o grito da inocência. É um desafio. O inocente grita, chora, protesta: mas não desafia a provar. Pelo contrário, o culpado, quando julga que ninguém o viu cometer o crime, desafia a provarem a sua culpabilidade. Pensando que só é possível condenar à vista de provas diretas e flagrantes, Ca. sente-se seguro e desafia: Provem!"[127].

Este "comportamento de desafio", diríamos hoje, demonstra-se mais atenuado, em razão do próprio processo penal que tem alçado cada vez mais garantias aos acusados, e porque limitado pela própria defesa técnica que impede os acusados, por notória conveniência, de *voarem mais alto* e ousadamente.

Então, mais usualmente, o delinquente, que está repleto de garantias constitucionais, e perante um tribunal democrático, fica comumente apenas tranquilo, confortado e calmo na crença da impunidade. Nesse sentido, empresta-se à reflexão o fato de que, se fosse inocente, na iminência de vir a sofrer uma possível e injusta condenação, não se comportaria, a toda evidência, com essa calma do *nirvana*.

Ninguém se iluda: distante da divina paciência, esbravejaria ou ajoelharia em polimorfa confusão mental. No paroxismo das emoções envolver-se-ia aos gritos, ou, completamente aturdido, em um processo de profunda alteração psíquica, denotaria seu descontrole diante da inocência martirizada. Restaria, enfim, sem um molde exato, mas quase como um louco na acepção mais lata do termo; um perturbado mentalmente pelo incontrolável turbilhonamento da alma ao recepcionar e sofrer o injusto; na imagem própria, enfim, que cada um fazemos de nós, se fôssemos caluniosamente acusados. O perfil de um inocente acusado (hígido mentalmente) é, por lógica (e de regra, por ciência), um

127 "Pela vítima do assassino", frente ao Tribunal Criminal de Reggio Emilia, in *Discursos de acusação – ao lado das vítimas*, trad. Fernando de Miranda, 5. ed., Coimbra, Arménio Amado Ed., Sucessor, p. 237.

perfil bastante distante da calmaria resoluta; quando menos, enrodilha-se nas vestes do complicado personagem de Kafka (1883-1924) em *O processo*, ou pouco mais, queda-se para os meandros do niilismo desordenado de um Dostoievsky (1821-1881), em *Os possessos* (já com pesadelos), esfalfado que estava pela epilepsia que o castigava.

Afinal, a *vida* e a *liberdade* sempre despontaram como os mais preciosos bens dos seres humanos. Na iminência de perder a vida, qualquer um imploraria perdão, lutando, se preciso, com desesperada bravura. Alterar-se-ia psicologicamente, no mínimo, de forma peculiar e inquestionável, a evidenciar a alteração comportamental motivada por forte solicitação exterior[128]. Por que razão, então, *mutatis mutandis*, na iminência de perder a liberdade – bem de valor extremo –, se portaria com paciência *budista*, o *inocente convicto*?!

Falamos, repise-se, evidentemente, dos indivíduos hígidos mentalmente...

Tire-se ainda a possibilidade da "simulação", cujo expediente (volte-se a Flamínio Fávero) "diagnostica-se".

... Torne-se ao verdadeiramente "inocente". Importa pouco a profissão ou o "meio" em que foi criado; o fator cultural, *quand même*; o humano é um gênero, cujo *homo medius* já traz os laivos de um primitivismo natural, em qualquer circunstância, no caso de inocência. De regra, dos refolhos da alma ressurgiria o selvático animal que trazemos nos desvãos do inconsciente. E a postura defensiva legítima e sem artifícios: *Est haec non scripta, sed nada legis*[129], a que aludia Cícero em sua *Oratione pro Milone*. É o natural instinto de conservação ou a *perturbatio animi*, na pretensão de Puffendorf (século XVII)[130]. É a legítima defesa da própria honra e da liberdade, na atualidade da agressão, com os *meios necessários* diante do agressor, no palco do crime, sem que se exacerbe na repulsa.

128 *V.* Nélson Hungria, *Comentários ao Código Penal*, 4. ed., Rio de Janeiro, Forense, 1958, p. 132 e s., ao tratar das "emoções", analisando o homicídio privilegiado (art. 121, § 1º, do CP).

129 M. T. Ciceronis Orationes, *Oratio pro Milone*, Paris, s.d., p. 56 e s. "... a legítima defesa não tem história porque é uma lei sagrada, que nasceu com o próprio homem, lei anterior aos legistas, à tradição e aos livros, gravada no Código Imortal da Natureza, lei menos estudada que sentida".

130 *De Officio Hominis et Civis Secundum Legem Naturalem*, l. I, cap. V.

... Não vale o argumento de ser simples conselho do advogado ao inocente cliente, no modelo "mantenha-se impassível". Esse conselho, sim, distribui-se à mão-cheia aos criminosos, mas tão somente para maquiar o delinquente com a tranquilidade em que repousam os semblantes dos gentis-homens. Nenhuma técnica, mas nenhuma mesmo, sobrepujaria a espontaneidade e a naturalidade do injustiçado a rebater veementemente, com *ira santa*, uma acusação inverídica e comprovadamente criminosa. Há experimentos e teorias científicas que contrariam, por vezes, a tese ora invocada? Sim!... Há favoráveis? Sim, da mesma forma; e esta é a práxis. Ambos, contudo, *experimentos* e *teorias*. *In dubio*? ...*In dubio – permissa venia – pro lege naturale*...

Somente o portador de um distúrbio da saúde mental, de uma patologia qualquer, poderia manter-se na postura de um Cristo, a oferecer, ante a agressão injusta, a outra face à sociedade; o íntegro mentalmente não assistiria impávido a injustiça que se endereçasse mesmo a um *tertius*... aí sim, à feição de Cristo, que não assistiu tão docemente à ação dos vendilhões do templo e tampouco menos firme se posicionou ante o apedrejamento de Madalena...

A encenação de indignação, a teatralidade profissional dos piores celerados que, simuladores de escol, escondem a *conscientia sceleris* nos talhes sinuosos da trapaça – como o *falsarium* – não podem, contudo, ser desprezadas[131].

A regra é o homicida negar a prática delitiva[132] – ou inventar uma causa excludente de ilicitude – fria e calmamente, ereto, como um totem beato perante o tribunal – ou curvar a cabeça para afagar uma humildade e resignação que não possui –, demonstrando seu periciamento no pecado. Na verdade, pondo-se assim altivo, ou sobremaneira controlado, visa desconectar a "câmera" do Júri, da imagem que o Conselho de Sentença imagina produzir o *tape* de um ato criminoso: violência, sangue e morte; descontrole enfim! É a psicologia dos contrários, a união técnica das situações apostas, para levar o julgador a uma intelecção deslocada de realidade. Pelo pluralismo conflitante das situações, busca-se persuadir pelo estranho, quando aparenta ingenuidade.

131 V. Moacyr B. de Souza, *Mentira e simulação em psicologia judiciária penal*, São Paulo, Revista dos Tribunais, 1988, p. 87 e s.

132 V. item 12 – "Valor da confissão extrajudicial" – e item 14 – "A psicologia do interrogando e a forma do interrogatório", no Capítulo 1 – "Da produção do inquérito policial".

Hungria, nesse sentido, traz o fato que nos eleva ao sobreaviso da alma e à meticulosidade da meditação. Tratando do erro judiciário e demonstrando essas simulações de inocência, comenta o eminente mestre sobre um episódio passado nos arredores de Marselha, em que ocorrera o assassínio de uma velha granjeira, com o fim de roubo:

"À mesma hora do crime, foi visto sair da granja um indivíduo que veio a ser depois identificado como inveterado vagabundo. Sobre ele recaíram as suspeitas e, não obstante sua formal negativa, foi processado e submetido a julgamento. O Procurador da República em Marselha, recentemente nomeado e ávido de renome, desenvolveu uma cerrada e brilhante acusação de que resultou, muito mais do que na prova colhida no processo, na condenação do Réu, à pena última. Indeferido o pedido de comutação, seguiu o guilhotinamento na praça pública. Até o último instante, porém, o Réu conclamou a sua inocência. 'Morro inocente!' – gritou ele ao galgar o tablado da execução. Estava presente o promotor da acusação, que ficou impressionado até o cerne d'alma. O derradeiro brado de inocência do executado repercutiu fundamente no seu espírito. De tal modo que, movido por um ditame de consciência, achou de, por conta própria e particularmente, reinquirir as testemunhas que haviam deposto no processo. Foi uma dolorosa decepção: as testemunhas não reproduziam o que haviam dito anteriormente, e incidiam nas mais flagrantes contradições. Convenceu-se, então, o acusador público, de que contribuíra, de modo decisivo, para a morte de um réu sem culpa. Exonerou-se do cargo, e, no correr dos dias, tomado de profundo abalo nervoso, veio a enfermar gravemente. Para aliviar-se do aflitivo remorso, pediu que viesse à sua presença o ex-defensor do condenado, a quem relatou o que se passara, incitando-o a proclamar, pela imprensa, o grave erro judiciário e a reabilitar a memória do seu ex-constituinte. O advogado, porém, retrucou-lhe: 'Não se aflija, meu amigo: a mim, seu defensor, aquele miserável confessou que era, realmente, o autor do crime'"[133].

Arremate-se com o arguto e propositadamente irônico raciocínio de Émerson Luiz de Lima, que brilhou na década de 1950 na tribuna da acusação no Júri carioca:

133 *Novas questões jurídico-penais*, citado pelo então promotor Émerson Luiz de Lima, na acusação contra o Tenente Bandeira (Alberto Franco Bandeira), na sessão do Tribunal do Júri do Rio de Janeiro, de 26-4-1954, reproduzida no livro *Os grandes processos do júri*, por Carlos de Araújo Lima, 5. ed., Rio de Janeiro, Ed. Liber Juris, 1988, v. 1, p. 341-2.

"... São assim, Srs. Jurados, os *erros judiciários*, principalmente nos dias que correm"[134].

E reflitamos: transitada em julgado a sentença condenatória, a atividade estatal, até então atribuenda ao Ministério Público, se encerra. O promotor vai ao descanso e não se renovam as provas. Inexiste, como é certo, qualquer revisão *pro societate*, até porque, no caso, inexistiria *sucumbência*. O réu, contudo, via de seu defensor, continua à cata de provas e elementos, muitas delas, por vezes, validando-se mesmo sendo inverídicas. E o Estado – que trabalha nas estreitezas da lei – não raro é impotente para elucidar a "fabricação de um erro" (inexistente) e, como o "Procurador de Marselha", reconhece a existência de um "erro judiciário" quando este na verdade não ocorrera; e o propaga... pela imprensa, como queria o antigo acusador. Não se conta, rotineiramente, com o civismo que moveu aquele advogado, salvando a autoestima e a honorabilidade do promotor francês.

Por isso, ainda secundando Hungria:

"Não vale alçar o 'espantalho' dos erros judiciários e dissertar, em estilo hugoniano (muito apropriado de Suas Excelências os advogados do réu), sobre a possível condenação de inocentes. Não passa isso de argumento anacrônico, resquício de épocas já superadas. Nos tempos atuais, a garantia e amplitude da defesa excluem o risco de sentenças injustas"[135].

7.6.1. *A metafísica da negação: o criminoso refém de seu autoengano*

Por detrás das negativas mais obstinadas de autoria, mesmo quando desmentidas por provas irretorquíveis, oculta-se não apenas uma estratégia jurídica, mas um mecanismo psíquico perverso e arcaico: a recusa da verdade objetiva como escudo último contra o peso da própria consciência.

134 *Novas questões jurídico-penais*, citado pelo então promotor Émerson Luiz de Lima, na acusação contra o Tenente Bandeira (Alberto Franco Bandeira), na sessão do Tribunal do Júri do Rio de Janeiro, de 26-4-1954, reproduzida no livro *Os grandes processos do júri*, por Carlos de Araújo Lima, 5. ed., Rio de Janeiro, Ed. Liber Juris, 1988, v. 1, p. 342.

135 *Novas questões jurídico-penais*, citado pelo então promotor Émerson Luiz de Lima, na acusação contra o Tenente Bandeira (Alberto Franco Bandeira), na sessão do Tribunal do Júri do Rio de Janeiro, de 26-4-1954, reproduzida no livro *Os grandes processos do júri*, por Carlos de Araújo Lima, 5. ed., Rio de Janeiro, Ed. Liber Juris, 1988, v. 1, p. 341.

A teoria das *técnicas de neutralização* (Sykes e Matza, 1957)[136] já nos advertia que o transgressor busca aliviar a culpa interna mediante racionalizações forjadas: "fui levado a isso" (negação da responsabilidade), "ninguém se feriu de verdade" (negação do dano), ou mesmo "quem julga é corrupto, egoísta, falho, injusto" (condenação dos condenadores). Porém, a psicologia judiciária penal vai além: nos crimes passionais, nas condutas impulsivas e até nos homicidas primários, a negação assume ares de sobrevivência psíquica, na qual *o autoengano é estratégia vital para enganar o mundo externo*.

Stanton Samenow, em sua obra seminal *Inside the criminal mind*, desvela com precisão a natureza desse mecanismo: o criminoso constrói uma realidade paralela, onde distorce os fatos, racionaliza suas condutas e exime-se de qualquer responsabilidade moral ou jurídica. Trata-se de um sistema mental autocentrado, fragmentado e impermeável às evidências externas, uma engenharia de autoengano que transforma a mentira processual em um teatro convincente, ao qual o próprio autor do fato se entrega. Em síntese, a mente criminosa, nesse particular, opera com raciocínio fragmentado e pobre em empatia, formando um *sistema mental fechado* que resiste à evidência e se ancora no conforto de uma versão interna mais palatável.

Assim, sob a ótica psicológica, alivia a culpa interior (construindo uma autoimagem preservada) e dissimula a culpa exterior (enganando o sistema de justiça). Como bem observa **Leon Festinger** em sua teoria da dissonância cognitiva (*A theory of cognitive dissonance*, 1957)[137], o desconforto mental gerado pelo confronto entre a realidade dos fatos e a narrativa autoindulgente força o indivíduo a ajustar percepções, reinterpretar eventos e criar justificativas plausíveis, tudo para preservar a coerência interna e evitar o colapso psíquico. E é assim que nascem, muitas vezes, tantas negativas de autoria, que primeiro se conta a si e, para a qual precisa acreditar, para depois se passar adiante; desse modo, *quanto mais convincente for para si, mais verossímil parecerá aos outros*.

Essa mentira estruturada não é um recurso desesperado, mas um projeto de engano: o homicida, especialmente nos casos de primariedade

136 Sykes M. Gresham e David Matza. Técnicas de neutralização: uma teoria da delinquência, trad. Leandro Ayres França e Jéssica Veleda Quevedo. Grupo de Estudos em Criminologias Contemporâneas, *Canal de Ciências Criminais*, Porto Alegre, 2018, p. 42.

137 Leon Festinger. *A theory of cognitive dissonance*. 1. ed., Califórnia, Stanford University Press, 1957.

ou nos crimes praticados sob emoção, busca não apenas eximir-se da responsabilidade penal, mas também escapar ao peso da autoculpa. Mente para si, para se tornar mais crível ao mundo. A performance processual não nasce apenas do medo do cárcere, mas do esforço para sustentar internamente uma farsa que já convenceu a si próprio.

Esse jogo psicológico torna-se, assim, um duplo escudo: protege o homicida da sanção externa, enquanto o blinda da condenação interna. E é por isso que as negativas em plenário – mesmo contraditas por provas robustas – muitas vezes ecoam com eloquência e aparente convicção. A mentira performada é o eco da mentira acreditada. A força do discurso negatório vem não da sua veracidade, mas do seu ensaio interior.

Contudo, a Justiça não pode ser refém dessas manobras psíquicas e retóricas. O Estado não é mero espectador do teatro do autoengano: cabe-lhe descortinar a trama, demonstrar a fragilidade do subterfúgio e afirmar que a verdade objetiva – aquela que se impõe pela prova e pelo raciocínio lógico – não se curva à encenação psicológica. A pena, nesse contexto, não se resume a um ato punitivo: é a reafirmação do pacto social, o testemunho coletivo de que a mentira, por mais engenhosa que seja, não supera a força inexorável da realidade.

Essa compreensão é essencial não apenas para a acusação, mas para o próprio júri – porque os jurados, ao formarem sua convicção íntima, não são imunes às impressões, às narrativas, aos ensaios e aos gestos performáticos. O silêncio, o vacilo, o tremor da voz ou a palavra treinada são sinais que se decifram não apenas pela lógica, mas pela experiência humana e pela intuição de quem julga.

Assim, é crucial entender que a negação obstinada, tão presente no plenário, não é um ato inocente ou desesperado, mas o capítulo final de um processo psicológico que começa no instante do crime e se consuma na tentativa de escapar à responsabilidade. Cabe às partes desvelar essa trama e, ao fazê-lo, resgatar o compromisso com a verdade e com a Justiça.

É a partir dessa perspectiva que se abre caminho para o próximo tópico – "Diferentes versões nos interrogatórios" –, no qual analisaremos as variações de discurso ao longo do processo – do inquérito ao plenário – e os recursos que o sistema jurídico dispõe para lidar com essa dança de versões.

7.7. Diferentes versões nos interrogatórios

Tal como se dá com o álibi quando invocado pelo réu, da mesma forma, caso tenha ofertado diferentes versões (no inquérito, em juízo e perante o júri) e queira persuadir com a validade da última, incumbe ao acusado – por lógico e consentâneo – a prova de que, finalmente, perante o Tribunal do Júri é que oferece a verdade[138].

Deverá explicar a razão pela qual nos anteriores interrogatórios posicionou-se diversamente, uma vez que é a "melhor testemunha" de todo o ocorrido. Do contrário, por óbvio que, nada comprovando, somente os incautos não enxergariam o *criminoso* no *mentiroso* que, como aquele predador da fauna aquática (pescador "de rede"), abandona o caniço que fisga um só peixe; e assim, com a "rede" de várias versões (geralmente possibilitando-as a amoldarem-se em diferentes teses jurídicas), o que *pesca* é lucro.

Ou, na exposição sempre lúcida e espirituosa de Lyra a demonstrar essas versões invariavelmente mutantes:

"O advogado mudou de explicação em cada fase do processo. Repetiu o colega inglês Codd na defesa de um ladrão de pato: de quatro, uma. O acusado comprou o pato; o acusado achou o pato na rua; o acusado recebeu o pato de presente; o acusado encontrou o pato no seu jardim... variou, como a serenata de Don Juan, no teclado da mentira"[139].

Como, então, devotar crédito àquele que se dá ao lúdico de labirintar a verdade, como a rameira poliândrica que não se recorda com quem se deitara na noite anterior?! Aquela, para quem, nos versos do poeta recitado por Ferri, "toda a multidão da estrada passou sobre o seu corpo". E continua o renomado autor:

"(...) o réu inocente tem sempre uma atitude retilínea, como o voo da andorinha. O réu culpado, ao invés procede em ziguezague; tergiversa, contradiz-se, procura remediar às mentiras tornadas patentes; tem, sempre, uma atitude sinuosa, como o voo do morcego"[140].

....

138 Embora fazendo a advertência de que existem as ressalvas (em que se constituem as exceções), o grande Altavilla relembra um verdadeiro "dogma judiciário" a reger o assunto de que:

"O *arguido inocente*, falsamente acusado, mantém sempre um comportamento retilíneo, como o voo da andorinha.

O *arguido culpado*, pelo contrário, anda aos ziguezagues, muda, contradiz-se, procura remediar as mentiras dizendo outras; tem sempre uma conduta sinuosa: como o voo do morcego" (*Psicologia judiciária*, trad. Fernando de Miranda, 3. ed., Coimbra, Arménio Amado Ed., Sucessor, 1982, v. 2, p. 29).

139 *Como julgar, como defender, como acusar*, Rio de Janeiro, Ed. Científica, 1979, p. 115.

140 *Defesas penais*, v. 2, 1925, p. 289.

Não menos relevante o escólio de José Frederico Marques:

"(...) o inocente negará a imputação e poderá fazê-lo com absoluta competência, porque nenhum crime praticou. Ao culpado, a situação se apresentará mais difícil, porque a sua negativa mentirosa o obriga a rodeios e ginástica de dialética que acabarão por deixar vestígios e provas circunstanciais de real valor para o veredicto final dos órgãos jurisdicionais"[141].

A menos que seja um acomodado *togatulus*, a pretender entrar no "reino da bem-aventurança", como aquele ironizado por Renan (1823-1892): "Bem-aventurados os cegos, porque de nada duvidam".

8. O ART. 479 DO CPP: IMPEDIÊNCIA DE PROVA SURPRESA

Na primeira fase do processo do Júri, antes mesmo do encerramento do *jus accusationis*, diferentemente do ocorrido sob a égide da lei anterior, passou a ser lícito à acusação e à defesa juntarem documentos[142] aos autos, seja antes ou após os memoriais previstos no art. 411, que como regra se darão sob a forma oral.

Na segunda fase – o *judicium causae* – não fere a licitude processual a juntada de quaisquer documentos. Dizemos proximamente porque o art. 479 assim estabelece:

"Durante o julgamento não será permitida a leitura de documento ou a exibição de objeto que não tiver sido juntado aos autos com a antecedência mínima de 3 (três) dias úteis, dando-se ciência à outra parte.

Parágrafo único. Compreende-se na proibição deste artigo a leitura de jornais ou qualquer outro escrito, bem como a exibição de vídeos, gravações, fotografias, laudos, quadros, croqui ou qualquer outro meio assemelhado, cujo conteúdo versar sobre a matéria de fato submetida à apreciação e julgamento dos jurados".

Esse prazo previsto em lei dá-se em homenagem ao princípio de lealdade processual e ao contraditório, porque, evitando-se a *prova surpresa*[143], possibilita-se ao *ex adversu* a produção de contraprova.

....

141 *Elementos de direito processual penal*, 1. ed., Editora Bookseller, p. 299.

142 "Art. 232. Consideram-se documentos quaisquer escritos, instrumentos ou papéis, públicos ou particulares. Parágrafo único. À fotografia do documento, devidamente autenticada, se dará o mesmo valor do original."

143 Confira-se a lição de Magarinos Torres: "O objetivo da lei foi, evidentemente, evitar apenas isto: a confusão, deslealmente infligida a uma das partes pela exibição de documento novo em plenário, que poderia ser falsa atestação de

Exemplifica Magalhães Noronha:

"... não há dúvida de que é necessária a prévia comunicação à parte contrária que 'deve, para maior regularidade, ser feita mediante intimação de advogado, ou promotor, requerida a tempo de efetuar-se antes de findar o quarto dia anterior ao do julgamento, para que o intimado se manifeste sobre a contraprova que pretende oferecer', escreve Espínola Filho. Compreendemos a razão que leva o eminente processualista a dizer que o documento deve ser junto antes de expirar o quarto dia anterior ao daquele em que se dará o julgamento, mas não vemos como desobedece ao princípio 'dies a quo non computatur in termino, dias terminis computatur in termino', aliás, consagrado no art. 798, § 1º. Assim, se o julgamento está marcado, v.g., para o dia 30 do mês, às 12 horas, o mais que se poderá exigir é que até às mesmas horas do dia 27 seja comunicado seu conteúdo à parte contrária, isto é, no *terceiro dia anterior ao do julgamento*"[144].

Como o conceito e a extensão do que se deva entender pela expressão "documento" – além da interpretação literal possível pela leitura dos arts. 479 e 232 – parece não encontrar solução no enorme dissídio jurisprudencial existente, remetemos o leitor para obras especializadas[145], conclamando-o ao estudo específico.

....

alguém em escrito particular ou ilusórias declarações ou opiniões publicadas, sem autenticidade, no próprio dia do plenário" (*Processo penal do júri nos Estados Unidos do Brasil*, Rio de Janeiro, 1939, p. 417).

144 *Curso de direito processual penal*, 19. ed., São Paulo, Saraiva, 1989, p. 272.

145 V. Borges Pereira, *Tribunal do júri*, São Paulo, Saraiva, 1993, fls. 348 e s.; Marques Porto, *Júri*, 7. ed., São Paulo, Malheiros Editores, 1993, n. 101 e 230, p. 134 e s. e 326-7; Marrey, *Júri – Teoria e prática*, 3. ed., São Paulo, Revista dos Tribunais, 1988, n. 45, p. 176.

Não obstante, traça-se um perfil de entendimento jurisprudencial mais recente:

"O que o art. 475 do CPP proíbe é a leitura, durante o julgamento do júri, sem prévio conhecimento da parte contrária, de jornais ou qualquer escrito cujo conteúdo verse sobre a matéria de fato constante do processo. Não assim se versar apenas fato análogo ao que está em julgamento" (3ª Câmara do TJSP, Ap. 69.989-3, *RT* 642/287).

"Só o injustificado não comparecimento de testemunha arrolada como imprescindível pela defesa é que autoriza o adiamento do julgamento pelo júri. A leitura em plenário do júri de notícia de jornal sobre a violência em geral, e não especificamente relativa ao caso em julgamento, não configura nulidade por inobservação do disposto no art. 475 do CPP (prévia ciência à parte contrária)" (3ª Câmara do TJSP, Ap. 75.842-3, *RT* 645/281).

Finalmente, cumpre ressaltar que, se dentro do tríduo legal, o indeferimento pelo juiz da juntada de documentos caracteriza constrangimento ilegal, exigindo a realização de um novo julgamento com a possibilidade da leitura dos referidos documentos[146].

8.1. As partes podem deliberar sobre o prazo?

Podem as partes deliberar sobre a dispensa dos "três dias" para a comunicação?

Seguimos, nesse particular, Marques Porto, que, ao comentar a antiga redação do art. 475 – que, na essência, trata-se de repetição do art. 479 do CPP – sustentou que "a regra do art. 475 'é imperativa, de natureza' *jus cogens*, de molde a não permitir transigências na sua aplicação (*RT* 314/125, Rel. Cantidiano de Almeida). No mesmo sentido, *RT* 374/166, 369/315, 358/98, 318/536, 367/49, 381/156, 363/82..."[147].

Nesse sentido, se tal dispositivo, de evidente cogência como norma de ordem pública, fosse passível à convenção das partes, por idêntico raciocínio as partes também poderiam avençar, v.g., quanto ao prazo dos debates, não se limitando àquele previsto no art. 477... Afinal, se houvesse a disponibilidade para convenção das partes no primeiro artigo (uma sujeição do mesmo à vontade da acusação e defesa), sob o argumento de que não haveria "prejuízo" face ao acordo, identicamente, também, poderíamos não vislumbrar prejuízo, quando, por exemplo, acusação e defesa combinassem para a sustentação das respectivas razões nos debates, estipulando em quatro horas o direito à fala para cada um...

....

"Exibição de documento novo – surpresa de parte contrária – não nega vigência no art. 475 do CPP, mas, antes, o cumpre fielmente, o acórdão anulatório do julgamento pelo júri durante o qual se exibiu documento novo. Parecer médico-legista, sem prévia comunicação ao *ex adverso*" (5ª Câmara do TJSP, REsp 1.364, *RT* 660/355).

"Em plenário do júri, a leitura pela acusação de reportagem pública e notória inserta em jornal de grande circulação, que nenhuma relação tem com a matéria fática do processo, não se ajusta ao impedimento constante do art. 475 do CPP (atual art. 479 do CPP). O que a lei processual proíbe é a produção de prova nova com a surpresa para a outra parte, com a qual não se confunde a conduta do órgão acusatório" (3ª Câmara do TJSP, Ap. 1.053.363/0, *RT* 674/296).

146 STF, HC 92.958/SP, 2ª Turma, rel. Joaquim Barbosa, j. 1º-4-2008, *DJe*, 2-5-2008.

147 *Júri*, 7. ed., São Paulo, Malheiros Editores, 1993, p. 134.

Capítulo 7

TRIBUNAL DO JÚRI: OS DEBATES EM PLENÁRIO

Sumário: 1. Introdução: desmistificando o Júri. 1.1. Aprimorando o Júri: servindo à sociedade. 2. O promotor de Justiça e o promotor do Júri. 2.1. Época de especializações. 2.2. "Preparando o improviso". 3. Estudando os autos: organizando a acusação. 4. O "paradoxo da defesa": a vigília do promotor. 5. A tribuna da sociedade. 5.1. A tribuna da sociedade contra a *Retrotopia Penal*. 6. A razão, a emoção e o excessivo formalismo. 7. O "soldado da lei" na acusação. 8. O discurso de acusação. 8.1. O jurado e o problema da verdade. 8.2. O inconstitucional art. 478 do CPP. 9. Recomendações práticas. 9.1. Estudo minucioso dos autos. 9.2. A explicação dos quesitos. 9.3. A explicação das consequências do veredicto. 9.4. A lembrança aos jurados de duas importantes regras da lei. 9.5. Identificar e combater as falácias. 9.6. Promover a réplica, em regra. 9.7. Acusar sem humilhar. 9.8. Traçar com fidelidade o perfil do réu e da vítima. 9.9. Provar "além" da culpa do réu. 10. A questão dos apartes: direito ou não? 10.1. Aparte livre. 10.2. Aparte regulamentado. 10.3. Inovação legislativa. 10.4. O aparte reverso (ou aparte invertido ou "ao contrário").

O contraditório perante o júri deve exceder a cabotagem exegética e evitar o escafandrismo dogmático, procurando, no alto-mar das paixões, das necessidades, dos preconceitos, o farol do bom senso. A indispensável equação legal do libelo e da contrariedade é simples ponto de partida para o foco individualizador, o talhe qualitativo, o friso subjetivo (Roberto Lyra).

1. INTRODUÇÃO: DESMISTIFICANDO O JÚRI

O Professor Heleno Cláudio Fragoso, tratando da "Questão do júri", reconstituiu os primeiros passos de sua origem, sustentando:

"Muitos creem que a instituição de jurados remonta ao processo penal romano, com o sistema das *quaestiones*, não faltando os que procuram reconhecê-la nos *heliastas* gregos... O desenvolvimento histórico do Júri, como hoje o conhecemos, encontra seu termo inicial no procedimento inquisitório que era praticado na França, na época carolíngia... O sistema da *inquisitio* passou à Inglaterra com a invasão normanda, onde evoluiu consideravelmente"[1].

Elóscolo da Nóbrega viu-o remontar "à proto-história política", atribuindo-lhe a inspiração mais originária em diferentes localizações e formas: "*heliada* na Grécia, as *quaestiones* em Roma, os *rachimbourgs* germânicos, a *échévinage* feudal etc."[2].

Independente de sua nascente, o fato é que desembocou como Instituição no Brasil, em primeira espécie normativa, por via do Decreto Imperial de 18-6-1822, alçando *status* de disposição constitucional em 1824 (arts. 151 e 152). Depois, à exceção da Carta de 1937, sempre foi recepcionado pelas sucedentes Cartas Magnas[3] e, ainda hoje, assenta-se como garantia constitucional, como um dos "sintomas" da democracia[4].

Nem sempre, e não por todos, seguramente, foi ou tem sido defendido. É que não se põe à justiça humana como um *ek théon gegonót*[5] dos antigos gregos... cumpre aperfeiçoá-lo, quando detectados vícios intrínsecos ou dos homens que dele se ocupam. Necessário que se diga, con-

....

1 A questão do júri, *RF* 193/20.

2 Sociologia do júri, *RF* 117/14.

3 Constituição de 1891 (art. 72, § 31), Constituição de 1934 (art. 72), Carta de 1946 (art. 141, § 28), Emenda Constitucional n. 1, de 17-10-1969 (art. 153, § 18), e Constituição de 1988 (art. 5º, XXXVIII).

4 *V.*, a propósito, o excelente trabalho de Mauro Viveiros, *Tribunal do Júri na ordem constitucional brasileira*: um órgão da cidadania, São Paulo, Ed. Juarez de Oliveira, 2003. Igualmente, de Alexandre Carrinho Muniz, *Tribunal do Júri* – Pilar da democracia e da cidadania, 2. ed., Rio de Janeiro, Lumen Juris, 2021.

5 Descendente dos deuses.

tudo, que aqueles que combatem o Júri, via de regra, nele não militam. Existem – é verdade – vozes respeitadas que se levantaram no curso da história[6], e ofertaram objeções inteligentes, formando cerrada oposição ao Tribunal Popular, às quais, se não compactuamos, nem por isso deixamos de atribuir registro para facultar análise[7].

Por outro lado, há os que nele atuam e, embora o defendam, antes o combatessem, pelo mal que sempre acarretarão às causas que advogarem.

Note-se, por exemplo, o caso dos que o situam em um *reino encantado*, tributando suas decisões à pura sorte – uma "loteria", como lembrado por Manoel Pedro Pimentel[8] –, dando-se seus veredictos *sem rei nem roque*, para os quais se exercitaria, *in concreto*, a *teoria da roleta*. A sentença, para estes, é produto de *ignavas rationes*; o Tribunal Popular, a Justiça da *cabra-cega*, onde olímpicas adivinhações, como cabalas dos dias aziagos, fazem a vez e as apostas da turbamulta que se espreme à porta do plenário, opondo "sorte", onde deva haver *direito* e *competência*.

Outros, ferrenhos adversários, veem-no apenas com aquela banalidade enfática, sentenciosa, mas absurdamente ridícula, de Prudhomme – o personagem criado pelo caricaturista francês Henri Monnier (1805-1877) –, colocando-o no panorama do direito moderno aproximadamente como uma *caricatura da Justiça*. Um "Conselheiro Acácio" machadiano. A estes, ironicamente, juntam-se alguns *desavisados colaboradores*, ou seja,

....

6 *V.* na bibliografia estrangeira os problemas suscitados por André Toulemon, *La quesiton du jury*, Paris, Sirey, 1930. Consulte-se também Fernand Gineste, *Essai sur l'histoire et l'organization du jury criminel en France et dans les États Modernes*, Castres, Abeilhou, 1896; Graven, *Le jury et les tribunaux d'echévin eu Suisse*, ponencia a la "Schweizerische Juristeuverein", Basilea, Helbing & Lichterhahn, 1938; P. W. Sperlich, Trial by jury: It may have a future, in P. B. Kurland & G. Casper, eds., *Supreme Court Review*, 1978, e Chicago Press, 1979; E. Tivnam, Jury by trial, *New York Times Magazine*,16-11-1975, p. 30; Enrico Altavilla, *Psicologia judiciária*, trad. Fernando de Miranda, 3. ed., Coimbra, Arménio Amado Ed., Sucessor, 1982, p. 602 e s.

7 *V.* Mário Hoeppner Dutra, A evolução do direito penal e o Júri, *RF* 249/48; Nélson Hungria Hoffbauer, *RF* 166/7; Alcides de Mendonça Lima, Júri – instituição nociva e arcaica, *RF* 196/16; J. Elóscolo da Nóbrega, Sociologia do júri, *RF* 117/14; Heleno Fragoso, A questão do júri, *RF* 193/20; Frederico Marques, *O júri no direito brasileiro*, 2. ed., São Paulo, Saraiva, 1955; Hélio Tornaghi, *Instituições de processo penal*, 2. ed., Rio de Janeiro, Freitas Bastos, 1959, dentre outros.

8 Citado como introito na análise do Capítulo 1 – "Da produção do inquérito policial".

aqueles que militam e defendem o Júri, mas que, por defeituosa atuação, emprestam-se como desajeitados manequins a tranquibérnias jurídicas, fazendo uma contrapropaganda, um verdadeiro *marketing* do *non facere*, denegrindo a Instituição. Imaginam-no à feição do homem definido por Antonio Tare (... *animale del riso*). Típico *homo ludens*. Não o tratam, legitimamente, com o austero respeito que a Justiça exige; postam-se, anticientificamente, acreditando que as decisões prolatadas pelo Júri, sob prisma míope, originam-se de chicanas, desbragadas pilhérias ou blagues de botequim[9]. Casa de chalaça e facécias[10], vivenda de embusteiros, é o *habitat* declarado desses "profissionais", que transformam, em reprimível alquimia, o sagrado em profano.

De uma *terza scuola*, sem hipérbole – de péssima exemplaridade –, também registra-se a existência: os que *efetivamente* nele militam, mas o tratam como propriedade privada, dedicando-lhe o descaso e o despreparo dos improvisadores[11], quando não o utilizam, simplesmente, para discursos de cunho eminentemente político. No primeiro caso, analisaremos mais amiúde, adiante. No segundo, a tribuna da sociedade vira a tribuna do político; a tribuna da defesa, quando não à cata de votos para cargos do Executivo ou Legislativo, procura no argumento político, *ad populum*, o amparo de suas teses, transfigurando-se em um *muro de lamentações e pedidos*. Remarcam cansados chavões para gáudio do ouvinte a ser logrado, repicando os aforismos *colhidos* nas ruas: "tortura policial", "a sociedade é culpada pelos crimes", "os poderosos não vão ao cárcere" etc. E argumentam e esbravejam, menos com o ânimo de mudança, fazendo a crítica pela crítica, como se o Júri fosse... *pour*

9 "Ponto importante a ser lembrado. O Júri é um tribunal austero, que decide sobre a sorte de um ser humano, punindo-o, não raramente, a cumprir pesadas penas de décadas de prisão. É preciso que o orador também o encare com gravidade, evitando as tiradas chistosas ou hilariantes, fugindo aos jogos de cena ridículos ou pantomímicos. A não ser em raros momentos ou circunstâncias, o riso não é bem recebido no recinto do Tribunal. Cumpre ao orador respeitar e fazer respeitar essa regra" (Manoel Pedro Pimentel, A oratória perante o júri, *RT* 628/287). *V.*, também, o mesmo autor in *Advocacia criminal*, apud Adriano Marrey, *Júri – Teoria e prática*, 3. ed., São Paulo, Revista dos Tribunais, 1988, p. 168, e Evandro Lins e Silva, *A defesa tem a palavra*, 2. ed., Rio de Janeiro, Ed. Aide, 1984, p. 19.

10 *V.* o cronista judiciário de Paris, Geo London, *L'humour au tribunal*, Paris, 1931.

11 Confira-se a lúcida argumentação de Magarinos Torres, para quem "os maus promotores, como os maus advogados, são os que têm mais queixa do Júri..." (*Processo penal do júri nos Estados Unidos do Brasil*, Rio de Janeiro, 1939, p. 372).

épater le bourgeois, e então, em uma lógica toda própria, postulam sofismaticamente que "se o governo não é bom... e a polícia é pecadora", *logo*... "o réu é inocente".

Deste modo, ou sob o escudo da incompatibilidade filosófica com o Tribunal Popular, ou, fazendo o proselitismo da instituição, conquanto lhe façam tremendas danuras (como aqueles que pertencem às duas últimas categorias citadas), estas três correntes padecem da mesma patologia: a *inércia*, seja voluntariosa ou culposa, impeditiva de pensá-lo e mudá-lo ante o vício detectado, solidificando-o como *ideia*, canal aberto e comunicante, do povo com a Justiça, expressão máxima de uma democracia[12]. Para tal é preciso acreditá-lo e fiduciariamente emprestar-lhe crédito, para sua própria melhoria. Dizia Calamandrei que, "para encontrar a Justiça, é preciso ser-lhe fiel. Como todas as divindades, só se manifesta àqueles que nela creem"[13].

Há que sair-se do conformismo dos resultados injustos, das mesmices mil vezes nefastas que ensancham em *mesmerismos*: "... o Júri é uma caixa de surpresas", "não tive sorte...". Identifiquem-se os erros aprimorem-se as atuações. Os promotores, ao saírem da acanhada produção de provas, ou da formal sustentação do libelo, como *custos legis* ajudam a administrar aquela dose de remédio prescrita por Platão (428-348? a.C.) à sociedade, e jamais proscrita por qualquer sábio... "a pena é a medicina da alma". É *Pharmakon*, ínsito aos nossos regramentos: expressão grega a significar tratamento. O tratamento da lei bem aplicada à sociedade que, sem hipocondria, tem lá os seus males perenes.

1.1. Aprimorando o Júri: servindo à sociedade

A Escola Fisiocrata de François Quesnay (1694-1774) deixava as soluções dos problemas econômicos à natureza, à ordem natural das coisas, porquanto não se poderia contrariá-las com simples leis. Se aplicássemos esta *fisiocracia* ao Tribunal Popular – como muitos *naturalmente* o fazem –, valendo-nos do conhecido mote aforístico da *Escola*,

....

12 *V.* a conhecida imprecação de Rui Barbosa: "Sentido, senhores! Quando o tribunal popular cair, é a parede mestra da Justiça que ruirá. Pela brecha hiante varará o tropel desatinado e os mais altos tribunais vacilarão no trono de sua superioridade" (apud Roberto Lyra, A obra de Rui Barbosa em criminologia e direito criminal, *Revista Brasileira de Criminologia*, edição especial, Rio de Janeiro, 1949, p. 161-6).

13 *Eles, os juízes, vistos por nós, os advogados*, 7. ed., Lisboa, Clássica Ed., p. 22.

poderíamos também recitar "Laissez-faire, laissez-passer – Le monde du Jury va de luimême".

Os portadores de ideias preconcebidas, ou os *estagnados-navegantes--do-pensamento-que-não-sai-do-porto*, por comodismo ou pura descrença em mudanças, sentem-se melhores atirando pedras no Júri ou tratando-o com aquele conformismo de que falávamos há pouco. Deste modo, não haveria *mesmo* a mutação, do ponto crítico, em melhoria. Conta-se, *in exemplum*, que um mestre chinês de filosofia, diante do renitente discípulo que contestava cada lição ministrada, saiu-se com este conselho: "Para saber se é bom o chá que ofereço, precisa tomá-lo; para tomá-lo, é preciso que eu lhe sirva; mas para servir... primeiro necessita esvaziar a xícara".

Avessos à estatística – já definida como a "arte de se enganar com números" – não poderíamos, por devoção a uma criminologia mais clássica, deixar de aludir a alguns dados tendentes à reflexão, ainda porque, mais adiante, aduziremos ao Júri, como eficiente mecanismo de política criminal, advinda da exemplaridade de suas penas[14].

Ano de 1950: apogeu do Júri Nacional.

São Paulo: 516 homicidas encarcerados para uma população de 9 milhões de pessoas; Rio de Janeiro, então Distrito Federal, 148 reclusos por prática de homicídio, para 2,2 milhões de habitantes. O Rio Grande do Sul desponta, à citada época, como o mais violento Estado brasileiro: são 428 os homicidas entregues ao cárcere, para 4 milhões de pessoas[15].

Referida época, com a importância do rádio – que transmitia ao vivo os julgamentos populares, ensejando verdadeiras "torcidas" pela população –, bem como pela ocorrência de inúmeros homicídios que envolviam

14 Valhamo-nos de Tobias Barreto: "Ninguém, mais do que eu, está sempre disposto a reformar, a abandonar mesmo, como imprestáveis, as opiniões mais queridas, quando recai sobre elas qualquer suspeita de erro. Porém quero ver razões que me convençam.

Não sou tão exigente como David Hume, que aconselhava se metesse no fogo todo e qualquer livro que não tratasse de fatos observados ou de números..." (*Reforma do homem pelo homem*, excerto, apud Roberto Lyra, *Introdução ao estudo do direito criminal*, Rio de Janeiro, 1946, p. 113-9).

15 César Salgado, *Anais da VI Reunião Penitenciária Brasileira*, Ed. Secretaria de Segurança Pública de São Paulo, 1961.

protagonistas ilustres azando intensa repercussão[16], fazia a sociedade voltar-se ao plenário, a vê-lo como verdadeira vitrine de uma geração pródiga em desfilar valores: na acusação, calada a tribuna ministerial de Lyra, a voz da sociedade era a de Cordeiro Guerra, Araújo Jorge e Émerson Luiz de Lima, dentre outros; na defesa, brilhavam os talentos de Romeiro Neto, Araújo Lima, Lins e Silva, Jorge Severiano e muitos outros.

Infensos, como dito, a números, álgebras e malabarismos aritméticos – gosto comum aos que enveredaram pelas ciências humano-sociais –, ainda assim, para uma análise da lição de Montesquieu[17] (que centrava na impunidade, no afrouxamento da repressão, a causa de novos delitos), enquanto atuávamos junto a uma das mais violentas cidades brasileiras, não resistimos à colheita de alguns dados para, ulteriormente, estabelecermos um paralelo comparativo. Os números, em seu profundo e *silencioso grito*, evidenciaram que, reflexamente, enquanto a condenação se avizinhava como ameaça ao criminoso *in potentia* – a pena inibindo a *spinta criminosa*, como "contragolpe" ao crime –, potencialmente o delito de homicídio se retraía, na razão inversa do que antes se passava[18]. A sociedade era a mesma; a política assemelhada e a população carente. Contudo, diferentemente do que antes se passava, os homicidas passaram a sofrer exemplares punições. Havia a certeza da reprimenda, levando-nos, mais do que nunca, à crença do efeito reflexo-intimidatório da pena... afinal, com a lei sendo cumprida, a Justiça dava contas de sua

16 Apenas no Rio de Janeiro, por exemplo: o crime que vitimou Lauro Fontoura em 1946; o caso de Yolanda Porto em 1949; o homicídio de Stélio Galvão Bueno em 1950; o de Mascarenhas de Morais em 1951; Tenente Bandeira, em 1952; o atentado a Carlos Lacerda em 1954 com a morte do major Vaz; a morte de Aida Curi em 1958, dentre inúmeros outros.

17 "Qu'on examine la cause de tous les relâchements: on verra qu'elle vient de l'impunité des crimes."

18 Por ideia do competente promotor Arthur Pinto Filho na Comarca de Diadema/SP, anos de 90/91, implementamos como "Plano da Promotoria de Justiça" a repressão, em preferência, aos homicídios, homologando-se referido "plano", posteriormente, na Procuradoria Geral de Justiça. Tomou-se então uma série de medidas para a execução do pretendido: fiscalizou-se efetivamente a atuação da polícia judiciária, cruzaram-se informações das polícias civil e militar, e aprimorando-se, *ab initio*, os inquéritos. Aperfeiçoou-se a instrução criminal, em paralelo. E, com 99% de condenações nos exatos termos do libelo no Tribunal do Júri, assistimos ao espetacular decréscimo dos homicídios naquela Comarca (*v. RT* 683/267).

existência, e a pena do homicídio punha-se como predominantemente exemplificativa, com conteúdo de caráter prevalentemente intimidatório[19] ... E no Júri isto se dá em grande escala, por vez que há sempre uma acorrência de populares às sessões que passam a propalar, *a posteriori*, o bom ou mau trabalho realizado, de forma tal, levando Afrânio Peixoto a afirmar que "cada criminoso desculpado: multidão de culpados em perspectiva"[20].

Giremos, porém, as engrenagens do tempo e do espaço para nossas duas maiores metrópoles deste final de século: São Paulo e Rio de Janeiro; a primeira já ocupando o cume na escala *mundial* da criminalidade... mas que já é vista, *de cima* do Corcovado, pela segunda.

O afrouxamento da legislação penal e o abrandamento do castigo (incrementado ainda pelos inegáveis contributos de uma política malsã) fizeram recrescer a crença na impunidade, constituindo inegáveis e revigoradas vertentes criminógenas. De outra parte o contingente populacional acelerou-se várias vezes (a partir de 1950) e as condenações que

....

19 Nélson Hungria Hoffbauer, com seu célebre magistério, assim acentuou: "Tenho para mim, entretanto, que a hipótese mais acertada é a que afirma existir em todo homem um criminoso *in potentia*. Há em todos nós um *pequeno demônio* mais ou menos necessitado de exorcismo. Se o crime não é a regra geral, vem isso de que o medo dos contragolpes contém os mais providos de resistência da vontade em face das situações concretas ou das ocasiões propícias. Sustenta-se que o crime é sempre a expressão de um *defeito psíquico*. Se por este se entende uma constante ou transitória deficiência volitiva, estou de acordo: o crime, premeditado ou impetuoso, traduz sempre uma frouxidão dos freios inibitórios, uma insuficiência de autogovemo, de modo a ensejar a prevalência da tentação ou do impulso interno sobre os contramotivos. Não se trata, porém, segundo penso, de uma predisposição irremediável, de uma qualidade inextirpável de uma orientação fatalística da personalidade. A vontade pode ser educada, retificada, ajustada ao ritmo social. E há um vasto programa em tal sentido. Os fracos e mesmo os autênticos enfermos da vontade, que vão até o crime, podem ser ressocializados. *Há os processos de intimidação* e os processos de reeducação. *Pode dizer-se que todos os indivíduos são intimidáveis. Uns mais que outros.* A alguns será mesmo necessário fazer-se o que se faz ao gato, para temer a água fria, precisa de ser, antes, *escaldado*. Entra em jogo, aqui, o meio social da pena. *Como ameaça e execução, como exemplo e escarmento*, a pena tem efeitos indiscutivelmente benéficos. Faz-se, porém, necessário que sua aplicação seja inflexível. Pode deixar de ser severa, mas há de ser inexorável. E quando a criminalidade assume proporções alarmantes, como na atualidade, a reação deve assumir, paralelamente, um intensivo rigor" (*Comentários ao Código Penal*, 4. ed., Rio de Janeiro, Forense, 1958, p. 163-4).

20 *Criminologia*, São Paulo, Forense 1936, p. 262.

ocorrem perante o Júri, como demonstradoras de seus bons préstimos, diluem-se ante a visão crítica dos jurisdicionados que, à frente do Estado como um todo, sujeitam-no, quando muito, a um riacho de elogios, dedicando-lhe um Amazonas de pesadas acusações. Os órgãos de imprensa quando dele se ocupam, no mais das vezes, fazem-no noticiando injustas absolvições. Como é sabido, estas verberam deletério efeito junto à sociedade pelo desserviço *prestado*, efeito acerbamente maior, aliás, que aquele advindo das *justas condenações*.

E como fica o promotor de justiça ante o insucesso na sustentação do libelo, com a função constitucionalmente imposta de "guardião da lei e defensor da sociedade"?

... É sobre quem recai o ataque mais direto, donde concluir-se de nada mais adiantar a crítica ao Júri ou colocar-se a culpa na flacidez legislativa; acoimando, da mesma sorte, de despreparado o cidadão-jurado, ou procurando explicação no *tarot* e na tautologia. A humildade em fazer a autocrítica, assumindo um convicto *mea culpa*, identifica erros, impedindo repetições. Injúrias ao pleito perdido feitas no *day after*; acusações do vencido, sustentadas no pós-plenário, causam tanto efeito quanto as bravatas ao adversário, nas vésperas das pugnas dos *boxeurs* (... nenhum!).

Papel na impressora, petição de apelação e razões ao Tribunal. Novo Júri. *Esvaziamos as xícaras* e aperfeiçoamos a acusação: bem conduzido, o Júri é escola de Justiça a lecionar civismo, encarcerando o criminoso e inibindo o crime; mal conduzido, aduba-o, produzindo semente da pior qualidade, por onde brota descrença e insatisfação. *Pharmakon*: na lei, o remédio ou o veneno?!

2. O PROMOTOR DE JUSTIÇA E O PROMOTOR DO JÚRI

Sustentam metaforicamente alguns que "promotor de vara singular é uma coisa, promotor do Júri é outra", diferenciando-se, no perfil, um de outro, órgãos que são do mesmo Ministério Público "uno e indivisível". O da vara singular seria timbrado em uma forma de atuação essencialmente técnico-jurídica, por endereçar suas manifestações a uma magistratura técnica, a do Júri, terminando por ganhar feições próprias, dada a exclusividade das manifestações orais, perante um órgão julgador colegiado, e leigo.

Grandes promotores do Júri deveriam ter escrito suas experiências ou memórias, facilitando pelos exemplos os caminhos dos iniciantes na carreira... No Brasil, entretanto, somente Roberto Lyra e Cordeiro Guerra, em um passado mais recente[21], o fizeram com vigor, e vez por outra algum defensor, *doublet* de acusador, também narrou os prélios, as trincheiras e os embates do Júri. Quanta lição não teria advindo se Ibrahim Nobre deixasse registrada sua fala; mesmo Brasílio Machado, que se revezou na acusação e na defesa... Paulistas brilhantes, muito disseram, mas pouco escreveram do Júri. A defesa, que também reclama a falta do vezo[22], contudo, pôs-se à frente, com um muito maior número de advogados a escreverem suas experiências[23], narrando liças memoráveis, marcando presença e timbrando um estilo; enfim, prestando contas da sua tribuna. É que parece partir-se do princípio de que o promotor de justiça, pelo só fato de ter sido aprovado em um concurso público, sabe fazer uma boa acusação no plenário do Júri[24]. A premissa, permitam-nos sinceramente dizê-lo – na esteira de Cordeiro Guerra –, "por mais lisonjeira que seja",

....

21 Em passado mais remoto, colhe-se raramente uma ou outra acusação impressa, como a de Esmeraldino Bandeira a Mendes Tavares (*O Processo Mendes Tavares (Discurso de acusação)*, Rio de Janeiro, 1912). Agora, o mais que se tem são alguns artigos técnicos publicados em revistas especializadas, dos quais indicamos ao leitor: Carlos Alberto Torres de Mello, *Justitia* 80/299; Ruy Cardoso Mello Tucunduva, *Justitia* 85/165; Édson José Rafael, *Justitia* 108/110; Paulo Édson Marques, *Justitia* 112/86.

22 *V.* Evandro Lins e Silva, na "Apresentação" à *Acusação de homicídio/suicídio*, Ed. Cultura Goiana, de Aloísio Sayol Sá Peixoto, p. 15 e s.

23 Desde Fanklin Dória, na defesa do Desembargador Pontes Visgueiro ainda no século passado (livro editado em 1886 pela Tipografia Leusinger & Filhos), citada depois por Evaristo de Morais, *Um erro judiciário, O caso Pontes Visgueiro*, que nos legou também *Memórias de um rábula criminalista* (dentre outras experiências escritas), Alberto de Carvalho (*Causas célebres brasileiras*, Rio de Janeiro, Ed. J. Ribeiro dos Santos), Alfredo Pujol (*Processos criminais*, 1908) no princípio deste século; até, em passado mais recente, Américo Marco Antonio e Eloy Franco de Oliveira (*Suicídio típico: a causa jurídica da morte de S. S. Pereira Mendes*, São Paulo, 1954 ed. Ileg.), Romeiro Neto (*Defesas penais*, 3. ed., Rio de Janeiro, Ed. Liber Juris), Carlos de Araújo Lima (*Os grandes processos do júri*, 5. ed., Rio de Janeiro, Ed. Liber Juris, 1988, dentre outros, nestes constando acusações e defesas), Dante Delmanto (*Defesas que fiz no júri*, 4. ed., São Paulo, Freitas Bastos, 1986), Aloísio Sayol de Sá Peixoto (*Acusação de homicídio/suicídio*, Ed. Cultura Goiana.), Laércio Pellegrino (*Por que Georges Kour foi absolvido*, Rio de Janeiro, Ed. AIDE) e o próprio Evandro Lins e Silva, com o brilhante trabalho *A defesa tem a palavra* (2. ed., Rio de Janeiro, Ed. Aide, 1984).

24 Com primor, anota Cordeiro Guerra, na primeira página do seu *A arte de acusar*, Rio de Janeiro, Forense Universitária, 1988: "Designado para servir no Tribunal do Júri do então Distrito Federal, nos idos de 1945, procurei informar-me com os doutrinadores e processualistas do modo por que realizar aquilo que se esperava de mim, e neles não encontrei coisa diversa que o frio texto da lei.

não é necessariamente exata. A cada dia menor torna-se a faixa etária dos candidatos aprovados em concurso, e isto, a par de uma notória conquista, devota também certa preocupação... *a natureza não dá saltos*, e a experiência somente se adquire com a reiterada prática. Muitos aprovados jamais atuaram na tribuna como advogados, ou mesmo jamais assistiram a um julgamento, *in totum*, pelo Júri. Nos concursos para a Promotoria, a prática no Júri não é exigida: *ad exemplum*, a "prova da tribuna" a que se submetem os candidatos ao concurso de ingresso ao Ministério Público do Mato Grosso do Sul, Maranhão etc. não existe em São Paulo[25].

O bacharel, recém-saído dos bancos acadêmicos, inquestionavelmente é doutor em matéria de direito, em face da aprovação obtida nos difíceis concursos. Está, pois, tecnicamente, bastante apto para o exercício da função ministerial junto aos juízos singulares. Mas o que, *in thesi*, deveria ser mais fácil – a atuação perante o julgador leigo, no Júri – nem sempre o é. Não se opera uma relação de lógica aritmética, de *majus ad minus*, porque a acusação oral tem peculiaridades que a distanciam da manifestação escrita, tornando-a, por vezes, até mesmo mais difícil. Adicione-se a isto o fato de o julgador, para aplicar a lei, precisar antes compreendê-la; e para compreendê-la... esta precisa chegar-lhe em verbos apropriados. O bacharel passa cinco anos na faculdade, absorvendo um

....

Art. 471 do Código de Processo Penal:

'Terminada a inquirição das testemunhas, o promotor lerá o libelo e os dispositivos da lei penal em que o réu se achar incurso, e produzirá a acusação'.

Produzirá a acusação... Curioso, nenhum processualista, por mais ilustre, se dá ao incômodo de explicar como se realiza uma acusação, nem mesmo o meu saudoso e querido amigo e juiz Eduardo Espínola Filho... Ninguém. Dá-se, de barato, que o Promotor Público, já nasce sabendo fazer a acusação... Por mais lisonjeira que seja a presunção, é, indisfarçavelmente, embaraçosa".

Obs.: O antigo art. 471 corresponde ao atual art. 476 do CPP: "Encerrada a instrução, será concedida a palavra ao Ministério Público, que fará a acusação, nos limites da pronúncia ou das decisões posteriores que julgaram admissível a acusação, sustentando, se for o caso, a existência de circunstância agravante".

25 O Ministério Público de São Paulo optou, também, por uma feliz alternativa. Através de sua "Escola Paulista do Ministério Público", mantém um curso de aprimoramento aos promotores substitutos, no qual se integram na prática do Júri, fazendo-o antes mesmo de dirigirem-se às suas primeiras comarcas. No curso realizado entre novembro e dezembro de 1993, no qual ofertamos palestra e monitoramos o painel sobre o Júri, os novos promotores tiveram inicialmente uma exposição teórica sobre o funcionamento intrínseco da instituição, exercitando-se, posteriormente, via de júris simulados.

jargão peculiar, próprio, um palavrório aparamentado, para dirigir-se a um magistrado que cursou idêntica academia e, por conseguinte, haverá de entendê-lo; o mesmo não se há de dizer quando o promotor dirige-se ao Júri: cada jurado tem uma história de vida, uma formação personalíssima e um *vocabulário* inerente a ela...

2.1. Época de especializações

Sobre o que falaremos agora muito já se disse; mas é preciso repetir a ideia, na policromia das diversas penas, para a valorização do pensamento.

... Sobressai hoje a especialização em todos os quadrantes e segmentos da vida profissional: o médico dos olhos já não é o da garganta. Para as construções, há a concorrência de arquitetos, engenheiros e até paisagistas. O cirurgião, para a cirurgia, se vale de um anestesista. No foro, igualmente, o "doente" da Justiça Criminal procura o criminalista que se distancia no aprimoramento técnico, do civilista, do tributarista, do comercialista. As pós-graduações do curso de direito especializam e timbram os bacharéis que as procuram. E o próprio Ministério Público, nos grandes centros, subdividiu, para fins administrativos e mesmo para melhoria da atuação funcional, as diversas áreas de sua atribuição, especializando-se.

No entanto, na pequena comarca, onde o advogado e o promotor fazem a clínica geral, por vezes, a balança da justiça fica pensa, como quando ocorrem homicídios envolvendo criminosos mais abastados e influentes que vão aos maiores centros contratar um *Merlin-grande-mago*. Ou seja, um do cartel de *notáveis*, uma plêiade competente e famosa, que leciona na escola de advocacia criminal (*para grandes males, grandes remédios*). O causídico contratado, pleno de gala, muitas vezes – *auri sacra fames* – "submetendo o verbo à verba", na expressão de Roberto Lyra, comparece à pequena comarca onde as mesuras já o aguardam. O promotor iniciante, cuja estreia se dá *naquele* Júri, não sabe ainda muito bem sequer todo o ritual do plenário... É evidente que, *em regra*, há um desequilíbrio na balança. O *pendulum* oscila. A justiça ainda possui a *espada*, mas por um *lapsus linguae*, ou com uma certa *inibição* do "soldado da lei", esta pode não cortar, ou não sair mesmo da bainha. Analogamente vale o exemplo para a *especialização* no Júri, como, *mutatis mutandis*, demonstraria ser o mesmo caso, v.g., de um curador de massas falidas ou dos registros públicos, recém-empossado no Ministério Público, sem uma afinidade prática com matérias tão específicas.

Alguns veem o Júri, defendendo-o ardorosamente, como "tribunal do coração"[26]. Para outros, como Hungria, o Tribunal Popular já "devia ter sido recolhido a um museu de curiosidades históricas"[27]. Em uma coisa todos são assentes: diferencia-se, *de forma e de fundo*, dos juízos das varas singulares. Tem um perfil próprio, característico. O julgador não é *um*; suas decisões podem não ser uniformes, por não guardarem a rigidez do *homem de pedra*, na imutabilidade de sua postura; são vários os juízes, mutantes ainda mais, pela variação alvitrada em face dos alistamentos e sorteios. Cambiam decisões, aplicando-se-as ao caso concreto, não as prolatando a varejo, mas interpretando e adaptando a lei ao tempo e ao espaço. Parecem, pois, que não julgam por vezes *dentro* da lei, *ab intrinseco*, mas aquém ou além desta, quando, em verdade, dá-se mesmo uma *interpretatio*, integrando-se a norma prevista *in abstrato* à *fattispecie*. O veredicto do jurado ainda se mantém na pureza do termo: *sententia*, como lembrado por Tornaghi; dizem, de fato, "o que sentem"[28]. Para tanto, não se bastam no direito, não se contentando no conhecimento da *alma única*, estribando-se por isso em outros livros, buscando o veio em outras lições.

2.2. "Preparando o improviso"

Nenhum discurso, no Júri, nasce *in loco*. Há um antelóquio da tribuna, um *ante litem*, embora se empreste os ares de novidade *impromptu*; nascimento de um discurso produto de um *espírito santo*, que fecunda *do nada* a imaginação do orador, daí nascendo a inspiração e o verbo. Àqueles que assim imaginam, bastaria uma pergunta: algum orador, por mais preparado que fosse, seria capaz de elaborar um curto discurso, acerca da informática, antes do advento desta? O melhor orador poderá discursar em língua alienígena sem um profundo conhecimento do idioma?[29]

É preciso, pois, *conhecer* do que se fala; depois, é certo, dar-lhe *forma*. Vale outra vez a citada lição de Mark Twain, para quem os seus "improvisos" eram preparados por semanas, ou a lembrança de Berryer, trazida por Altavilla, para quem "o segredo dos improvisadores é que eles nunca

26 Expressão de Carlos de Araújo Lima, *Os grandes processos do júri*, 5. ed., Rio de Janeiro, Ed. Liber Juris, 1988, v. 1 e 2.

27 Nélson Hungria Hoffbauer, A justiça dos jurados, *RF* 166/7-12.

28 Hélio Tornaghi, *Curso de processo penal*, 6. ed., São Paulo, Saraiva, 1989, v. 2, p. 198.

29 *V.* Reinaldo Polito, *Oratória para advogados*, São Paulo, Saraiva, 2011.

improvisam"[30], afirmativa que demonstra a existência de um *factum praeteritum*, uma faina diária de amealhar o conhecimento, estruturá-lo e, posteriormente, externá-lo, de público.

Arrepia-nos a existência de alguns persistentes descendentes diretos do *Pithecanthropus erectus*, tipo primitivo do bacharel que ainda habita o foro criminal, e que, *rempli de soi-même*, adeptos da práxis desmedida, desfraldam com orgulho a bandeira de "improvisadores", porque possuem "quarenta anos de Júri" e o "dom natural da palavra". Estes sim, fardados de beca, deveriam ser recolhidos ao museu reclamado por Hungria[31], ou expostos à visitação acadêmica em algum antiquário, dando mostras do *non facere*. Aduzem que quinze minutos antes do plenário bastariam para a sustentação ou refutação de um *libellum*.

A estes, a voz de bel-canto – no geral são apaixonados pela própria voz[32] – e não o percuciente estudo dos autos e do direito a emprestar substância ao vozerio, bastaria para convencer os jurados[33]. Se tomam por *ex adversu* um partidário dos que professam a mesma teoria, então, instala-se um duelo verborrágico de oratória seiscentista[34], e podem mesmo vencer no *grito*, como vencem os *campeonatos de truco*.

Esquecem, contudo, copiosas lições:

"O advogado" – observa Calamandrei – "que julgasse intimidar os juízes à força de berros, lembraria a história daquele camponês que, em

....

30 Enrico Altavilla, *Psicologia judiciária*, trad. Fernando de Miranda, 3. ed., Coimbra, Arménio Amado Ed., Sucessor, 1982, v. 2, p. 462.

31 A justiça dos jurados, *RF* 166/7-12.

32 Giuriati (*Arte forense*, Torino, Roux e Favale, 1878, p. 479) observa a "inata complacência dos advogados em ouvir o som da própria voz" (apud Altavilla, *Psicologia judiciária*, trad. Fernando de Miranda, 3. ed., Coimbra, Arménio Amado Ed., Sucessor, 1982, v. 2, p. 479).

33 Roberto Lyra aduz: "Sem conteúdo, sinceridade, mensagem não há orador digno dos maravilhosos instrumentos de propagação do som, da imagem, da cor. Não bastam poses, gestos, adjetivos, imagens que espumejam, na admiração superficial e transitória de um público automatizado. Brilho, correção, eloquência, ênfase, diapasão são apenas meios" (*Como julgar, como defender, como acusar*, Rio de Janeiro, Ed. Científica, 1979, p. 160).

34 Sobre a prolixidade escreveu De Gennaro: "Ampliar qualquer coisa pequena e de peso diminuto, repeti-la várias vezes, vesti-la com diversos vocábulos, expandi-la com mil ninharias nada agradáveis, valorizá-las com fracas autoridades, magnificá-la com hiperbólicos exageros" (apud Altavilla, *Psicologia judiciária*, trad. Fernando de Miranda, 3. ed., Coimbra, Arménio Amado Ed., Sucessor, 1982, v. 2, p. 479).

vez de rezar a Santo Antônio para encontrar um objeto perdido, lhe dirigia um rosário de blasfêmias, gritando depois, para justificar a sua extraordinária atitude, que para fazer mexer os santos, não se devia rezar, mas sim aterrorizá-los"[35].

Mas se o oponente não prova da mesma hóstia e comunga de entendimento mais técnico, abalizado e, como estudioso, elabora um sólido projeto de acusação ou defesa, os primeiros (os *práticos-naturalistas*) passam a entender, a destempo, conhecida advertência de Plutarco (50-125?), para quem um sábio, ao depenar um rouxinol, teria exclamado: "És voz somente, nada mais...".

A tais, sim, a "caixa de surpresas", na qual imaginam caber toda a história e instituição do Júri, converte-se mesmo em Caixa de Pandora, na mais pura expressão mitológica[36].

Tomadas as lições dos tribunos que marcaram nome na história do Júri nacional – apenas para falarmos dos mais recentes – note-se o funcionamento de uma "fábrica de improvisações", onde manufatura-se, nos bastidores do dia a dia, a boa atuação do plenário. Consoante Lins e Silva, "a improvisação não é produto de mágica ou de milagre, nem resulta de geração espontânea. Há improvisadores sem cultura, com talento, versáteis, observadores, que conseguem algum sucesso. São raros e nunca chegam ao primeiro plano da profissão. Aprendem de ouvido, sabem repetir e às vezes são espirituosos, com bom desempenho na tribuna. Não podem voar alto, nas questões técnicas mais complexas, por falta das asas do preparo técnico.

....

35 *Eles, os juízes, vistos por nós, os advogados*, 7. ed., Lisboa, Clássica Ed., p. 39.

36 Recordemos a mitologia ginasiana... que Hefesto, a pedido de Zeus, que desejava castigar os homens por causa dos "crimes" de Prometeu, modelou-a em argila e, em seguida, *animou-a*, e deu-lhe alma, vida. Para torná-la irresistível... Atena ensinou-lhe a tecelagem... Afrodite deu-lhe a beleza... Por fim, Hermes interveio mais uma vez, concedeu-lhe o dom da palavra e chamou-a Pandora, como se fora um presente de todos os deuses. Um presente funesto para punir os homens aos quais Prometeu concedera o fogo, furtado do céu... A raça humana vivia tranquila, ao abrigo do mal, da fadiga e das doenças, mas quando Pandora abriu a jarra de larga tampa (originando daí a expressão Caixa de Pandora), que trouxera do Olimpo, como presente de núpcias a Epimeteu, dela evolaram todas as calamidades que até hoje atormentam os homens. Só a teimosa *esperança* permaneceu presa junto às bordas da jarra, porque Pandora recolocara a tampa rapidamente... (cf. Junito Brandão, *Dicionário mítico-etimológico*, Petrópolis, Vozes, 1992, v. 2, p. 234-5).

... E falamos aqui de voos mais elevados que descortinam a visão mais abrangente, porque a especialização na Justiça não se compraz com o genérico das 'decisões de bateladas', a oferecerem roupas prontas e *prêt-à-porter*, a servirem todos com um mesmo molde, independente do *tamanho* de seu direito, igualando injustamente os desiguais".

E citando Henri Robert – "avocat sans rival", como lhe chamava Campinchi –, arremata: "Na improvisação, a nascente não brota sem que o orador previamente tenha sabido acumular uma riqueza oculta de vocabulário, de imagens, ideias, de conhecimentos apropriados, de que ele, chegado o momento, não terá mais do que lançar mão. Na realidade, a improvisação é o resultado de um longo trabalho de acumulação"[37].

É o que Carvalho Neto chamava de "trabalho de abelha"[38], advertindo com Rui[39] sobre "o ler e o refletir", alertando sobre os "trabalhos de improvisação, às vésperas de cada emergência"[40]. É a reprimenda severa que, constatada a falta, esta identificada, foi coibida por Viveiros de Castro e que se presta a todos os portadores do "improviso do nada":

"Em razões de recursos contra algumas dessas sentenças, duas censuras foram principalmente arguidas:

Este juiz, escreveu um advogado, não perde ocasião de ostentar seus conhecimentos de escritores estrangeiros, esquecendo os bons autores pátrios, e mais ainda a salutar máxima que o juiz não cita escritores, só invoca o texto da lei.

Esta *salutar máxima* – o juiz não cita escritores – foi certamente inventada por um magistrado ignorante para encobrir sua pobreza científica e gostosamente repetida pelos que evitam o trabalho de ler e estudar"[41].

Estes são os piores porque, metediços de cultura, põem-se como o *leitor de capa de livro*, a discutir o *conteúdo da obra*... Antes tivessem a

....

37 *A defesa*, p. 23.

38 *Advogados – Como vivemos, como aprendemos, como sofremos*, 3. ed., São Paulo, Ed. Aquarela, 1989, p. 40 e s.

39 "Vulgar é o ler, raro o refletir. O saber não está na ciência alheia que se absorve, mas, principalmente, nas ideias próprias, que se geram dos conhecimentos absorvidos, mediante a transmutação por que passam no espírito que os assimilas" (Oração aos moços).

40 *Advogados – Como vivemos, como aprendemos, como sofremos*, 3. ed., São Paulo, Ed. Aquarela, 1989, p. 44.

41 Apud Carvalho Neto, *Advogados – Como vivemos, como aprendemos, como sofremos*, 3. ed., São Paulo, Ed. Aquarela, 1989, p. 50.

inocência da cultura virginal. Especuladores do direito são uma *sub specie oeterni* da rabulagem que alça desastrados "voos de curiango" perrengue pelos campos da Justiça. Criticam os estudiosos, embevecidos que ficam com o *sucesso de um dia*. Sobrevalorizam a práxis, sem ciência: são os *empíricos do Júri*. Chegam com seus "saquinhos de verdades contadas"[42], confiantes na voz de barítono impostada, presente (Pandora?) de Zeus, à sua natureza.

Vê-se que, se os jurados erram, estão, portanto, mais que desculpados, até porque, como dito, eles apenas julgam com os elementos que são fornecidos. Existe o bom juiz e também pode haver o formado à *togatulus* ou *leguleius*[43]; existe o bom promotor, mas não é impossível a existência do *pragmatikos*[44]; há o advogado e o *rábula de carteirinha*; na área toda do direito, enfim, pode subsistir o bacharel e o *bacharelepípedo*...

Como o bom e o mau cirurgião: o mau mataria o enfermo, enquanto o bom o salvaria. Um *formularius* não peticionaria corretamente, o mau promotor não exploraria a prova e a doutrina convenientemente, de modo que o juiz pudesse enxergá-las, anuindo com o voto.

Não há por que, nesse raciocínio, culpar-se o jurado. *Homo socialis* que é, não se põe *self-made man* do Poder Judiciário: não pode adivinhar a prova e o direito, *não se faz por si*, mas com as lições e elementos que lhe são levados a conhecer.

3. ESTUDANDO OS AUTOS: ORGANIZANDO A ACUSAÇÃO

O promotor, como "fiscal da lei", precisa conhecer a fundo a prova processual. Nada pior que a demonstração pública do desleixo, quando, por falta de domínio dos autos, evidencia que não havia estudado a contento o próprio processo. Do continente ao conteúdo. Se na "lei" e na doutrina, por ser de seu mister, é "doutor"; se potenciou sua atenção aos demais ramos do conhecimento humano, contributivos da ciência do direito penal (criminologia, vitimologia, psicologia, psiquiatria etc.), obviamente, por outro lado, que a base de toda a argumentação provém da prova processual. Esta há que ser lida não só de frente para trás, mas

42 Expressão cunhada por Tobias Barreto para criticar os *metafísicos do direito*.

43 Denominação dada pelos antigos romanos aos profissionais do direito de categoria inferior.

44 Denominação dada pelos gregos aos profissionais da mesma categoria dos *togatulus* romanos.

do reverso ao anverso, do norte ao sul. Os debates do Júri trilham caminhos sinuosos, pelos quais, se não souber conduzir-se, tropeçará o promotor, derrubando as legislações que semanticamente não são "autoaplicáveis" e todas as bibliotecas de seus cinco anos de estudo.

Roberto Lyra, comentando a estreia de Marcelo Heitor de Souza no Júri carioca, tinha uma fórmula simples e eficiente para o estudo dos autos, que em essência não mudou. E relembra:

"Sua primeira acusação foi para ele preocupação de um mês! Levou os autos para casa vinte dias antes do julgamento. Experimentou muitas maneiras de estudar o processo, porém a melhor é: 1) ler tudo de uma só vez, sem deter a atenção neste ou naquele ponto; 2) depois da impressão global do fato, fazer nova leitura, minuciosamente, anotando o principal; 3) verificar as anotações; 4) organizá-las e conferir a interpretação; 5) preparar a acusação"[45].

O problema reside no "preparar a acusação". O jurado precisa do fato provado para chegar à *certeza*, e através desta tocar a *verdade*[46] para, então, poder endereçar à urna o monossílabo "sim" ou o "não", que decide e questiona o próprio monopólio estatal do *jus puniendi*. "*Veritas*". Como a expressão contida no pórtico da Universidade de Harvard, põe-se como um desafio pelo jurado ao *animus probandi* do orador, não bastando, para a entrega do seu voto, a verdade disjuntiva, possível, ou virtual. Ele a quer provada na essência do seu mais puro conteúdo filosófico.

Para tanto, as perícias técnicas retratadas nos autos, conquanto hajam sido preparadas por *experts*, não se bastam em si mesmas para que o acusador louve-se somente em suas "conclusões" e, como *prato feito*, as ofereça ao Júri. Na impossibilidade da preparação diante do *consumidor*, necessária, muitas vezes, a *mastigação*, para facilitar o trabalho *enzimático--intelectivo da digestão dos densos laudos*. A se pensar diverso, bastaria que o advogado desfolhasse uma doutrina alienígena, emprestasse força ao nome do mais incompetente e despreparado "professor" importado, ou demonstrasse, ele próprio, o "conhecimento de causa", falando com desembaraço sobre a matéria. Instalar-se-ia, facilmente, uma flutuação

....

45 *Como julgar, como defender, como acusar*, Rio de Janeiro, Ed. Científica, 1979, p. 142.

46 Cf. K. J. A. Mittermayer: "Verdade é a concordância entre o fito real e a ideia dele representada em nosso espírito" (*Tratado da prova em matéria criminal*, trad. Antonio Alberto Soares, 3. ed., p. 110).

doutrinária. Criar-se-ia o entrevero e, com ele, a dúvida... no mais das vezes sem a menor razão científica de ser. E entre interpretações contidas no laudo oficial – do qual os jurados desconhecem os subscritores – e as *lições* distribuídas a mãos-cheias, pelo *doutor defensor* em plenário, pode-se dar uma explicável preferência a este último. Vai-se, então, a pique a acusação. Para evitar o dano, é preciso identificar a falácia, e esta somente é identificável e validamente combatida por quem, de fato, conhece a fundo a prova e o *minimum* da doutrina técnica e específica.

Anotava Calamandrei:

"Elegantes questões de direito, inúteis parênteses de bravura e sutileza, que apenas servem para ofuscar a clareza da tese e que são semelhantes àquelas variações acrobáticas com as quais certos virtuosos do violino gostam de embrulhar a meio o fio da sonata"[47].

Eis por que há que se entender os laudos como o próprio elaborador: apreender-se o *visum et repetum* anotado pelos peritos; o *iter* utilizado na consecução das provas, dos exames; seu processo todo, enfim, para chegar-se e, finalmente, explicar-se, *autorictatis causae*, o *interpretatum*. Depois de se transpor tudo para um vernáculo acessível, em vocabulário apropriado, linguagem *universal*, compreensível a qualquer um, independente da profissão, e de onde se extraiam a pretensão, a lição e, sobretudo, a *base*, na qual se lastreia toda a acusação. O problema do promotor com os jurados não é um problema de crítica à Instituição. É um problema de costume; deambula diariamente pelo jargão forense com este *latinório* que ainda faz o vezo (é verdadeira *boca de foro*), e depois não consegue compor a linguagem, para chegar à consciência do julgador leigo, estabelecendo o direito e a prova, da tradução do crime e suas consequências. É um problema, eminentemente, de comunicação, de sintonia.

Do século XVII, a lição de La Roche Flavin:

"Hesíodo diz, em certo passo, que a charrua com que se lavra a terra deve ter cem peças diferentes. Quem quiser ser bom advogado deve apetrechar-se com cem ferramentas. Afora a ciência do Direito, que é o fundamento do seu mister, é preciso que tenha estudado a fundo a gramática, a retórica, a dialética, a ciência dos costumes, a política, a história etc. ..."[48].

47 *Eles, os juízes, vistos por nós, os advogados*, 7. ed., Lisboa, Clássica Ed., p. 136.

48 Apud Maurice Garçon, *O advogado e a moral*, trad. Madeira Pinto, 2. ed., Coimbra, Arménio Amado Ed., 1963, p. 8.

Por quê? Porque no Júri a exposição é didática, e existem vocábulos que, embora tenham sinônimos, são insubstituíveis para a correta compreensão da ideia. Por esta razão, as plúrimas significações de um delito e suas provas, para convencerem o espírito mais rebelde, precisam aportar com *segurança*, através do verbo *mais apropriado*.

4. O "PARADOXO DA DEFESA": A VIGÍLIA DO PROMOTOR

> *"Um processo penal é qualquer coisa menos uma simples busca da verdade. Quando os advogados defensores representam a culpados – como faz a maioria grande parte do tempo – sua responsabilidade é tentar, por todos os meios legítimos e éticos, evitar que a verdade sobre a culpabilidade de seu cliente emerja."* (Alan Dershowitz)

O notável Maurice Garçon, orgulho do *barreau* francês, cuja atuação na tribuna da defesa fez o encanto e o modelo da classe – lecionando deontologia aos advogados –, sustenta em seu *L'avocat et la morale*: "A sinceridade do advogado é um dos problemas que suscita mais controvérsias. Pelo fato de, num processo, se defrontarem dois defensores, cada qual sustentando com igual convicção teses radicalmente apostas, há quem pense que um deles, pelo menos – o que virá a perder a demanda – está de má-fé...".

E a seguir formula uma pergunta: "... Como pode o advogado sustentar a inocência de um réu que sabe ser culpado?"[49]. Depois, para responder a questão, sustenta que o cliente geralmente não afirma sua culpa ao defensor, subtraindo-lhe a verdade, ou "de má-fé, só lhe debita aquela parcela de verdade que julga bastante para... fabricar um cúmplice de boa-fé"[50].

No Brasil, é famosa a carta de Evaristo de Morais a Rui Barbosa[51], onde questionava a indignidade[52] ou não da defesa de Mendes Tavares, ocasião em que Rui, falando sobre a ética do defensor, asseverou:

....

49 *O advogado e a moral*, trad. Madeira Pinto, 2. ed., Coimbra, Arménio Amado Ed., 1963, p. 27.

50 *O advogado e a moral*, trad. Madeira Pinto, 2. ed., Coimbra, Arménio Amado Ed., 1963, p. 30.

51 A carta-consulta e a resposta, com anotações de Evaristo de Morais Filho, estão publicadas em *O dever do advogado*, de Rui Barbosa, Rio de Janeiro, Ed. Aide/ Fundação Casa de Rui Barbosa, 1985.

52 V. Evandro Lins e Silva, Causa boa, causa má, in *A defesa tem a palavra*, 2. ed., Rio de Janeiro, Ed. Aide, 1984, p. 51.

"... Recuar ante a objeção de que o acusado é 'indigno de defesa', era o que não poderia fazer o meu douto colega, sem ignorar as leis do seu ofício, ou traí-las. Tratando-se de um acusado em matéria criminal, não há causa em absoluto *indigna de defesa*"[53].

Hoje, sabidamente, o problema está mais que superado, com a Constituição Federal firmando o princípio da ampla defesa (art. 5º, LV), referendando a essência do art. I, g, Secção II, do Código de Ética da OAB, onde dispõe que o advogado tem o dever de "recusar o patrocínio de causa que considere ilegal, injusta ou imoral... É, todavia, direito e dever do advogado assumir a defesa criminal, sem considerar sua própria opinião sobre a culpa do acusado".

Ainda a previsão encontra-se nos arts. 20 e 21 do Código de Ética e Disciplina da OAB, nos seguintes termos:

"Art. 20. O advogado deve abster-se de patrocinar causa contrária à ética, à moral ou à validade de ato jurídico em que tenha colaborado, orientado ou conhecido em consulta; da mesma forma, deve declinar seu impedimento ético quando tenha sido convidado pela outra parte, se esta lhe houver revelado segredos ou obtido seu parecer.

Art. 21. É direito e dever do advogado assumir a defesa criminal, sem considerar sua própria opinião sobre a culpa do acusado".

E é nesse "direito-dever" que reside a *solução* para os criminosos (fala-se aqui *não* dos acusados, mas dos *culpados*), e por onde principiam os problemas da sociedade... Porque, dada a garantia constitucional a moldar nosso processo penal – "ninguém pode ser julgado sem defesa" –, por conseguinte, haverá sempre um profissional, na bancada defensiva, *interpretando diversamente o direito*, como os *filosóficos-pintores* da Justiça retratados por Calamandrei.

... É que a filosofia de Calamandrei parece que já havia "resolvido" a pendenga da ética advocatícia[54], do "paradoxo do advogado" (como chamou-o Picard) com uma conhecida e perigosa representação:

"Ponham dois pintores diante da mesma paisagem, um ao lado do outro, cada um com o seu cavalete e, passada uma hora, vejam o que

53 *O dever do advogado*, Rio de Janeiro, Ed. Aide/Fundação Casa de Rui Barbosa, p. 48.

54 V., sobre "Ética dos Advogados", Magarinos Torres, *Processo penal do júri nos Estados Unidos do Brasil*, Rio de Janeiro, 1939, p. 372 e s.

cada um desenhou na tela. Há de notar duas paisagens completamente diferentes e tão diferentes que vos há de parecer impossível que o modelo tenha sido um só.

Podeis dizer que um deles traiu a verdade?"[55].

Carvalho Neto, mais sestroso (protótipo do brasileiro), já imagina uma "banca" de pintores: "... Cinco pintores de talento pintarão diversamente a mesma paisagem. A matéria não terá mudado"[56].

Eis por que, aqui, figura uma advertência ao promotor. É que, de fato, legal e eticamente, o defensor do pior celerado sempre encontra *sinceridade* para com o jurado ao invocar sua tese e justificativa moral para consigo mesmo. A sociedade, então, que se acautele via de seu representante, porque não é de hoje que os Picassos estão soltos... *Custus vigilat*?! Enquanto eles pintam, os delinquentes...

E precisamos explicar aos jurados o porquê dessas *diferentes interpretações*: é que a defensoria *pinta* o quadro à sua ótica, parcial, sob compromisso, subempreita; com a encomenda ao gosto do cliente. Não trai, por isso mesmo, *sua percepção*, nem seu *animus*, visto que, em ambos, reside sua *voluntas*: quer o advogado ver *aquele quadro* e, por isso, mostra-o assim.

"Podeis dizer que um deles traiu a verdade?" Sim, indubitavelmente... O advogado poderia até ter a *certeza* a seu lado, mas não a *verdade*. A *verdade* como *factum*, como realmente ocorreu, foi traída: não há *dolo*, evidentemente; há, sim, *erro*. Erro de percepção. Pensava que era uma coisa e era outra. A verdade, como *factum praeteritum*, podemos representá-la como ao Ministério Público: *una e indivisível*. É que o defensor pinta um quadro de uma paisagem que não houve, elaborando-o nas raízes de sua vontade e emoldurando-o nas asas de sua imaginação, com as graças de sua eloquência. É o *verbus pingere* de Cícero, o *pintar* com palavras; e não o desenhar de fatos, o retratar de situações... *Res, non verba*!... Lembram a opinião de Melanto, na tragédia de Dionísio: "Não a pude ver, pois estava coberta pelo véu das palavras"[57].

....

[55] *Eles, os juízes, vistos por nós, os advogados*, 7. ed., Lisboa, Clássica Ed., p. 99.

[56] *Advogados – Como vivemos, como aprendemos, como sofremos*, 3. ed., São Paulo, Ed. Aquarela, 1989, p. 68, valendo-se de uma citação de Albalat.

[57] Apud Enrico Altavilla, *Psicologia judiciária*, trad. Fernando de Miranda, 3. ed., Coimbra, Arménio Amado Ed., Sucessor, 1982, v. 2, p. 476.

"Os pintores e os poetas sempre gozaram da mesma forma do poder de ousarem o que quisessem", dissera-o Horácio (65-8 a.C.)[58]. Portanto, faz trabalho de *pintor* de pessoas, fazendo-as mais bonitas do que na realidade o são; não é um trabalho de fotógrafo. Pintou? Sim, mas errado... pintura distorcida da *realidade*, enviesada do acontecido ou surrealista para apreciação. Faculdade de Belas Artes?!

Cabe a elucidação que *ex factu oritur jus* e não *ex jure oritur factum*... É que o pintor contratado já tem o quadro encomendado, com as tintas, o *tema* e a *versão*, fornecidos pelo *cliente*, e, por esta razão, jamais pintaria o *realismo* de uma *natureza morta*... esta, a desnudo, o impediria de surrupiar o *marchand* (ou marchante?) da Justiça... *Themis* descreve os fatos à caneta, não pinta *quadros* com *pincel*.

"Despreza a pintura. Que é um quadro?", propunha Saadi... "A representação exata da natureza, ou uma interpretação dela. Sendo a reprodução exata, é obra vã: a natureza vale muito mais. Sendo interpretação, admitem-se todas as fantasias, e os absurdos também"[59].

Roberto Lyra lembrava o fato de um assassino que, absolvido, foi agradecer ao defensor: "Antes de ouvir o seu discurso" – disse ele – "estava certo que eu mesmo é que cometera o crime"[60]. Citando, a seguir, o caso de uma mulher que deixou vultoso legado em testamento para seu advogado, "que a fizera passar por inocente"[61].

5. A TRIBUNA DA SOCIEDADE

"A vítima se destaca da massa por sua desgraça."
(Eliacheff e Larivière apud F. Rangel de Albernaz)

Ao lado das vítimas, memorou o grande Enrico Ferri: "É, na verdade, inegável, entre os povos latinos, a existência de uma certa impressão de menor simpatia pela parte acusadora nos processos penais, que não

58 "... Pictoribus atque poetis / Quidlibet audendi semper fuit aequa potestas" (Arte poética).

59 Saadi (1184?-1290?), *O jardim das rosas*, trad. Aurélio Buarque de Holanda Ferreira.

60 *Teoria e prática da promotoria pública*, 2. ed., Porto Alegre, Sérgio Antonio Fabris Ed., 1989, p. 191-2.

61 *Teoria e prática da promotoria pública*, 2. ed., Porto Alegre, Sérgio Antonio Fabris Ed., 1989, p. 192.

existe, por exemplo, nos povos anglo-saxões, mais propensos a apoiar a vítima do que o autor dum crime ou dum dano"[62].

Hoje, felizmente, vale o testemunho de que a afirmativa perdeu atualidade. Isso se deu com a ampliação das atribuições de *custos legis*, onde o Ministério Público passou a velar mais acentuadamente pelos amplos direitos da sociedade, e não somente como parte acusadora dos processos penais. Retirou-se aquele *metus publicae potestatis* que timbrava e impunha o promotor antigo, à moda de Fouquier-Tinville[63], que, à queda da Bastilha, atuando como Presidente do Júri de Acusação no Tribunal Revolucionário, levava ao cesto, *basqueteando* com seu verbo, a cabeça e a vida dos vencidos.

Mas este, malgrado o perfil terrível desenhado pela história – nem sempre verdadeira, porque escrita pelos vencedores –, tinha a justificar o cumprimento de ordens, porquanto agia por imperiosa determinação superior. No patíbulo, pronto, ele próprio, a perder também a própria vida, redarguira: "Se uma dessas cabeças não caísse, a minha é que rolaria sobre o cadafalso, mas eu tenho todas as ordens assinadas pelo Comitê, bem em regra nos meus papéis"[64].

Persistia então, da França ao Brasil, cruzando tempo e espaço, até o primeiro quartel deste século, ainda um ranço dessa "antipatia" ao Ministério Público do processo penal, pois que, com a atuação untada com o selo oficial, manietava-se à ordem legal, a qual impunha, invariavelmente, o pedido de condenação... ainda quando a *Justiça* acenasse para o outro lado.

In exemplum, Borges da Rosa, cuja doutrina já foi abraçada com fervor, perquiria e propugnava:

"Pode o promotor pedir a absolvição do réu? Não, em hipótese alguma"[65].

62 *Discursos de acusação – ao lado das vítimas*, trad. Fernando de Miranda, 5. ed., Coimbra, Arménio Amado Ed., Sucessor, p. 12.

63 V. Edgar Moura Bittencourt, *Crime*, São Paulo, LEUD, s.d., p. 99 e s., quando denomina-o "O procurador da guilhotina", tecendo-lhe acerbas críticas. Em sentido contrário, tendente à reflexão sobre o personagem histórico, v. Roberto Lyra, *Teoria e prática da promotoria pública*, 2. ed., Porto Alegre, Sérgio Antonio Fabris Ed., 1989, p. 183.

64 Apud Roberto Lyra, *Teoria e prática da promotoria pública*, 2. ed., Porto Alegre, Sérgio Antonio Fabris Ed., 1989, p. 184.

65 Apud Roberto Lyra, *Teoria e prática da promotoria pública*, 2. ed., Porto Alegre, Sérgio Antonio Fabris Ed., 1989, p. 96.

Parece ter sido Roberto Lyra, senão o primeiro, ao menos quem, com mais vigor, sustentou a bandeira adversária à barbaridade embutida na tese analisada, onde se algemava, por argumentos de *cabo de esquadra*, muitas vezes, o *fiscal da lei* à inverdade fática. Buscava muitas vezes o promotor, ainda que o sabendo – mas *propter officium* –, o próprio erro judiciário. Este, sim, não era "promotor"; era um acusador assalariado, antipatizada parte do processo penal. O sopro da verdade e o anseio da sociedade destinaram ao promotor seu verdadeiro papel, daí o surgimento do "promotor de justiça", que felizmente, no acender da história e na evolução da *espécie*, cuidou de apagar o arquétipo de antanho.

"Quando um Promotor de Justiça está acusando, sabe quem ele está defendendo?

É você, homem e mulher de *bem*!"

Propunha antigo cartaz do Ministério Público do Paraná, que, afixado pelos fóruns daquele Estado, teve a força de despertar, pela mensagem, muitos à vocação ministerial. Este o dístico verdadeiro, a conclamar a sociedade para que preste seu tributo de confiança, e no qual se assenta o libelo da Justiça Pública. Com esta divisa, pela força determinante que a expressão nos conclama, sempre iniciamos as acusações nos Júris, e testemunhamos que, hoje, a sociedade entende o real alcance da função de seu defensor: o promotor!

Convém, porém, um alerta. Esse defensor da sociedade – na França, chamado *Avocat Général*, o advogado-geral da comunidade perante o júri –, cuja tribuna ecoa o clamor da vítima e ressoa os anseios coletivos, tem sido, não raro, sitiado por doutrinas que, sob o disfarce de civilidade, operam a erosão do dever de punir. Refiro-me ao chamado direito penal mínimo e ao garantismo de feição militante, que converteram o réu em ícone e a vítima em rodapé. A impunidade, assim, não é mais acidente do sistema: é seu projeto. Travestida de técnica, essa retórica omite o sangue, banaliza a dor e afasta o olhar do concreto. Há quem pretenda vestir de "ciência" a deserção ética de punir o injusto, esquecendo que a justiça não consiste apenas em evitar a condenação do inocente, mas também em não absolver o culpado. Um processo penal que silencia sobre a vítima, relativiza o bem jurídico da vida e canoniza a dúvida como método não é um avanço humanitário: é um retrocesso civilizacional. Contra esse niilismo penal disfarçado de doutrina, impõe-se ao Ministério Público reafirmar que garantias verdadeiras não se confundem com imunidades morais para transgressores, mas são escudos éticos da convivência. A tribuna, por isso, não é apenas púlpito: é trincheira. E, se necessário, última muralha contra a dissolução do sentido de Justiça.

A essa concepção se soma a necessidade imperiosa de uma redefinição substancial na relação entre o Ministério Público e a vítima. A velha concepção minimalista do *parquet* que, conquanto *dominus litis*, fora desenhado precipuamente para ser fiscal da lei, atendendo ao genérico interesse da coletividade, parecia pretender que este não enxergasse e atendesse diretamente o sofrimento visceral imposto pela infração penal à vítima, como a buscar reduzi-lo a insensível parte processual, sem uma representação direta dos deserdados da sorte. Mas, como magistralmente pontua Frederico Rangel de Albernaz[66], a vítima não é mera destinatária de uma reparação abstrata, mas antes protagonista, que carrega consigo a marca indelével da violência sofrida. A justiça penal contemporânea, nesse sentido, não pode se limitar a sancionar o infrator: ela reconhece, na vítima, um sujeito de direitos cuja dor particularizada não pode ser dissolvida na abstração coletiva. Sob essa perspectiva mais elevada e humanista, a atuação do promotor de justiça não é apenas defesa da sociedade, mas também a voz de quem já não pode mais falar, ecoando no tribunal o clamor silencioso da vítima contra o esquecimento e a impunidade. A tribuna da acusação, portanto, é muito mais do que um púlpito formalista: é a caixa de ressonância ética da dor e da memória, trincheira viva e altiva diante da dissolução moral e do niilismo contemporâneo.

5.1. A tribuna da sociedade contra a *Retrotopia Penal*

Em 2018, durante uma aula especial ministrada no módulo avançado da Escola de Altos Estudos em Ciências Criminais, elaboramos pela primeira vez, com base nas ideias de Zygmunt Bauman em *Retrotopia*[67], o conceito de **Retrotopia Penal**, descrevendo, a partir do nome, o fenômeno e estabelecendo as bases doutrinárias desse erro. Formalizamos agora seu primeiro registro doutrinário, como expressão autoral forjada na vivência forense e na análise crítica das tendências contemporâneas

66 Frederico Rangel de Albernaz. *Les relations entre le ministère public et les victimes: étude de droit comparé français et brésilien*, Aix-Marseille université, 2024.

67 Zygmunt Bauman. *Retrotopia*. 1. ed., Rio de Janeiro, Zahar, 2017.

do pensamento jurídico-penal. Os desdobramentos teóricos e práticos desse fenômeno encontram-se atualmente plenamente desenvolvidos em obra no prelo, dedicada exclusivamente ao tema.

A *retrotopia penal* refere-se à tendência, cada vez mais disseminada, de idealizar modelos jurídicos e doutrinários do passado como se ainda fossem suficientes – ou desejáveis – para o enfrentamento da criminalidade contemporânea. Trata-se de uma nostalgia jurídica, travestida de civilidade, que projeta sobre o presente fórmulas de um tempo que já não responde à realidade. Cultua-se uma espécie de *garantismo desbordado*, a crença lírica na ressocialização automática, o apego ritualístico à dogmática, como se ainda estivéssemos diante de delitos passionais isolados, e não de redes criminosas organizadas, estruturas mafiosas, domínio armado de territórios e execuções planejadas com inteligência criminosa.

Como advertia Bauman, quando o futuro se torna nebuloso, cresce o impulso de refugiar-se em uma imagem idealizada do passado. No universo penal, esse impulso manifesta-se na recusa a reformas eficazes, na resistência a reconhecer a *centralidade da vítima* e na redução da justiça penal a um cerimonial garantista, muitas vezes dissociado da dor real e do bem jurídico violado. Reduzem-se as instituições à abstração; a justiça à liturgia; a pena à utopia.

Contra essa tendência, é imperativo que o Ministério Público, a assistência da acusação e, sobretudo, a consciência cívica da sociedade reafirmem sua fidelidade à vida concreta e à memória da vítima. A função da acusação – em todas as suas vozes – não fala apenas em nome do Estado, mas em nome de quem já não pode mais falar. Representa, no centro do plenário, uma vida extinta cuja presença – paradoxalmente – exige ser ouvida.

Porque, se a morte cala a vítima, não pode calar a justiça; e onde o silêncio se prolonga, ali é o dever que deve erguer a voz.

6. A RAZÃO, A EMOÇÃO E O EXCESSIVO FORMALISMO

A Justiça sopesa com dificuldades em sua simbólica balança, vida e liberdade, razão e emoção, e não sabe onde encontrar a morada de sua inspiração para aninhar os fatores decisórios à manifestação do *veredictum*. Se a *ratio est anima legis*, a verdade é que o Colegiado Popular jamais conseguiu desconectar o coração do cérebro. Vasos comunicantes que são – para aproveitarmos as imagens de Calamandrei –, as vias intelectivas sempre fizeram fluxo e refluxo, com o caudal humanístico bombeado pelas vias cordianas. Para a decisão, qualquer jurado é, antes de tudo, um *ser humano*, e não vive o *comportamento da informática*, programado para adotar uma postura *nórdica*, enregelada e hirta. É o verdadeiro paradoxo: o flamante das emoções, com o sereno da razão, em convivência (... nem sempre harmônica). Esse é o plantar, o irrigar e o produzir do Júri, que, como sementeira de boa cepa, sempre foi o seu maior elogio e a sua mais ácida crítica.

Escreve Patrizi:

"No terreno das massas não se planta frutuosamente se não se empregarem plantas frescas e cheias de vida, tendo o cuidado de enterrar as pequenas radículas, escavando e removendo os estratos das almas. Em caso algum, a multidão se deixou persuadir pelo gélido raciocínio; antes, na maioria dos casos, sempre se deixou empolgar por uma quente expressão passional. E mesmo quando o auditório, em vez de uma multidão, seja um grupo de intelectuais, ensinam-nos os psicólogos das coletividades que os elementos adicionáveis são os afetos, não os juízos. Por isso, o orador só pode visar aqueles para conquistar simpatia, o consentimento, para fundir o auditório multânime, fazendo dele um só espírito"[68].

D epois, como somente postular-se o voto com *um só verbo*, direcionado *somente* ao cérebro, ou sem pluritonar o discurso, deixando de falar também à alma, como *adjetivo* inerente à personalidade humana? Há juízes em que se dá a predominância da razão – são mais racionais, mais controlados, menos emotivos –, enquanto há outros, extremamente contrários, que decidem diversamente da lei, desta divergindo sob exculpantes variáveis, v.g., "por questões de política criminal"...

Crítica? Não. Essa é a distinção meritória do Júri, sua suprema inteligência, visto que os juízes togados, também diferentes entre si como todos os humanos, sem a virtude do medear da balança, o *in medio status virtus*, arriscam-se, a um ou a outro extremo. No Júri, há

....

68 Patrizi, *L'Oratore. Saggio sperimentale*, Treves, 1912, p. 231, citado também em Altavilla, *Psicologia judiciária*, trad. Fernando de Miranda, 3. ed., Coimbra, Arménio Amado Ed., Sucessor, 1982, v. 2, p. 448, onde o autor analisa a "necessidade de o advogado sentir as emoções que exprime".

um natural equilíbrio a nortear as decisões, porque prolatadas por um colegiado, com plúrimo perfil, distante da radicalidade. Decide-se com uma média.

O homem, "animal pensante" que é, deve mesmo, a bem da verdade, destinar a sobreposição do cérebro ao coração, como faziam os antigos franceses, ao enterrarem, de pé, os seus mortos (... advertência aos vivos de que, na vida, o cérebro merece preponderância sobre o coração, este sobre o estômago, que, por sua vez, deve preferir ao sexo). Inegável, contudo, que para as razões do cérebro outras funções vitais e *razões* da própria natureza aliam-se para a fermentação do conceito, para o aportamento à verdade e, ao final, para a elaboração da sentença.

Pondera Martins de Almeida:

"'Facilmente acreditamos naquilo que queremos' – diz um provérbio antigo. Há quem acredite mais com o coração do que com a inteligência, como aquela impetuosa Zazá das *Memórias*, de Simone de Beauvoir, talvez inspirada pelos pensamentos do seu compatriota Pascal, talvez porque as mulheres trazem o sentimento mais à flor da pele"[69].

... E crisma com o festejado pensamento de Pascal[70]: "Le coeur a ses raisons que la raison ne comprend pas" (O coração tem razões que a razão não compreende).

Integração salutar do *macro*, nesse *pequeno cosmos* que se encontra, até por contingências atávicas, o *homo sapiens*. Ao entendimento do Júri perpassa não somente a análise da prova processual e a conjugação com a lei: existe um pano de fundo como nos *teatros das grandes tragédias* no qual se argumenta com o leite, o pão e a felicidade que eventualmente faltará ao lar do criminoso, contrastando com a manta mortuária ou com o inconformado luto – também a falta material – que veste (e se priva) a vítima e sua família. Aí está o coração. Quantas vezes, nesse tecido volátil no qual se projeta a *Divina Comédia Humana*, não se transforma, ele próprio, no procênio por onde desfilarão as razões decisórias?!

Não há como negar ou desconhecer a força pesada, densa e conclamante, lamuriante e triste, do "ato final", como o mesmo Pascal nos apontava: "O ato final é sempre sanguinolento, por mais formoso que

69 Dario Martins de Almeida, *O livro do jurado*, Coimbra, Livr. Almedina, 1977, p. 101.

70 *O livro do jurado*, Coimbra, Livr. Almedina, 1977, p. 101.

tenha sido o andamento da comédia. Cobre-se a cabeça de terra, e aí está tudo para todo o sempre"[71]. Daí até compreender-se a pergunta de Enéias[72]:

"Quis talia fando, temperat a lacrimis?" (Quem reteria as lágrimas ao contar tais coisas?).

Propõe-se ao promotor do Júri a sensibilidade que só a honestidade moral propicia, sem pieguismo, como receituário idêntico ao que Hungria aviara para a ciência penal:

"O crime não é somente uma abstrata noção jurídica, mas um fato do mundo sensível... um trecho flagrante da humanidade. A ciência que estuda, interpreta e sistematiza o direito penal não pode fazer-se cega à realidade... Ao invés de librar-se nos pináculos da dogmática, tem de vir para o chão do átrio onde ecoa o rumor das ruas, o vozeio da multidão, o estrépito da vida, o fragor do mundo, o bramido da tragédia humana. Não pode alçar-se às nuvens, rumo da estratosfera, pois tem de estar presente ao entrevero dos homens, ao dantesco tumulto humano de

Diverse lingue, orribili favelle,
Parole di dolore, accenti d'ira,
Voci alte e fioche, e suon di man con
elle..."[73].

Vida e morte, prisão e liberdade, a dicotomia da razão e do espírito, o binômio da criminologia e da vitimologia, *pareja penal*, delinquente e vítima, justiça e injustiça... *Tam multae scelereum facies* (Tão múltiplas são as faces do crime), como filosofara Virgílio (70-19 a.C.)[74].

Na escola do Júri não se leciona somente com a *razão* e *filosofia* de Kant[75], senão com a ressalva que ele próprio fizera no prefácio de sua

....

71 Apud Chateaubriand, *O gênio do cristianismo*, trad. Camilo Castelo Branco, in *Clássicos Jackson*, Rio de Janeiro, W. M. Jackson. v. 17, 1970, p. 42.

72 ... Ao contar à rainha Dido os infortúnios de Troia (Virgílio, *Eneida*, Livro II, 6).

73 Nélson Hungria Hoffbauer, *Comentários ao Código Penal*, 4. ed., Rio de Janeiro, Forense, 1958, v. 1, p. 97-8.

74 *Geórgicas*, I.

75 Vê-se que mesmo a filosofia de Kant (1722-1804) consiste em demonstrar que nenhuma metafísica pode ser fundada na razão, mas que uma certa metafísica pode ser fundada na moral e esta última se parece muito com os ensinamentos da religião. Logo, Kant advertia com a moral de sua filosofia, terminando seu livro com estas palavras: "Duas coisas enchem o coração de uma admiração, de uma veneração sempre nova: acima de mim, o céu estrelado, em mim a lei moral".

Crítica da razão prática: "Não destruí a ciência senão para construir a fé". Também não se dá, somente com a pregação do *Evangelho segundo Mateus*. Às vezes, é preciso reler o *Evangelho segundo Zaratustra*, proposto por Nietzsche[76]. Promotor do Júri que reza na bíblia da *Teoria pura do direito* de Kelsen[77], pode confundir e embasbacar, elevar a discussão às nuvens, enquanto tira os pés do chão, mas não acusará com eficiência. A acusação é mais complexa, para distinguir a *verdade da falsidade* – e fazer imperar a primeira –, como em *Os problemas da filosofia* lobrigados por Russel[78]. Sendo os jurados um perfil médio da própria sociedade, esta é *cristã*. Mas, sendo *cristã*, não é meramente *contemplativa*.

Por isso, analítica e perscrutativa-sensitiva sobretudo, como na combinação lembrada pelo Padre Vieira: ".. os olhos têm duas funções: ver e chorar...". E Themis, embora simbolicamente vendada, de olho a olho, *enxerga* com percepção, mas também *sente* e intui. O Júri somente vê o que lhes mostram os tribunos. Se não pode a visão primordial dos olhos – sentido visual – ser turbada pelo etéreo das visões alvitradas pelas emoções paroxísticas, estas não podem ser desconhecidas, para não deixar a razão sem consistência. A emoção pode ser tempero, ao qual, aliás, não se cobra a abstinência ministerial. Por isso, para viver a tribuna, é mesmo necessário crença – como aludíamos à fidelidade proposta à justiça por Calamandrei[79] –, e sentir os grandes dramas dos protagonistas do processo penal. Se o preparo antecede o *improviso*, verdade é que a oratória é o *momento*, a expressão fugaz de uma alma pelo transe da verdade, mas em cuja fugacidade de poucas horas de debate segue o efeito do eterno das decisões. Todo veredicto tem um caráter *peremptório*: com ou sem reforma da sentença, com ou sem um novo Júri.

[76] Nietzsche (1844-1900), in *Assim falou Zaratustra*: "Não vos aconselho o trabalho, mas a luta; não vos aconselho a paz, mas a vitória. Uma boa causa – dizeis – santifica a própria guerra; mas eu vos digo que é a boa guerra que santifica qualquer causa. Não há pior vício que a piedade e a fraqueza. Eis a nova lei que promulgo para vós, meus irmãos: sede duros".

[77] Hans Kelsen, *Teoria pura do direito*, trad. Baptista Machado, Coimbra, Arménio Amado Ed. (Coleção Stvdium).

[78] Bertrand Russel, *Os problemas da filosofia*, trad. Antonio Sérgio, Coimbra, Arménio Amado Ed., p. 185 e s. (Coleção Stvdium).

[79] "Para encontrar a justiça, é preciso ser-lhe fiel. Como todas as divindades, só se manifesta àqueles que nela creem" (*Eles, os juízes, vistos por nós, os advogados*, 7. ed., Lisboa, Clássica Ed., p. 22).

Fica-se o exemplo e o efeito da *decisio* de um dia; o exemplo é marca – e de fundo –, de alma e coração de toda a sociedade, tatuando aquele *inconsciente coletivo* de que tanto se fala hodiernamente. A verdade enseja a eloquência, e não o contrário[80]. Não se finge no Júri sem o pagamento de um alto preço. A indústria que faz o livro não faz a alma do tribuno. E a alma do orador do Júri só encontra esplendor nos luzidios caminhos da crença, conquanto em sereno recôndito, produzindo com a inspiração o seu próprio arrebatamento.

Analisou-se o *motivo* do delito[81]. Afirmou que o jurado quer saber o *porquê do crime* (e é preciso que se lhe diga). Mas advertia Shakespeare que "todo porquê tem um portanto"[82]. E esse "portanto" precisa também ser lembrado ao Júri: as consequências do delito, da decisão, da pena, da justiça. Verte daí a *razão*, e a natural *emoção* que esses temas nos sujeitam.

Giuriati pretendia:

"Um Ministério Público impassível, frio, sereno, incute pavor. A calma é o símbolo do poder. O pintor David, encarregado de pintar Napoleão, o Grande, manifestou-lhe a dificuldade de exprimir a imagem do seu gênio e do seu poder, que então estavam no apogeu. 'Pinte-me', respondeu o Imperador, 'tranquilo sobre um cavalo enfurecido'"[83].

... Somente um anormal, a postar-se *nesta napoleônica postura*: "tranquilo sobre um cavalo enfurecido". Tal pintura é como aquela tratada pelos "pintores" de Calamandrei[84], de que falávamos alhures; é pintura de encomenda. Napoleão calmo? Somente em quadros, e em momentos amenos... como aquele de sua coroação exposto no Louvre. Calmo, sobre o cavalo enfurecido? É tombo certo, para agrura do ginete. Promotor do Júri, amante confesso das propriedades calmantes do suco das passifloráceas (o salutar maracujá), que sem energia formula a acusação, com certeza deve ter um estoque do seu refresco para acalmar-se após a vota-

....

80 Com toda razão a lição de Cordeiro Guerra, ao citar Berrier, advogado francês do século XIX: "A eloquência é um dom de Deus". E continua: "Desabrocha como uma flor, a seu tempo. O clima é a sinceridade. O resto é o 'transe', é o momento. Ninguém é eloquente quando quer, só quando Deus quer, se o quer" (*A arte de acusar*, Rio de Janeiro, Forense Universitária, 1988, p. 17).

81 V. Capítulo 2 sobre "O motivo do crime na denúncia".

82 *A Comédia dos Erros*, Ato II, palavras de Drômio.

83 Apud Altavilla, *Psicologia judiciária*, trad. Fernando de Miranda, 3. ed., Coimbra, Arménio Amado Ed., Sucessor, 1982, v. 2, p. 502.

84 V., neste Capítulo, item 4 – "O paradoxo da defesa".

ção dos quesitos... ou seria tão insensível ante uma absolvição escandalosamente injusta?!

Depois, aquela visão de Giuriati posta-se esquálida por pretender "incutir pavor". Como afirmáramos, poderia ser o modelo do acusador de antanho, amálgama moral, misto de fiscal e verdugo, de sovéu e rebenque, vergastando com seus libelos, inocentes cidadãos... No Júri, a oratória tem vida, sagração e corte, para postular e convencer, provocar para decidir; e não para amedrontar e embair.

7. O "SOLDADO DA LEI" NA ACUSAÇÃO

Aproveitemos então o tom meio *bélico* que se emprestava ao problema, para lembrarmos uma expressão cunhada por Cordeiro Guerra em uma de suas acusações, e que muitas vezes faz-se mal interpretada pelos iniciantes, por não entenderem o contexto em que foi proferida. O promotor, para ele, deveria ter a "serenidade que se espera dos *soldados da lei*"[85]. Ali, afirmara que o Ministério Público não se deixara envolver pela paixão pública que acarretara uma causa clamorosa; por tal, mantinha-se *sereno*, como deveriam ser os "soldados da lei".

Sim. Como grande *soldado*, a acusação *in casu* foi uma aula da *strategia* que professam os grandes tribunas nos combates de plenário. Analisou com serenidade a prova e, exposta, atacou com firmeza o flanco adversário, quando se fez necessário. Daí, quem sabe, encontrarmos uma justificativa para a plácida visão ministerial afirmada por Giuriati. "Soldado da lei" em vigília e em combate, não às avessas, *dolce far niente*, sombra e água fresca, dormindo sobre o fuzil; ou, em visão mais apropriada, tomando estocadas... com a *espada* na bainha.

A lição do grande Cordeiro Guerra, condensada, mas completa, foi aquela ministrada aos promotores do Júri, em sua *Arte de acusar*:

"Exórdio – simples, que desperta a atenção.

– Exposição: clara – sincera.

– Argumentação: cerrada – psicológica.

– Peroração: vibrante, enérgica ou incisiva"[86].

....

85 Apud Carlos Araújo Lima, *Os grandes processos do júri*, 5. ed., Rio de Janeiro, Ed. Liber Juris, 1988, v. 1, p. 55 ("Acusação de J. B. Cordeiro Guerra contra Afonso de Ligório F. Barbosa").

86 *A arte de acusar*, Rio de Janeiro, Forense Universitária, 1988, p. 17.

Este é o promotor, a responder com *energia* ao remoque, que era, a um só tempo, a advertência e a crítica assinaladas por Altavilla:

"Ministério Público... Por que é a sua figura incolor e por que é a sua palavra tão raramente eloquente?"[87].

Replicando essa imprecação, o exemplo prático, vivido na insuperável lição de Roberto Lyra:

"Não sou máquina de acusar. Sob esta beca palpita um coração. A defesa considera-me apaixonado. Obrigado. Minha paixão vem da consciência. Não é criada pela arte, mas pelo fato. Relatando um fato apaixonante, só o amoral seria frio. Como o juiz, o promotor forma, serenamente, a convicção jurídico-social, de acordo com a lei e a prova. Uma vez convencido, deve escrever e falar a caráter"[88].

Depois, em outra obra, propõe:

"Sejamos sinceros. Da convicção virão a propriedade, a medida, a eloquência, a emoção. Se o crime lhe revoltar, como homem e como cidadão, não fuja o representante do Ministério Público de confessar ao Júri esta reação salutar de solidariedade humana. O Promotor, também, possui nervos, também possui alma, maquinalmente não se relata uma hediondez ou uma infâmia. Como colocar-se, sobre-humanamente, o Promotor Público, acima dessas contingências que os advogados invocam para justificar até o maior dos crimes? Seria ridículo e caricato o Promotor que lesse o libelo, os artigos de lei e os depoimentos com tremores na voz, o dedo em riste. Da mesma forma não se compreenderia a frieza burocrática, a placidez medíocre, diante das interpelações e das réplicas decisivas"[89].

E quem era Lyra a falar com qual autoridade sobre o Júri? Responde-o Torres de Melo:

"Falar em Júri diante de Roberto Lyra? Roberto Lyra é o Júri. O Júri é Roberto Lyra"[90].

87 *Psicologia judiciária*, trad. Fernando de Miranda, 3. ed., Coimbra, Arménio Amado Ed., Sucessor, 1982, p. 503.

88 *Como julgar, como defender, como acusar*, Rio de Janeiro, Ed. Científica, 1979, p. 117.

89 *Teoria e prática da promotoria pública*, 2. ed., Porto Alegre, Sérgio Antonio Fabris Ed., 1989, p. 196.

90 Apud Evaristo Costa, ao apresentar a obra *Criminologia*, de Roberto Lyra e João Martelo de Araújo Júnior (2. ed., Rio de Janeiro, Forense, 1990, p. VI).

Ou "modelo de ética e eloquência judiciária" no testemunho de Magarinos Torres[91]. E para os promotores? Representava o "generalíssimo na carreira, insigne líder do Ministério Público brasileiro por aclamação irrecusável de seus pares", consoante César Salgado[92].

Inegável que o Júri prima pela objetividade, mas esta em absoluto não colide com o sentimento. E o Júri de hoje, posto entre *a cruz e a espada*, simbolizados aqui pelo espírito (a emoção d'alma) e a razão, encontrou o seu *medio status virtus*[93]. Não se concebe mais a dialética vazia (*inania verba*), a oratória gongórica, o estilo condoreiro do diletantismo, patético, *ore rotundo, art pour l'art*[94]. Esta não encontra mais assento na sala secreta. Também o *formalismo cru*, sem a *sensação da crença*, sem o flamejar da fé, sem a verdade que faz a alma trovejante, só faz saltar, janela afora, da sala do Tribunal, a tese de um orador incrédulo, anêmico, chocho ou frouxo. De que adiantaria a este um processo repleto de provas, uma instrução bem feita, se, com sua apatia, acabaria por desvalorizá-las, desacreditando-as?! As provas não falam por si, ao contrário do que se propala, é preciso que se dê a elas, ao menos, o viço do verbo, e a este, *vida*.

Heráclito (540?-480? a.C.) dizia que "o caminho para cima e o caminho para baixo são o mesmo" (*Fragmentos*). Dessa forma, o orador mambembe, de caricatas pretensões, *cantor de pieguices*, põe-se para o Júri da mesma forma que o *formalista*, adorador confesso do desmedido *tecnicismo*. São extremos que se põem como linhas paralelas, perfiladas entre si, mas que se entrecortam pelo caminho do erro, encontrando-se ao final, na prolação do resultado único: o veredicto contrário, o pleito perdido.

91 *Processo penal do júri nos Estados Unidos do Brasil*, Rio de Janeiro, 1939, p. 372.

92 *Anais da VI Reunião Penitenciária Brasileira*, Ed. Sec. de Segurança Pública de São Paulo, 1961.

93 Sobre o tema, *v.* Roberto Lyra, "Oratória forense", in *Jurídica, estudos e atualidades*, Rio de Janeiro, jan./mar. 1974, n. 120, p. 193 e s., reproduzindo em síntese a conferência de abertura ao 2º Encontro do Ministério Público da Paraíba, a 15-12-1972.

94 Esse estilo de oratória, segundo Manoel Pedro Pimentel (*RT* 628/284), teria acabado com o advento do Código Penal de 1940. É que a Consolidação das Leis Penais de 1890, que até então estava em vigor, contemplava como dirimente da responsabilidade criminal a "perturbação dos sentidos e da inteligência" (art. 27, § 4º). Daí os voos de oratória farfalhante para as famosas defesas dos "passionais". Lamentavelmente, testemunhe-se que essa fauna condoreira de oradores ainda persiste, para tristeza da Justiça, e alegria do vulgo.

Somando os infortúnios, colhem resultados injustos por sua incompetência, e arremessam impropérios, vitupérios em *slogans*, contra a Instituição[95]... Aquele que nasceu somente "cérebro" não sobrevive, como também perece o que nasceu somente "coração". Não se pode atrofiar um, ou hipertrofiar outro, sem o prejuízo reflexo a um e a outro.

O *viver o verbo do direito* com o *direito de viver o verbo* fazem a combinação ideal e pluritonada dos catedráticos da tribuna que desconhecem a finitude da criatura humana, elevando a pureza da alma para o cume da inteligência, terra sem lindeiros, zona sem fronteiras, terreno onde se tomam as mais argutas decisões. Não é privilégio da acusação, não é monopólio da defesa. Os sentimentos são os *adjetivos* da alma. Precisam, igualmente, ser invocados sem pieguismo e analisados com o auxílio da psicologia, à luz da lei.

O perfil do promotor do Júri não se afasta, na essência, daquele recomendado por Lins e Silva, ao defensor: "Ninguém ouviu grande defesa sem a vibração, o calor, o entusiasmo, o arrebatamento do advogado. Defesa sem vigor, sem dedicação ardente, sem sentimento, é defesa sem vida, fria, fadada ao insucesso, defesa de perdedor de causa"[96].

E o promotor defende a sociedade. Pondo-se sem vibração, sem vida e energia, como mero *fonógrafo da lei* – na restrita visão que Montesquieu pretendia aos juízes[97] –, seria um promotor "perdedor de causas". Há que se entender o crime, a vítima e o réu, fazendo-se uma concatenação

95 Cf. Magarinos Torres: "... E nisto vai uma questão de decoro e de bom senso: visto que, sendo os jurados homens de bem e inteligentes, pelo menos em sua maioria, se o orador não conseguiu convencê-los foi porque, ou não teve eficiência, ou não se apercebeu de razões morais ou sociais, que neles preponderam. Isto é de uma lógica sadia e muito antiga. Aqueles promotores que perdem, sem compreender, são deficientes; e os que não conseguem convencer nenhum dos julgadores, traem seu mandato, são desarrazoados ou vesanos, e vergonha ou remorso é o que deveriam ter, se não fora a doença; não revolta contra o Júri. Na Grécia, depois entre os romanos e em vários Estados da Europa, o acusador que não alcançava pelo menos a quinta parte da votação era multado como 'caluniador'; porque se presumia ter acusado injustamente e sem base... Os maus promotores, como os maus advogados, são os que têm mais queixa do Júri..." (*Processo penal do júri nos Estados Unidos do Brasil*, Rio de Janeiro, 1939, p. 372).

96 *A defesa tem a palavra*, 2. ed., Rio de Janeiro, Ed. Aide, 1984, p. 18.

97 "Les juges de la Nation ne sont que la bouche qui prononce les paroles dela loi, des êtres inanimés qui n'en peuvent modérer ni la force ni la riguer."

lógica e psicológica, expondo-as aos jurados, como se recomenda na prática o discurso ao próprio defensor penal[98].

Um promotor antigo, já falecido, confidenciou certa feita que, ao seu primeiro Júri, escrevera no papel toda a acusação que seria *recitada* aos jurados. Abandonada a calmaria do preparo, já na tribuna, foi acometido por aquele "estado de júri" de que falava Bulhões Pedreira[99], derrubando ao chão todo o espesso calhamaço. Na impossibilidade de juntá-las, *improvisou* o discurso, nascido da necessidade que azou a acusação, dirigida aos jurados sem a *forma* – onde predominava o *cérebro* –, mas com um conteúdo de sinceridade e de alma. Exteriorizou assim, mais convincentemente, todo o desassossego da sociedade, pela subtração violenta da vida de um de seus membros. Nascia, em seu primeiro Júri, a eloquência na expressão atualizada por Majorana[100], que jamais seria convincentemente fingida, ainda que com a prática de mil Júris.

Em síntese e como repetíamos: razão e emoção. A alma endurecida, sem sensibilidade, porque ditada pelo abstracionismo, pelo exagero do tecnicismo jurídico-penal, não pode tomar assento na tribuna, porque irreal e improfícua. *Sursum corda* ("corações ao alto"!). É preciso a *sensibilidade*, para aliá-la ao direito. Um casamento honesto e inteligente, entre a literatura e a ciência jurídico-penal. Voltaire (1694-1778), mestre da ciência, era grande também na literatura. Schiller (1759-1805), o segundo poeta da Alemanha, era médico. Goëthe (1749-1832), festejado

98 Cf. Roberto Ascoli: "Ele deve ser, antes de mais nada, um *psicólogo*, para ver por dentro da alma do acusado, para lhe descobrir a intenção, o móbil, a necessidade que, por vezes, o impele ao crime, para lhe avaliar a entidade humana; um *jurista*, para relacionar o fato com o direito e tratar as múltiplas questões, profundas e sutis, que surjam dos debates; um *artista*, para dar relevo, força, graça e eficácia ao conteúdo e até para pensar *sub specie pulchritudinis*; um *dialético*, para ligar a cadeia demonstrativa dos argumentos e atuar pronto e aguerrido nos ressaltos, nos ataques, nas diversões da polêmica verbal; um *prático* paciente, industrioso e sagaz, para não ser subjugado pelas artimanhas dos pequenos contraditores e saber descer por vezes – o menos possível – ao nível do público" (apud Altavilla, *Psicologia judiciária*, trad. Fernando de Miranda, 3. ed., Coimbra, Arménio Amado Ed., Sucessor, 1982, v. 2, p. 442. Citado no Brasil também por Moacyr B. de Souza, *Mentira e simulação em psicologia judiciária penal*, São Paulo, Revista dos Tribunais, 1988, p. 39-40).

99 Apud Roberto Lyra, *Como julgar, como defender, como acusar*, Rio de Janeiro, Ed. Científica, 1979, p. 51.

100 V. *Teoria da eloquência* e *As formas práticas da eloquência*, ambas do Professor Majorana, trad. Fernando Miranda, Coimbra, Arménio Amado Ed., Sucessor (Coleção Stvdium).

nas letras, era cientista. E antes deles, o divino Dante (1265-1321) já cultivava todas as ciências de seu tempo. Talvez fosse a fórmula encontrada pelos alquimistas, para não empedernirem o espírito... e a forma encontrada pelos poetas, para voltarem ao céu, sem saírem do chão.

8. O DISCURSO DE ACUSAÇÃO

Ao sustentar a acusação lançada contra o réu, é preciso ter-se *in menthi* que o discurso de acusação não foge àquela receita comum de objetividade, proposta à oratória dos americanos: deve ter o comprimento de uma camisa, para somente cobrir o necessário: *just enough to cover the subject*[101]. Curto demais, não leva toda a mensagem ao julgador; longo, cansa o ouvinte, enfraquecendo-a. Se pouco fala, não diz todo o necessário; se muito fala, corre o risco de dizer o que não pensa: "Uma palavra posta fora do lugar estraga o pensamento mais bonito", lembrava Voltaire[102]. É a lição de Ferminelli, Pericoli e Canali compilada por Lyra[103]: "Não se ultrapasse nunca o limite do necessário e do suficiente".

8.1. O jurado e o problema da verdade

O jurado, para ser convencido do acerto do libelo, necessita chegar à *verdade*. O homem, colocado em face do *problema da verdade*, anota Martins de Almeida[104] seguindo o entendimento de C. Lahr, pode vir a encontrar-se:

"a) num estado de *ignorância* (a verdade é para ele totalmente desconhecida);

b) num estado de *dúvida* (a verdade ainda se apresenta como simplesmente *possível*, porque a inteligência hesita entre o sim e o não, porque são em número igual as razões a favor e as razões de sinal contrário);

c) num estado de *opinião* (a verdade é neste caso apenas *provável*, pelo que a adesão da inteligência é mais ou menos firme, de tal sorte que não se exclui totalmente o risco de errar);

....

101 Sobre "a estrutura do discurso" cf. Altavilla, *Psicologia judiciária*, trad. Fernando de Miranda, 3. ed., Coimbra, Arménio Amado Ed., Sucessor, 1982, v. 2, p. 452.

102 In *Carta a Helvetius*, em 20-6-1741.

103 *Teoria e prática da promotoria pública*, 2. ed., Porto Alegre, Sérgio Antonio Fabris Ed., 1989, p. 210.

104 *O livro do jurado*, Coimbra, Livr. Almedina, 1977, p. 56.

d) num estado de *certeza* (a verdade surge então em plena evidência)"[105].

Pois bem. O jurado chega ao Júri em um estado de *ignorância* quanto aos fatos e quanto ao direito. Procura ser levado pela defesa a um estado de *opinião*, ou, quando menos, de *dúvida*. Tanto num como no outro, socorre-se do surrado – e quantas vezes inescrupuloso – *in dubio pro reo*. É preciso que o promotor, de fato, convença, mostrando com provas e indícios a *verdade*, através da *evidência*. Afinal, bradaria Lyra, "é resolvendo as dúvidas que temos a certeza".

E esse convencimento brota não somente do *fundo das provas*, cuja função, à evidência, é a *demonstração da verdade*. Para que o jurado chegue à *verdade material*, ao *convencimento moral* do acerto de seu veredicto, vale-se o promotor da forma[106], e aí, então, muitos equívocos ocorrem no discurso da tribuna. Por princípio, antes da sustentação de qualquer libelo, é preciso lembrar que somente convencemos quando estamos plenamente convencidos, e esta é a primeira regra da tribuna. Se o promotor não saiu de um simples estado de *opinião*, o jurado, com certo, não sairá do estado de *dúvida*.

Para o convencimento do promotor, mister que este aplique o "critério estrito, para a solução da dúvida razoável", consoante a advertência de Alfonso Luis Palmer Pol:

"Todo acusado es inocente según la ley. Para cambiar la presunción de inocencia la acusación debe haberle convencido con una certeza moral, con pruebas positivas y absolutas, de que el acusado es culpable. Si no está seguro y convencido de su culpabilidad debe considerarle inocente... Si está seguro de no tener ninguna duda, debería considerarlo culpable. En resumen, para condenar al acusado, debe usted creer, más allá de cualquier duda razonable, que el acusado es culpable del delito, tal como se lo he definido a usted"[107].

Mas, plenamente convencido o promotor, ainda a *forma* muitas vezes acaba por conter certos pecados, comprometendo o acesso do jurado à *verdade material*.

105 *Cours de philosophie*, v. 1, p. 677.

106 Sobre "Aspectos linguísticos retóricos", v. *O discurso no júri – aspectos linguísticos retóricos*, de V. Oliveira Fagundes, São Paulo, Cortez Ed., 1987.

107 *El jurado y la psicología social*, 1. ed., Barcelona, PPU – Promociones y Publicaciones Universitarias, 1988, p. 53.

8.2. O inconstitucional art. 478 do CPP

A Lei n. 11.689, de 2008, inovou diante do que dispunha a redação original do CPP de 1941, ao estabelecer que as partes não poderão, nos debates, sob pena de nulidade, se referir:

a) à decisão de pronúncia, às decisões posteriores que julgaram admissível a acusação;

b) à determinação do uso de algemas como argumento de autoridade que beneficiem ou prejudiquem o acusado;

c) ao silêncio do acusado;

d) à ausência de interrogatório por falta de requerimento, em seu prejuízo.

8.2.1. *Vedações legais*

Dispõe o art. 478 que as partes, durante os debates, não poderão fazer referência à decisão de pronúncia, às decisões posteriores que julgaram admissível a acusação ou à determinação do uso de algemas como argumento de autoridade que beneficiem ou prejudiquem o acusado. Não poderão, ainda, fazer alusão ao silêncio do acusado ou à ausência de interrogatório por falta de requerimento, em seu prejuízo.

A pena para o descumprimento da vedação legal é a nulidade do julgamento.

8.2.2. *A duvidosa constitucionalidade do art. 478: fonte de nulidades*

Várias são as questões a serem consideradas na análise da redação do art. 478, que demandam uma análise mais profunda, demonstrando a impropriedade da legislação ao tratar do tema:

a) sobre a possibilidade de se aludir "às decisões posteriores que julgaram admissível a acusação ou à determinação do uso de algemas como argumento de autoridade que beneficiem ou prejudiquem o acusado" (art. 478, I, do CPP);

b) sobre o que seja o "argumento de autoridade" vedado pela lei;

c) sobre a possível inconstitucionalidade do artigo (infração *ao devido processo legal*);

d) sobre a alusão "ao silêncio do acusado ou à ausência de interrogatório por falta de requerimento, em seu prejuízo" (art. 478, II), como causa de nulidade.

Faltou *legisprudência* ao legislador. A redação do art. 478, por voluntariosa que seja, acabou promovendo grande confusão processual, a ensejar as mais disparatadas e variadas situações fomentadoras de nulidades. Como, pois, não fazer referência à decisão de pronúncia, ou a decisões posteriores, como "argumento de autoridade" se é ela, em última hipótese, o ato jurisdicional responsável – por isso, com manifesta "autoridade" – e inaugural da fase do *judicium causae* no solene momento do julgamento? De outra parte, em que sentido se utiliza a expressão, ou melhor, o que configura, afinal, um "argumento de autoridade"?

O artigo em comento distancia-se, a um só tempo, da lógica e da concepção de um processo penal verdadeiramente democrático. Vejamos o seguinte exemplo: se o órgão acusador, visando desacreditar uma tese defensiva, apartear o defensor de modo a questionar a idoneidade de uma dada decisão que excluiu ou incluiu a qualificadora do motivo do crime ou determinou o uso de algemas para o réu, ou, de outra parte, se questiona a competência – seja em sentido processual, seja em sentido literal, de semântica comum – do órgão judicante prolator de tal decisão, obriga-se ao silêncio a defesa, não podendo fazer-lhe o elogio ou a crítica?

Por outro lado, se o defensor do acusado apartear o acusador ou afirmar nos debates fato referente ao uso de algemas, à decisão de pronúncia ou ao silêncio do réu no interrogatório, de modo a questionar a competência ou autoridade ética ou intelectual do órgão que prolatou a decisão (pronúncia, acórdão, despacho referente ao uso de algemas), sabendo que não poderia anular o Júri – eis que a nulidade não se aproveita a quem ela provoca, a teor do art. 565 do CPP –, perguntar-se-ia: está impelido ao silêncio o "fiscal da lei"? A lei, nesse particular, fomentaria a burla? Como ficamos diante do permissivo do art. 497, XI, do CPP? *In verbis*: "Art. 497. São atribuições do juiz presidente: (...) XI – determinar, de ofício ou a requerimento das partes ou de qualquer jurado, as diligências destinadas a sanar nulidade ou a suprir falta que prejudique o esclarecimento da verdade".

Este *secretum eternum* que pretende o referido regramento é a consagração da imposição de um inconstitucional silêncio à acusação e à defesa, prejudicando ambas as partes, a um só tempo. A isso pode-se chamar de *noncesso,* de modo algum *processo,* que a rigor, na teoria da argumentação, não admite nenhum "segredo de polichinelo", ao qual não caiba nem mesmo alusão e análise que possa levar ao elogio (argumento de autoridade).

Poder-se-ia aduzir: "Nesses exemplos, cabe ao magistrado interferir sempre, esclarecendo o ocorrido". Tal postura desconhece a dinâmica dos debates e a celeridade com que as coisas acontecem, de modo a cobrar pronta resposta do *ex adversu*. Ademais, muitas vezes, o questionamento insinuante não é claro, conquanto cobre revide do adversário, algo mais que o silêncio, portanto. E, assim, o magistrado não poderia interferir, pena de transformar-se, ele próprio, em debatedor, descendo à arena das discussões, ensejando nulidade. Aliás, o papel do juiz presidente do Júri, tal como pensado no sistema processual brasileiro, não é substancialmente ou preponderantemente intervencionista, menos de protagonista dos debates, como não o é de fiscal da lei, mas sim de atitude de intervenção subsidiária e excepcional.

Outrossim, a vedação legal, tal como está, fere o senso lógico de qualquer debate forense, e, sem sentido lógico, pode haver qualquer coisa, menos debate racional. Como toda exposição de uma tese (acusatória ou defensiva) pressupõe uma *conexão argumentativa* – sem a qual o discurso resvala para o *nonsense*, a ininteligibilidade –, o réu algemado só assim se encontra porque está sendo processado; se está sendo processado é porque pesa a acusação de conduta tipificada como crime pela lei penal; se está processado e algemado é porque, em tese, denota periculosidade; essa periculosidade, a ponto de ensejar o uso de algemas, foi reconhecida por alguém, um órgão ou parcela de poder que detém legalmente autoridade para tanto. Por conseguinte, se está processado por crime e denota periculosidade, reconhecida fundamentadamente em decisão motivada, não pode a razão mesma de seu *processo* ser subtraída ao conhecimento do juiz constitucional da causa – art. 5º , XXXVIII, da CF –, que é o jurado, tampouco deixar que este conheça a dimensão legal, ética ou intelectual da autoridade de onde tenha promanado a medida, sem a qual não há lógica argumentativa.

Cabe aí, pois, o elogio ("argumento de autoridade") à autoridade, aliás, que já se inaugura nos debates, pela tradição da saudação entre as partes e do protocolo de "elogio à magistratura" e à figura do juiz presidente.

Não se pode pretender que ao juiz constitucional da causa – o Júri – seja subtraído o conhecimento integral da decisão, em todas as suas circunstâncias: de onde partiu, quem a prolatou, qual a importância de quem a prolatou, inclusive acatando e elogiando ou não – um dos lados do juízo crítico – a autoridade que tenha determinado a medida. Ou o ato de algemar-se o acusado é legal – e a lei deve ser compreendida, permitindo-se a explicação e a fundamentação do porquê do ato, onde entra alguma argumentação de autoridade –, ou não se admite a ilegalidade de algemá-lo, com ou sem "argumentação de autoridade", e, nesse caso, evidentemente, não há falar do que não ocorreu. Para tal argumentação, absolutamente improvável, mensurar o que seja "argumento de autoridade" e em que medida deixa de ser mera "argumentação formal", passível de legalidade, para ser "argumentação adjetiva" e, portanto, ilegal.

Enfim, o parágrafo, tal como está redigido, sugere pretender não só a subtração de informes valiosos para o conhecimento do julgador, como a subversão de uma função básica e democrática do moderno processo penal, o conhecimento integral da motivação do ato (v.g., determinador do uso de algemas) como exigência constitucional (art. 93, IX, da CF) e a análise da autoridade (competência, seriedade, ética, cultura jurídica etc.) de quem a prolatou, como *função extraprocessual* da motivação.

Suponha-se uma decisão do STJ ou do STF que tenha cassado decisão de instância ou tribunal inferior. A teor do art. 478, nenhuma alusão à autoridade do STJ ou do STF poderá ser feita em plenário, o que significa dizer que devem as instâncias decisórias ser niveladas pelo silêncio e pela imposta omissão, uma vez que qualquer alusão à hierarquia de órgãos judicantes, ao duplo grau de jurisdição, ao histórico de justiça de determinado tribunal, à qualificação cultural de determinado ministro, será tomado por elogio ("argumento de autoridade"), igualando, pois, ao talante do artigo, situações, hierarquias, competências diversas e, inclusive, quem decidiu em última instância e reformou (a instância superior) com quem foi corrigido e teve a decisão modificada (a instância inferior).

Por fim, sob a ótica defensiva – pela qual claramente se aferirá o prejuízo do novel artigo –, imaginando-se que o réu tenha sofrido uma acusação em demasia, ou que lhe tenha sido decretada a prisão na pronúncia, cassada a medida em instância superior, não poderá o defensor utilizar-se dos argumentos clássicos de defesa, questionar a isenção ou correção das autoridades de primeiro grau, uma vez que não poderá fazer o elogio – argumento de autoridade –, daquelas que vieram em seu socorro? Não poderá insurgir-se contra a essência da autoridade que determinou um ato (*argumentum ad personae*), e assim defender seu constituído alegando parcialidade ou perseguição, por exemplo, somente atingível pela teoria da argumentação?

8.2.3. *A criação de um tipo processual penal "aberto"*

Afinal, o que é mesmo "argumento de autoridade"? O problema já começa com a definição da palavra "argumento", já que esta, vindo do latim, *arguere,* tem variados significados: mostrar antes de demonstrar, apresentar antes de provar etc. Assim, se a noção de argumento não recebeu uma noção jurídica precisa[108], menos ainda a expressão "argumento de autoridade", donde se concluir inexistir precisão legislativa, porquanto não se sabe qual o significado que se quis emprestar à expressão. Costuma-se, é verdade, para exemplificar o que seja "argumento de autoridade", invocar em defesa de uma tese a autoridade de algo ou alguém, no modelo *Magister dixit* ("o mestre disse"), o que se convencionou chamar de *falácia genética:* "o tribunal 'x', que é a suprema corte de justiça, decidiu que..."; "o jurista 'y', especialista no tema e de notável saber jurídico, afirmou tal coisa" etc. Assim, a coisa valeria não pelo que é, mas pela crença de onde provenha.

Ademais, a doutrina fala do bom argumento de autoridade e do mau argumento de autoridade. O primeiro é a confirmação de algo por alguém que realmente tenha autoridade sobre o que fala; o segundo é a confirmação de algo por alguém que, sendo eventualmente uma autoridade em determinado tema, não o é no outro contexto em que é invocada.

Mas, sendo esse o sentido que se quis dar, como negar a possibilidade de que as partes invoquem a autoridade de quem promanou a decisão de pronúncia ou afastou uma qualificadora? De quem albergou um recurso defensivo ou acusatório, sendo este um Tribunal Superior, por exemplo? E, nessa compreensão, qual o permissivo do elogio ou da crítica cabível na densificação do que seja "autoridade", vocábulo este que pode ser matizado ou aumentado, estigmatizado ou engrandecido?

Visando, pensamos, aclarar ou racionalizar os debates, estabeleceu-se um *status controversiae.*

O que parece ter querido dizer o legislador, e não disse, é que não poderiam as partes distorcer a natureza jurídica da pronúncia (ex.: "O Tribunal de Justiça ao confirmar a pronúncia já condenou o réu") ou das decisões subsequentes, ou do uso de algemas ("se usa algemas é porque é culpado"), e outras hipóteses do art. 478, no sentido, por exemplo, de

....

108 François Martineau, *Petit traité d'argumentation judiciaire*, 2. ed., Paris, Dalloz, 2006, p. 27.

se atribuir natureza jurídica diversa a cada uma das decisões ou dar-lhes interpretação convenientemente diversa. Tal como restou, contudo, se aduziu à proibição de um muito aberto "argumento de autoridade", para cujo debate de sua compreensão se gastariam rios de tinta, jamais se aportando a um claro consenso.

A resposta fala em favor da inconstitucionalidade do artigo, na medida em que cerceia o direito da acusação e da defesa, ferindo o devido processo legal constitucional (art. 5º, LIV). É que a expressão pertence ao domínio da teoria da argumentação e da filosofia – o artigo configura-se em verdadeira norma processual penal em branco, buscando completude em seara alheia à processualística –, parecendo-nos absolutamente inapropriada às regras do moderno processo penal, sobretudo pela largueza que contempla sua definição (tipo processual penal "aberto" ou "sem fim"?), inabarcável para os fins de um mínimo "princípio de segurança jurídica" a que se deve propor.

Como asseverava Pascal, inúmeras disputas ocorrem em razão de coisas que não compreendemos, pela utilização de termos dúbios ou capciosos, "porque o mundo se paga de palavras: poucos aprofundam as coisas"[109]. Ademais, as figuras de linguagem, a ironia, a ênfase, os ornatos retóricos, os jogos malabares linguísticos, os tropos da linguagem, os dilemas, lítotes, as analogias argumentativas, os epiquiremas, os silogismos, entinemas, enfim, os argumentos lógicos e extralógicos, pertencem à essência mesma dos discursos no Júri – por que não dizer que pertencem, incidentalmente, a todos os discursos jurídicos –, não se podendo suprimi-los sem fazer sucumbir o próprio manejo do direito e, *in casu*, o próprio pressuposto da democracia e do Tribunal Popular.

Inexiste, ademais, uma hierarquia argumentativa, a ponto de se dizer que um argumento seja menos valioso que outro, ou mais reprovável que outro, quando igualáveis por falácias.

Comuns, no Júri, nesse diapasão, o *argumentum ad personae*, o *argumentum pietatis causae* ou *ad misericordiam*, o *argumentum ad baculum*, o *argumentum ad terrorum*, o *argumentum ad populum*, dentre muitos outros, todos se configuram em falácias, argumentos extralógicos, combatíveis na argumentação plenária, sem que, com isso, se possa proscrever toda a variada gama argumentativa, ou dizer, mesmo, que um seja mais danoso que outro à verdade real que se busca. Por fim, forçoso dizer: o

109 *Pensées*, v. IV, p. 161.

direito não é ciência exata; logo, não há como proscrever a argumentação, numa busca de definição ao puro "ser da coisa", como se houvesse uma só verdade clara e insofismável.

Esse direito asséptico a outros saberes e argumentações pertenceu no passado à aspiração de um inumano normativismo kelseniano – jamais alcançado – e à sua teoria pura do direito, absolutamente incondizente com a essência do Júri e seu discurso.

Se é certo que no Júri ganha protagonismo e muitas vezes se desautoriza, por excessos, o orador, o certo é que nem ao Supremo Tribunal Federal, hoje, se cobra a impassividade de uma argumentação fria, reduzida à simples obtemperação das teorias interpretativas "nada-mais-que--jurídicas". Humanos, os ministros das mais altas Cortes muitas vezes se empolgam em suas argumentações e decisões – mesmo tratando-se de temas civilísticos – e suprimem, pela fala, aquele homem impassível e frio, a que tantas vezes se quis reduzi-los, como se máquinas fossem ou meros computadores. Se a ninguém é dado imaginar um ministro reduzido à pura razão – este que é, por "autoridade", o intérprete máximo da Constituição Federal e do Estado de Direito –, sem poder valer-se de argumentos variados, quem terá o poder e a sapiência, com precisão cirúrgica, com sopesamento de ourives, de separar cada um dos argumentos no Júri, a ponto de dizer "isto é lógico" e pode, isto é "extralógico" e proibido, sem desmontar por inteiro toda a conexão argumentativa, ou seja, sem ferir o direito da acusação ou da defesa? Daí a necessidade dos debates, da réplica e da tréplica, do direito aos apartes. O Júri é órgão da democracia, um Tribunal Constitucional, em que mais desastrada do que a prática que se quer coibir é a previsão de sua própria proibição.

8.2.4. *O "argumento de autoridade" do art. 478 do CPP*

Trazido à baila o "argumento de autoridade", vamos a ele. "Ele estabelece uma relação entre a validade de uma tese e a personalidade de seu autor, a reputação que lhe precede, o prestígio que lhe é inerente", leciona Martineau[110].

Destarte, o "argumento de autoridade" também se insere naquilo que Schopenhauer chamava de *argumentum ad verecundiam* (modéstia), ou seja, aquele dirigido ao sentimento de honra, de modo que, em vez de

110 *Petit traité d'argumentation judiciaire*, 2. ed., Paris, Dalloz, 2006, p. 77.

fundamentos, da busca e prova essencial da verdade, utilizamos a autoridade, a importância, ou a modéstia de alguém.

Para a compreensão do que seja, atente-se à expressão latina que procura identificá-lo e combatê-lo: *ex vera ratione processit, ratio vero nequaquam ex auctoritate* ("a autoridade provém da razão, não a razão da autoridade"). Mas não o utilizam as partes durante os debates, invocando para suas teses as doutrinas de diferentes mestres, doutores e professores ou arestos de variados tribunais, dizendo de onde provêm, e daí, por isso mesmo, sua autoridade? E já nas saudações não se fazem "elogios", emprestando autoridade à autoridade do plenário (juiz presidente)? Não se configura, pois, em argumento de autoridade a qualificação de uma boa testemunha (o "engenheiro" Fulano de Tal; a "professora com 25 anos de magistério tal", o renomado médico Sicrano)? E a invocação de uma perícia, com a autoridade que lhe suporta o perito e, por isso mesmo, "perito"? E os anos de experiência do advogado, invocados como "argumento de autoridade" nos debates do Júri? E a respeitabilidade do Ministério Público, historicamente assegurada, como a da OAB, como argumentos usualmente invocados?

Poderá, assim, cada uma das partes autovalidar-se, emprestando a si "argumentos de autoridade", sem que se possa elogiar, criticar ou reconhecer a autoridade ao poder legal e constitucionalmente estabelecido e sua importância? E estão tais argumentos banidos da possibilidade de uso? Em que medida?

Quem se aventuraria a dizer que o só fato de se aludir ao uso de algemas, à pronúncia ou ao acórdão, é "argumento de autoridade" mais forte que qualquer dos demais comumente utilizados? Suprimida uma qualificadora em superior instância, não poderá o advogado aduzir a importância do tribunal "x" ou "y" e sua história de justiça, como forma de reforçar o acerto da superior instância e o equívoco da acusação anterior, albergada em primeira instância, deixando de desacreditar o cerne da acusação? Não é, nesse diapasão, quantas vezes, a qualificadora a própria razão do crime, e esta desaparecendo não esmaeceria as próprias "cores da autoria", por ter desaparecido o motivo criminógeno?

Onde, pois, o "princípio da plenitude de defesa" ao se impedir a atividade argumentativa, corolário lógico de qualquer defesa? Onde o exercício da dialética no Júri, com a utilização de argumentos lógicos e extralógicos, nem sempre passíveis de imediata decodificação da natureza de qualquer um deles, visto que, muitas vezes, umbilicalmente ligados pela conexão argumentativa? E a cada argumento utilizado será possível por paridade lógica, a intervenção do juiz presidente? E como, pois, policiar a "teoria da argumentação", a retórica, se para o pressuposto lógico é preciso que o argumentador conheça do que fala – a logicidade impele à correta compreensão do "ser-da-coisa"– e conhecerá sempre, a todo tempo, o magistrado, o quanto debatem as *partes* na exata medida do que cada um diz ou quer dizer?

Portanto, isolado no novo texto legal desponta o preciosismo de uma linguagem afeita a Aristóteles – é a ele que se remete o argumento Aristotélico ou "de autoridade" – e que, a nosso sentir, não poderia figurar em um moderno texto de lei.

O certo é que, à luz da lógica racional, mesmo em acórdãos poderemos apontar senão sofismas, ao menos paralogismos; desse modo, cobrar dos debatedores no Júri, diante de um tribunal de leigos – não afeitos ao mundo jurídico –, essa estreiteza argumentativa é voluntarismo e ingenuidade, quando menos; convite para anular a maioria dos julgamentos, quando mais.

8.2.5. *Interpretação à luz da Constituição Federal*

A Constituição Federal, ao reconhecer o valor justiça e o devido processo legal (art. 5º, LIV), em seu mister de alcançá-los, não permitiu ao legislador infraconstitucional se aventurasse a proibir a liberdade argumentativa nos debates, num claro cerceamento da defesa, da acusação e do devido processo legal, atingindo, a um só tempo, ambas as partes. Cerceamento tanto mais grave porque no Júri a defesa se caracteriza por sua plenitude (art. 5º, XXXVIII, *a*) e a acusação persegue legalmente acusados de crimes dolosos contra a vida.

A ilogicidade (e inconstitucionalidade) do artigo se torna mais evidente, quando se vê que, conquanto se proíba casuisticamente, por exemplo, qualquer referência ao uso de algemas (art. 478, I), nada se fala com relação à prisão preventiva do réu, medida esta processualmente mais forte e restritiva do direito fundamental da liberdade que a mera determinação de uso de algema, como também nenhuma vedação existe à argumentação de autoridade sobre a denegação de relaxamento de prisão em flagrante ou indeferimento de pedido de liberdade provisória, denotando, ademais da pré-analisada inconstitucionalidade, a quebra da estrutura ou unidade lógica do Código de Processo Penal. Por quê? Porque o Código deve ser visto como um sistema orgânico, coerente entre si, pautado pelo princípio da proporcionalidade em sua feitura e interpretação, e não mero amontoado de dispositivos, sem lógica em sua concepção.

Encerrando, e de igual sorte pertinente ao art. 478, II, *mutatis mutandis,* aplicam-se ao tema da nulidade decorrente da referência ao "silêncio no interrogatório" do réu os comentários retroefetuados, até porque, para acusar ou defender-se obrigatoriamente as partes deverão ater-se às provas processuais e sobre elas fazer uma análise psicológica. Integrando-as o interrogatório, absolutamente impossível que, neste ponto, nenhuma referência façam as partes ao eventual silêncio do acusado, pois seria a um só tempo determinar a análise das provas e proibir a mesma análise em um só corpo legal. Donde a conclusão: enxerga-se, também aqui, reprovável cerceamento ao direito da acusação e da defesa, afrontando-se as garantias constitucionalmente asseguradas.

Na jurisprudência, a questão vem sendo amplamente discutida. O Tribunal de Justiça do Rio Grande do Sul já entendeu que a leitura em plenário de acórdão que anulou o primeiro julgamento não é causa de nulidade, por ser o art. 478, I, do CPP, taxativo em relação às peças que não podem ser lidas em plenário[111].

Da mesma forma entendeu o Tribunal de Justiça de São Paulo no tocante à leitura em plenário de decisão que absolvição sumária, impronúncia ou desclassificação[112], bem como que a nulidade estabelecida no art. 478, I, é relativa, devendo ser comprovado o prejuízo[113].

No tocante à inconstitucionalidade do referido art. 478 do CPP, o Ministério Público bandeirante aprovou o Enunciado n. 11, que estabelece: "O art. 478, incisos I e II, do Código de Processo Penal, com as alterações introduzidas pela Lei n. 11.689/08, é inconstitucional por ofensa ao princípio do devido processo legal"[114].

....

[111] Ap. Crim. 70027688902, 2ª Câmara Criminal, rel. José Antônio Cidade Pitrez, j. 19-2-2009, *DOERS*, 7-4-2009, p. 116.

[112] Ap. Crim. 990.09.215419-2, 1ª Câmara Criminal, rel. Péricles Piza, j. 22-2-2010, *DJ*, 8-6-2010.

[113] Ap. Crim. 990.09.129590-6, 6ª Câmara Criminal, rel. Marco Antônio Marques da Silva, j. 28-1-2010, *DJ*, 24-3-2010.

[114] Enunciado n. 11, do Centro de Apoio Criminal do Ministério Público do Estado de São Paulo.

Não foi outro o entendimento da Escola da Magistratura do Paraná, para que "o inciso I, do art. 478, do CPP, por ferir os princípios do contraditório e da ampla defesa, é inconstitucional"[115].

O Tribunal de Justiça de São Paulo já se dividiu quanto à questão, ora entendendo que a vedação às partes em fazer referência em Plenário a respeito da pronúncia e das decisões posteriores que julgaram admissível a acusação afronta os princípios constitucionais[116], ora sustentando que se trata de causa nulidade absoluta[117].

Finalmente, o Tribunal de Justiça do Rio Grande do Sul assim já entendeu, numa tentativa de conferir interpretação condizente com a Constituição Federal:

"Não é literalmente qualquer referência à sentença de pronúncia em plenário que invalida um julgamento, isso sequer teria sentido, posto que os jurados recebem cópia de tal decisão, tendo acerca dela pleno conhecimento. A finalidade do legislador com esta nova regra processual foi a de evitar que tão somente a eloquência do orador, com argumentos legalmente injustos e equivocados, pudesse ser suficiente para definir um julgamento. Com o novo texto dado ao inciso I do art. 478 do CPP, a mera capacidade de oratória das partes já não pode ser a única responsável para o resultado do julgamento; agora a retórica tem de estar, necessariamente, baseada em algo que efetivamente possa ser considerado prova e a sentença de pronúncia não é prova, mas simples ato jurisdicional. Assim, apenas há possibilidade de anular um julgamento com base no art. 478, I, do CPP quando restar claro que a parte se utilizou de um trecho da decisão de pronúncia (ou posterior que a tenha confirmado) a este conferindo um juízo de valor, interpretando-o de forma distorcida, com a clara finalidade de convencer os membros do Conselho de Sentença que o magistrado prolator da sentença estava 'culpando' ou 'inocentando' o réu. Do contrário, não vejo prejuízo algum a leitura

115 Enunciado n. 22, da Escola da Magistratura do Paraná, Núcleo Londrina, no Curso Regional de Atualização de Magistrados sobre as Alterações do Código de Processo Penal.

116 Ap. Crim. 990.09.214317-4, 6ª Câmara Criminal, rel. Ricardo Tucunduva, j. 17-12-2009, *DJ*, 1º-3-2010.

117 Ap. Crim. 990.09.371854-5, 9ª Câmara de Direito Criminal, rel. Souza Nery, j. 13-5-2010, *DJ*, 23-6-2010; Ap. Crim. 990.09.180023-6, 11ª Câmara de Direito Criminal, rel. Guilherme Sttrenger, j. 24-3-2010, *DJ*, 20-4-2010.

de uma decisão imparcial que não expõe opinião pessoal do magistrado togado que a prolatou"[118].

8.2.6. *A questão do "argumento de autoridade" hoje, como o vê o STJ?*

A proibição contida no art. 478, I, do CPP visa impedir que o acusador utilize, durante os debates, a decisão de pronúncia como "argumento de autoridade", transformando-a de simples ato processual – que apenas admite indícios e remete o acusado a julgamento – em uma sentença disfarçada. A finalidade é clara: proteger a imparcialidade dos jurados, resguardando-os de influências indevidas que possam emanar de uma linguagem judicial excessiva ou valorativa.

Contudo, a simples leitura da decisão de pronúncia em plenário não configura, por si só, nulidade. O STJ firmou jurisprudência pacífica (Tese n. 08, Edição n. 75 da Jurisprudência em Teses) no sentido de que a leitura neutra da decisão de pronúncia não conduz à nulidade, salvo quando utilizada como argumento de autoridade, ou seja, como recurso retórico para persuadir o Conselho de Sentença com base no saber ou na decisão do magistrado.

Essa linha foi reforçada no julgamento do REsp 1.757.942/GO, em que se consignou que não basta a simples menção à pronúncia para configurar nulidade: é necessário que a referência seja explorada de forma capciosa, com a intenção de induzir os jurados a aceitarem a versão da acusação ou da defesa com base na autoridade do juiz togado.

Assim, não se anula um julgamento apenas porque o Promotor, durante os debates, faz menção à decisão de pronúncia ou a lê no plenário. O que a lei veda é a sua utilização como argumento de autoridade, com linguagem que pretenda dar à pronúncia o caráter de decisão meritória. O legislador, ao conceber o art. 478, I, do CPP, não pretendeu proibir o conhecimento do conteúdo da pronúncia – afinal, os jurados recebem cópia dessa decisão –, mas sim coibir a exploração retórica e persuasiva de sua origem jurisdicional.

Esse entendimento rechaça tentativas oportunistas de anulação de julgamentos baseadas em meras alusões neutras à decisão de pronúncia,

---

118 APR 7002780588, de Porto Alegre, rel. Des. Marcel Esquivel Hoppe, j. 18-3-2009, disponível em: <www.tjrs.jus.br/sites/>. Acesso em: 30 mar. 2010.

que, por si, não têm o condão de macular a higidez do julgamento popular. Não se pode admitir que a inteligência do júri seja subestimada por teses que procuram, a todo custo, viciar o procedimento com alegações desprovidas de fundamento jurídico.

Conclui-se, pois, que o verdadeiro risco não está na referência ou leitura da pronúncia, mas sim no desvirtuamento do contraditório pela transformação dessa decisão em argumento de autoridade. Como bem salientou o ministro relator no supracitado acórdão: "O que a lei veda é o uso capcioso e retórico das peças processuais, não sua simples menção, que, isoladamente, não tem o condão de viciar o julgamento". Por isso, a jurisprudência é clara ao afirmar que a nulidade só se verifica quando a alusão à pronúncia ultrapassa a linha do razoável, assumindo protagonismo indevido e influenciando o ânimo dos jurados. *Veritas vincit* – a verdade prevalece –, mas somente quando se preserva o equilíbrio entre a forma e o conteúdo, entre o rito e a substância, entre a acusação e a defesa. No Tribunal do Júri, a verdade não precisa de muletas formais para se impor: ela resplandece na palavra leal, no argumento honesto, na coragem do enfrentamento direto.

8.2.7. *A proteção da dignidade da vítima e a responsabilidade do juiz no Júri*

Em reforço às vedações já consagradas no art. 478 do CPP, a **Lei n. 14.245/2021**, conhecida como **Lei Mariana Ferrer**, acrescentou o art. 400-A ao Código de Processo Penal, vedando expressamente a utilização de linguagem, informações ou materiais que ofendam a dignidade da vítima ou das testemunhas durante audiências ou sessões de julgamento, inclusive no Tribunal do Júri. Tal proibição abrange, de forma inequívoca, os questionamentos relativos a comportamento sexual ou vestimenta da vítima com o intuito de desqualificá-la, bem como quaisquer constrangimentos, intimidações ou humilhações.

Importante destacar que a norma impõe ao juiz presidente do Júri a obrigação de zelar pelo cumprimento dessas garantias, intervindo de ofício sempre que necessário, sob pena de responsabilidade. Essa proteção reafirma que a justiça penal não deve ser instrumento de revitimização, mas de respeito à memória da vítima e à integridade moral dos envolvidos. Assim, a aplicação dessa norma não se presta a privilegiar um dos lados do processo, mas a preservar a civilidade e o respeito fundamentais à realização de um julgamento legítimo e equitativo.

9. RECOMENDAÇÕES PRÁTICAS

Apontam-se a seguir algumas recomendações úteis à tribuna, colhidas na experiência da sustentação de cada libelo.

9.1. Estudo minucioso dos autos

A falta de domínio dos autos desacredita qualquer orador, retirando a força de seu convencimento, a par de ensejar falta da *sinceridade*, que somente a *certeza* proporciona... A experiência, *in casu*, aponta-nos que quando não se tem a segurança nos pormenores da prova, ocorre falta de espontaneidade ao orador, facilmente perceptível pelos jurados, porque "nada impede tanto de ser *natural* como o desejo de parecê-lo", consoante La Rochefoucauld[119], e o orador, para demonstrar o acerto de sua pretensão, hipocritamente tenta aparentar *naturalidade*, advinda da *certeza*, que lhe é negada quando o conhecimento dos autos é superficial.

9.2. A explicação dos quesitos

Por falta de explicação, insuficiência ou defeituosa explicação dos quesitos[120], o jurado cai facilmente em *estado de dúvida*. Uma acusação

---

119 Apud Altavilla, *Psicologia judiciária*, trad. Fernando de Miranda, 3. ed., Coimbra, Arménio Amado Ed., Sucessor, 1982, v. 2, p. 254.

120 Durante o interrogatório do réu, de regra o promotor já pode imaginar a tese ou teses a serem sustentadas pela defesa. Nesse sentido, com os modelos clássicos da quesitação constantes em diversas obras, torna-se possível explicar aos jurados qual o questionário que lhes será proposto.

Além das obras direcionadas ao Júri, já citadas, sobre "quesitos", consultem-se também, especialmente, dentre outras, Edilson Mougenot Bonfim e Domingos Parra Neto, *O novo procedimento do júri*, Saraiva, 2008, e Edilson Mougenot Bonfim, *Código de Processo Penal anotado*, 4. ed., Saraiva, 2012.

Importante a lembrança do seguinte:

"Havendo pluralidade de crimes compreendidos em um mesmo processo do júri, cada um deve ser tratado em uma série de quesitos com as respectivas questões secundárias e dependentes, e, se houver mais de um acusado, para cada um se organizará uma série de quesitos a respeito de cada crime ao mesmo imputado, conforme determina o art. 484, V, do CPP" (4ª Câmara do TJSP, Ap. 60.020-3, *RT* 640/285).

"Quesitos. Causas de diminuição de pena. Falta de formulação. Nulidade inexistente por não ter a defesa sustentado a tese em plenário. Inexistência de violação do art. 484, I, do CPP. Matéria ademais preclusa, por falta de reclamação na oportunidade do art. 479 do CPP" (1ª Turma do STF, HC 67.793-2-DF, *RT* 656/365).

bem posta pode naufragar por simples equívoco do julgador na sala secreta, quando da votação de quesitos complexos. Vai daí a necessidade de torná-los de compreensão acessível ao Júri, mediante paciente explicação.

Aliás, a explicação dos quesitos demonstra-se mais importante após a alteração do art. 483 do CPP, que dispõe:

Art. 483. Os quesitos serão formulados na seguinte ordem, indagando sobre:

I – a materialidade do fato;

II – a autoria ou participação;

III – se o acusado deve ser absolvido;

IV – se existe causa de diminuição de pena alegada pela defesa;

V – se existe circunstância qualificadora ou causa de aumento de pena reconhecidas na pronúncia ou em decisões posteriores que julgaram admissível a acusação.

§ 1º A resposta negativa, de mais de 3 (três) jurados, a qualquer dos quesitos referidos nos incisos I e II do caput deste artigo encerra a votação e implica a absolvição do acusado.

§ 2º Respondidos afirmativamente por mais de 3 (três) jurados os quesitos relativos aos incisos I e II do caput deste artigo será formulado quesito com a seguinte redação:

....

"A renovação de votação em virtude de contradição nas respostas dos jurados deve abranger todos os quesitos a que se referiram tais respostas, sob pena de coibição de liberdade de convicção dos juízes populares, além do potencial de persuasão. E o que determina a lei é o que resulta de exame racional da permissão do art. 489 do CPP. Por isso é que o jurado não fica vinculado ao que decidiu nos quesitos anteriores" (2ª Câmara do TJSP, Ap. 91.063-3, *RT* 668/265).

"A reincidência, por ser circunstância agravante, tem de ser indagada aos jurados, como determina a lei (art. 484, IV, do CPP), sob pena de não poder ser considerada pelo juiz sentenciante na fixação da pena" (3º Grupo de Câmaras do TJSP, Rev. 86.931-3, *RT* 669/262).

"Quesitos formulados sobre forma negativa, dificuldades em se entender a resposta. Apelo provido para renovação do julgamento pelo Tribunal do Júri. Inteligência dos arts. 424 do CP e 484 do CPP. Quando se pergunta alguma coisa em termos negativos, sempre se criam dificuldades em se entender a resposta. Pode ser uma outra coisa com resultados opostos" (4ª Câmara do TJSP, Ap. 109.511-3/8, *RT* 685/303).

"A precedência dos quesitos da defesa sobre os demais quesitos é obrigatória. Segundo a súmula 162 do STF, é absoluta a nulidade de julgamento pelo júri quando os quesitos de defesa não precedem das circunstâncias agravantes" (TJSP, Ap. 119.899-3/5, *RT* 697/286).

O jurado absolve o acusado?

§ 3º Decidindo os jurados pela condenação, o julgamento prossegue, devendo ser formulados quesitos sobre:

I – causa de diminuição de pena alegada pela defesa;

II – circunstância qualificadora ou causa de aumento de pena, reconhecidas na pronúncia ou em decisões posteriores que julgaram admissível a acusação.

§ 4º Sustentada a desclassificação da infração para outra de competência do juiz singular, será formulado quesito a respeito, para ser respondido após o segundo ou terceiro quesito, conforme o caso.

§ 5º Sustentada a tese de ocorrência do crime na sua forma tentada ou havendo divergência sobre a tipificação do delito, sendo este da competência do Tribunal do Júri, o juiz formulará quesito acerca destas questões, para ser respondido após o segundo quesito.

§ 6º Havendo mais de um crime ou mais de um acusado, os quesitos serão formulados em séries distintas.

A disposição dos quesitos é regulada pelo art. 483, iniciando-se com a formulação dos quesitos acerca da materialidade e autoria do crime, seguindo-se o quesito relacionado à absolvição do réu; temos então aqueles que especificam as causas de diminuição de pena alegada pela defesa e, finalmente, os quesitos relativos às qualificadoras ou causas de aumento de pena constantes da pronúncia ou das decisões posteriores que julgaram a acusação admissível.

Se mais de três jurados responderem negativamente a qualquer um dos quesitos referentes à materialidade ou autoria delitiva, a votação será encerrada, sendo o acusado absolvido (art. 483, § 1º). Por outro lado, se mais de três jurados responderem afirmativamente tais quesitos, será formulado outro quesito com a seguinte redação: "O jurado absolve o acusado?" (art. 483, § 2º). Caso haja condenação, com a resposta negativa a este quesito, o julgamento prossegue, arguindo-se os jurados acerca das causas de diminuição de pena alegadas pela defesa, bem como das qualificadoras ou causas de aumento de pena (art. 483, § 3º).

9.2.1. *Concurso de pessoas*

Tratando-se de concurso de pessoas, a formulação de quesito genérico, consoante vêm decidindo nossos tribunais, somente é permitida se a participação do acusado no evento delituoso não está pormenorizadamente delineada na denúncia e na pronúncia.

Relembra o professor gaúcho José Fernando Gonzales que "Hermínio Marques Porto recomenda que seja formulado ou o quesito de participação específica (denúncia que individualizou a conduta), ou o quesito genérico; entende o autor que a formulação de ambos implicaria gravame à defesa. Assim, a indagação da coautoria deve ficar contida em único quesito, com a adoção, se complexa a colaboração, da fórmula genérica da lei penal (de qualquer modo – art. 29 do CP), ou de referência à conduta colaboradora se de fácil descrição"[121]. Para melhor compreensão: "a) Denúncia que imputa a autoria a A e B, desde logo afirmando que A fez os disparos letais, enquanto B concorreu apenas atraindo a vítima para o lugar do crime. b) Denúncia que acusa A e B sem precisar a conduta de cada um, referindo que ambos, conjugando esforços e previamente ajustados, mataram a vítima com um disparo de arma de fogo"[122]. Com efeito, pondera-se que nem sempre uma investigação esclarece qual conduta um determinado partícipe praticou, especialmente se os acusados negam o crime, ou imputam a autoria um ao outro, reciprocamente. A questão passa, como vimos, pela admissibilidade (ou não) de a denúncia imputar o crime a mais de um acusado sem individualizar as condutas. Tratando dos demais casos – aqueles em que a acusação, desde logo, discriminou o agir dos acusados e não se aceitando a formulação de quesito genérico (...participou de qualquer modo?) –, interessante questão levanta o citado autor: "Imaginemos dois réus acusados de um mesmo crime, ambos negando a autoria; consta da denúncia que A desferiu golpes de faca na vítima enquanto B a imobilizava para que não reagisse. Cindido o processo (art. 461 do CPP), A é submetido a julgamento e, no interrogatório de plenário, reconhece haver participado do crime; nega, no entanto, ter desferido as facadas; afirma que tão somente atraiu a vítima para o local da emboscada. Nessa circunstância, perguntado aos jurados (de acordo com a acusação) se o réu A concorreu para o crime desferindo facadas na vítima, responderam negativamente. Pergunta-se: o réu estará absolvido? Ou deve ser formulado algum outro quesito acerca da autoria? Observe-se que o jurado não dispõe das mesmas ferramen-

....

[121] *Júri*, 10. ed., p. 212.

[122] José Fernando Gonzalez, *Quesitação no Tribunal do Júri*: questões polêmicas. Disponível em: <www.saraivajur.com.br>.

tas que a lei confere aos juízes de direito, na competência originária destes, especialmente aquela do art. 384 do CPP"[123].

9.2.2. *Apuração dos votos: sigilo e maioria da votação*

Uma leitura precipitada do art. 483, §§ 1º e 2º, pode ensejar a equívoca impressão de que o legislador impõe a maioria de votos, tornando proibitiva a revelação dos demais votos excedentes. Contudo, o artigo em comento, em seus parágrafos, apenas diz que a maioria de votos é necessária para a condenação ou absolvição, jamais afirmando que os votos excedentes, em um ou outro sentido (absolvição ou condenação), não sejam revelados. Destarte, quando o art. 483, § 1º, dispõe que "a resposta negativa, de mais de 3 (três) jurados, a qualquer dos quesitos referidos nos incisos I e II do *caput* deste artigo encerra votação e implica a absolvição do acusado", está dizendo, apenas, que não se votará os demais quesitos propostos originariamente aos jurados, visto que prejudicados pelo resultado absolutório, jamais referindo que "não se revelará" os votos dados pelos jurados. Aliás, era exatamente assim, e com redação análoga, o anterior art. 490 do CPP ("Se, pela resposta a qualquer dos quesitos, o juiz verificar que ficam prejudicados os seguintes, assim o declarará, dando por finda a votação"). Destarte, a teor da nova lei, nada mudou e não somente o magistrado pode, como deve revelar e contabilizar a quantidade de todos os votos dados pelo Conselho de Sentença. Isto é o que se chama, ademais, "interpretação histórica" do texto de lei, que, combinada com a interpretação sistemática do CPP, em seu art. 489, tornam-se as únicas ferramentas verazes, *in casu*, para se aferir a *mens legislatoris* e a *voluntas legis*. Tal interpretação (histórica) somente é possível quando se refaz o caminho percorrido nas Casas Legislativas para a aprovação da nova lei, em especial, no que se refere ao art. 489, que permitirá a dita elucidação mediante interpretação sistemática. Nesse sentido, ao retornar à Câmara dos Deputados o Substitutivo do Senado Federal, o Projeto de Lei n. 4.203, de 2001, de autoria do Poder Executivo, aduzia, em seu tópico XXVI, o seguinte:

"Para garantir o sigilo das votações, o art. 489 sofreu alterações com o objetivo de tornar claro que 'as decisões do Tribunal do Júri serão toma-

123 José Fernando Gonzalez, *Quesitação no Tribunal do Júri: questões polêmicas*. Disponível em: <www.saraivajur.com.br>.

das sempre por maioria e a resposta coincidente de mais de 3 (três) jurados a qualquer quesito encerra a contagem dos votos referentes a ele'".

Contudo, a relatoria da Câmara dos Deputados (Deputado Flávio Dino), recebendo o Substitutivo do Senado, **expressamente rejeitou a proposta**, aduzindo literalmente:

"Por fim, rejeito a modificação XXVI, pois a redação dada pela Câmara dos Deputados ao artigo 489 do CPP é mais compatível com a natureza colegiada do julgamento, permitindo o conhecimento da manifestação de todos os julgadores. Ademais a sistemática proposta pelo Senado Federal não encontra semelhança com nenhum outro instituto de nosso sistema jurídico, pois, quando do julgamento por Câmaras ou Turmas, todos os julgadores votam e têm seus votos computados. Finalmente, a experiência prática demonstra que o cômputo da posição de todos os jurados é importante elemento de convicção quando do julgamento de recursos, uma vez que, obviamente, julgamentos por unanimidade tendem a ter uma maior força persuasiva. **Diante de tais motivos, rejeito a alteração XXVI com a finalidade de manter o texto aprovado pela Câmara para o artigo 489**".

Destarte, parecem-nos clara a redação e a interpretação do art. 483, §§ 1º e 2º, combinado com o art. 489 do CPP, e o comando legal daí emergente: rejeitou-se a proposta substitutiva do Senado Federal que visava a não revelação integral dos votos do Conselho de Sentença, após contagem da maioria deles, permanecendo a sistemática anterior, no sentido de que devem todos os votos ser revelados e contabilizados, pelo que se pode chegar à unanimidade do veredicto ou simples maioria. Tal medida, como mencionado, permite um maior controle sobre a anulabilidade ou não do veredicto, na medida em que os veredictos, por simples maioria (4 X 3), ficam sujeitos sempre a uma maior nulificação, diante daqueles obtidos por ampla maioria de votos ou à unanimidade. Assim, se, por exemplo, um jurado dormisse durante a sessão, mas o veredicto fosse por seis votos a um, ou à unanimidade, seu voto seria despiciendo em face do resultado, visto que inexistiria prejuízo para o vencido, pelo que nenhuma razão teria para a anulação do julgamento. Todavia, em um veredicto por simples maioria (4 X 3), a nulificação seria bastante provável, dado que o voto do jurado que dormiu poderia ensejar resultado diverso, não fosse seu comportamento alheado.

Não obstante, a jurisprudência tem se manifestado no sentido de que a nova regra tornou desnecessária a apuração de todos os votos, sendo certo que, com a maioria, interrompe-se a votação. Aliás, conforme já prevíamos, alguns tribunais têm entendido que, com a nova regra, a revelação de todos os votos é causa de nulidade, por quebra do sigilo da votação[124].

Outros, no entanto, se manifestam no sentido de que a abertura dos sete votos dos jurados não é sequer causa de nulidade, mas sim mera irregularidade[125].

9.2.3. *"O jurado absolve o acusado?" Problemática*

Respondidos afirmativamente os quesitos referentes à autoria e materialidade, será perguntado ao Conselho de Sentença se o jurado absolve o acusado.

Reconhecidas a materialidade e a autoria delitiva, deverão os jurados decidir se absolvem ou condenam o acusado.

O quesito, por sua redação, tem abrangência bastante ampla, alcançando todas as teses da defesa que não digam com a materialidade nem com a autoria ou participação.

Nos termos da lei, são quesitos obrigatórios, quando respondidos afirmativamente, por maioria de votos, os relativos à materialidade e à autoria ou participação (§ 2º do art. 483).

Sua obrigatoriedade, contudo, será fonte segura de perplexidades. Imagine-se, por exemplo, que a única tese apresentada pela defesa seja a de negativa de autoria. Afastada a tese pelo Conselho, com a resposta afirmativa aos quesitos relativos à materialidade e à autoria ou participação, deverá o juiz presidente, ainda assim, indagar ao corpo de jurados se absolvem o acusado. Respondendo negativamente, nenhum problema se suscita, já que os jurados confirmam a condenação. Todavia, se os jurados responderem afirmativamente ao quesito, absolvendo o acusado, qual o fundamento da absolvição? O resultado de um julgamento decidido nesses termos trará perplexidade, e, havendo recurso do órgão acusador, parece-nos que não resta outra alternativa ao tribunal *ad quem* senão ordenar que o réu seja submetido

124 TJMS, Ap. Crim. 2009.014478-7, 1ª Turma Criminal, rel. João Carlos Brandes Garcia, j. 12-1-2010.

125 TJMS, Ap. Crim. 2009.011835-9, 2ª Turma Criminal, rel. Romero Osme Dias Lopes, j. 22-6-2009; TJAC, Ap. Crim. 2009.002609-4, Câmara Criminal, rel. Arquilau Melo, j. 14-1-2010; STJ, REsp 957.993/RN, 5ª Turma, rel. Felix Fischer, j. 5-5-2009, *DJe*, 22-6-2009.

a novo julgamento, por ser a decisão dos jurados manifestamente contrária à prova dos autos.

9.2.4. *Os sistemas de votação francês, inglês, canônico e escocês e a inovação do modelo brasileiro*

Os quesitos no Júri brasileiro sempre foram alvo de críticas. Dizia-se que os jurados leigos, por vezes, não entendiam a complexidade dos mesmos. Contudo, parece-nos, a inovação legislativa em um de seus pontos mais importantes, criou novo problema, ao propor, após a votação da materialidade e autoria delitivas, um quesito que subverte a ordem processual: "O jurado absolve o acusado?" (art. 483, § 2º). Expliquemos.

No *sistema francês*, faz-se jus, à plenitude, do modelo processual acusatório, e os quesitos são propostos obedecendo ao rigor lógico da acusação movida contra o réu. Assim, se houve um processo penal que imputou ao acusado a responsabilidade de determinada conduta criminosa, a pergunta aos jurados sobre o fato principal é uma consequência invariável da acusação: "O acusado é *culpado* de ter cometido tal fato?" ("L'accusé est-il coupable d'avoir commis tel fait?" – CPP francês, art. 349).

No *sistema inglês*, a seu turno, deixam os ingleses a mais ampla possibilidade de escolha aos jurados, em seu mais largo espectro, na medida em que lhes oferece, sem qualquer sugestão, a tese e a antítese da responsabilidade penal do acusado. Assim, pergunta-se no Júri inglês se o réu é "culpado ou inocente" (*guilty or not guilty*), dando-se a cada um dos jurados o direito de votar "culpado" (*guilty*) ou "inocente" (*not guilty*). Escolhem, pois, livremente, sem nenhuma manipulação linguística. Compare-se, agora, ao modelo nacional adotado: "Os *jurados absolvem* o acusado?". Ora, analisada a proposição à luz da lógica, questiona-se: se paira uma acusação contra o réu – transitada em julgado pela decisão de pronúncia – como, pois, perguntar se o réu deve ser "absolvido", se o que tem contra si é uma acusação de conduta criminosa? Seria mais sensato perguntar se ele é culpado, se a acusação contra si movida tem, portanto, procedência, como no modelo francês. Quando menos, então, seria o caso de adotar-se a "opção inglesa", dando aos jurados os votos expressos em duas distintas cédulas de "culpado" ou "inocente".

O modelo brasileiro é indutor de resposta, se não absolutória, ao menos equívoca, na medida em que os jurados que pretendam condenar o acusado deverão responder negativamente ao quesito proposto positivamente (o réu deve ser absolvido?). Assim, se a justificativa para a alteração dos quesitos era justamente acabar com a possibilidade de nulidades e colher a real intenção dos jurados, parece-nos, remanesce o defeito e se induz uma resposta. Nesse sentido, pelo ineditismo, registre-se: a nova lei, não sendo de inspiração quesitária "inglesa" ou "francesa", parece ter ido inclusive mais longe do que propõe o próprio processo canônico, sabendo-se que, nestes, não se pergunta meramente se o indivíduo é virtuoso ou deva ser canonizado – mesmo que esta tenha sido a razão pela qual se instaurou o procedimento –, mas as fórmulas propostas, para não induzirem as respostas, são afirmativas, negativas ou suspensivas (*fórmulas affirmative, negative e suspensive*), e não meramente laudatórias ou elogiativas. Portanto, a reforma processual, não obstante tratar de processo criminal, propõe pergunta que, à evidência, está mal colocada, não sendo albergada nem em processos de santificação[126].

Sobraria, ainda, ao legislador ter adotado o "modelo escocês" – e não o fez –, em que, a par das clássicas perguntas de inspiração britânica – "culpado" ou "inocente"–, propõe-se uma terceira via de quesitos: *not proven*[127], ou seja, não provado, vale dizer, consideram os jurados a insuficiência de provas, o que refletiria em importantes efeitos cíveis, por exemplo, na discussão do direito ou não à indenização, já que os jurados afirmam, por esse modelo, que deve ser o réu absolvido não porque seja inocente, mas por não estar provada a acusação, à semelhança da sentença fulcrada no art. 386, VII, do CPP.

Desta feita, em virtude de estas e outras aberrações, os quesitos devem ser devidamente destrinchados aos jurados, sob pena de, por erro, acabarem por votar afirmativamente na indagação se "o acusado deve ser absolvido", o que conduziria à inelutável absolvição e competente perda dos trabalhos, fruto de um mero deslize.

9.3. A explicação das consequências do veredicto

O jurado tem necessidade de saber as consequências de seu veredicto. Precisa ter noção de que, absolvendo um culpado, ele próprio estará fomentando o crime, desacreditando o Júri, via da péssima

126 Para uma aproximação, neste particular, ao direito canônico, v. Carlos Corral Salvador e José Maria Urteaga Embil, *Dicionário de direito canônico*, tradução de Jesús Hortal, São Paulo, Loyola, 1993, p. 195 e s.

127 Cf. Peter Duff, The Scottish Criminal Jury, in *World jury systems*, edited by Neil Vidmar, Oxford, Oxfor University Press, 2000, p. 372-373.

exemplaridade[128]. É preciso cobrar-lhe firmemente o dever judicante, a responsabilidade cívica, em uma decisão que ele próprio daria ao assassino de um ente querido. Vivemos hoje, muito, a era da hipocrisia, do *fazer cortesia com o chapéu alheio,* absolvendo o culpado, como se fôssemos detentores do direito não só da sociedade, mas, sobretudo, da vítima inocente... *Nam tua res agitur, paries cum proximus ardet* (... Pois está em perigo a tua casa, quando a parede do vizinho pega fogo).

Por outro lado, é preciso que se desmistifique a imagem de *prisão perpétua* com que a defesa costuma acenar para o Júri, dando a impressão que, se condenado, o acusado, de fato, ficaria recluso quinze ou vinte anos. Os arts. 33 e seguintes do CP, o art. 111 da Lei de Execução Penal, a explicação da progressão de regimes, do livramento condicional, são extremamente necessários ao Júri. O jurado precisa entender que, *mesmo ele querendo*, dificilmente o condenado cumprirá muitos anos de prisão. Se for primário e de bons antecedentes, necessita saber que entrou solto, e sairá andando, solto, mesmo condenado, pelo Júri. É o argumento lógico, combatendo a extralógica, posta como uma falácia *ad terrorum*[129], visando um julgamento *pietatis causae*: "Vinte anos de prisão para um moço de 19 anos?".

Tanto sabem os defensores a importância de exacerbarem para o Júri o *quantum* da pena a ser aplicada e cumprida pelo réu que, até findos os debates, se o Ministério Público não fiscalizar intensamente, pode, pelo mesmo argumento terrorístico, perder-se um julgamento, com manobras já na sala secreta[130], como a que ora transcrevemos de venerável

128 *V.* nosso Júri de homicídio, um ensaio: em defesa da exemplaridade da pena; contra a falácia da criminologia radical. *RT, 683:268.*

129 *V.* Irving M. Copi, Falácias não formais e falácias de ambiguidade, in *Introduction to logic*, trad. Álvaro Cabral, 3. ed., Mestre Jou, p. 73 e s.

130 Momento difícil à saúde da Justiça é o da sala secreta. Para o juiz presidente conseguir de fato manter-se na necessária imparcialidade, quando da explicação e votação dos quesitos, algumas observações tornam-se necessárias. Não pode em regra aludir ao *quantum* da pena que aplicaria, se reconhecida uma ou outra tese invocada, pois, como no acórdão acima, estaria a influenciar o *animus* do jurado a votar de acordo com a pena, e não com a análise da prova e dos fatos... acarretaria, com tal procedimento, a perda dos trabalhos, via de posterior nulificação do julgamento. Ao proceder a explicação da quesitação, deve abster-se de ofertar exemplificação em razão das teses alteadas nos debates (v.g. homicídio qualificado, legítima defesa etc.). Afinal, é tão somente para a demonstração de provas e o necessário paralelo de exemplos (ajustando-os às teses jurídicas) que as partes por tanto tempo debatem. A vedação é de ordem lógica e moral: caso ofereça um exemplo que, analogamente, mais se aproxime com aquele ofertado por qualquer das partes, o jurado sente-se impelido a secundá-lo. Em um

acórdão do Tribunal de Justiça de São Paulo, e que azou a nulidade do julgamento:

"... No caso em exame, evidente que a defesa, depois de cumpridas todas as formalidades previstas na legislação, não podia solicitar e obter do magistrado que lesse as penas cominadas ao homicídio qualificado e as previstas para as lesões corporais seguidas de morte. Assim agindo o defensor perturbou a livre manifestação dos jurados induzindo-os a afastar o reconhecimento do homicídio qualificado, cujos quesitos seriam votados, porque estaria sujeito a pena muito maior do que a cominada ao delito de lesões corporais seguidas de morte. A leitura foi uma forma de levar os jurados a decidirem desconsiderando o conjunto probatório e somente voltados para o *quantum* da pena a ser aplicada ao acusado. Em outros termos, a solicitação e atendimento do pedido de defesa levou os jurados a julgar não o fato, mas qual seria a pena mais adequada ao réu...

Manifesta a nulidade porque ocorreu a inversão no julgamento. Os jurados não analisaram o fato, não sopesaram as provas, não examinaram a forma pela qual o crime foi cometido, mas, pura e simplesmente e ante a atitude da defesa na sala secreta, foram induzidos... No caso em tela, muito embora não quebrado o princípio de incomunicabilidade, o júri teve maculado seu veredicto, eis que, insiste-se, foi levado a se pronunciar sobre a pena e não sobre o fulcro da imputação...

Ante o exposto, dá-se provimento ao recurso da Justiça Pública para anular, por vício formal, o julgamento, prejudicado o recurso do réu.

O julgamento teve a participação dos Desembargadores Ângelo Gallucci (Presidente) e Renato Talli, com votos vencedores"[131].

....

momento crucial do julgamento, se uma dúvida sobre qualquer questão fática assoma ao espírito do jurado, deve resolvê-la pela consulta dos autos (art. 480, *caput,* §§ 2º e 3º), ou através simplesmente de um esclarecimento narrativo pelo magistrado, ao qual não incumbe trair-se por exemplos. Tamanha é a autoridade recomendada por seu cargo que os jurados estão atentos ao menor sinal, um *signos demonstrativum* do que seja seu entendimento, para, de pronto, segui-lo. A prática demonstra que quanto mais fala o juiz nesse momento, mais o jurado perde a condição de decisão pessoal; liga-se ao menor sinal que entende dimanar do magistrado, e muitas vezes até os interpreta erroneamente. Um bom juiz presidente intervém somente quando provocado, ou para restabelecer a ordem e o direito, sem contribuir, da mesma forma, para o naufrágio de qualquer deles. Sua autoridade, perante as partes, advém da segura mostra do maior atributo da toga: o espírito independente, o compromisso com a lei... em uma palavra, a imparcialidade. Daí resulta a *força moral de sua autoridade*.

131 Ap. Crim. 83.088-3, rel. Weiss de Andrade, j. 12-2-1990, *Justitia* 154/183, ano de 1991.

9.4. A lembrança aos jurados de duas importantes regras da lei

Sabendo-se que a "dúvida" pode instalar-se no espírito do jurado por simples desinformação quanto ao conteúdo dos autos, é mister que o orador relembre ao Conselho de Sentença duas imprescindíveis regras da lei processual atinente ao esclarecimento da verdade: a do art. 480, § 1º[132], e a do art. 480, § 3º[133], do CPP.

Com tal expediente, demonstra-se a segurança na tese sustentada e convoca-se o julgador a sair de uma eventual "dúvida irresponsável". Esta é produto do espírito de inércia, porquanto, podendo acessar-se à prova dos autos, o jurado pode deixar de fazê-lo por puro comodismo ou simples desinformação quanto a um seu direito, beneficiando, inequivocamente, o acusado, pela "dúvida" não solucionada.

9.5. Identificar e combater as falácias

Destinamos a esta recomendação um subtópico mais detido para salientar a importância do tema: aqui reside com absoluta certeza a maior causa das injustas absolvições diante do Júri. O promotor prepara-se para um embate *lógico*, enquanto a defesa atalha e confunde, pelos caminhos da *extralógica*, das *falácias*.

São muitas as utilizadas pelos defensores no Júri, além do citado recurso ao terror (*ad terrorum*):

a) O argumento *ad hominem* – onde critica-se ofensivamente a vítima, o promotor[134], o delegado etc. – para, reflexamente, desacreditar-se o *petitum* do libelo e toda a prova processual[135].

....

132 "§ 1º Concluídos os debates, o presidente indagará dos jurados se estão habilitados a julgar ou se necessitam de outros esclarecimentos."

133 "§ 3º Os jurados, nesta fase do procedimento, terão acesso aos autos e aos instrumentos do crime se solicitarem ao juiz presidente."

134 "É velho o conselho de Barboux, célebre *batonnier*: 'Em desespero de causa, competem ao advogado dois deveres: bajular o juiz e desmoralizar o acusador'. Uma carranca, uma voz grave, tremida, altissonante, um dedo em riste visam, não o legislador que dita a sanção, não o juiz que traz o 'inocente' a plenário, não o réu que pratica o crime, mas o Promotor Público..." (Roberto Lyra, *Teoria e prática da promotoria pública*, 2. ed., Porto Alegre, Sérgio Antonio Fabris Ed., 1989, p. 63).

135 *V.* o apontamento de Cordeiro Guerra, *A arte de acusar*, Rio de Janeiro, Forense Universitária, 1988, p. 18.

b) O argumento *ad misericordiam*; um apelo à misericórdia: "... coitada, infeliz da família do réu, ficará ao abandono..."[136].

c) O *argumentum ad baculum*, que é o recurso à força, de que se valem os mais ousados e inescrupulosos, visando diluir, aos berros, a autoridade e o respeito devidos ao representante da Justiça Pública e fiscal da lei. A este une-se, comumente, o *argumentum ad hominem*...

E, sem perder a linha, o órgão do Ministério Público também não pode esquecer-se de que, embora tenha os deveres inerentes ao seu ofício, também tem os direitos facultados a qualquer cidadão. Há situações que cobram vigor, *saúde* do promotor, e que, sem ofertar a pronta repulsa, além de perder o libelo (e todo o direito da sociedade), pode passar por uma extrema humilhação. Não adianta o *vol d'oiseau* pela elegância desusada, saindo às vezes até do plenário, porque a injúria pesada e a agressão direta marcam indelevelmente o agredido, perante o Júri e a assistência. Onde estaria afinal para o *embate*, no sentido mais puro, o guardião e "soldado da lei"?!

A lei, nesse ponto, "não quer o seu heroísmo", como verberava Garraud, com o silêncio resoluto à moda de Gandhi. Não se pretende que diante dos maiores absurdos invectivados da tribuna, da mais sórdida calúnia lançada, fique o promotor a declamar lições de boas-maneiras, com os livros de etiqueta sob os braços, receitando *finesse*, de onde provenha a vilania. O *Sermão da Montanha* pertence a Cristo, onde não se admite sequer o direito natural à legítima defesa: "Si quis te percussit in dexteram maxillam tuam, proebe illi et alteram" (Se alguém te bater na face direita, ofereça a outra).

Não consta que o *homo medius* aceite a função ministerial, ao preço de sua crucificação, ainda que moral; crucificação da honra. "A esse preço" – da beca amortalhar o *homem* – responderíamos como o Ministro Lúcio Mendonça: "... não a aceitaríamos"[137]. O promotor não deixa de ser

136 "Saiu da cadeia! Os amigos passam de largo, a filha é sempre a filha do criminoso; a esposa, se já não morreu de miséria ou não se prostituiu, está desacostumada dos seus carinhos, cede-lhe a custo o governo da família ou espera dele mais do que ele, combalido, amputado na iniciativa, poderia dar" (Júlio Pires Pôrto--Carrero, Excerto, apud Roberto Lyra, Escola Penal Brasileira, *RF*, v. 83, 1940).

137 *V*. a resposta dada por Lúcio Mendonça, enquanto ministro da Suprema Corte de Justiça, dada em plena sessão de julgamento de um *habeas corpus*, diante da impertinência de um ousado defensor. O fato é citado por seu filho Carlos Sussekind de Mendonça em discurso transcrito por Roberto Lyra, *Teoria e*

homem, cidadão, porque assumiu uma função pública. Sem os *melindres de alfinete*, mas se preciso, sem excessos, tem como qualquer outro o direito à sua defesa própria, da qual não se abre mão sequer na mais alta Corte... É certo que essa repulsa à agressão não contém talhe certo, mas o momento, o bom senso e a honestidade que não castram o "direito natural" sabem na ocorrência ditar a resposta.

d) O *argumentum ad populum*, o apelo emocional "ao povo", vem embutido nesses discursos tão ao gosto dos políticos do Júri, a que aludíamos no início deste capítulo. Criticam-se a Justiça, a Polícia como instituição, o Estado, a injusta distribuição de renda; utiliza-se a arenga cansada, mas *clichet* ao gosto do populacho, de que "cadeia não corrige" (... como se a *correção* fosse a única finalidade da pena), "rico não vai preso" etc.[138].

A *falácia* precisa ser identificada, porque muitas vezes põe-se como a pior armadilha, fardada nas vestes da extrema sutileza, ou *infiltrada* de modo muito persuasivo. Procura uma conexão psicológica com o jurado, não lógica.

Se a defesa, no Tribunal do Júri, se socorre de falácias retóricas e distorções emocionais para confundir e seduzir o Conselho de Sentença, não se pode ignorar que tais expedientes ganham especial força quando a ré é a própria estrutura do crime organizado. O julgamento de homicídios perpetrados por facções criminosas, por suas organizações complexas e sua estratégia deliberada de ocultação da verdade, exige do acusador o manejo mais agudo e firme da lógica e da prova. Não basta repetir os passos de um processo comum: a criminalidade organizada é, por essência, um jogo de sombras, que se vale da multiplicidade de envolvidos, da fragmentação de responsabilidades e do constrangimento imposto a testemunhas e vítimas sobreviventes.

O discurso defensivo, nesses casos, comumente invoca a dúvida como dogma e a ausência de provas testemunhais diretas como escudo, esquecendo que é justamente a natureza do crime organizado que impede, não raro, a formação de um acervo probatório convencional. É a organização

prática da promotoria pública, 2. ed., Porto Alegre, Sérgio Antonio Fabris Ed., 1989, p. 78.

138 V. Irving Copi, Para evitar as falácias, in *Introduction to logic*, trad. Álvaro Cabral, 3. ed., Mestre Jou, p. 99 e s.

criminosa que silencia testemunhas, que dilui a culpa e que transforma a inércia probatória numa estratégia processual.

Não se combate, portanto, o faccionado com as armas tímidas da lógica linear ou com o dogmatismo das fórmulas prontas: exige-se do tribuno do Júri a desarticulação da farsa e o resgate da verdade pela reconstituição persuasiva dos elementos probatórios. Porque, se o Ministério Público titubear diante da retórica do nada-prova, o próprio sistema de Justiça penal tombará, rendido ao cinismo sistêmico que transforma o crime organizado na nova forma de ditadura social.

Vê-se que a imagem com que a sociedade estereotipa os defensores de Júri é justamente aquela em que recorrem à falácia *ad misericordiam*, ou *pietatis causae*[139], cujo costume vem registrado de longa data por Clarence Darrow (famoso defensor norte-americano)[140], como recomendação aos novéis *aprendizes de feiticeiro*, e no Brasil decantada e acostumada às defesas de Evaristo:

"O advogado aponta para um canto do auditório, dirige-se a uma veneranda senhora coberta de luto e de pranto, mostra a todos a sua figura desmaiada, onde uma dor irremediável prospera funereamente. É a mãe do réu. Ouve-se um grito, uns passas rápidos, mãe e filho estão abraçados, chorando. Senhoras nas tribunas choram, alguns jurados têm os olhos molhados e disfarçam a comoção. E a absolvição é fatal..."[141].

Era fatal, dizemo-lo agora. Ou seria fatal... A "veneranda senhora de luto" deve ter se apossado do vestido da genitora da vítima, travestindo-se de luto. Imprópria a indumentária, buscou a compaixão do Júri, embalada depois com uma marcha fúnebre surrupiada pelo maestro (e compositor) defensivo da acusação. Essa *inversão de valores*, se não for combatida eficazmente, pode fazer efeito. É preciso ver ao Júri as advertências que fez Roberto Lyra: "O cadáver é meu! A viúva é minha! Os órfãos são meus! O luto e a dor pertencem à acusação... Jurados, se a honra de vosso juramento desfalecer ante a exploração de sentimentalismo,

139 V. um trecho da defesa de Clarence Darrow, transcrita por Irving Copi, *Introduction to logic*, trad. Álvaro Cabral, 3. ed., Mestre Jou, p. 78-9.

140 V. Irving Stone, *Clarence Darrow for the defense*, New York, Garden City Publishing Company, 1941.

141 Evaristo de Morais, *Reminiscências de um rábula criminalista*, Rio de Janeiro, Edijur, 1922, p. 183.

às avessas, então, elevai o coração e escutai o choro da criança que pressentia a orfandade"[142].

Alguns defensores – registra a história do Júri – ouviram falar da *técnica* falaciosa e, em desastrados voos oratórios, foram abatidos com a própria ridicularia sustentada, estatelando-se ao solo, como o caso daquele que, advogando para um jovem julgado por brutal assassinato – matara os próprios pais –, e diante das provas esmagadoras... solicitou piedade ao Tribunal, com base em sua orfandade[143] ... "Coitado", órfão... de uma defesa mais séria.

E vale, aqui, um alerta final: não faltam aqueles que, com ares de nobreza e compaixão, clamam pelo sofrimento do réu, invocando uma retórica alarmista de que o Brasil seria um dos países que mais prendem no mundo, o que justificaria a comiseração e a leniência do Júri. Mas a verdade, como meticulosamente demonstrado por Bruno Carpes em *O mito do encarceramento em massa*, é que essa cantilena não passa de um artifício falacioso, desmontado à luz de dados concretos e comparações internacionais. O Brasil, longe de ser o "campeão" das prisões, tem índices percentuais muito inferiores aos de outros países, e a alegação de "superlotação" torna-se um subterfúgio retórico para tentar minar a aplicação da justiça penal. "Campeão", mesmo, o Brasil só desponta, insofismavelmente, é com o número absoluto de homicídios, e este, nenhuma outra nação lhe supera. Não se deve, portanto, permitir que o teatro da piedade suplante a verdade e a justiça: a retórica que relativiza o crime, acoberta a verdade e disfarça a dor real da vítima é um desserviço à sociedade.

9.5.1. *Falácias contemporâneas e estratégias de manipulação*

a) Falácia do determinismo social

Consiste na tentativa de deslocar a responsabilidade criminal do réu para o contexto socioeconômico, afirmando que sua conduta delitiva é fruto exclusivo de sua origem, ambiente ou trajetória social. Embora seja inegável que o meio possa influenciar comportamentos – fato reconhe-

[142] *Como julgar, como defender, como acusar*, Rio de Janeiro, Ed. Científica, 1979, p. 122.

[143] Apud Irving Copi, *Introduction to logic*, trad. Álvaro Cabral, 3. ed., Mestre Jou, p. 79.

cido pela criminologia contemporânea –, essa constatação não autoriza, sob qualquer perspectiva legítima, a anulação da autonomia moral do agente. Trata-se de uma falácia porque confunde influência com determinação, subvertendo o princípio jurídico fundamental segundo o qual, salvo nos casos expressos de exclusão de culpabilidade (como coação moral irresistível ou inimputabilidade), todo indivíduo é responsável pelos seus atos.

Essa linha argumentativa revela-se especialmente ardilosa quando o defensor a invoca para sensibilizar os jurados com evocações de mazelas sociais reais, porém dissociadas do caso concreto, gerando empatia difusa e desviando o foco do *thema probandum*. Além disso, essa retórica compromete a própria essência do direito penal enquanto expressão do livre-arbítrio e da dignidade moral do ser humano.

Exemplo notório foi o caso **Guy Georges**, o "Monstro de Bastille", na França. Acusado de uma série de assassinatos brutais, a defesa tentou atribuir suas ações à infância difícil em orfanatos e ao abandono social. Tal linha foi prontamente refutada, pois, ainda que tais contextos sejam relevantes para a compreensão da trajetória do réu, não podem eliminar sua responsabilidade moral pelos crimes hediondos cometidos.

b) Falácia da inversão da polaridade moral

Caracteriza-se pela tentativa de transformar o réu em vítima e a vítima em culpada, desviando o foco da conduta criminosa. Essa estratégia, conhecida também como "culpabilização da vítima", levou à promulgação da **Lei n. 14.245/2021 (Lei Mariana Ferrer)**, que alterou o Código de Processo Penal para proibir práticas ofensivas à dignidade da vítima durante julgamentos.

Exemplo paradigmático ocorreu no caso do **Maníaco do Parque**[144], no qual atuamos, em São Paulo, em que a defesa tentou insinuar que o comportamento das vítimas teria contribuído para sua própria morte, ignorando a brutalidade e a premeditação do criminoso. A legislação atual visa justamente coibir tais manobras retóricas, reafirmando a dignidade da vítima e delimitando os contornos éticos do processo penal.

---

[144] Edilson Mougenot Bonfim, *O julgamento de um serial-killer – O caso do Maníaco do Parque*, 3. ed., Londrina, Editora E.D.A., 2021.

c) Falácia do espantalho

Nesta modalidade, a defesa ou o argumentador distorce deliberadamente a tese acusatória para facilitar sua refutação, criando uma versão caricata, simplificada ou extremada da acusação – geralmente uma que nunca foi efetivamente sustentada pela parte adversária. O objetivo é construir um "boneco de palha" (*straw man*) que possa ser facilmente destruído perante o júri, desviando o foco da análise do mérito real da imputação.

Trata-se, portanto, de uma manobra retórica de desvio, em que a acusação real é substituída por uma versão distorcida, muitas vezes impregnada de apelos emocionais, para que a refutação dessa versão aparente seja confundida com a refutação da acusação genuína. Essa falácia explora a dificuldade natural do jurado leigo em distinguir o argumento verdadeiro da caricatura apresentada. Por isso, cabe ao promotor, com serenidade e precisão, reconduzir o debate aos termos exatos da imputação, desmontando a distorção e reafirmando o fio lógico e probatório da acusação.

d) Falácia do apelo à ignorância (*argumentum ad ignorantiam*)

Consiste em afirmar que uma proposição é verdadeira simplesmente porque não foi provada como falsa. No contexto do júri, manifesta-se quando se alega que, na ausência de provas conclusivas, o réu deve ser absolvido, ignorando o conjunto probatório já existente.

Exemplo emblemático foi o caso **O.J. Simpson**, nos Estados Unidos. A defesa explorou a ausência de prova perfeita – no famoso episódio das luvas que "não serviam" – para insinuar a inocência do réu, manipulando a percepção dos jurados. O promotor atento deve demonstrar que o *standard* probatório exige convencimento, não certeza absoluta.

e) Falácia do apelo à tradição (*argumentum ad antiquitatem*)

Baseia-se na premissa de que uma prática é correta ou aceitável simplesmente porque sempre foi assim. No júri, foi invocada em casos como o de **Doca Street**, sob a égide da "legítima defesa da honra", tese já repudiada pelo Supremo Tribunal Federal. Tal argumento perpetua costumes arcaicos e valores ultrapassados, sendo crucial ao promotor rechaçá-lo com ênfase e lucidez.

f) Falácia do *post hoc ergo propter hoc*

Estabelece relação causal espúria entre eventos meramente sequenciais. Um exemplo histórico é o de **Henri Landru**, o "Barba Azul de Gambais", na França, cuja defesa alegou que traumatismos cranianos na infância justificariam seus homicídios em série. A tentativa de estabelecer nexo causal sem fundamentação científica foi desarticulada, mostrando que coincidência não implica causalidade.

g) A falácia do apelo à independência

Surge quando o defensor argumenta que a decisão do júri deve se dissociar das evidências apresentadas, em nome de uma suposta "autonomia moral" do Conselho de Sentença, obscurecendo o papel constitucional do júri como julgador vinculado aos fatos. A crítica a essa falácia é clara: a independência do júri não é sinônimo de arbitrariedade ou desconsideração do direito e da prova.

9.6. Promover a réplica, em regra

Após a sustentação inicial do libelo, a defesa contrariou a argumentação ministerial, estabelecendo, pela dialética, um princípio de *dúvida* no espírito do jurado. Ofereceu-lhe *falácias* de toda a sorte, cuja oportunidade única a combatê-las, obviamente, dá-se com a réplica. O promotor não se pode olvidar que os jurados não são acusadores, mas juízes e, portanto, com muito mais facilidade quedam-se em dúvidas. É, pois, um gigantesco erro de avaliação prescindir-se, de regra, das réplicas... com elas, muitas absolvições indevidas teriam, com certeza, sido evitadas.

9.7. Acusar sem humilhar

O crime é hediondo, e o criminoso, perverso. Porém, no Júri porta-se o delinquente, costumeiramente, com uma postura clemente, para facilitar o perdão. Se o promotor o injuria, a par de não ser de bom tom, desperta a piedade do julgador, porque, querendo ou não, no julgamento, o réu está mesmo em uma posição humilhante, independente do delito que cometera. É um grande equívoco, em que incorrem os mais desavisados, atacarem indevidamente o acusado. Pimenta Bueno[145], Roberto Lyra, Cordeiro Guerra[146], todos os que verdadeiramente conheceram o Júri como tribunos, fizeram idêntico registro[147].

....

145 "O acusador, por decoro próprio e sobretudo por obrigação estrita, jamais deverá injuriar o réu, ou por qualquer forma olvidar-se do respeito devido ao Tribunal. Pelo contrário, refletido e moderado, embora enérgico em sua argumentação, deve produzir sua acusação sem cólera... sem exageração" (apud Adriano Marrey, *Júri – Teoria e prática*, 3. ed., São Paulo, Revista dos Tribunais, 1988, p. 168).

146 *A arte de acusar*, Rio de Janeiro, Forense Universitária, 1988, p. 14.

147 Cf. Magarinos Torres: "A oratória do Ministério Público é, aliás, um problema banal de psicologia, resumível em uma única condição, indispensável a todo orador, que se proponha a convencer, e é a de agradar, no bom sentido, segundo

Jorge Americano recomendou: "... economiza a adjetivação; encara o episódio como um caso jurídico e não como questão pessoal contra os demais interessados"[148].

Magalhães Noronha não divergiu:

"... O promotor, principalmente, se não quiser comprometer sua acusação, não deverá nunca ofender o acusado. A regra há de se evitar os qualificativos e apontar os fatos: estes sim, com toda a pujança e com toda a eloquência. O lema a seguir é *suaviter in modo, fortiter in re*... que não se exceda nas objurgatórias ao réu... que pode ser contraproducente"[149].

A tal lição, entretanto, devem ser adicionadas outras, pena de blandícia indevida, com quem não mereça o tratamento devido aos *gentlemen*. Note-se que alguns "qualificativos" não são *adjetivos* gratuitos ao acusado, mas verdadeiros *substantivos*, integrantes de sua personalidade e *curriculum vitae*. Não se vai imaginar, também, que o pior facínora, pertencente à *fina flor* das *"sociedades pilantrópicas"*, confessadamente incorrigível, seja tratado a pão de ló – criminologia *cream puff* –, com mesuras e o respeito com que distinguimos os homens de bem. Igualdade na medida das proporções, usando-se da equidade... O que se coíbe é a agressão gratuita, o conspurcar da honra, o exagero na forma, o desrespeito à pessoa.

... Não dizem os defensores dos piores celerados que "não defendem o criminoso, mas tão somente o *cidadão*, enquanto cidadão"? Pois que o promotor acuse o *criminoso, enquanto criminoso*, deixando o *cidadão* de lado.

Eis a lição de Esmeraldino Bandeira:

"Não me parece aceitável o conselho, tantas vezes repetido, de Orlando Marçal – que aos delinquentes se dispensem fraterna e amorosamente as provas de solicitude e de solidariedade a que têm direito. Não; quem tem direito a isso não é o criminoso, é a vítima. Tratá-lo de tal modo é expropriar de seu direito quem nele foi ofendido pelo delito".

todos os manuais clássicos de retórica. 'Com vinagre só, jamais se apanham moscas' e, com grosserias e enfatismos, não conseguiriam os mesmos oradores nenhuma justiça perante os tribunais togados, que também são movidos, como todo o mundo, nas suas impressões e julgamentos, por determinantes sentimentais e emotivas..." (*Processo penal do júri nos Estados Unidos do Brasil*, Rio de Janeiro, 1939, p. 371).

148 Apud Magarinos Torres, *Processo penal do júri nos Estados Unidos do Brasil*, Rio de Janeiro, 1939, p. 370.

149 *Curso de direito processual penal*, 19. ed., São Paulo, Saraiva, 1989, p. 273.

E continua:

"Ao criminoso deve-se apenas um tratamento que o não flagele, nem que o corrompa mais ainda. À vítima, sim, é que se deve um trato fraterno e amoroso, máxime se ela for inocente e digna"[150].

9.8. Traçar com fidelidade o perfil do réu e da vítima

É dito que no Júri, além do fato, julgasse "o homem". Se o promotor não "apresenta" a vítima e o réu aos jurados, corre o risco de ver uma caracterização disforme da realidade, pelo defensor: o criminoso veste os trajes de *santo*; a vítima, já sem defendente, transfigura-se no pior delinquente...

Ademais, a caracterização da personalidade de ambos torna-se necessária para o estabelecimento da pena (art. 59 do CP).

9.9. Provar "além" da culpa do réu

Vale dizer: o quanto e quando possível, provar não somente a culpa do acusado, como ainda demonstrar a falsidade de suas alegações. Essa é uma anotação que se fazia desde Beccaria[151]; uma cobrança e um alerta propostos por Mittermayer, necessários para angariar a *certeza*:

"A convicção toma o nome de *certeza* desde o momento *em que repele vitoriosamente todos os motivos contrários*, e desde que estes não podem destruir o conjunto que se impõe dos motivos afirmativos"[152].

Tal observação, que sempre cumprimos na tribuna, encontra-se também registrada e sintetizada por Cordeiro Guerra, com a seguinte colocação:

"É preciso lembrar que os jurados têm sempre um pretexto para absolver, e custam a encontrar razões para condenar. O ônus da prova cabe a quem alega; mas o jurado quer que o Ministério Público prove a verdade do que afirma e a falsidade do alegado pelo réu. Sem isto, nada feito"[153].

150 Apud Roberto Lyra, *Teoria e prática da promotoria pública*, 2. ed., Porto Alegre, Sérgio Antonio Fabris Ed., 1989, p. 79.

151 "As provas de um delito podem distinguir-se em provas perfeitas e provas imperfeitas. As provas perfeitas são as que demonstram positivamente que é impossível que o acusado seja inocente. As provas são imperfeitas quando não excluem a possibilidade de inocência do acusado" (*Dos delitos e das penas*, § VII).

152 *Tratado de la prueba en materia criminal*, 8. ed., Madrid, Ed. Reus, 1929, p. 60-2.

153 *A arte de acusar*, Rio de Janeiro, Forense Universitária, 1988, p. 12.

10. A QUESTÃO DOS APARTES: DIREITO OU NÃO?

A par de ter sido sempre utilizado nos debates do Júri[154], o aparte somente contou com alguma previsão legal antes da edição do Código de 1941, quando a legislação processual era atribuição dos Estados. Em São Paulo, por exemplo, no Decreto n. 3.015, de 20-1-1919, no art. 18, encontramos: "São permitidos durante os debates do Júri os apartes, curtos, comedidos e que não provoquem tumultos"[155].

Excepcionalmente, pois, encontramos alguma alusão a respeito em antigos códigos, decretos ou legislações esparsas no Brasil. Seu paralelo e fonte de inspiração sempre foram, não obstante, os debates do Parlamento, que, antes de aportarem no País, influenciaram o instituto da *objection*, que é a forma de aparte do Júri inglês e dos países da *Common Law*, em que uma das partes interpõe protesto contra outra, via do juiz presidente. Esse modelo assemelha-se ao nosso "aparte regulamentado".

Os apartes, contemplados expressamente no art. 497, XII, do CPP, seguindo anterior tradição, foi claramente inspirado nos Regulamentos Internos das Casas Legislativas[156]. Contudo, regulamentou-se, como dito, apenas parcialmente a previsão de apartes, matéria que, não obstante, é melhor regulamentada em ambos os Regimentos Internos do Congresso Nacional para uso próprio. Nesse particular, os Regimentos Internos das Casas Legislativas fornecem importantes elementos para a compreensão do instituto e sua interpretação. Daí a confusão que muitos fazem ao não compreenderem a natureza diversa que os apartes aparentam ter no Senado Federal, se comparados com sua utilização e finalidade no Júri.

Vejamos, por exemplo, a questão do disciplinamento do tempo para fazê-lo: a) enquanto na Câmara Legislativa Federal os apartes não contam com limite ou previsão temporal para sua feitura (Regimento Interno, art. 176), no Senado da República, delimitaram-se "dois minutos" para sua consecução (art. 14, XII, do Regimento Interno), prorrogáveis por "mais um ou dois minutos" (art. 15). Ressalte-se, contudo, que, nesse particular, o uso da palavra pelo orador, no Senado, durante os debates, diferen-

154 *V.*, nosso, *No Tribunal do Júri*, 4. ed., Saraiva, 2011.

155 Borges Pereira (*Tribunal do júri*, São Paulo, Saraiva, 1993, p. 345) recorda também o Código piauiense de 1919, que dispunha: "É permitida aos oradores a troca de apartes em termos, desde que não degenere em diálogo".

156 Regimento Interno da Câmara Federal: "Art. 176. Aparte é a interrupção, breve e oportuna, do orador para indagação, ou esclarecimento, relativos à matéria em debate".

temente do que se passa no Júri, é de apenas dez ou vinte minutos e o aparte se configura como um verdadeiro "discurso dentro de outro discurso". Natureza diversa, pois, do que têm os "apartes livres", assemelhando-se, nesse caso, aos "apartes regulamentados".

Em todo caso, seja na Câmara ou no Senado, é *conditio sine qua non* para sua feitura a permissão do orador que esteja fazendo uso da palavra (art. 14, XII, *a*, do Regimento do Senado e art. 176, § 1º, do Regimento da Câmara Federal), o que denota tratar-se de um modelo distinto – embora parecido – de instituto, com ambos os tipos existentes no Júri, configurando-se um *tertium genus*.

Em verdade, muitas são as omissões legais no que se refere ao aparte no Júri, pelo que impossível compreendê-lo e aceitá-lo, senão à luz da tradição forense, possibilitando elementos de comparação advindos de regulamentos *interna corporis* do Legislativo.

Por exemplo, em ambas as Casas Legislativas, como dito, o instituto é longamente disciplinado em seus Regimentos Internos, até na forma de serem feitos: enquanto no Senado o aparte deve ser realizado pelo aparteante sentado (art. 14, XII, *e*), na Câmara o aparteante deverá "permanecer em pé" ao fazê-lo (art. 176, § 1º), mas e no Júri, para o qual a lei nada aduz? No Júri, tal como o "aparte livre", faltando dispositivo legal a respeito, a tradição forense considera irrelevante a postura corporal, permitindo-se que seja interposto sentado ou em pé, desde que, em qualquer caso: a) o aparte seja aceito pelo orador que esteja fazendo uso da palavra (hipótese do aparte livre); b) o juiz presidente o conceda, autorizando o aparteante a falar durante a manifestação da parte contrária (aparte regulamentado).

Desse modo, completamente "sepultada" está, no Brasil, a lição de Borges da Rosa, para quem:

"O juiz presidente do Tribunal não deve permitir que a acusação e defesa deem apartes; pois estes dão lugar a interrupções, são em geral perturbadores e muitas vezes tornam prejudicialmente acalorados os debates, dando margem a atritos e invectivas, com grave ofensa ao decoro do tribunal. Às partes só é permitido falar pela ordem em que lhes é concedida a palavra"[157].

[157] *Manual de teoria e prática do processo penal*, Porto Alegre, Globo, 1922, v. 1, p. 144-5.

Seria decididamente injusto à sociedade proibir-se o promotor de apartear o defensor, v.g., quando, na tréplica, este distorcesse um fato ou uma prova processual. Qual seria então a oportunidade – senão essa – para o "fiscal da lei" (e acusador) interpelar o faltante, reconduzindo-o à prova e à legalidade? Sucumbiria o princípio da verdade real (pela vedação do aparte) diante do antiético e verdadeiramente criminoso expediente da distorção da verdade?

A recíproca é verdadeira[158]. Esta é a "teoria dos freios e contrapesos" do Júri, em que a fiscalização mútua, via de "apartes" ordeiros e oportunos (a integrarem os debates), somente pode engrandecer a Instituição, por vez que, pelo mecanismo *sub analise*, alvitrasse a cabal elucidação de um eventual ponto divergente. De regra, afirme-se: não podem ser tumultuários e tampouco exagerados, mas quando necessários, não podem ser abstraídos, enrodilhados pelas acanhadas vestes de um inconsequente silêncio.

A doutrina já se mostrava pacífica quanto à pertinência dos "apartes", desde Magarinos Torres[159], Roberto Lyra[160], Câmara Leal[161] até mais recentemente com David Borensztajn[162], James Tubenchlak[163], Borges Pereira[164] etc.

E a jurisprudência já consolidava esta posição:

"Insere-se nas atribuições do Juiz Presidente do Tribunal do Júri garantir o pleno exercício dos direitos das partes em plenário, entre os quais se inscreve a faculdade do aparte, que, se não pode constituir discurso paralelo, também não pode ficar sujeito à sistemática recusa, que envolve prejuízo sobre sua pertinência e afinal um eventual obstáculo ao melhor esclarecimento do jurado"[165].

158 Roberto Lyra afirma: "Vale notar que o Promotor Público jamais deve negar licença para apartear, nem mostrar-se aborrecido ou confundido com as interrupções do adversário..." (*Teoria e prática da promotoria pública*, 2. ed., Porto Alegre, Sérgio Antonio Fabris Ed., 1989, p. 212).

159 *Processo penal do júri nos Estados Unidos do Brasil*, Rio de Janeiro, 1939, p. 366 e s.

160 *Teoria e prática da promotoria pública*, 2. ed., Porto Alegre, Sérgio Antonio Fabris Ed., 1989, p. 211.

161 Apud Adriano Marrey et al., *Júri – Teoria e prática*, 3. ed., São Paulo, Revista dos Tribunais, 1988, p. 175.

162 A busca da verdade no Tribunal do Júri, *RT* 618/422.

163 *Tribunal do júri – Contradições e soluções*, Rio de Janeiro, Forense, 1990, p. 106.

164 *Tribunal do júri*, São Paulo, Saraiva, 1993, p. 345.

165 TJSP, rel. Des. Onei Raphael, *RT* 549/304.

"*Júri*. Debates em plenário. Apartes do Ministério Público. Prática não vedada expressamente pelo Código de Processo Penal. Fato que não interferiu com o livre exercício do direito de defesa. Inexistência de prejuízo. Preliminar de nulidade rejeitada. Os apartes do Ministério Público nos debates em plenário do Júri, se não interferiram com o livre exercício do direito de defesa, não podem ser causa de nulidade do julgamento, uma vez inocorrente prejuízo. Durante os debates, a prática tem permitido apartes, não proibidos expressamente pelo Código"[166].

Ademais, podemos constatar que dois são os tipos de apartes possíveis no Tribunal do Júri:

a) o aparte livre, que consiste em uma concessão do orador que estiver fazendo uso da palavra;

b) o aparte regulamentado pelo art. 497, XII, do CPP, que decorre de um requerimento dirigido ao magistrado, pelo aparteante.

10.1. Aparte livre

O primeiro deles – aparte livre – pertence à práxis, à tradição do Júri no Brasil. Veremos adiante parte de sua história. É a ele que se refere Espínola Filho e vasta gama de doutrinadores e arestos jurisprudenciais. Trata-se de uma concessão da parte que estiver com a palavra. Assim, o *ex adversu* solicita-o ao orador: "V. Exa. me permite um aparte?", que será ou não concedido pelo aparteado.

Diz-se concessão, porquanto o tempo é destinado por lei às partes e, uma vez interrompido o orador para esclarecimento, retificação, reptos etc. pela parte contrária, depende de sua exclusiva permissão a interferência que se faz. Não há, pois, proibitivo algum, nem na solicitação do aparte, tampouco em sua concessão, sobretudo quando se homenageia com os apartes o princípio da verdade real e da lealdade das partes, informadores do processo penal.

Um, o aparte, por vezes é tão inevitável quanto a resposta do aparteado. Por isso, também se diz "debates do Júri" e não meras alegações das partes, eis que estas se reduziriam a compartimentos oratórios estanques, às quais a *visita oral* do opositor seria sempre proibida. Há, na dinâmica do Júri, situações variadas, quando dos debates, nas quais o

166 Ap. 86.329-3, 1ª Câmara do TJSP, j. 7-5-1990, rel. Des. Andrade Cavalcanti, *RT* 659/262.

aparte direto, rápido, não somente contribui para aclarar pontos obscuros e devolver a atenção dos jurados ao julgamento da causa, como o próprio aparteado por vezes agradece a proveitosa interrupção. Assim, aparte é tanto uma anuência ou elogio, quanto pedido de esclarecimento em ponto dúbio, contradição breve a uma afirmativa dada, uma rápida *retortio argumenti,* podendo ser, enfim, mesmo a presença de espírito que, fugaz, revela em poucas palavras um sofisma alheio.

Nesse sentido, conquanto a lei conceda o direito de acusação e defesa às partes, destinando-lhes um tempo para as respectivas manifestações, é destas que advém o melhor uso do tempo legal. Por isso, há oradores que provocam os apartes e há aqueles que os solicitam, a tudo, pois, emprestando-se o feitio de um verdadeiro debate.

E se a parte se exceder, tumultuando a sessão, comprometendo a regular apreciação do feito, transformando o debate em discussão? Daí, segue a interferência do juiz presidente (art. 497 do CPP), devolvendo a ordem usurpada à solene sessão de julgamento, tomando as providências previstas em lei.

Mas, tratando-se de aparte de livre concessão do aparteado, à evidência, não há regra temporal, cronológica, como no aparte regulamentado, mas sim regra de bom senso, elegância, como reclama a tradição forense, para as quais as partes e os juízes presidentes sempre velaram sem a fixação ou matematicidade do atual aparte ("regulamentado") previsto no art. 497, XII. Até porque, tratando-se de uma liberalidade do orador, uma concessão, como sabido, cada uma das partes ao concedê-lo – ou cassá-lo, pedindo a garantia da palavra ao juiz presidente – reconhece que as velocidades da fala são variáveis *persona ad personae,* igualmente a clareza do pensamento na exposição e, cambiáveis, uma e outra, reclamam, por paridade, uma maior flexibilidade, absolutamente inatingíveis pela rigidez do aparte regulamentado.

A experiência denota que há oradores que, de tão bons, não devem ser aparteados; outros, tão sofríveis, desprezados sem a distinção dos apartes; outros, ainda, mendazes, cuja busca da verdade real recomenda inúmeros apartes pelo *ex adversu,* denotando assim que a regra para essas interrupções esclarecedoras, corretivas ou desafiadoras deva ser o caso concreto, jamais a "momentização" ou "minutização" genérica, como regulamenta a norma para aquelas situações em que se impõe a interferência do magistrado ("aparte regulamentado").

No entanto, ainda no tocante aos apartes livres, Adriano Marrey adverte, com o magistério de Manoel Pedro Pimentel:

"Lembra o Prof. Manoel Pedro Pimentel, referindo-se ao advogado, de modo aplicável também aos acusadores em geral, que quando se abrem 'baterias de ataques pessoais', ferindo-se o juiz, o promotor ou o advogado adverso, com doestos, 'as razões perdem em importância'. E de nenhum modo deverá o aparteante – assim como este ou aquele dos oradores – 'permitir-se a liberdade de caçoar do adversário, pilheriando com a parte ou com o seu representante legal'. O processo é uma copa séria e nele são tratados sérios interesses. Por isso, as pessoas que nele intervêm também devem ser sérias e tratar com seriedade as questões. Se é admissível o fino humor, que transparece numa rápida tirada de espírito, inevitável às vezes em certos temperamentos, é intolerável a demonstração do humorismo, a chacota, visando ridicularizar o opositor. Pode-se aniquilar um adversário com argumentos e provas, mas deve-se respeitá-lo sempre pelo que ele representa"[167].

E Roberto Lyra, *primus inter pares* da "arte de apartear"[168], dispôs sobre a matéria, esgotando o assunto, na explicação prática de sua conveniência e oportunidade:

"A oportunidade, o efeito de um aparte merecem cuidados especiais. Nada mais contraproducente do que um aparte inoportuno, despropositado, longo, mal exposto, sem vida e sem imperiosidade. Quando se tem a palavra, o aparte é um bem, pois dá interesse à oração, permite as réplicas fulminantes ou contundentes, os reptos que impressionam e não comportam resposta imediata... O adversário domina a voz hesitante, cobre-a vitoriosamente, ou não dá a licença pedida, aumentando o calor da oração. Esperemos, pois, as pausas para o descanso, para o gole d'água...

Há um aparte, além de descortês, inútil, se não contraproducente, muito do agrado dos oradores forenses: ' – Isto não é verdade'... Ora, essa contestação, por si só, de nada vale, exigindo a volta à tribuna. Melhor seria, pois, aguardar esse momento, para a demonstração completa, metódica e documentada das falsas afirmações. A desmoralização comprovada de um argumento ou de uma referência do adversário é das melhores, maiores e mais legítimas armas. A precipitação de um aparte palavroso e veemente apenas serve para prevenir o antagonista, e fazê-lo preparar a retirada. O aparte, então, só tem razão de ser para, habilmente,

167 *Júri – Teoria e prática*, 3. ed., São Paulo, Revista dos Tribunais, 1988, p. 176.

168 V. o seu *Como julgar, como defender, como acusar*, Rio de Janeiro, Ed. Científica, 1979.

levar o advogado a insistir na afirmação e, assim, focalizá-la. Na réplica tudo se esclarecerá, ponderada, calmamente. E o partido a tirar é iniludível. Saber esperar e animar, com suposta indiferença, o advogado a embrenhar-se nos caminhos perigosos é uma qualidade decisiva na polêmica"[169].

10.2. Aparte regulamentado

Pode acontecer que aquele que estiver com a palavra aja com má-fé, desídia ou puro equívoco, distorcendo, olvidando ou se referindo erroneamente a fatos ou provas dos autos, obrigando o aparteante ou a interrompê-lo ("aparte livre") – que dependerá de sua autorização para cessão da palavra –, ou diretamente socorrer-se do juiz presidente (hipótese do art. 497, XII). É desta hipótese que trata o novo "aparte regulamentado".

Assim, se, por exemplo, solicitado o aparte este não for concedido, mas, diante da necessidade de fazê-lo e em obediência à verdade real, o juiz presidente imporá ao aparteado a obrigação de ceder parte de seu tempo ao aparteador, repondo-o, posteriormente. Destarte, se o aparteado não permitir a interferência, ou se o aparteante o requerer diretamente ao juiz presidente, de acordo com a norma do art. 497, XII, estará o aparteado compelido à concessão e, nesse sentido, regulamenta-se o aparte. E regulamenta-se por quê? Porque não se permite que o orador faça de seu discurso um instrumento sem controle a serviço da burla ou da chicana, e, por outro lado, ao fixar-lhe tempo, não permite ao aparteante um discurso sem fim, mesmo que estribado em inicial direito.

10.3. Inovação legislativa

Acrescentou-se o inciso XII à lei, que prevê os "apartes regulamentados", possibilitando ao magistrado limitar o tempo da intervenção ("até três minutos"). O legislador pretendeu regulamentar essa espécie de apartes através dos magistrados, e, na impossibilidade de limitar o número destes (um, dois, dez apartes), limitou-se o tempo de execução de cada um, donde a inevitável pergunta: e se forem cinco, dez ou quinze apartes, de "no máximo três minutos" cada, restam permitidos? Parece-nos que sim, à falta de norma proibitiva e a depender da argumentação

....

169 *Teoria e prática da promotoria pública*, 2. ed., Porto Alegre, Sérgio Antonio Fabris Ed., 1989, p. 211.

de quem esteja fazendo o uso da palavra. A lei não os quantificou em números, mas os limitou em tempo, dependendo, ao depois, do *arbitrium regulatum* do juiz presidente.

10.4. O aparte reverso (ou aparte invertido ou "ao contrário")

Trata-se de técnica por nós desenvolvida com a observância de que os modelos tradicionais de aparte não esgotavam à perfeição a função para a qual haviam sido criados, qual seja, a de esclarecer. Quantas vezes a parte, no afã claro de utilizar-se de subterfúgios na interpretação da prova, ou mesmo, e claramente, distorcer a verdade dos autos, não deixava de apartear o *ex adversu*, para depois, quando de seu tempo de fala, impedir que o mesmo lhe fiscalizasse via de apartes, solicitando reciprocidade: "Não lhe aparteei, não dou o direito de V. Exa. me apartear". Assim, socorria-se do juiz-presidente – ou socorre-se – e solicitava a garantia da palavra. Diante da necessidade, desenvolvemos o "aparte ao contrário", *reverso* ou *invertido* – criamos a nomenclatura que expressamente o descreve –, que consiste exatamente no aparte ou provocação de resposta, feita exatamente por aquele que detém a palavra, ou seja, o orador em seu tempo regulamentar ou réplica/tréplica. Estando com ele a palavra, não a dirige nesse momento ao Conselho de Sentença, mas ao adversário, provocando-o: "V. Exa. poderia esclarecer tal ou qual ponto...?". Se deixa para questionar depois, arrisca-se a ser impedido de fazê-lo, quando o *ex adversu* postula a garantia da palavra, ou ainda nas ocasiões em que este não mais se manifestará na tribuna, porque já encerrada sua fala. Como a lei não compactua com a chicana e a justiça demanda esclarecimento, inexistindo qualquer artigo que vede a prática, adentra ao mesmo pressuposto permissivo dos clássicos apartes, ganhando, de nosso lado, apenas a criação técnica mais apurada e a precisa designação linguística. É "ao contrário", porque o pressuposto do aparte é que o faça por quem não detenha a palavra, o que neste caso não ocorre.

BIBLIOGRAFIA

ABREU E LIMA, Múcio. *Do processo penal do jury.* Belo Horizonte, 1933.

ACOSTA, Walter P. *O processo penal.* 17. ed. Rio de Janeiro, Coleção Jurídica da Editora do Autor, 1987.

ALAMY FILHO, João. *O caso dos Irmãos Naves.* 3. ed. Belo Horizonte, Ed. Del Rey, 1993.

ALBERNAZ, Frederico Rangel de. *Les relations entre le ministère public et les victimes*: étude de droit comparé français et brésilien, Aix-Marseille université, 2024.

ALCÂNTARA, Hermes Rodrigues. *Perícia médica judicial.* 1. ed. Rio de Janeiro, Ed. Guanabara Dois, 1982.

ALMEIDA JÚNIOR, A. & COSTA JÚNIOR, J. B. de O. *Lições de medicina legal.* 12. ed. São Paulo, Ed. Nacional, 1974.

ALMEIDA JÚNIOR, João Mendes de. *O processo criminal brasileiro.* Rio de Janeiro, Freitas Bastos, 1956.

ALPONTE, L. Chiesa. *Derecho procesal penal de Puerto Rico y Estados Unidos.* Colômbia, Fórum, 1995, v. 1.

ALTAVILLA, Enrico. *Psicologia judiciária.* Trad. Fernando Miranda. 3. ed. Coimbra, Arménio Amado Ed., Sucessor, 1982. 2 v.

ALTAVILLA, Enrico. *Manuale di procedura penale.* 1. ed. Napoli, 1935.

AMODIO, Enrico. *I giudice senza toga*: esperienze e perspettive della participazione popolare ai giudizi penali. Milano, Giuffrè, 1979.

ANDRADE, Manuel da Costa. *Vítima e o problema criminal*. 1. ed. Coimbra, 1980.

ÁNGEL, Ángel Vélez. *Investigación criminal*. 2. ed. Bogotá, Ed. Temis, 1982.

ARANHA, Camargo. *Da prova no processo penal*. 2. ed. São Paulo, Saraiva, 1987.

ARAÚJO LIMA, Carlos de. *Os grandes processos do júri*. 5. ed. Rio de Janeiro, Ed. Liber Juris, 1988. v. 1 e 2.

AVENA, Norberto. *Processo penal esquematizado*. São Paulo, Método, 2009.

AZEVEDO, David Teixeira de. O interrogatório do réu e o direito ao silêncio. *RT, 682*:286.

AZEVEDO FRANCO, Ary. *O júri e a Constituição Federal de 1946*. 2. ed. Rio de Janeiro, Forense, 1956.

BANDEIRA, Esmeraldino. *O Processo Mendes Tavares (Discurso de acusação)*. 1. ed. Rio de Janeiro, 1912.

BARBOSA, Marcos Elias de Freitas. Regras e quesitos do júri ante o Código Penal de 1984. *RT, 649*:233.

BARBOSA, Rui. Instituição do jury – Julgamento a descoberto. Parecer. *O Direito*, Rio de Janeiro, Typ. Mont'Alverne, 73:5-6, maio/ago.1897.

BARBOSA, Rui. *Teoria política*. São Paulo, Ed. Brasileira, 1970 (Clássicos Jackson, 36).

BARBOSA, Rui. *O dever do advogado*. Rio de Janeiro, Ed. Aide/Fundação Casa de Rui Barbosa.

BARRETO, Tobias. *Estudos de direito*. 1. ed. Salvador, Livr. Progresso, 1951.

BAUMAN, Zygmunt. *Retrotopia*. 1. ed. Rio de Janeiro, Zahar, 2017.

BATTISTELLI, Luigi. *La mentira ante los tribunales*. Trad. esp. Rolando Enrique Oviedo. 1. ed. Bogotá, Ed. Temis, 1984.

BITTENCOURT, Edgar de Moura. *A instituição do júri*. 1. ed. São Paulo, Saraiva, 1939.

BITTENCOURT, Edgar de Moura. *Crime*. 1. ed. São Paulo, LEUD, s.d.

BITTENCOURT, Edgar de Moura. *Vítima*. 3. ed. São Paulo, LEUD, 1987.

BONNET, E. F. P. *Medicina legal*. 1. ed. Buenos Aires, Lopes Libreros Ed., 1967.

BORENSZTAJN, David. A busca da verdade no Tribunal do Júri. *RT, 618*:422.

BORGES DA ROSA, Inocêncio. *Manual de teoria e prática do processo penal*. Porto Alegre, Globo, 1922.

BORGES PEREIRA, José Ruy. *Tribunal do júri*. 1. ed. São Paulo, Saraiva, 1993.

BRANDÃO, Junito. *Dicionário mítico-etimológico*. 1. ed. Petrópolis, Vozes, 1992.

BRITO ALVES, Roque de. *Os motivos do crime*: Análise científica e jurídico-penal. Recife, 1980, Monografia apresentada ao X Encontro de Advogados de Pernambuco, em Garanhuns, 24/28-10-1980.

BRITO ALVES, Roque de. *Criminologia*. 1. ed. Rio de Janeiro, Forense, 1986.

CALAMANDREI, Piero. *Eles, os juízes, vistos por nós, os advogados*. 7. ed. Lisboa, Clássica Ed.

CAMARA LEAL, Antonio Luiz da. *Comentários ao Código de Processo Penal brasileiro*. Rio de Janeiro, Freitas Bastos, 1942. v. 1.

CAMARGO ARANHA, Adalberto José Q. T. *Da prova no processo penal*. 2. ed. São Paulo, Saraiva, 1987.

CARVALHO, Alberto de. *Causas célebres brasileiras*. Rio de Janeiro, Ed. J. Ribeiro dos Santos, 1898.

CARVALHO FILHO, Aloísio de. O júri na nova Constituição brasileira. *RF, 111*:5.

CARVALHO NETO, Antonio Manuel. *Advogados – Como vivemos, como aprendemos, como sofremos*. 3. ed. São Paulo, Ed. Aquarela, 1989.

CHIARADIA NETO, F. A pronúncia e sua natureza. *RT, 301*:7.

COELHO, Luís Fernando. *Lógica jurídica e interpretação das leis*. 2. ed. Rio de Janeiro, Forense, 1981.

COLOMA, Aurélia Maria Romero. *Problemática de la prueba testifical en el proceso penal*. Madrid, Civitas, 2000.

COPI, Irving M. *Introduction to logic*. Trad. Álvaro Cabral. 3. ed. Mestre Jou.

CORREA DA SILVA, Raphael. Instituição do jury – Julgamento a descoberto. Parecer. *O Direito*, Rio de Janeiro, Typ. Mont'Alverne, *73*:13-4, maio/ago.1897.

DEL-CAMPO, Eduardo Roberto Alcântara. *Medicina legal*, Coleção Curso & Concurso, Sucessivas Edições, São Paulo, Saraiva, v. I e II.

DELMANTO, Dante. *Defesas que fiz no júri*. 4. ed. São Paulo, Freitas Bastos, 1986.

DE SANCTIS. Problemi e programmi della Scuola Positiva. *Scuola positiva*, 1921.

DERSHOWIRTS, Alan. *Letters to a young lawyer*. New York, Basic Books, 2001.

DIAZ, Clemente A. *El cuerpo del delito en la legislación procesal argentina*. 1. ed. Buenos Aires, Abeledo-Perrot, 1965.

DOHRING. *La prueba. Su prática y apreciación*. 1. ed. Buenos Aires, 1972.

DÓRIA, Franklin. *Defesa de Pontes Visgueiro*. Rio de Janeiro, Tip. Leusinger & Filhos, 1886.

DOTTI, René Ariel. Discurso no STF em homenagem a Nélson Hungria. *Diário da Justiça*, 28 jun. 1991, Seção I, p. 8901.

DUARTE AZEVEDO. Parecer. *O Direito*, Rio de Janeiro, Typ Mont'Alverne, *73*:6-8, maio/ago.1897.

ESPÍNOLA FILHO, E. *Código de Processo Penal brasileiro anotado*. 4. ed. Rio de Janeiro, Borsoi, 1956. v. 2; 6. ed., 1965. v. 3.

FAGUNDES, V. Oliveira. *O discurso no júri – Aspectos linguísticos e retóricos*. 1. ed. São Paulo, Cortez Ed., 1987.

FÁVERO, Flamínio. *Medicina legal*. 11. ed. São Paulo, Ed. Itatiaia, 1980. v. 1.

FERRACUTI, Franco. Criminologia dei reati omicidiari e del suicidio. In: *Trattato di criminologia, medicina criminologica e psichiatria forense*. Milano, Giuffrè, 1988. v. 7.

FERRI, Enrico. *Discursos de acusação – Ao lado das vítimas*. Trad. Fernando Miranda. 5. ed. Coimbra, Arménio Amado Ed., Sucessor, s.d.

FERRI, Enrico. *Discursos de defesa*. Trad. Fernando Miranda. 6. ed. Coimbra, Arménio Amado Ed., Sucessor, s.d.

FERRI, Enrico. *Sociologia criminale*. Bocca, 1892.

FESTINGER, Leon. *A theory of cognitive dissonance*. 1. ed. Califórnia, Stanford University Press, 1957.

FIGUEIREDO DIAS, Jorge de. *Direito processual penal*. Coimbra, Coimbra Ed., 1974.

FIGUEIREDO DIAS & COSTA ANDRADE. *Criminologia – O homem delinquente e a sociedade criminógena*. Coimbra, Coimbra Ed., 1984.

FORLIN, Vania & D'ALMEIDA, Noely M. *A última hipótese – Autos n. 59/87*. 1. ed. Curitiba, Ed. Artes & Textos, 1991.

FRAGOSO, Heleno Cláudio. A questão do júri. *RF, 193*:26.

FRAGOSO, Heleno Cláudio. *Lições de direito penal*. 10. ed. Rio de Janeiro, Forense, 1986.

FURET, François & OZOUF, Mona. *Dicionário crítico da Revolução Francesa*. Trad. Henrique de Araújo Mesquita. 1. ed., 2. imp. Rio de Janeiro, Nova Fronteira, 1989.

GAMA, Affonso Dionysio. *Manual do advogado*. 1. ed. São Paulo, 1928. v. 11.

GARÇON, Maurice. *O Advogado e a moral*. Trad. Madeira Pinto. 2. ed. Coimbra, Arménio Amado Ed., 1963.

GARÇON, Maurice. *Essai sur l'éloquence judiciaire*. Trad. Zilde Filgueiras. Rio de Janeiro, Ed. da Casa dos Estudantes, s.d. (aprox. 1950).

GARRAUD. *Traité théorique et pratique d'instruction criminelle et de procédure penale*. Paris, 1909. v. 2.

GINESTE, Fernand. *Essai sur l'histoire et l'organization du jury criminel en France et dans les États Modernes*. Castres, Abeilhou, 1896.

GOMES, Hélio. *Medicina legal*. 25. ed. Rio de Janeiro, Freitas Bastos, 1987.

GONZAGA, Azevedo. *Libello-crime*. São Paulo, 1934.

GOYENA, Irureta. *El delito de homicidio*. 1. ed. Montevideo, 1928.

GRAVEN. *Le jury et les tribunaux d'echévin en Suisse*. Basilea, Helbing & Lichterhahn, 1938.

GRESMAN, Sykes M.; MATZA, David. Técnicas de neutralização: uma teoria da delinquência, trad. Leandro Ayres França e Jéssica Veleda Quevedo. Grupo de Estudos em Criminologias Contemporâneas, *Canal de Ciências Criminais*, Porto Alegre, 2018.

GRINOVER, Ada Pellegrini. *As condições da ação penal*. 1. ed. São Paulo, Bushatsky, 1977.

GRINOVER, Ada Pellegrini. Interrogatório do réu e direito ao silêncio. *Ciência Penal*, São Paulo, 1976, ano III.

GUERRA, João Baptista de Cordeiro. *A arte de acusar*. 1. ed. Rio de Janeiro, Forense Universitária, 1988.

GUERRA, João Baptista de Cordeiro. O júri no passado e no presente: sugestões para o futuro. *Ajuris*, Porto Alegre, *19*:7, jul. 1980.

GUIMARÃES, João Lopes. *Justitia, 92*:9.

HAMILI, Gisèle. *Avocate irrespectueuse*. Paris, Ed. Plon, 2002.

HASTIE, Reid; PENROD, Steven D. & PENNINGTON, Nancy. *La institución del jurado en los Estados Unidos – Sus intimidades*. 1. ed. Ed. Civitas, 1986.

HOEPPNER DUTRA, Mário. A evolução do direito penal e o júri. *RF, 249*:48.

HUNGRIA HOFFBAUER, Nélson. *Comentários ao Código Penal*. 4. ed. Rio de Janeiro, Forense, 1958.

HUNGRIA HOFFBAUER, Nélson. A justiça dos jurados. *RF, 166*:7.

IMPALLOMENI, G. B. *L'omicidio nel diritto penale*. 2. ed. Torino, UTET, 1900.

ITAGIBA, Ivair Nogueira. *Homicídio – Exclusão de crime e isenção de pena*. Rio de Janeiro, 1958. v. 1 e 2.

JARDIM, Afrânio Silva. *Justitia, 124*:21.

JESUS, Damásio Evangelista de. *Código de Processo Penal anotado*. São Paulo, Saraiva.

JESUS, Damásio Evangelista de. Júri por homicídio: exclusão de qualificadora pelo tribunal. *O Estado de S. Paulo*, 8 nov. 1987.

JIMÉNEZ DE ASUA, L. *Psicoanálisis criminal*. 6. ed. Buenos Aires, Depalma, 1982.

JOFRÉ, Tomás. *Manual de procedimiento (civil y penal)*. 5. ed. Buenos Aires, 1943.

JOLY, Pierre & DIRAND, George. *Mâitre, vous avez la parole*. Ed. Calmon--Levy, 1975.

KELSEN, Hans. *Teoria pura do direito*. Trad. Baptista Machado. Coimbra, Arménio Amado Ed.

LANGE, Fritz. *El lenguaje del rostro*. Trad. do alemão para o espanhol por Rermin Fernández. 1. ed. Barcelona, Ed. Luiz Miracle, 1942.

LIMA, Queiróz. *Teoria do Estado*. 8. ed. Rio de Janeiro, Ed. Record, 1957.

LIMA SOBRINHO, Barbosa. Direito de Informação. *Anais da VIII Conferência Nacional da Ordem dos Advogados do Brasil*, Manaus-AM, 18/22-5-1980.

LIMA, Walkimi Barbosa. *Manual do júri*. 2. ed. Rio de Janeiro, Ed. Aide, 1987.

LINS E SILVA, Evandro. *A defesa tem a palavra*. 2. ed. Rio de Janeiro, Ed. Aide, 1984.

LOCARD, Edmond. *A investigação criminal e os métodos científicos*. 6. ed. Trad. Fernando de Miranda. Coimbra, Arménio Amado Ed., Sucessor, s.d. (Coleção Stvdium).

LYRA TAVARES, Roberto. Como um passional se pronuncia sobre o seu crime, sua vida, sua prisão. *Boletim da Sociedade Brasileira de Criminologia*, Rio de Janeiro, 1932.

LYRA TAVARES, Roberto. Acusação perante o júri. *Revista de Direito Penal*, Rio de Janeiro, abr. 1933.

LYRA TAVARES, Roberto. *O Ministério Público e o júri*. Rio de Janeiro, Coelho Branco, 1933.

LYRA TAVARES, Roberto. *Introdução ao estudo do direito criminal*. Rio de Janeiro, 1946.

LYRA TAVARES, Roberto. O amor no banco dos réus. *Revista de Direito Penal*, Rio de Janeiro, maio 1933.

LYRA TAVARES, Roberto. O júri sob todos os aspectos. *Revista Brasileira de Criminologia,* edição especial, Rio de Janeiro, 1949.

LYRA TAVARES, Roberto. A obra de Rui Barbosa em criminologia e direito criminal. *Revista Brasileira de Criminologia*, edição especial, Rio de Janeiro, 1949.

LYRA TAVARES, Roberto. Técnica da promotoria pública. *RF,* Rio de Janeiro, v. 71, 1937.

LYRA TAVARES, Roberto. Crime passional. *RF*, Rio de Janeiro, v. 76, 1938.

LYRA TAVARES, Roberto. Criminosos passionais. *Revista de Direito Penal*, Rio de Janeiro, abr. 1940.

LYRA TAVARES, Roberto. O início da ação pública e o novo Código Penal. *Revista do Ministério Público do Rio Grande do Sul*, Porto Alegre, n. 6, mar. 1943.

LYRA TAVARES, Roberto. Legítima defesa da honra. *RF*, Rio de Janeiro, v. 108, 1946.

LYRA TAVARES, Roberto. *A obra de Silvio Romero em criminologia e direito criminal.* Rio de Janeiro, Ed. Nacional de Direito, 1951.

LYRA TAVARES, Roberto. Controle do júri e prova. *Revista Brasileira de Criminologia e Direito Penal,* Rio de Janeiro, jul./dez.1955.

LYRA TAVARES, Roberto. *Hereditariedade e tendência criminal*. Separata. Rio de Janeiro, Tip. Rossolillo, 1955.

LYRA TAVARES, Roberto. *Comentários ao Código Penal* (arts. 28 a 74). 3. ed. Rio de Janeiro, Forense, 1942.

LYRA TAVARES, Roberto. Meus adversários no júri. *Revista de Direito,* Rio de Janeiro, n. 2, 1968.

LYRA TAVARES, Roberto. Oratória forense. *Revista de Direito*, Rio de Janeiro, n. 17, jan./abr. 1973.

LYRA TAVARES, Roberto. *Como julgar, como defender, como acusar*. 2. ed. Rio de Janeiro, Ed. Científica, 1979.

LYRA TAVARES, Roberto. Tem a palavra o promotor público. In: *Sociologia criminal*, Rio de Janeiro , Forense, 1969.

LYRA TAVARES, Roberto. Júri. Nulidade de Julgamento. Quesito obrigatório. *RF*, Rio de Janeiro, v. 225, 1969.

LYRA TAVARES, Roberto. *Teoria e prática da promotoria pública*. 2. ed. Porto Alegre, Sérgio Antonio Fabris Ed. e Escola Superior do Ministério Público do Rio Grande do Sul, 1989.

LYRA TAVARES, Roberto. *Criminologia*. 2. ed. Rio de Janeiro, Forense, 1990.

LYRA TAVARES, Roberto. Escola Penal Brasileira. *RF*, v. 83.

MACEDO, Silvio de. *Curso de lógica jurídica*. 1. ed. Rio de Janeiro, Forense, 1984.

MACHADO, Paulo Afonso Leme. *RT*, *439*:306.

MAGARINOS TORRES, Antonio Eugenio. *Processo penal do júri nos Estados Unidos do Brasil*. 1. ed. Rio de Janeiro, Livr. Jacyntho, 1939.

MAJORANA. *Teoria da eloquência*. Trad. Fernando Miranda, Coimbra, Arménio Amado Ed., s.d.

MANNHEIM, Hermann. *Criminologia comparada*. Trad. Manuel da Costa Andrade e José Faria Costa. Lisboa, Fundação Calouste Gulbenkian, s.d. v. 1 e 2.

MARANHÃO, Odon Ramos. *Psicologia do crime*.1. ed. São Paulo, Revista dos Tribunais, 1981.

MARANHÃO, Odon Ramos. *Natureza jurídica do disparo de arma de fogo*. Trabalho apresentado no XI Congresso Brasileiro de Medicina Legal, em Florianópolis, outubro de 1990.

MARCO ANTONIO, Americo & FRANCO DE OLIVEIRA, Eloy. *Suicídio típico*: a causa jurídica da morte de S. S. Pereira Mendes. São Paulo, 1954.

MARQUES, José Frederico. *Justitia*, *84*:273.

MARQUES, José Frederico. *RF*, v. 156.

MARQUES, José Frederico. *O júri e sua nova regulamentação legal*. São Paulo, Saraiva, 1948.

MARQUES, José Frederico. *Elementos de direito processual penal*. 1. ed. Rio de Janeiro, Forense, 1961.

MARQUES, José Frederico. *O júri no direito brasileiro*. 2. ed. São Paulo, Saraiva, 1955.

MARQUES, José Frederico. *A instituição do júri*. São Paulo, Saraiva, 1963.

MARQUES, Paulo Édson. *Justitia*, *112*:86.

MARREY, Adriano et al. *Júri – Teoria e prática*. 3. ed. São Paulo, Revista dos Tribunais, 1988.

MARTINEAU, François. *Petit traité d'argumentation judiciaire*. 2. ed. Paris, Dalloz, 2006.

MARTINS DE ALMEIDA, Dario. *O livro do jurado*. 1. ed. Coimbra, Livr. Almedina, 1977.

MAZZILLI, Hugo Nigro. *Manual do promotor de justiça*. 1. ed. São Paulo, Saraiva.

McDOUGALL. *Introduction to social psychology*. London, 1948.

MEDINA DA SILVA, David. *O crime doloso*. Porto Alegre, Livraria do Advogado.

MELLADO, Asencio. *Prueba prohibida y prueba preconstituida*. 1. ed. Madrid, Ed. Trivium, 1989.

MENDELSOHN, Benjamin. The victimology. In: *Études internationales de psycho-sociologie criminelle*, 1956.

MENDONÇA LIMA, Alcides de. Júri – Instituição nociva e arcaica. *RF*, *196*:16.

MILL, J. Stuart. *Système de logique*. Trad. fr. Paris, 1896.

MITTERMAYER, K. J. A. *Tratado de la prueba en materia criminal*. 8. ed. Madrid, Ed. Reus, 1929.

MOUGENOT BONFIM, Edilson. Júri de homicídio, um ensaio: em defesa da exemplaridade da pena; contra a falácia da criminologia radical. *RT*, *683*:268.

MOUGENOT BONFIM, Edilson. *O julgamento de um serial-killer.* O caso do Maníaco do Parque. 3. ed. Londrina, Editora E.D.A., 2021.

MOUGENOT BONFIM, Edilson. O selecionamento dos jurados, a questão da "notória idoneidade" e a boa formação do conselho de sentença no Tribunal do Júri. *RT*, *693*:309.

MOUGENOT BONFIM, Edilson. *Código de Processo Penal anotado*. 4. ed. São Paulo, Saraiva, 2012.

MOUGENOT BONFIM, Edilson. *Curso de Processo Penal*. 7. ed. São Paulo, Saraiva, 2012.

MOUGENOT BONFIM, Edilson. *No Tribunal do Júri* – crimes emblemáticos – grandes julgamentos. 4. ed. São Paulo, Saraiva, 2010.

MOUGENOT BONFIM, Edilson; PARRA NETO, Domingos. *O novo procedimento do Júri*. Comentários à Lei n. 11.689/2008. São Paulo, Saraiva, 2009.

MOURA E ALBUQUERQUE, Mário de. O libelo e seus requisitos. *Justitia, 61*:17.

MYRA Y LOPES, Emilio. *Manual de psicologia jurídica*. Trad. Elso Arruda. Rio de Janeiro, Ed. Agir, 1955.

NETO, João Romeiro. *Defesas penais*. 3. ed. Rio de Janeiro, Liber Juris, s.d.

NEVES, Serrano. *O direito de calar*. 1. ed. Rio de Janeiro, Freitas Bastos, 1960.

NÓBREGA, Elóscolo. Sociologia do júri. *RF*, *117*:14.

NORONHA, E. Magalhães. *Curso de direito processual penal*. 19. ed. São Paulo, Saraiva, 1989.

OLIVEIRA, Olavo. *O júri na Terceira República*. Rio de Janeiro, Freitas Bastos, 1949.

OSSORIO, Angel. *El alma de la toga*. Buenos Aires, Librería El foro, 1997.

PALMER POL, Alfonso Luis. *El jurado y la psicologia social*. 1. ed. Barcelona, PPU – Promociones y Publicaciones Universitarias, 1988.

PEIXOTO, Afrânio. *Criminologia*. São Paulo, 1936.

PELLEGRINO, Laércio. *Por que Georges Kour foi absolvido*. 1. ed. Rio de Janeiro, Ed. Aide, s.d.

PENTEADO, Jacques de Camargo et al. *O aditamento no processo penal*. 1. ed. São Paulo, Saraiva, 1992.

PEREIRA DE MACEDO, José & VARGAS, Túlio. *O juiz integral*. 1. ed. Curitiba, coedição da Associação dos Magistrados do Paraná e da Secretaria da Cultura, 1982.

PEREIRA DE MELLO, Roberto Pimenta. Um estudo sobre a revelia no processo do júri. A prescrição e suas consequencias neste contexto. *Justitia, 103*:143.

PESSI, Diego. *Berços, não túmulos*: o ato de matar e os crimes contra a vida, 1. ed. Londrina, EDA, 2023.

PIMENTEL, Manoel Pedro. A oratória perante o júri. *RT, 628*:284.

PINTO FERRAZ, A. J. Instituição do jury – Julgamento a descoberto. Parecer. *O Direito*, Rio de Janeiro, TYP. Mont'Alverne, v. 73, maio/ago. 1897.

PLESE, João J. Desaforamento do julgamento pelo Tribunal do Júri. *Justitia, 98*:53.

POLITO, Reinaldo. *Oratória para advogados*. São Paulo, Saraiva, 2011.

PONSOLD, Albert. *Manual de medicina legal*. 1. ed. Barcelona, Ed. Científico-Médica, 1955.

PORTO, Hermínio Alberto Marques. *Júri*. 7. ed. São Paulo, Malheiros Editores, 1993.

PUJOL, Alfredo. *Processos criminais*. São Paulo, Typographia Brazil de Rothischild & Co., 1908.

RABELLO, Eraldo. *Balística forense*. 2. ed. Porto Alegre, Ed. Sulina, 1982.

RAFFO, Osvaldo H. *La muerte violenta*. 3. ed. Buenos Aires, Ed. Universidad, 1987.

ROBERTO, Welton. *Defesas criminais*. Coleção Prática do Direito. São Paulo, Saraiva, 2008. v. 13.

ROMEIRO, João. *Dicionário de direito penal*. 1905.

ROMEIRO NETO, João. *Defesas penais*. 3. ed. Rio de Janeiro, Ed. Liber Juris, s.d.

RUSSEL, Bertrand. *Os problemas da filosofia*. Trad. Antonio Sérgio. Coimbra, Arménio Amado Ed., s.d.

SAINT PIERRE, François. *Avocat de la défense*. Paris, Ed. Odile Jacob, 2009.

SALGADO, César. *Anais da VI Reunião Penitenciária Brasileira*. Ed. Sec. de Segurança Pública de São Paulo, 1961.

SALLES, Alcides Amaral. Da desclassificação no juízo da pronúncia. *O Estado de S. Paulo*, 21 ago. 1987.

SALLES, Alcides Amaral. O excesso culposo nos quesitos do júri. *O Estado de S. Paulo*, 27 jun. 1990.

SANTOS, Basílio dos. Instituição do jury (parecer). *O Direito*, Rio de Janeiro, Typ. Mont'Alverne, maio/ago.1897, 73:9-10.

SANTOS, Juarez Cirino. *A criminologia radical*. 1. ed. Rio de Janeiro, Forense, 1981.

SÁ PEIXOTO, Aloísio Sayol. *Acusação de homicídio/suicídio*. 1. ed. Goiânia, Ed. Cultura Goiana, 1976.

SCHACTER, Daniel L. *Os sete pecados da memória*: como a mente esquece e lembra, trad. Sueli Anciães Gunn. 1. ed. Rio de Janeiro, Rocco, 2001.

SCHLEE GOMES, Márcio. *Júri*. Limites constitucionais da pronúncia. Porto Alegre, Sérgio Antonio Fabris Ed., 2010.

SHIRATORI, Yuji. Le droit japonais. *Revue International de Droit Pénal*, Toulouse-France, v. 63. 1992.

SILVA, Cláudio Barros. *Dois temas sobre o júri*: excesso culposo e libelo. 1. ed. Porto Alegre, Ed. AMPGRS, 1992.

SIMONIN, Camile Leopold. *Medicina legal judicial*. 2. ed. Barcelona, Ed. JIMS, 1966.

SIQUEIRA, Galdino. *Curso de processo criminal*. 2. ed. Ed. Magalhães, 1917.

SOUZA, Moacyr B. de. *Mentira e simulação em psicologia judiciária penal*. 1. ed. São Paulo, Revista dos Tribunais, 1988.

SOUZA NETO. *O motivo e o dolo*. Rio de Janeiro, Freitas Bastos, 1949.

SPERLICH, P. W. Trial by jury: it may have a future. P. B. Kurland & G. Casper (eds.). *Supreme Court Review*, 1978; Chicago Press, 1979.

STAT, Marcel O. *Le standard juridique*. Paris, 1927.

STONE, Irving. *Clarence Darrow for the defense*. 1. ed. New York, Garden City Publishing Company, 1941.

TELLES JÚNIOR, Gofredo da Silva. *Justiça e jury no Estado Moderno*. São Paulo, Revista dos Tribunais, 1938.

TIVNAM, E. Jury by trial. *New York Times Magazine*, 16 nov. 1975.

TORNAGHI, Hélio. *Curso de processo penal*. 6. ed. São Paulo, Saraiva, 1989.

TORNAGHI, Hélio. *Comentários ao Código de Processo Penal*. São Paulo, Saraiva, v. 1.

TORNAGHI, Hélio. Desaforamento. *Revista de Direito Penal*, *28*:117.

TORRES DE MELO, Carlos Alberto. *Justitia*, *80*:299.

TORRES, Magarinos. *Processo Penal do Jury nos Estados Unidos do Brasil*. 1. ed. Rio de Janeiro, Livr Jacyntho, 1939.

TOULEMON, André. *La question du jury*. Paris, Sirey, 1930.

TOURINHO FILHO, Fernando da Costa. *Processo penal*. 12. ed. São Paulo, Saraiva, 1990.

TOVO, Paulo Cláudio. *Apontamentos e guia prático sobre a denúncia no processo penal brasileiro*. 1. ed. Porto Alegre, Sérgio Antonio Fabris Ed., 1986.

TUBENCHLAK, James. *Tribunal do júri – Contradições e soluções*. 1. ed. Rio de Janeiro, Forense, 1990.

TUCUNDUVA, Ruy Cardoso Mello. *Justitia*, *85*:165.

VALKENEER, Christian de. *Le droit de la police*. Bruxelles, De Boeck Université, 1991.

VALKENEER, Christian de. Les nouvelles stratégies policières aux confins des criminalisations primaire et secondaire. In: *Acteur Social et Délinquance, en hommage à Christian Debuyst*. Liège-Bruxelles, Mardaga, 1991.

VALLARDI. *La mímica del pensiero*. 1. ed. Milano-Palermo, 1904.

VERGARA, Pedro. *Dos motivos determinantes do direito penal*. 2. ed. Rio de Janeiro, Forense, 1980.

VIVEIROS, Mauro. *Tribunal do júri na ordem constitucional brasileira:* um órgão da cidadania. São Paulo, Ed. Juarez de Oliveira, 2003.

VON HENTIG, Hans. *The criminal and his victim*. New Haven, 1948.

WHITAKER, Firmino. *Júri*. 4. ed. São Paulo, 1923, Seção de Obras de *O Estado de S. Paulo*.

ZAFFARONI, Eugenio Raúl. *Criminología, aproximación desde un margen*. 1. ed. Bogotá, Ed. Temis, 1988.

ZARZUELLA, José Lopes. O perito e as mortes violentas. *Revista da FMU*, São Paulo, n. 5, 1991.

10 1 2 3 4 5 6 7 8 9
2025